文化

葉怡成 著

證券投資分析
使用**Excel**實作

暢銷回饋版

整合財務金融的知識、量化模型的設計、資訊工具的運用於一書。

採用簡單易學的Excel試算表作為證券投資分析的工具。

使用台灣近年來股市的實際資料為範例。

作　　者：葉怡成
責任編輯：林鈺騏、賴彥穎
企劃主編：陳錦輝

董 事 長：陳來勝
總 編 輯：陳錦輝

出　　版：博碩文化股份有限公司
地　　址：221 新北市汐止區新台五路一段 112 號 10 樓 A 棟
　　　　　電話 (02) 2696-2869　傳真 (02) 2696-2867

發　　行：博碩文化股份有限公司
郵撥帳號：17484299　戶名：博碩文化股份有限公司
博碩網站：http://www.drmaster.com.tw
讀者服務信箱：dr26962869@gmail.com
訂購服務專線：(02) 2696-2869 分機 238、519
（週一至週五 09:30 ～ 12:00；13:30 ～ 17:00）

版　　次：2022 年 6 月二版一刷

建議零售價：新台幣 650 元
I S B N：978-626-333-176-1
律師顧問：鳴權法律事務所 陳曉鳴律師

本書如有破損或裝訂錯誤，請寄回本公司更換

國家圖書館出版品預行編目資料

證券投資分析：使用Excel實作 / 葉怡成著.
-- 二版. -- 新北市：博碩文化股份有限公司,
2022.06
　面；　公分

ISBN 978-626-333-176-1(平裝)

1.CST: 證券投資 2.CST: 投資技術
3.CST: 投資分析 4.CST: EXCEL(電腦程式)

563.53　　　　　　　　　　　　111009626

Printed in Taiwan

博 碩 粉 絲 團　歡迎團體訂購，另有優惠，請洽服務專線
(02) 2696-2869 分機 238、519

商標聲明

本書中所引用之商標、產品名稱分屬各公司所有，本書引用
純屬介紹之用，並無任何侵害之意。

有限擔保責任聲明

雖然作者與出版社已全力編輯與製作本書，唯不擔保本書及
其所附媒體無任何瑕疵；亦不為使用本書而引起之衍生利益
損失或意外損毀之損失擔保責任。即使本公司先前已被告知
前述損毀之發生。本公司依本書所負之責任，僅限於台端對
本書所付之實際價款。

著作權聲明

本書著作權為作者所有，並受國際著作權法保護，未經授權
任意拷貝、引用、翻印，均屬違法。

作者序

　　現代的投資人必需同時具備三大能力：財務金融的知識、量化模型的設計、資訊工具的運用。在中文書籍中能提供投資人學習這三大能力其中之一的教材很多，但能整合這三大能力的教材很少。本書的目的在於提供投資人學習這三大能力的整合教材。因此本書分成三篇：Excel 入門與進階、證券投資分析、使用 Excel 實作證券投資分析。雖然其中包含 VBA 與 Visual Basic 程式設計這兩章，但這兩章能懂固然很好，不懂也無傷大雅，可以跳過這兩章，本書只有很小的部分需要這兩章的知識，但能懂這兩章確實可以讓專業能力提升到一個更高個層次。

　　本書的另二個特色是採用 Excel 試算表做為證券投資分析的工具，以及使用台灣近年來股市的實際資料為範例。

　　這本書的完成首先要感謝作者的學生與指導的碩士生，沒有她／他們付出心力，本書不可能完成。

　　最後希望這本書能讓有志透過正規的投資分析，提高投資績效的投資人一條學習的光明大道。

葉怡成

於淡江大學

2017/12/1

學習流程圖

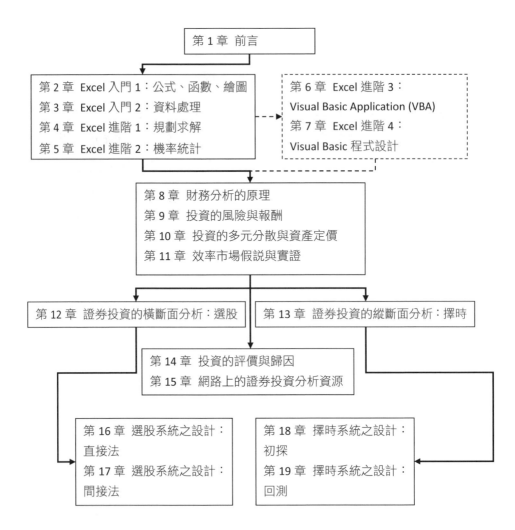

第 1 章 前言

第 2 章 Excel 入門 1：公式、函數、繪圖
第 3 章 Excel 入門 2：資料處理
第 4 章 Excel 進階 1：規劃求解
第 5 章 Excel 進階 2：機率統計

第 6 章 Excel 進階 3：
Visual Basic Application (VBA)
第 7 章 Excel 進階 4：
Visual Basic 程式設計

第 8 章 財務分析的原理
第 9 章 投資的風險與報酬
第 10 章 投資的多元分散與資產定價
第 11 章 效率市場假說與實證

第 12 章 證券投資的橫斷面分析：選股

第 13 章 證券投資的縱斷面分析：擇時

第 14 章 投資的評價與歸因
第 15 章 網路上的證券投資分析資源

第 16 章 選股系統之設計：
直接法
第 17 章 選股系統之設計：
間接法

第 18 章 擇時系統之設計：
初探
第 19 章 擇時系統之設計：
回測

* 第 6 章與第 7 章可列為選讀。

目錄

第一篇　Excel 入門與進階

Chapter 01 >> 前言

Chapter 02 >> Excel 入門 1：公式、函數、繪圖

Chapter 03 >> Excel 入門 2：資料處理

Chapter 04 ▶▶ Excel 進階 1：規劃求解

Chapter 05 ▶▶ Excel 進階 2：機率統計

第二篇　證券投資分析

Chapter 08 ▶ 財務分析的原理

Chapter 09 ❯❯ 投資的風險與報酬

Chapter 10 ❯❯ 投資的多元分散與資產定價

Chapter **11** 效率市場假說與實證

Chapter **12** 證券投資的橫斷面分析：選股

Chapter 13 >> 證券投資的縱斷面分析：擇時

Chapter 14 >> 投資的評價與歸因

第三篇　使用 Excel 作證券投資分析

Chapter 15 >> 網路上的證券投資分析資源

Chapter 16 ▶▶ 選股系統之設計：直接法

Chapter 17 ▶▶ 選股系統之設計：間接法

Chapter 18 ▶▶ 擇時系統之設計：初探

Chapter 19 >> 擇時系統之設計：回測

前言

> ◆ 在投資時，我們把自己看成是企業分析師 ─ 而不是市場分析師，也不是宏觀經濟分析師，甚至不是證券分析師。─ 華倫·巴菲特
>
> ◆ 因為我把自己當成是企業的經營者，所以我成為更優秀的投資人；而因為我把自己當成是投資人，所以我成為更優秀的企業經營者。─ 華倫·巴菲特
>
> ◆ 有人要出外旅行時，就拿著地圖仔細研究；但在股市投資時，卻閉著眼睛亂買，到底公司是啥也搞不清楚。如此投資命運自然是充滿了艱辛與霉運。─彼得·林區
>
> ◆ 別為金錢操勞，讓金錢為你操勞。（Don't work for money; let money work for you.）─彼得·林區
>
> ◆ 看得懂「收入 - 支出 = 儲蓄」與「收入 - 儲蓄 = 支出」是相同的是 IQ；看得懂「收入 - 支出 = 儲蓄」與「收入 - 儲蓄 = 支出」是不同的是 EQ。MQ（金錢商數）= IQ+EQ。
>
> ◆ 財富的函數：每年收入 I 元，支出 O 元，投資報酬率為 r，經過 T 年，您會有財富 $F=(I-O)\dfrac{(1+r)^T-1}{r}$ 其中，I= 收入能力 = 勤勞；O= 消費能力 = 節約；r= 理財能力 = 智慧；T= 時間 = 耐心。─作者
>
> ◆ 給年輕人的三則格言：(1) 時間提供了獲利的指數爆炸與系統風險的消減，所以時間是投資人的益友，特別是年輕的投資人。(2) 借錢賺錢，越借越富；借錢花錢，越借越窮；借錢賠錢，窮上加窮。(3) 沒錢樂，有錢更樂，錢之主也；沒錢苦，有錢更苦，錢之奴也。─ 作者

1.1 ▶▶ 投資議題

1.1.1　投資的意義

　　投資的廣義定義是「為了期望獲利而配置金錢或資金於企業。」（Laying out <u>money or capital</u> in an <u>enterprise</u> with the expectation of <u>profit</u>.）狹義的投資並不包含一般實質資產的投資（那是經理人的事），而只含金融資產的投資（這是投資人的事）。因此投資是拿金錢去換取金融資產（如股票），而金融資產對營利的實質資產（如企業）具有權利，從而獲取更多的金錢。

為何投資應有利潤（報酬）呢？這個問題與放款給他人為何應該收取利息的本質相近，相關的學說有：

◑ 欲望忍耐說（消費面觀點）

認為貸款者所以有貨幣資本能借予他人使用，乃由於他犧牲了一部分消費，而以所節省的金錢充作貨幣資本。但減少消費，等於犧牲了慾望的滿足，心理上及生理上必感到某種痛苦，利息即是對這種痛苦的補償。

◑ 時間偏好說（風險面觀點）

認為人類的生命有限，而未來的情況則充滿不確定的因素。因此對現在能確實掌握的財貨，評價比較高；對將來才能掌握的同樣財貨，評價則比較低。要吾人放棄現在財貨交換未來財貨，除非將來能收回同價值的財貨外，還能有額外的補償，否則吾人不願意放棄現在財貨，這種額外的補償即是利息。而利率水準則決定於吾人時間偏好的高低。

◑ 流動偏好說（機會面觀點）

認為貨幣資本比任何其他資產具有高度的流動性，吾人保持貨幣不但隨時可供交易之用，並且可以預防發生任何意外事件時，供特別支出之用。同時吾人若特有貨幣在手，可隨時利用市場有利的機會，為自己賺取額外的收入。而其他資產，則沒有這種方便。因此要吾人放棄這種流動性，將貨幣資本借予他人使用，必須予吾人以適當的補償，這種補償即是利息。

◑ 迂迴生產說（生產面觀點）

認為現代的生產不是直接生產，而是迂迴生產，即是先生產各種生產工具，再以此生產工具生產最後產品。吾人所以要採用迂迴生產的方式，是因為此方式印生產力比較高。例如以手直接捉魚，不如用魚網捕魚所獲得的漁獲量多。但採用迂迴的生產方法，在生產各種工具時，先要有各種資源，使生產者能製作生產工具。而貨幣資本之借貸，即能讓生產者取得必要的資源，因此對提高生產力有間接幫助。因為貨幣資本之借貸有提高生產力之貢獻，因此理當自產品中提出一部分作為其報酬，此報酬即為利息。

1.1.2　投資的重要性

投資與薪資最大的差異是投資的獲利為等比級數，而薪資通常為等差級數。例如有一位投資人，每年投資 12 萬元，30 年後，有多少萬？這與報酬率有極大的關係。報酬率 -3%、-1%、0%、1%、3%、5%、7%、10%、12%、15%、18% 與 20% 的差別如表 1.1，只要能從 3% 提升到 10% 就值 1403 萬，達到 3.5 倍的差別。圖 1.1 橫軸為報酬率，縱軸顯示年投資 12 萬，30 年後有多少萬，顯示報酬率對財富的累積影響很大。

表 1.1　年存 12 萬，30 年後，有多少萬？

報酬率	30 年後資產（萬元）	報酬率	30 年後資產（萬元）
-3%	240	7%	1134
-1%	312	10%	1974
0	360	12%	2896
1%	417	15%	5217
3%	571	18%	9491
5%	797	20%	14183

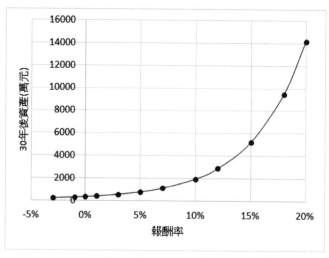

圖 1.1　年存 12 萬，30 年後，有多少萬？

　　圖 1.2 橫軸為時間（年），縱軸顯示年投資 12 萬，40 年內累積資產的變化過程，不同曲線代表不同的報酬率。此圖顯示高、低報酬率的投資會在 20 年後即產生明顯差異，到了 40 年後更是有天淵之別。

　　以下再舉幾個例子說明投資的重要性：

- 如果你的單筆投資的金額為你的年薪的 10 倍，那只要年投資報酬率有 10%，相當於多了一份薪水。

- 即使你的單筆投資的金額為你的年薪的 1 倍，那只要年投資報酬率有 10%，到了第 25 年，累積財富達 10.83 倍（$1 \times (1+0.1)^{25} = 10.83$），故以後每年也相當於多了一份薪水。

- 如果你投資的金額為每年投資你的年薪的 1/10，那只要年投資報酬率有 10%，到了第 26 年，累積財富達 10.91 倍（$0.1 \times [(1+0.1)^{26}-1]/0.1 = 10.91$），故以後每年也相當於多了一份薪水。如果年投資報酬率有 15% 或 20%，則只要 20 與 17 年累積財富達 10 倍以上。

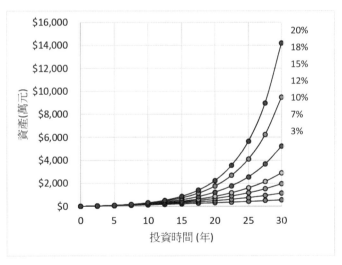

圖 1.2　年存 12 萬的財富累積速度

> **知 識 方 塊** 72 法則
>
> 將 72 除以設定的年報酬率，大約就是將投入的本金倍增所需的時間。公式為
>
> $$倍增所需年數 = \frac{72}{年報酬率}$$
>
> 這個公式在報酬率小於 30% 以下，倍增所需年數的估計誤差不到 10%。例如，若有本金 100 萬，何時可以達到 200 萬呢？如果投資報酬率只有 1%，就需要長達72 年的時間才能達到，如果是一般股市的報酬率 7%，則需要 10 年，如果報酬率能提高到 15%，則不到 5 年就可以達到目標。

1.2 　金融市場

1.2.1　金融資產與實質資產的關係

資產可以分成兩類：

- 實質資產：土地、建物、機器、知識…等。
- 金融資產：股票、債券…等。

金融資產與實質資產的關係如下：

- 金融資產提供籌資人（企業家）購買實質資產的能力。
- 金融資產對於實質資產本身或其收益具有求償權。
- 金融資產決定實質資產本身或其收益如何分配給投資人。
- 金融資產的績效最終仍取決於實質資產的績效。

1.2.2　金融資產的分類與金融市場的功能

金融資產可以分成幾類：

(1) 收益型有價證券（fixed-income securities）：如債券（bond）。

(2) 權益型有價證券（equity securities）：如股票（stock）。

(3) 衍生性金融商品（derivatives）：如期貨（future）與選擇權（option）。

金融市場的基本功能如下（圖 1.3）：

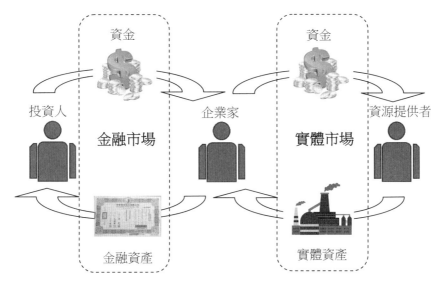

圖 1.3 金融市場存在功能

- 提供不同型態的具獲利能力的金融商品，吸納資金剩餘者的閒置資金，轉移到資金需求者。資金剩餘者、資金需求者可能來自家戶單位、金融機構、政府組織、或企業組織。

- 提供低交易成本高效率的交易機制，讓資金需求者與資金供給者交易金融資產，達成提升資金融通、資產配置效率之目的。

金融市場對投資人的具體功能如下：

(1) 消費時機的分配：人生各階段的收支不同。在所得高於消費時投資，以備所得低於消費時運用。

(2) 風險程度的定製：每個人的風險態度不同。金融市場中的各種金融商品提供了不同的報酬，也伴隨不同的風險。投資人可以風險承受能力選擇投資適當的金融商品。

(3) 加速財富的累積：加速個人的財富累積速度。投資與薪資最大的差異是投資的獲利為等比級數，而薪資通常為等差級數。金融市場中的一些高風險的金融商品提供投資人獲得高報酬的機會。

金融市場對企業家的具體功能如下：

(1) 提供企業家籌募資金的管道。

(2) 促使所有權與經營權的分離，提升企業的經營績效。

如果沒有金融市場，將發生以下問題：

- 對個人而言：(1) 無法應急 (2) 無法提前完成夢想 (3) 無法規避生活風險 (4) 無法保護財富 (5) 無法加速累積財富。
- 對企業家而言：(1) 無法融資（財務槓桿）(2) 無法分散風險。

1.2.3 金融市場的本質

本質 1：風險與報酬的互換

(1) 高報酬必有高風險：必定。因為只要是自由市場，人們會用高價去追逐高報酬低風險的金融資產，導致該金融資產價格上漲，因此買入該資產的報酬率降低，該資產變成低報酬低風險的金融資產。反之，人們只願用低價去購買低報酬高風險的金融資產，導致該金融資產價格下跌，因此買入該資產的報酬率提高，該資產變成高報酬高風險的金融資產。

(2) 高風險必有高報酬：不一定。賭博是高風險，但報酬率是「負值」，注意不只是低報酬而已，而是負報酬。因此賭博不是投資。

本質 2：經由競爭達到效率市場

效率市場認為目前的價格就是合理的價格。事實上，應該是大多數情況下，目前的價格接近合理的價格。就業市場也是經由競爭達到效率市場，

但人才的流動受國界、空間的限制遠比資金高，故無法達到高水準的效率市場，目前的薪資未必能接近合理的薪資。

1.2.4　金融市場的趨勢

(1) 直接金融化：取得資金方式逐漸從向銀行融資（間接金融）轉變成向投資人融資（直接金融）。

(2) 全球化：將金融市場範圍擴大到全球範圍。例如 ADR（美國存托憑證）、海外基金。

(3) 證券化：將實體資產證券化，以提高其流動性。例如房地產證券化、黃金證券化。

(4) 創新化：將傳統金融商品透過分解、組合，形成新的金融商品。例如選擇權。

(5) 資訊化：將傳統金融商品交易、分析、決策透過網路、電腦資訊系統完成。例如線上證券交易、證券投資分析與決策資訊系統。

1.2.5　金融市場的資訊

金融管理是透過資訊流管理金流，因此金融業是資訊服務業。為了因應來自金融業、非金融業以及來自國際的競爭，現代的銀行機構的資產支出有很大一部分投入資訊科技的引進。

金融商品設計與操作、金融機構的作業與決策過程中，涉及大量資訊的取得與分析，這些工作包括以下特性：

- **即時性**：大量資訊的即時處理。
- **集中性**：分散系統的集中控管。
- **精密性**：繁複計量模式的精密計算。

1.3 >> 投資工具

1.3.1　金融市場的組成

● **金融市場：直接金融與間接金融（Direct and Indirect Finance）**

當企業的自有資金不足時，籌措資金的主要管道有（圖 1.4 與圖 1.5）

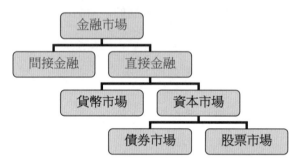

圖 1.4　金融市場的組成

圖 1.5　籌措資金管道

- **間接金融**：係指向金融中介機構取得貸款。

- **直接金融**：係指直接向資金擁有者取得資金。包括企業在貨幣市場發行商業本票、銀行承兌匯票，或在資本市場發行股票、公司債，以取得資金。

1.3.2 直接金融的組成：貨幣市場與資本市場

直接金融市場由貨幣市場與資本市場組成：

- **貨幣市場**：為短期資金供需之交易場所，交易工具為一年期以下短期有價證券，亦包括金融業拆款市場。其資金流動性高，提供企業短期資金籌措管道。貨幣市場提供短期票券交易的場所。短期票券係指期限在一年以內之票券，如國庫券、可轉讓之銀行定存單、本票或匯票。

- **資本市場**：為長期資金供需之交易場所，交易工具為一年期以上（如公司債）或未定期（如股票）之有價證券。其資金恆久性高，提供企業長期資金籌措管道。

1.3.3 資本市場的組成：公司債與股票

資本市場提供一年期以上或未定期之有價證券交易之公開場所，包括股票與公司債。股票乃表達股東權益，持有人（股東）可參與公司之經營；公司債乃表達債權，持有人不能參與公司之經營。

- **公司債（Corporate Bonds）**：公司為籌集中長期資金所發行之債券，可分為普通公司債與轉換公司債。前者發行者須為股票公開發行公司，而轉換公司債發行者須為上市或上櫃公司。另公司債可視擔保有無分為有擔保公司債及無擔保公司債，如經金融機購保證可視為有擔保。

- **股票（Stock）**：股份有限公司之資本應分為股份。股東透過股票之投票權來控制公司之經營，並分享因公司盈餘所發放的股利。股票分普通股與特別股。特別股擁有某些優先於普通股的權利，因此其風險較普通股低，但比公司債高。基於「高風險，高報酬」的原理，其報酬一般較普通股低，但比公司債高。

股票：普通股與特別股

股票制度起源於 1602 年的荷蘭東印度公司。當時該公司經營航海事業。它在每次出海前向人集資，航次終了後即將各人的出資以及該航次的利潤交還給出資者。這就是「股東」和「派息」的前身。

股票是一種有價證券，是股份公司為籌集資金，發給投資者做為公司資本部分所有權的憑證。投資者擁有此憑證成為公司股東，具有分享公司盈餘所發放的股利之權利，並分享公司成長或交易市場波動帶來的股價上漲的獲利；但也要共同承擔公司運作失利或交易市場波動帶來的股價下跌的損失。

公司股票上市的優點：

- **優化公司資本結構**：公司資金主要來自負債與股東權益。負債雖然資金成本常較股東權益低，但其額度有限。股東權益雖然資金成本常較負債高，但其額度很有彈性。當投資人對公司的前景看好時，公司股票上市可以籌得大量的低成本資金。

- 提升公司知名度。

- **健全公司財務管理**：上市公司須定期公布財報，可督促公司健全財務管理。

- **公司大股東可分散風險**：股東可以在股市釋出部分股票，將資金轉投其它投資工具。

公司股票上市的缺點：

- 原有股東控制權分散。
- 股東干涉公司股利決策。
- 金管機構干擾公司決策。
- 競爭者探知公司經營動向。

股票可以分成普通股、特別股（優先股）二類：

普通股

　　普通股是股份公司資本構成中最基本、最主要的股份。普通股不需要還本，股息也不需要向借款和債券一樣需要定期定額支付，因此對籌資者的風險很低，但對投資人的風險很高。但是採取這一方式籌資會引起原有股東控制權的分散。普通股具有三個特質：

- **剩餘資產請求權**：當公司清算時，股東有權分配公司的淨值。淨值為扣除負債後的資產。
- **剩餘盈餘請求權**：當公司經營有盈餘時，股東有權分配這些盈餘，這些盈餘可用現金股利的形式分配給股東。
- **有限清償責任**：股東的清償責任以股東在公司的投資為限。

特別股（優先股）

　　特別股（優先股）擁有一些普通股所不具有的特徵，常被認為是一種債務工具和權益工具的混合。「優先」是相對於普通股而言。優先首先體現在公司資產破產清算的受償順序方面（剩餘資產請求權），排在債權之後，比普通股優先；其次在股利分配順序方面（剩餘盈餘請求權），比普通股優先。特別股的股利通常按事先約好的股息率發放，直到永遠，但特別股也因此最多也只能取得固定的報酬。特別股綜合了債券和普通股的優點與缺點。對籌資者而言，既無到期還本的壓力，也並不必擔心股東控制權的分散，但這一種方式稅後資金成本要高於負債的稅後資本成本。對優先股股東（投資人）而言，雖然風險低於普通股，但仍然承擔了相當高的風險，卻只能取得固定的報酬。因此特別股並不常見。

1.3.4　衍生性金融商品市場：期貨與選擇權

　　衍生性金融商品是由現貨市場的既有商品所衍生出來的商品。衍生性金融商品有許多功能：(1) 做為風險管理工具 (2) 發現金融商品的價值 (3) 促進市場效率與完整性。衍生性金融商品包括

- **期貨**：指當事人約定，於未來特定期間，依特定價格及數量等交易條件買賣約定標的物，或於到期前或到期時以實物交割或結算差價而了結義務的契約。

- **選擇權**：指當事人約定，選擇權買方支付權利金，取得購入或售出商品之選擇權利，得於特定期間內，依特定價格及數量等交易條件買賣約定標的物；選擇權賣方於買方要求履約時，有依約履行之義務；或雙方同意於到期前或到期時結算差價之契約。

1.3.5　共同基金

共同基金是集合小額投資人之資金，交給專業人士操作，投資人共同分擔風險、共同享受獲利。共同基金可以按下列方式分類：

🌑 依地區分類

- 單一國基金
- 區域型基金
- 全球型基金

🌑 依屬性分類

- 收益型基金：以利息收益為主。
- 成長型基金：以資本利得為主。
- 平衡型基金：均衡利息收益與資本利得。

🌑 依資產分類

- 貨幣市場基金
- 收益型基金（債券）
- 權益型基金（股票）
- 認股權證基金（衍生性金融商品）
- 資產配置型基金（零活將資產配置在金融與實質資產）
- 產業型基金（生醫、貴金屬、能源、科技、不動產）

1.3.6　指數股票型基金（ETF）

　　指數股票型基金（ETF）是指在證券交易所上市買賣，以追蹤證券交易所設計或同意編製之標的指數（股票組合）的證券投資信託基金，屬於上市受益憑證的一種。指數股票型基金（ETF）會在證券交易所上市買賣，故投資人於證券經紀商完成買賣有價證券開戶相關事宜後，即可委託證券經紀商買賣該種基金，其交易及交割方式與買賣上市股票相同。簡言之，ETF 是一種交易的方式如股票，權益的實質如共同基金的金融商品。例如「寶來台灣卓越50 基金」即是以追蹤台灣 50 指數為追蹤目標，持有與台灣 50 指數成份股相同股票為主，使小額投資人也能將資金分散在由相當多的股票組成的投資組合。因此 ETF 的價格趨勢（圖 1.6）與台灣發行量加權股價報酬指數相當接近（圖 1.7）。所謂的報酬指數，除了在採樣股票異動或增資除權時進行調整之外，當公司發放現金股利時，也調整讓指數不會因股票除息而下跌，因此利用報酬指數所計算之投資報酬率中，亦包含現金股利之報酬。

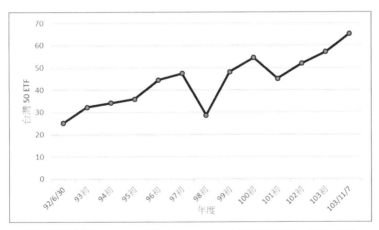

圖 1.6　台灣 50 ETF 價格（2003-2014）資料來源：作者整理

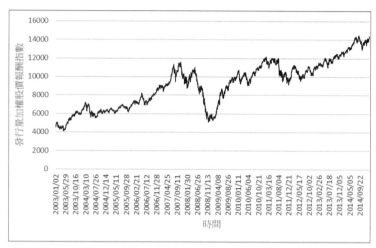

圖 1.7　台灣發行量加權股價報酬指數（2003-2015）資料來源：作者整理

指數股票型基金（ETF）優點包括：

- **風險分散**：能將小額資金分散在由相當多的股票組成的投資組合。
- **投組透明**：投資組合由公開的成分股組成。
- **成本低廉**：交易成本遠比一般的共同基金低。
- **手續簡便**：交易手續如買賣股票一樣便利。
- **流動性佳**：流動性遠比一般的共同基金、股票高。

1.3.7　全球市場

投資人一般而言有「本土偏好」現象，也就是偏好投資自己熟悉的居住的地方。但以全球市場為投資範圍有分散風險的優點，包括匯率風險、國家風險。但投資全球市場仍不能消除所有風險。

1.3.8　投資工具比較

國內常見投資工具比較如表 1.2，基本上各種投資工具各有優缺點。優缺點中最重要的關係是報酬與風險呈現正比關係，不同的投資工具有不同的風險與報酬，可以滿足不同偏好與需求的投資人，這也是市場上各種投資工具並存的根本原因。

表 1.2　國內常見投資工具比較

投資工具	安全性	獲利性	變現性
銀行存款	高	低	好
短期票據	高	低	好
長期債券	高	低	尚可
黃金	價格波動大	中等	一般
外幣存款	有匯率風險	中等	好
股票	低	高	好
期貨	低	高	好
房地產	高	受時期、地段影響	差

1.4 證券交易

● 初級市場與次級市場（Primary and Secondary Markets）

- 初級市場：係指資金需求者（包括政府單位、金融機構及公民營企業）為籌集資金首次出售有價證券予最初購買者之交易市場。初次公開發行銷（IPO）常有偏高報酬；但長期績效經常較差。

- 次級市場：係指初級市場發行後之有價證券買賣之交易市場。

● 店頭市場與集中市場（Over-the-counter and Stock Exchange Market）

- 集中市場：如國內之證券交易所，採競價方式進行交易，交易商品均為標準化商品。

- 店頭市場：為非集中交易市場，又稱櫃檯交易市場，採議價方式進行交易，交易商品較無標準化。

● 證券交易成本

- 證交稅：台灣目前賣出股票時要繳 0.3%。

- **手續費**：台灣目前無論買進、賣出時都要繳，以交易金額的 0.1425% 為上限。

證券交易方式

- **現金現股買賣**：這是市場最主要的買賣方式。投資人不使用財務槓桿，在看好市場或個股時，買入股票，等到股票上漲，或不再看好後市時，賣出股票。

- **融資買進**：融資是借錢買證券，證券公司借款給客戶購買證券，客戶到期償還本息。客戶向證券公司融資買進證券稱為「買空」。買進融資跟買進現股不一樣的是，有 5 成到 6 成的資金是借款，客戶只要付 4~5 成保證金。

- **融券賣出（Margin trading-short）**：融券是借證券來賣，證券公司出借證券給客戶出售，客戶到期返還相同種類和數量的證券並支付利息。客戶向證券公司融券賣出稱為「賣空」。投資人向證券商借出股票賣出，並向證券金融公司或已開辦信用交易的證券公司辦理股票的借貸時，在現行法令規定必須先繳交賣出金額（價金）約九成做為保證金，而價金扣除證交稅、證券公司經紀手續費及借券費後，剩餘價金將存在融券機構充當擔保品。融券交易為投資人看空股市時，先向券商借出股票（通常為融資抵押在融資融券機構的股票）賣出（券賣），等到該融券個股市價下跌後，再以較少金額買回原股票（券買），以賺取差價；相反的，一旦融券股票市價不如預期反而上漲，投資人必須以較多金額買回原股票，產生損失（俗稱軋空）。

證券交易的其他重要規定

- **漲停跌停機制**：漲停板的規定是為了平抑市場上股價的大幅波動。原始的用意是保護投資人不會因為市場波動在一夕之間受到重大打擊，但這也造成了市場真實價格無法在短時間立即反映的情況，反而可能助長市場的非理性上漲或下跌。放寬漲停板的規定有助於發現真實價格與提升流動性。

- **內線交易**：是指於獲悉未公開且後來證實足以影響股票或其他有價證券市價的消息後，進行交易，並有成比例的獲利發生的行為。世界各國大都把內線交易列為違法行為。

1.5 >> 證券投資策略

1.5.1 投資人的目標：風險與報酬

投資人的目標

投資人的目標不外乎二個：

- 最大報酬
- 最小風險

證券投資風險是指投資者在證券投資過程中，遭受損失或達不到預期收益率的可能性。就其性質而言，可分為系統性風險和非系統性風險。證券投資的總風險是系統風險和非系統風險的總和。

- **系統性風險**：是指由於全局性事件引起的投資收益變動的不確定性。在現實生活中，所有公司的經營狀況都會受大環境因素（如利率、匯率、景氣）的影響，這些因素會造成所有公司證券收益率的變動。因此無法通過證券多樣化方式來消除這類風險，所以又成為不可分散風險。

- **非系統風險**：是指由局部性事件引起的投資收益率變動的不確定性。在現實生活中，各個公司的經營狀況會受其自身因素（如決策失誤、新產品研發失敗、新產品加入競爭）的影響，這些因素只會造成該家公司證券收益率的變動，跟其他公司沒有什麼關係，故不會影響其他公司的證券收益率。因此可以通過證券多樣化方式來消除這類風險，所以又被稱為可分散的風險。

投資人風險偏好的因素

- **心理**：投資人的風險態度不同，因此心理上的風險承受能力不同。
- **職業**：投資人應避免投資集中在個人職業所在的產業，以分散風險。
- **年齡**：投資人的年齡越高，通常實質上的風險承受力越低。100 法則是一種由年齡來決定投資在高風險理財工具的比例的方法。方法是「將 100 減去年齡，就是可以投資在高風險理財工具的比例」。舉例來看：若現年 30 歲，用 100 減去 30，也就是說 70% 的資金可以投資在高風險理財工具上，剩餘的 30% 放在保守型的投資工具。

1.5.2　投資人的限制

投資人在投資時也受一些限制：

- **流動性**：例如如果不是長期可投資的自有資金，那麼投資工具的流動性就非常重要。
- **投資期間**：例如不同投資人的人生各階段的收支不同，可能有特定的可投資期間。
- **稅務考量**：例如不同投資人的各種投資工具的稅率可能不同，因此偏好特定工具。
- **法規限制**：例如限制共同基金不得投資超過 5% 的基金資金在任一家公司的股票。
- **道德限制**：例如有些投資人不以賺錢為唯一目標，因此不買「邪惡基金」—投資標的鎖定在煙、酒、賭博及軍火等四大被視為不道德的產業。

1.5.3　投資人的策略

投資策略分成二個層級（圖 1.8）：

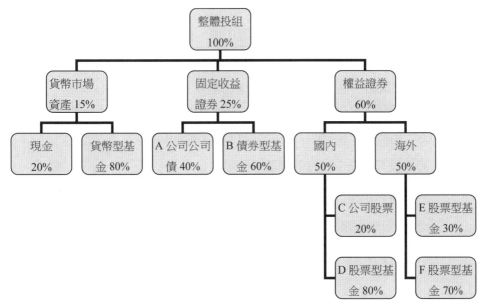

圖 1.8　投資策略的層級

● 上層投資策略

配置資產在不同的投資工具的投資策略，投資工具包括：

- 貨幣市場資產（約當現金）
- 固定收益證券（債券）
- 權益證券（股票）
- 貴金屬
- 不動產
- 外國債券與股票

● 下層投資策略

操作特定投資工具的投資策略，又可以分成二類（以股票為例）：

- **被動投資策略**：不透過選股、擇時增加績效，但會透過投資組合消除非系統風險。其原則是以逸待勞，追隨市場，例如指數股票型基金（ETF）。如果「效率市場」成立，被動投資策略是有效的投資策略。
- **主動投資策略**：透過選股、擇時增加績效。其原則是處心積慮，打敗市場，例如積極型共同基金。如果「效率市場」不成立，主動投資策略是有效的投資策略。主動投資策略又可分成兩種策略：
  - **擇股投資策略**：投資的橫斷面的最佳化。
  - **擇時投資策略**：投資的縱斷面的最佳化。

資訊科技可以用來分析、設計擇股、擇時投資策略。

上述特定投資工具的投資策略以股票為例，詳述如下（圖 1.9）：

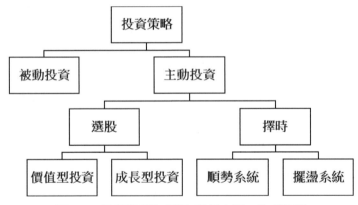

圖 1.9　投資策略的分類　資料來源：作者整理

一　被動投資（不選股、不擇時）

被動投資的理論基礎是建立在效率市場假說與股價隨機漫步理論。相對於價值投資的選股，或者趨勢投資的擇時，它採取甚麼都不做，等待市場成長而被動獲利。主要表現形式為投資「指數股票型基金」（ETF）。ETF 是一種在證券交易所買賣，提供投資人參與指數表現的基金。ETF 將指數予以證券化，以持有指數成分股為主，分割成眾多單價較低之投

資單位，發行受益憑證。由於指數由多樣化的成分股組成，因此投資人可以透過買入持有 ETF 消除非系統風險。

二 價值投資（選股）

價值投資是指從宏觀經濟、產業、企業的基本面來分析企業的內在價值，並以此決定投資決策的投資方法。其中因傾向不同，又可分為價值型投資和成長型投資：

- **價值型投資**：更傾向於注重企業利潤與淨值的目前水準所隱含的內在價值與市場股價之間是否有寬闊的安全邊際，因此往往是投資於低本益比（P/E）、低股價淨值比（P/B）的股票。

- **成長型投資**：更傾向於注重企業獲利能力的水準和持續性，因此往往是投資於高股東權益報酬率（ROE）的股票。

價值型投資者也必須兼顧企業的獲利能力，因為獲利能力低劣的企業即使目前本益比、股價淨值比很低，但長期而言，低劣的獲利能力必然造成企業未來的利潤與淨值成長性低，導致股價成長性低，使股票投資報酬率低，所以價值性與成長性兩者並不矛盾。著名的價值投資大師有華倫·巴菲特、彼得·林區等。

三 趨勢投資（擇時）

趨勢投資是指以技術分析等方法研究股票的價量趨勢，波段操作，不以企業的基本面做決策依據的投資方法。由於其投機性質較明顯，有人稱之為「投機」。因為經常有過多的人進行短期的投機交易，致使短期投機交易往往無利可圖，再考慮到因頻繁買賣而產生的相對高昂的交易成本，使短期投機交易對多數人來講風險比長期持有的價值投資更大。技術分析方法大致可歸為兩大類：

- **順勢系統**：其理論基礎是當漲或跌持續一段相當時間後，會造成趨勢，持續一個波段，形成漲者恆漲、跌者恆跌的現象。此類技術分析

專注於擷取長期間波段行情，因此在波段趨勢明顯時的表現往往較佳。雖然這類系統勝率雖不高，但終能夠大賺小賠，交易頻率通常不會太高，交易成本較低，所以報酬率較佳，但必須要很有耐心地長期等待下一次波段的出現。這類系統以移動平均線為代表。

- 擺盪系統：其理論基礎是當股價短期漲或跌超過一個合理範圍時，會觸頂或觸底反彈，回到合理範圍，形成漲多必跌、跌多必漲的現象。此類技術分析專注於擷取短期間的振盪高低點價差，因此在振盪盤整時期的表現往往較佳。雖然這類系統勝率較高，但經常小賺大賠，且交易頻率過高，導致交易成本大增，侵蝕報酬率。有時交易成本的增加甚至可能大於獲利的增加，反而得不償失。這類系統以布林帶（Bollinger Bands）為代表。

上述兩類技術分析方法的邏輯剛好相反，因此適用的情況也剛好相反。順勢系統在波段趨勢時期表現較佳；擺盪系統在振盪盤整時期表現較佳。可惜的是我們很難判斷未來股價走勢會是波段趨勢還是振盪盤整。

被動投資策略的效果當然會跟大盤一樣，主動投資策略的選股與擇時投資策略的效果解說如下：

一　選股（stock selection）（圖 1.10）

是指股票買賣標的物的抉擇。例如挑選本益比低的股票買進。透過選股使投資組合（以下簡稱投組）無論在多頭或空頭，其績效都比大盤績效高，逐漸拉開與大盤的差距。選股策略的優點是如果策略成功，則無論多頭或空頭，績效都經常比大盤高，缺點是績效會隨大盤劇烈波動，因此在空頭時期即使績效高於大盤，但績效仍可能處於虧損的狀態。

二　擇時（market timing）（圖 1.11）

是指股票買賣時間點的抉擇。例如選擇在股價（或指數）由下向上突破股價（或指數）季移動平均線（季線）時，買進股票；由上向下突破季線時，賣出股票。透過擇時使投組能避過空頭時期，參與多頭時期，逐漸拉開

與大盤的差距。擇時策略的優點是如果策略成功,則可以避過下跌期,但缺點是持有期績效只與大盤相同。

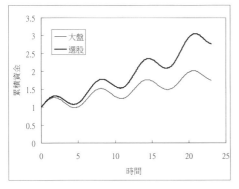

圖 1.10　選股（stock selection）
　　　　提高投資績效

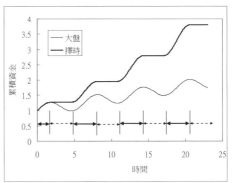

圖 1.11　擇時（market timing）
　　　　提高投資績效

　　圖 1.12 與圖 1.13 是選股與擇時模型在台灣股市實證的兩個典型的實例,雖然兩者都可提高投資績效,但兩者的本質有明顯差異。選股策略會在多頭賺得多,空頭賠得少,但累積報酬率會隨大盤劇烈波動。圖 1.12 顯示,在網路泡沫、金融海嘯時期,選股策略一樣會虧損,但在其後的反彈期,漲幅比大盤高。

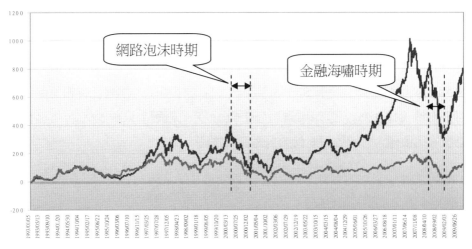

圖 1.12　選股模型在台股的績效案例
（縱軸是累積報酬率,金融海嘯時期有虧損）

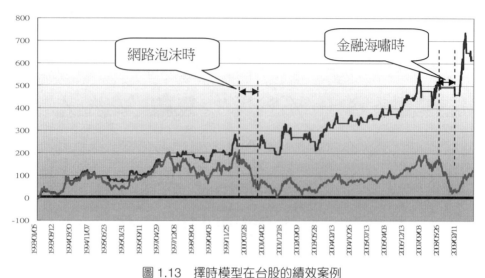

圖 1.13　擇時模型在台股的績效案例

（縱軸是累積報酬率，金融海嘯時期無虧損）

　　相反地，擇時策略會在多頭時持有股票，漲幅同大盤一樣高；在空頭時出清股票，避開虧損。因此累積報酬率像爬樓梯一樣，呈現階梯狀，即在持有股票時，累積報酬率是與大盤漲跌方向相同的斜坡；在出清股票時，累積報酬率是水平線（不賺不賠）。圖 1.13 顯示，在網路泡沫、金融海嘯時期的初期，擇時策略即偵測到空頭訊息而出清股票，因此只在初期有虧損，避過大部分的下跌期；在反彈期的初期即偵測到多頭訊息而買入股票，因此只錯過反彈的初期，參與大部分的反彈期。有統計資料顯示，在 1993/12~2013/12 的 20 年間，持續不斷地持有 S&P 500 指數，完全不擇時，年化投資報酬率的幾何平均值可達 9.2%，但如果錯過最佳的 10 天，報酬率只剩 5.5%，可見擇時錯誤的代價極大，績效可能低於只選股不擇時。

1.6 >> 證券資訊系統

資訊系統可依處理的資訊不同，分成不同系統（圖 1.14 與圖 1.15）：

資訊階層	決策問題	典型	系統
知識 📖	非例行性決策 ⇕ 例行性決策	決策支援系統 DSS 💻	專家系統 ES 💻
資訊 📝		資訊管理系統 MIS 💻	主管資訊系統 EIS 💻
資料 📄		交易處理系統 TPS 💻	作業資訊系統 OIS 💻

圖 1.14　資訊系統的分類

特性	交易處理系統	管理資訊系統	決策支援系統
需求資料	內部	內部	內部與外部
問題導向	內部導向	偏向內部導向	偏向外部導向
問題之結構化程度	高	中	低
使用層級	低	中	高
分析能力	無	少	多

圖 1.15　資訊系統的比較

🔵 資訊系統 1：資料管理系統

是組織中最基層的系統，屬於操作層級，用於收集基本資料。例如銀行中臨櫃業務系統；ATM 系統中的存提轉帳功能；證券業中的股票買賣系統等。

🔵 資訊系統 2：資訊管理系統

支援組織中階管理階層之彙整分析工作，此工作通常較結構化，主要是將基本資料加以彙整、統計、分析、比較，並產生報表。例如主管資訊系統提供主管歷史資料線上查詢、整合外在事件資訊、統計分析、報表列印等功能，支援管理者對內外情境做出判斷。

資訊系統 3：決策支援系統

支援組織高階管理階層之決策制定工作，此工作通常低度結構化、獨特，甚至瞬息萬變。例如決策支援系統（DSS）提供資料庫、模式庫、最佳化求解、互動介面等功能，配合決策者本身對問題之洞察力與判斷力，制定決策。

DSS 與 MIS 之不同在於：MIS 彙整公司資訊以支援管理者的分析，而 DSS 則是提供互動的決策分析資訊以支援管理者的決策。

DSS 模式庫收集了許多模式，包含用以支援特殊決策及一般決策的模式。一般常見的模式有統計模式（例如複迴歸預測）、模擬（例如投資策略模擬）、數學規劃（例如線性規劃）等。這些模式可用試算表、樣版、程式或巨集等不同方式儲存。DSS 軟體通常必須整合資料庫、模式庫、最佳化求解、互動介面等功能，其類型包括從特殊目的到全方位的 DSS 產生器，或從試算表軟體到整合性套裝軟體。

電子試算軟體（如 Excel）也可當作簡易的 DSS 軟體，因其具有基礎的 DSS 功能。

- 模式建立（試算表公式、函數）
- 統計分析（資料分析工具）
- 模擬分析（亂數產生器）
- 最佳化（規劃求解）
- 資料庫管理（資料庫查詢函數）
- 介面管理（按鍵、選單、提示等介面）
- 產生報表（統計圖表繪圖）

1.7 >> 本書綱要

1.7.1 本課程教學目標

股票市場一直是一個風險極高的投資市場，原因在於影響股價的因素太多，使得股票市場難以預測。在股市投資決策中，技術分析、基本分析是主要的二種分析法。但有學者曾提出市場效率假說，主張：

- 在「弱勢」效率市場中，目前的市場價格已充份的反應了過去的市場價格所提供的各種資訊，因此投資人無法根據過去的價量歷史資料，透過「技術分析」來賺得超額的報酬。

- 在「半強勢」效率市場中，目前股票價格已充分反應於所有公開資訊，因此投資者無法利用公開的財務報表，透過「基本面分析」來賺得超額的報酬。

然而「效率來自競爭」，只有不斷挖掘潛在的投資模型，才能維持市場的效率性。因此仍有學者認為有可能從技術分析、基本分析找出提高投資報酬率的方法。本書將探討如何使用資訊科技進行證券投資分析與決策。

1.7.2 本課程組成結構

現代的投資人必需同時具備三大能力：

- 財務金融的知識
- 量化模型的設計
- 資訊工具的運用

本書的目的在於提供投資人學習這三大能力的教材。本書的另一特色是採用 Excel 試算表做為證券投資分析的工具。因此本書分成三篇：Excel 入門與進階、證券投資分析、使用 Excel 實作證券投資分析。各篇的組成如下：

第一篇 **Excel 入門與進階**

第 1 章 前言

第 2 章 Excel 入門 1：公式、函數、繪圖

第 3 章 Excel 入門 2：資料處理

第 4 章 Excel 進階 1：規劃求解

第 5 章 Excel 進階 2：機率統計

第 6 章 Excel 進階 3：Visual Basic Application（VBA）

第 7 章 Excel 進階 4：Visual Basic 程式設計

第二篇 **證券投資分析**

第 8 章 財務分析的原理

第 9 章 投資的風險與報酬

第 10 章 投資的多元分散與資產訂價

第 11 章 效率市場假說與實證

第 12 章 證券投資的橫斷面分析：選股

第 13 章 證券投資的縱斷面分析：擇時

第 14 章 投資的評價與歸因

第三篇 **使用 Excel 實作證券投資分析**

第 15 章 網路上的證券投資分析資源

第 16 章 選股系統之設計：直接法

第 17 章 選股系統之設計：間接法

第 18 章 擇時系統之設計：初探

第 19 章 擇時系統之設計：回測

02

Excel 入門 1：
公式、函數、繪圖

2.1 ▶▶ 簡介

以試算表做為證券投資分析工具的優勢包括：

- 試算表軟體的基本特徵是儲存格內可輸入資料、公式、函數，每一個儲存格都可以作為其他儲存格的輸入，提供了一個友善、透明、易用的分析工具。

- 成本低。Excel 為 Microsoft Office 的組件之一，不需另外購置。

- 試算表基礎的財務分析為國際潮流。

- 可藉此環境使用第三者廠商的軟體。

- 可連結資料庫與網際網路，前者提供金融分析歷史資料，後者提供即時資料。

- 可設計友善的使用者介面。

- 可重用性與移植性高。

因此本書採用 Excel 試算表做為證券投資分析的工具。第一篇介紹 Excel 入門與進階，分成六章：

- Excel 入門 1：公式、函數、繪圖
- Excel 入門 2：資料處理
- Excel 進階 1：規劃求解
- Excel 進階 2：機率統計
- Excel 的 Visual Basic Application（VBA）
- Excel 的 Visual Basic 程式設計

2.2 ▶▶ Excel 資料

Excel 最常用的資料有文字與數字，可以用不同的格式展現。

◀練習 2.1▶ Excel 資料

(1) 開啟「練習 2.1 資料」檔案。

(2) 到「數值格式」工作表（圖 2.1）。試將 F2:F6 內的格式改為取小數 1 位，再將格式改為取小數 3 位。

(3) 到「條件化格式」工作表（圖 2.2）。選取 B2:E6 範圍，到「常用」標籤按下 ▣設定格式化的條件▾ ，並設定適當的條件化格式。例如將格式改為 <60 為紅字，否則取藍字。

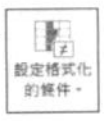

(4) 到「註解」工作表（圖 2.3）。將鼠標移到 A2，出現「大聯盟投手」的註解。按下滑鼠右鍵，可選擇編輯註解、刪除註解、顯示 / 隱藏註解。選取 A3，按下滑鼠右鍵，可選擇插入註解。

圖 2.1　資料格式（平均值取小數兩位）

圖 2.2　條件化格式（自動將不及格的數字用紅色標示）

圖 2.3　加上註解（在 A2 上加註解）

2.3 >> Excel 公式

Excel 的公式簡單易用，威力強大。

◀練習 2.2▶ Excel 公式

(1) 開啟「練習 2.2 公式」檔案（圖 2.4）。

(2) 勝率 (Win Ratio) = 勝場 (Win) / 場數，因此在 E2 儲存格的公式為「=B2/D2」。

(3) 將 E2 公式用拖拉方式複製到 E3:E6 範圍。

	E2	▼	f_x	=B2/D2		
	A	B	C	D	E	F	G
1	大聯盟投手	勝場(Win)	敗場(Lose)	場數	勝率(Win Ratio)		
2	王建民	19	7	26	0.730769		
3	李商隱	17	9	26	0.653846		
4	吳郭魚	12	14	26	0.461538		
5	林語堂	5	12	17	0.294118		
6	朱元璋	8	8	16	0.5		
7							

圖 2.4　Excel 的資料與公式（E2 公式為「=B2/D2」）

Excel 公式中常包含儲存格的位址，儲存格的位址分成絕對與相對位址。在欄或列之前有「$」符號者為絕對位址，複製後有 $ 符號的欄或列不變，沒有「$」符號者為相對位址，複製後的欄或列會改變。

◀練習 2.3▶ 九九乘法表

(1) 開啟「練習 2.3 九九乘法表」檔案（圖 2.5）。

(2) B2 儲存格的公式「=$A2*B$1」，即 A2 的欄取絕對位置，列取相對位置；B1 的欄取相對位置，列取絕對位置。

(3) 再將公式以拖拉的方式複製到 B2:J10 的範圍，構成九九乘法表。例如 J10 儲存格的公式「=$A10*J$1」。

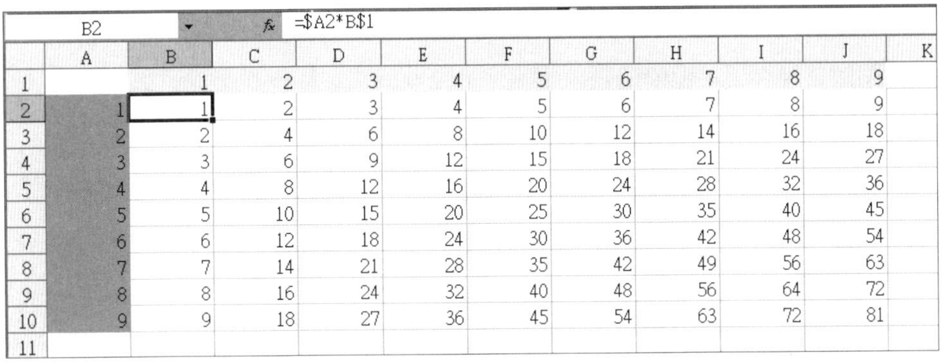

B2	▼	ƒx	=$A2*B$1							
	A	B	C	D	E	F	G	H	I	J	K
1		1	2	3	4	5	6	7	8	9	
2	1	1	2	3	4	5	6	7	8	9	
3	2	2	4	6	8	10	12	14	16	18	
4	3	3	6	9	12	15	18	21	24	27	
5	4	4	8	12	16	20	24	28	32	36	
6	5	5	10	15	20	25	30	35	40	45	
7	6	6	12	18	24	30	36	42	48	54	
8	7	7	14	21	28	35	42	49	56	63	
9	8	8	16	24	32	40	48	56	64	72	
10	9	9	18	27	36	45	54	63	72	81	
11											

圖 2.5　Excel 的絕對與相對位址（九九乘法表）

（A 欄及 1 列取絕對位置，B2=$A2*B$1）

2.4 ▶▶ Excel 函數

Excel 的函數簡單易用，威力強大。最常用的函數有以下幾類：

- 數學與基本運算函數
- 邏輯與資訊函數
- 文字函數
- 日期與時間函數
- 資料庫函數
- 查詢與檢視函數
- 統計函數（第 5 章介紹）
- 財務函數（第 8 章介紹）

Excel 函數的進階用法包括：

- 使用巢狀函數
- 陣列函數使用

◀ 練習 2.4 ▶ 數學函數

(1) 開啟「練習 2.4 數學函數」檔案（圖 2.6）。

(2) F2 函數「=average(B2:E2)」取平均。

G2 函數「=(B2*$B$7+C2*$C$7+D2*$D$7+E2*$E$7)/SUM($B$7:$E$7)」取加權平均。

H2 函數「=INT(G2)」取整數，不四捨五入。

I2 函數「=ROUND(G2,2)」取四捨五入。

B9 函數「=RAND()」產生 0~1 均佈亂數。

B10 函數「=COUNTIF(B2:B6,">=60")」計算及格人數。

B11 函數「=SUMIF(B2:B6,">=60")/COUNTIF(B2:B6,">=60")」計算及格者的平均成績。

	F2	▼	fx	=AVERAGE(B2:E2)					
	A	B	C	D	E	F	G	H	I	J	K
1	學生	計概	微積分	管數	程式	平均	加權平均	INT取整數	ROUND取整數		
2	王建民	88	90	60	27	66.25	63.5	63	63.50		
3	李商隱	13	50	40	40	35.75	35.75	35	35.75		
4	吳郭魚	50	30	30	30	35	35	35	35.00		
5	林語堂	67	33	20	20	35	35	35	35.00		
6	朱元璋	80	70	10	60	55	59.16667	59	59.17		
7	權重	3	3	2	4						
8											
9	RAND	0.698773	0.155891	0.095078	0.710177	亂數					
10	COUNTIF	3	2	1	1	(及格人數)					
11	SUMIF	78.33333	80	60	60	(及格者平均)					
12											

圖 2.6　數學與基本運算函數

◀ 練習 2.5 ▶ 邏輯函數

(1) 開啟「練習 2.5 邏輯函數」檔案（圖 2.7）。

(2) F2 函數「=B2>15」判定是否勝投 >15。

G2 函數「=C2<10」判定是否敗投 <10。

H2 函數「=AND(F2,G2)」判定是否（勝投 >15）且（敗投 <10）。

I2 函數「=OR(F2,G2)」判定是否（勝投 >15）或（敗投 <11）。

J2 函數「=NOT(F2)」取 NOT 函數。

	G2		▼	*fx*	=C2<10					
	A	B	C	D	E	F	G	H	I	J
1	大聯盟投手	勝場(Win)	敗場(Lose)	場數	勝率(Win	勝投>15	敗投<10	(勝投>15)且(敗投<10)	(勝投>15)或(敗投<11)	NOT函數
2	王建民	19	7	26	0.730769	TRUE	TRUE	TRUE	TRUE	FALSE
3	李商隱	17	12	29	0.586207	TRUE	FALSE	FALSE	TRUE	FALSE
4	吳郭魚	12	14	26	0.461538	FALSE	FALSE	FALSE	FALSE	TRUE
5	林語堂	5	12	17	0.294118	FALSE	FALSE	FALSE	FALSE	TRUE
6	朱元璋	8	8	16	0.5	FALSE	TRUE	FALSE	TRUE	TRUE
7										

圖 2.7　邏輯與資訊函數

◀練習 2.6▶ 文字函數

(1) 開啟「練習 2.6 文字函數」檔案（圖 2.8）。

(2) G2 函數「=LEFT(A2,1)」取左邊第一個字當姓。

H2 函數「=IF(F2="M"," 先生 "," 女士 ")」如是男性稱呼先生，否則女士。

I2 函數「=G2&H2」將姓與稱呼結合。

J2 函數「=LEN(A2)」取 LEN 函數計算名字的長度。

	G2		▼	*fx*	=LEFT(A2,1)					
	A	B	C	D	E	F	G	H	I	J	K
1	大聯盟投手	勝場(Win)	敗場(Lose)	場數	勝率(Win	性別	LEFT函數	IF函數	&運算	LEN函數	
2	王建民	19	7	26	0.730769	M	王	先生	王先生	3	
3	李商隱	17	9	26	0.653846	M	李	先生	李先生	3	
4	西施	12	14	26	0.461538	F	西	女士	西女士	2	
5	林語堂	5	12	17	0.294118	M	林	先生	林先生	3	
6	朱元璋	8	8	16	0.5	M	朱	先生	朱先生	3	
7											

圖 2.8　文字函數

◀練習 2.7▶ 時間函數

(1) 開啟「練習 2.7 時間函數」檔案（圖 2.9）。

(2) B2 函數「=TODAY()」取今天年 / 月 / 日。

B3 函數「=NOW()」取現在時間。

B4 函數「=MONTH(B2)」取今天月份。

B5 函數「=YEAR(B2)」取今天年度。

B6 函數「=DAY(B2)」取今天日期。

B7 函數「=WEEKDAY(B2)」取今天星期幾。此數值預設為介於 1（星期日）到 7（星期六）的整數。

(3) C~E 欄取不同的時間格式。

	B2	▼	*fx*	=TODAY()		
	A	B	C	D	E	F
1	函數					
2	TODAY	2010/8/1	中華民國99年8月1日	99年8月1日	2010年8月1日	
3	NOW	2010/8/1 17:48	下午05時48分	05:48 PM	2010年8月1日	
4	MONTH	8				
5	YEAR	2010				
6	DAY	1				
7	WEEKDAY	1				

圖 2.9　日期與時間函數

　　Excel「數學函數」已經有 SUM, AVERAGE, MIN, MAX 等函數，但它只能對範圍內所有數據進行計算。而資料庫函數有 DSUM, DAVERAGE, DMIN, DMAX 等函數，它能對範圍內滿足特定條件的數據進行計算。

◀練習 2.8▶ 資料庫函數

(1) 開啟「練習 2.8 資料庫函數」檔案（圖 2.10）。

	B18	▼	*fx*	=DSUM($B$2:$G$13,"成績",$B$15:$G$16)				
	A	B	C	D	E	F	G	H	I
1					IF				
2		學生	科目代號	科目	成績	等級	地區編號		
3		丁一	C01	數學	65	普	1		
4		王五	C02	計概	70	普	2		
5		王五	C03	英文	100	優	3		
6		丁一	C03	英文	80	優	1		
7		李四	C01	數學	90	優	2		
8		李四	C02	計概	40	差	3		
9		張三	C01	數學	30	差	1		
10		李四	C01	數學	60	普	1		
11		張三	C02	計概	10	劣	2		
12		李四	C03	英文	20	劣	2		
13		王五	C03	英文	50	差	3		
14									
15		學生	科目代號	科目	成績	等級	地區編號		
16					>60				
17									
18	DSUM	405							
19	DAVERAGE	81							
20	DMIN	65							
21	DMAX	100							
22									

圖 2.10　資料庫函數（計算及格成績的總合、平均值 ... 等）

(2) 一開始要建立與範圍相同的標題。在 B15:G15 有與 B2:G2 相同的標題「學生 科目代號 科目 成績 等級 地區編號」。在 E16 儲存格有「>60」。

(3) 可用下列資料庫函數對範圍內滿足成績大於 60 條件的數據進行計算：

B18 函數「=DSUM($B$2:$G$13," 成績 ",$B$15:$G$16)」計算成績 >60 者的成績總和

B19 函數「=DAVERAGE($B$2:$G$13," 成績 ",$B$15:$G$16)」計算成績 >60 者成績平均

B20 函數「=DMIN($B$2:$G$13," 成績 ",$B$15:$G$16)」計算成績 >60 者的成績最小值

B21 函數「=DMAX($B$2:$G$13," 成績 ",$B$15:$G$16)」計算成績 >60 者的成績最大值

Excel 的查詢與檢視函數讓 Excel 也能擁有簡單的資料庫的查詢與檢視功能。

◀ 練習 2.9 ▶ 查詢與檢視函數

(1) 開啟「練習 2.9 查詢與檢視函數」檔案（圖 2.11）。

(2) G3 函數「=CHOOSE(F3," 北區 "," 中區 "," 南區 ")」從一串資料選出第幾個。例如 G3 以 F3 為 key，在「" 北區 "," 中區 "," 南區 "」中選出「北區」。

(3) H3 函數「=VLOOKUP(A3,$K$3:$N$6,3)」從一直式資料表選出特定 key 第幾欄。例如 K3:N6 是一個直式的「學生資料表」，H3 儲存格以 A3 為 key，找出「學生資料表」中的第 3 欄，得到學生「丁一」的年級是「1」。

(4) I3 函數「=HLOOKUP(B3,$L$10:$N$14,4)」從一橫式資料表選出特定 key 第幾列。例如 L10:N14 是一個橫式的「課程資料表」，I3 儲存格以 B3 為 key，找出「課程資料表」中的第 4 列找出課程「C01」教師是「牛頓」。

(5) E3 函數「=IF(E3<30," 劣 ",IF(E3<60," 差 ",IF(E3<80," 普 "," 優 ")))」判定等級，這是一種 Excel 函數的進階用法「巢狀函數」，即在函數中還有函數。這個範例可以展開如下：

```
IF   E3<30,
Then "劣",
Else IF   E3<60
    Then "差"
    Else IF E3<80,
        Then "普"
        Else "優"
```

圖 2.11　查詢與檢視函數

在作矩陣運算時，公式必須輸入為陣列公式。步驟：

(1) 選取要存放矩陣運算結果的範圍。

(2) 輸入矩陣運算公式。

(3) 然後同時按 CTRL+SHIFT+ENTER，會在上述指定範圍產生矩陣運算結果。

◀練習 2.10▶ 矩陣運算函數

(1) 開啟「練習 2.10 矩陣運算函數」檔案（圖 2.12）。

(2) 選取要存放矩陣運算結果的範圍 B9:D11，輸入矩陣運算公式「=MMULT
(B1:D3,B5:D7)」，然後同時按 CTRL+SHIFT+ENTER。可以產生 C 矩陣
=A 矩陣 *B 矩陣的矩陣乘法的結果。

(3) 其餘矩陣轉置、反矩陣等可以依此類推。

(4) B25 函數「=MDETERM(B1:D3)」得到行列值。

B9 {=MMULT(B1:D3,B5:D7)}

	A	B	C	D	E	F	G
1	A矩陣	3	2	0			
2		1	4	2			
3		0	1	2			
4							
5	B矩陣	1	0	0			
6		0	2	2			
7		0	2	1			
8							
9	C矩陣	3	4	4		MMULT	
10	=A*B	1	12	10			
11		0	6	4			
12							
13	C矩陣轉置	3	1	0		TRANSPOSE	
14		4	12	6			
15		4	10	4			
16							
17	C反矩陣	0.428571	-0.28571	0.285714		MINVERSE	
18		0.142857	-0.42857	0.928571			
19		-0.214286	0.642857	-1.14286			
20							
21	C*C反矩陣	1.0000	0.0000	0.0000		MMULT	
22		0.0000	1.0000	0.0000			
23		0.0000	0.0000	1.0000			
24							
25	A矩陣行列	14				MDETERM	

圖 2.12　矩陣運算

2.5 Excel 繪圖

Excel 的圖表功能簡單易用，威力強大。最常用的統計圖表有以下幾類：

- **直條圖**：適合展現變數大小。
- **圓餅圖**：適合展現變數佔總合的比例。
- **折線圖**：適合展現變數與時間的關係 x = f(t)。
- **散佈圖**：適合展現兩變數的關係 y = f(x)。
- **曲面圖**：適合展現具有兩個自變數的函數關係 z = f(x,y)。

練習 2.11 Excel.11 繪圖 1（入門）

(1) 開啟「練習 2.11 繪圖 1（入門）」檔案（圖 2.13）。

(2) 到「繪圖 1」工作表。選取 A1:E6 範圍，選擇 [插入] 標籤中的柱狀圖圖案。即可產生柱狀圖。

(3) 到「繪圖 2」工作表。選取 A1:E6 範圍，選擇 [插入] 標籤中的 3D 柱狀圖圖案。即可產生 3D 柱狀圖。

其餘練習 2.12~ 練習 2.16 可以依此類推（圖 2.14~ 圖 2.17），不再贅述。

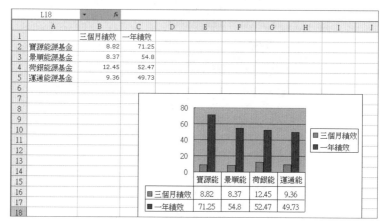

圖 2.13　直條圖

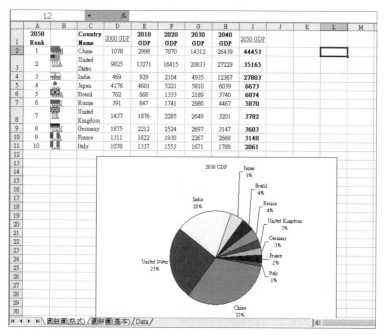

圖 2.14　圓餅圖

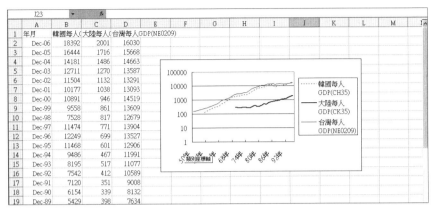

圖 2.15　折線圖

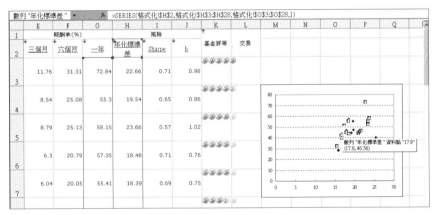

圖 2.16　散佈圖

圖 2.17　曲面圖

習題

一、延續練習的習題

1. 練習 2.1 Excel 資料：到「條件化格式」工作表，利用「條件化格式」功能將 B2:E6 範圍內的最大的三個數字以紅色字體表示。

2. 練習 2.4 數學函數：試計算不及格者的平均成績。

3. 練習 2.5 邏輯函數：試在 K 欄寫一個可以「直接」判定是否（勝投 >15）且（敗投 <10）的函數。

4. 練習 2.6 文字函數：試在 K 欄寫一個函數：如果名字的長度 =2，則取右邊一字做名字，否則取右邊二字做名字，並加上「您好」兩字。

5. 練習 2.8 資料庫函數：試計算下列條件下的平均成績 (1) 科目 = 英文 (2) 科目 = 英文或數學 (3) 科目 = 英文 且 地區編號 >1 (4) 科目 = 英文 或 地區編號 >1

6. 練習 2.9 查詢與檢視函數：試用 VLOOKUP 從直式「學生資料表」找出每筆資料的身高。試用 HLOOKUP 從橫式「課程資料表」找出每筆資料的教室。

7. 練習 2.10 矩陣運算函數：試將 A 矩陣、B 矩陣改成 4×4 矩陣，重作一次。

二、其他習題

8. 用 Excel 相對位址與公式製作一個十層的 Pascal 三角形(參見維基百科)。

9. 試開啟「(習題 9) GDP 分析實例」檔案，將 B1:I11 範圍的數據以柱狀圖、折線圖表達。

03

Excel 入門 2：
資料處理

3.1 ▶▶ 簡介

試算表有強大的資料分析能力，包括：

- **排序**：可針對選定的資料表，以特定欄位排序。
- **篩選**：可針對選定的資料表，以特定條件篩選記錄。
- **小計**：可針對選定的資料表中之欄位，進行分類統計。
- **驗證**：可針對選定的表單中的資料，設定驗證條件以作資料檢查。
- **樞紐分析**：可針對選定的表單作多維度的資料分析。
- **取得外部資料**：可用以取得其他應用程式產生的資料，或來自網際網路的即時資料。

3.2 ▶▶ Excel 資料排序

排序可針對選定的資料表，以特定欄位排序。方法有 (1) 快速排序 (2) 自訂排序。

◀練習 3.1▶ 排序

(1) 開啟「練習 3.1 排序」檔案（圖 3.1）。

	A	B	C	D	E	F	G	H	I	J	K	L	M
1	日期	基金名稱	基金公司	類型	淨值	幣別	三個月	六個月	一年	三年	年化標準差	Sharpe	b
2	2007/9/28	美國運通系列-全球能源股票基金(歐元)	運通	能源	28.91	歐元	3.51	18	24.5	91.84	15.18	0.4	0.9
3	2007/10/1	美林世界能源基金A2-EUR	美林	能源	20.47	歐元	5.14	19.36	26.4	98.16	13.52	0.47	0.6
4	2007/9/28	美國運通系列-全球能源股票基金(歐元避險)	運通	能源	34.29	歐元	8.48	23.88	35.7	109.2	17.97	0.48	1
5	2007/10/1	寶源環球-環球能源基金A	寶源	能源	38.74	美元	8.82	23.69	47.9	115.8	15.13	0.73	1
6	2007/10/1	美林世界能源基金C2-USD	美林	能源	26.86	美元	10.26	26.88	40	119.3	15.83	0.6	0.8
7	2007/9/28	美國運通系列-全球能源股票基金(美元)	運通	能源	41.12	美元	9.36	25.56	39.5	121.6	18.04	0.53	1
8	2007/10/1	景順能源基金A股	景順	能源	30.54	美元	8.37	22.5	41.1	126.9	17.15	0.57	1.1
9	2007/10/1	美林世界能源基金A2-USD	美林	能源	29.11	美元	10.6	27.62	41.8	127.4	15.78	0.63	0.8
10	2007/9/28	荷銀能源基金A(美元)	荷銀	能源	177.8	美元	12.45	26.76	48.3	129.6	24.17	0.48	1.2

圖 3.1 練習 3.1 排序

(2) 到「Data」工作表。選取一欄，再用 ![] 選「從最小到最大排序」或「從最大到最小排序」。

(3) 到「Data」工作表。選取一欄，再用 ![] 選「自訂排序」，設定排序方式，例如可以用多層次排序，也可以改用列排序（圖 3.2）。

圖 3.2 自訂排序

3.3 ▶ Excel 資料篩選

篩選可針對選定的資料表，以特定條件篩選記錄。

◀ 練習 3.2 ▶ 篩選

(1) 開啟「練習 3.2 篩選」檔案（圖 3.3）。

(2) 到「Data」工作表。選取要篩選的範圍，再用 ![] 選「篩選」，再對任一個或多個欄位設定篩選條件。例如在「類型」中可選能源、新能源、資源。

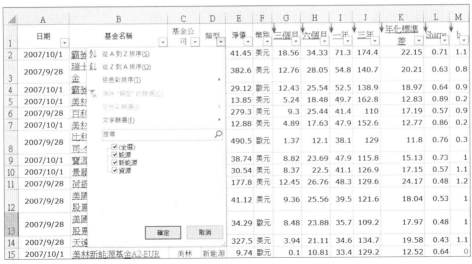

圖 3.3 以「常用」標籤中的「排序與篩選」中的「篩選」作篩選

3.4 ▶ Excel 資料小計

小計可針對選定的資料表中之欄位，進行分類統計。

◀ 練習 3.3 ▶ 小計

(1) 開啟「練習 3.3 小計」檔案（圖 3.4）。

	A	B	C	D	E	F	G	H	I	J	K	L	M	N
1	日期	基金名稱	基金公司	類型	淨值	幣別	三個月	六個月	一年	三年	年化標準差	Sharpe	b	
2	2007/9/28	天達環球能源基	天達	能源	327.53	美元	3.94	21.11	34.59	134.65	19.58	0.43	1.1	
3	2007/10/1	美林世界能源基	美林	能源	20.47	美元	5.14	19.36	26.36	98.16	13.52	0.47	0.55	
4	2007/10/1	美林世界能源基	美林	能源	29.11	美元	10.6	27.62	41.79	127.42	15.78	0.63	0.79	
5	2007/10/1	美林世界能源基	美林	能源	26.86	美元	10.26	26.88	40.04	119.27	15.83	0.6	0.8	
6	2007/9/28	美國運通系列-全	運通	能源	41.12	美元	9.36	25.56	39.48	121.55	18.04	0.53	0.99	
7	2007/9/28	美國運通系列-全	運通	能源	28.91	歐元	3.51	18	24.45	91.84	15.18	0.4	0.88	
8	2007/9/28	美國運通系列-全	運通	能源	34.29	歐元	8.48	23.88	35.69	109.21	17.97	0.48	0.99	
9	2007/9/28	荷銀能源基金	荷銀	能源	177.8	美元	12.45	26.76	48.3	129.63	24.17	0.48	1.16	
10	2007/10/1	景順能源基金A	景順	能源	30.54	美元	8.37	22.5	41.06	126.89	17.15	0.57	1.05	
11	2007/10/1	寶源環球-環球能	寶源	能源	38.74	美元	8.82	23.69	47.86	115.82	15.13	0.73	0.96	
12				能源 平均值						117.444			0.93	
13	2007/9/28	比利時聯合資產	比利時	新能源	490.52	歐元	1.37	12.1	38.05	128.97	11.8	0.76	0.32	
14	2007/10/1	美林新能源基金	美林	新能源	9.74	歐元	0.1	10.81	33.42	129.18	12.52	0.64	0	
15	2007/10/1	美林新能源基金	美林	新能源	13.85	美元	5.24	18.48	49.73	162.81	12.83	0.89	0.24	
16	2007/10/1	美林新能源基金	美林	新能源	12.88	美元	4.89	17.63	47.88	152.55	12.77	0.86	0.24	
17				新能源 平均值						143.3775			0.2	
18	2007/9/28	百利達全球資源	百利達	資源	279.25	美元	9.3	25.44	41.37	110.03	17.19	0.57	0.89	
19	2007/9/28	瑞士信貸全球資	瑞士	資源	382.56	美元	12.76	28.05	54.8	140.65	20.21	0.63	0.82	
20	2007/10/1	霸菱全球資源基	霸菱	資源	41.45	美元	18.56	34.33	71.25	174.37	22.15	0.71	1.11	
21	2007/10/1	霸菱全球資源基	霸菱	資源	29.12	歐元	12.43	25.54	52.47	138.85	18.97	0.64	0.9	
22				資源 平均值						140.975			0.93	
23				總計平均數						128.4361111			0.77	
24														

圖 3.4　以「資料」標籤中的「小計」作分析

(2) 到「Data」工作表。對資料用要小計之欄位先進行排序，使同類資料彙集再一起。

(3) 到「資料」標籤，選「小計」工具（圖 3.5）。

(4) 在「小計」對話盒設定「分組小計欄位」為「類型」，「使用函數」為「平均值」，「新增小計位置」為「三年」，可以產生以基金「類型」做分類的各資料的「三年」報酬率的「平均值」。

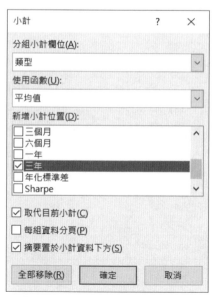

圖 3.5　「小計」對話盒

3.5 >> Excel 資料驗證

驗證可針對選定的表單中的資料，設定驗證條件以作資料檢查。

◀練習 3.4▶ 驗證

(1) 開啟「練習 3.4 驗證」檔案（圖 3.6）。

(2) 到「Data」工作表。選取要資料驗證的範圍 B2:E6。

(3) 到「資料」標籤，選「資料驗證」工具（圖 3.7）。

(4) 在「資料驗證」對話盒設定「驗證準則」為「介於」0 與 100 之間。

(5) 在 B2:E6 內輸入 0~100 以外的數字時，會出現警告訊息。

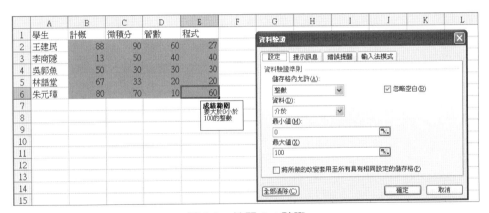

圖 3.6　練習 3.4 驗證

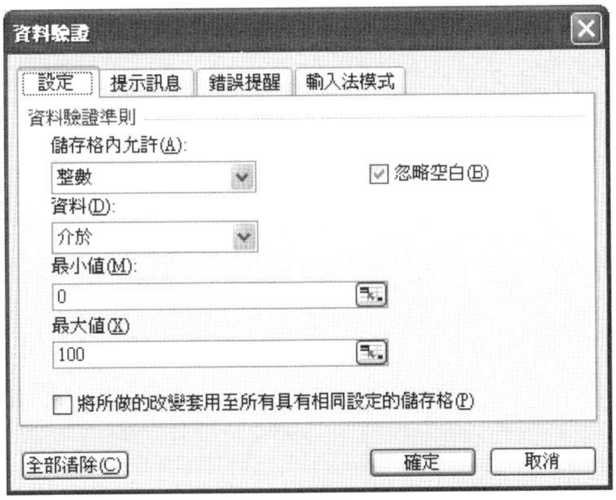

圖 3.7　「資料驗證」對話盒

3.6 ▶▶ Excel 資料樞紐分析

樞紐分析可針對選定的表單作多維度的資料分析。例如行銷部門的業績資料表有月份、產品、業務員、地區、業績等五個欄位，可以用前面四個維度，對業績進行總和、平均等統計分析，例如分析：

- 各業務員在各地區的績效（二維分析）
- 各業務員在各地區各月份的績效（三維分析）
- 各業務員在各地區各月份各產品的績效（四維分析）

◀練習 3.5▶ 樞紐分析

行銷部門的業績資料表有月份、產品、業務員、地區、業績等五個欄位，要分析各業務員在各地區各月份各產品的績效（四維分析）。

(1) 開啟「練習 3.5 樞紐分析」檔案。

(2) 到「Data」工作表（圖 3.8）。

(3) 選取要樞紐分析的範圍。

(4) 到「插入」標籤選「樞紐分析表」。

	A	B	C	D	E
1	月份	產品	業務員	地區	業績
2	1	MP3	牛頓	南區	22
3	1	NB	林語堂	中區	3
4	1	NB	林語堂	北區	57
5	1	MP3	王永慶	南區	37
6	1	PC	林語堂	北區	62
7	1	手機	西施	北區	47
8	1	MP3	西施	北區	35

圖 3.8　練習 3.5 樞紐分析

(5) 將需要的欄位名稱拉到樞紐分析視窗的篩選、欄、列、值（圖 3.9），本例題：

- 將月份拉入「篩選」
- 將地區拉入「欄」
- 將產品 業務員拉入「列」
- 將業績拉入「值」

圖 3.9　樞紐分析視窗

(6) 在「值」的黑色三角形點開，在「值欄位設定」選擇適當的函數（如加總、平均值），本例題選加總函數。

上述步驟可以建立一個四維的樞紐分析表（圖 3.10）。其餘下列練習讀者可參考本檔案中的對應工作表，自行嘗試，不再贅述。

- 移除
- 加入
- 分群
- 只顯示部份
- 調整項目順序

- 調整內容順序
- 顯示資料
- 只顯示前幾個產品
- 找出最強業務員

	A	B	C	D	E	F	G	H	I	J	K	L	M
1	月份	產品	業務員	地區	業績		月份	(全部) ▼					
2	1	MP3	牛頓	南區	22								
3	1	NB	林語堂	中區	3		加總 的業		地區 ▼				
4	1	NB	林語堂	北區	57		產品 ▼	業務員 ▼	中區	北區	南區	總計	
5	1	MP3	王永慶	南區	37		⊟MP3	牛頓			114	114	
6	1	PC	林語堂	北區	62			王永慶		61	125	186	
7	1	手機	西施	北區	47			西施	94	163	99	356	
8	1	MP3	西施	北區	35			林語堂		86	112	198	
9	1	PC	王永慶	北區	74		MP3 合計		94	310	450	854	
10	1	MP3	林語堂	北區	29		⊟NB	牛頓	49		14	63	
11	1	PC	林語堂	南區	38			王永慶		59	18	77	
12	1	MP3	西施	北區	10			西施			36	36	
13	1	PC	王永慶	南區	45			林語堂	3	57		60	
14	1	PC	林語堂	南區	44		NB 合計		52	116	68	236	
15	1	PC	林語堂	北區	37		⊟PC	牛頓	5			5	
16	2	手機	西施	南區	29			王永慶	51	106	45	202	
17	2	手機	林語堂	中區	22			西施	77			77	
18	2	PC	林語堂	南區	90			林語堂	92	122	200	414	
19	2	NB	牛頓	南區	14		PC 合計		225	228	245	698	
20	2	MP3	王永慶	南區	88		⊟手機	牛頓	70	74		144	
21	2	手機	林語堂	北區	29			王永慶			88	88	
22	2	MP3	王永慶	北區	61			西施		88	79	167	
23	2	MP3	林語堂	北區	57			林語堂	22	29		51	
24	2	PC	王永慶	北區	9		手機 合計		92	191	167	450	
25	2	手機	王永慶	南區	81		總計		463	845	930	2238	
26	2	MP3	西施	中區	94								

圖 3.10 行銷部門的業績分析

3.7 >> Excel 資料匯入

取得外部資料：可用以取得其他應用程式產生的資料，或來自網際網路的即時資料。

- **剪貼簿**：由其他應用程式（例如 Word 或 Access）中複製資料，透過系統的剪貼簿貼到 Excel 的格位上。
- **載入檔案**：由其他應用程式匯出到文字檔（逗點分隔值檔案），再由 Excel 以「從文字檔」方式讀入檔案。
- **匯入資料庫**：由 Microsoft Access 建立資料庫，再由 Excel 以「從 Access」方式讀入資料庫，並選擇要載入的表格或查詢。

◀練習 3.6▶ 資料連結（載入檔案）

(1) 開啟「練習 3.6 資料連結（載入檔案）」檔案。

(2) 在「資料」標籤選 「從文字檔」。

(3) 選擇需要載入的文字檔（本例題為名為 fund 的 Excel 逗點分隔值檔案）。

(4) 再輸入適當參數（例如分隔符號選逗點）。

◀練習 3.7▶ 資料連結（匯入資料庫）

(1) 開啟「練習 3.7 資料連結（匯入資料庫）」檔案。

(2) 在「資料」標籤選

(3) 選擇需要載入的 Access 檔（本例題為名為「選課資料庫」的 Access 檔案）。

(4) 再選擇「選課資料庫」的查詢或資料表（圖 3.11）。

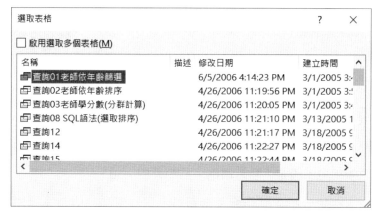

圖 3.11　選擇要載入的表格或查詢

習題

1. 練習 3.1 排序：試以「幣別」、「一年」做為第一二層排序。

2. 練習 3.2 篩選：試篩選「類型」為能源，「一年」>40 的資料。

3. 練習 3.3 小計：設定「分組小計欄位」為「幣別」，「使用函數」為「平均值」，「新增小計位置」為「一年」。

4. 練習 3.4 驗證：設定「驗證準則」為「大於」50。

5. 練習 3.5 樞紐分析：試作欄為業務員，列為產品，值為業績加總的樞紐分析。

CHAPTER

04

Excel 進階 1：
規劃求解

以下兩章需使用 Microsoft Excel「增益集」提供的「規劃求解」和「分析工具箱」這兩個額外功能和命令。先檢視「資料」標籤右方的 [分析] 群組中是否有下列工具：

> 資料分析
> 規劃求解
>
> 分析

如果沒有，請先安裝並啟動：

(1) 按一下 [檔案] 索引標籤，然後按一下 [選項]，再按一下 [增益集] 類別。

(2) 按一下 [管理] 方塊中的 [Excel 增益集]，然後按一下 [執行]。

(3) [增益集] 對話方塊隨即出現。

(4) 在 [增益集功能] 方塊中，選取 [分析工具箱] 及 [規劃求解增益集] 核取方塊，然後按一下 [確定]。

(5) 如果 Excel 顯示訊息，指出無法執行此增益集並提示您安裝增益集，請按一下 [是] 以安裝增益集。Excel 會兩次提示您安裝增益集，一次是安裝「分析工具箱」，一次則是「規劃求解」。

4.1　簡介

數學規劃法是一種最佳化技術，包括線性規劃（Linear Programming），非線性規劃（Nonlinear Programming）等。非線性規劃又可分成二類：(1) 無限制最佳化 (2) 限制最佳化：

一　無限制最佳化問題

一個最佳化設計問題只有最大化或最小化一個目標的需求，稱為「無限制最佳化問題」。其最佳化模式為：

Min F(x)（或 Max F(x)）　　　　　　　　　　　　　　　　（4.1）

其中 F = 目標函數；x = 設計變數。

例如下式為一個典型的無限制最佳化問題：

Min $F = 80 - 2x_1 - 3x_2 + x_1 x_2 + 1.5x_1^2 + 2x_2^2$　　　　　　　　　　（4.2）

二 限制最佳化問題

一個最佳化設計問題不但有最大化或最小化一個目標的需求，且需滿足某些限制，稱為「限制最佳化問題」。其最佳化模式為：

Min F(x)（或 Max F(x)） (4.3)

Subjected to $g_j(x) \leqq 0$ j=1，2，...，m (4.4)

其中 F= 目標函數；x = 設計變數；$g_j(x)$= 限制函數。

例如下式為一個典型的限制最佳化問題：

Min $F = 80 - 2x_1 - 3x_2 + x_1 x_2 + 1.5x_1^2 + 2x_2^2$ (4.5)

Subject $g_1 = -6.25 + 5x_1 - 22.5x_2 + 0.25x_1^2 + 0.75x_2^2 \leqq 0$ (4.6)

$g_2 = 46.875 - 9x_1 - 10.5x_2 + 0.3x_1^2 + 0.7x_2^2 \leqq 0$ (4.7)

在投資決策問題中，其目標經常是追求報酬最大化，但限制風險上限，因此可視為限制最佳化問題。Excel 規劃求解是一個數學規劃法求解工具，可求解此問題。

4.2 Excel 規劃求解 1：非線性規劃無限制最佳化

假設問題為：

$$Min\ Y = 1 \cdot (X_1 - 0.1)^2 + 2 \cdot (X_2 - 0.3)^2 + 3 \cdot (X_3 - 0.5)^2 + 4 \cdot (X_4 - 0.7)^2 + 5 \cdot (X_5 - 0.9)^2$$
$$+ 5 \cdot (X_6 - 0.1)^2 + 4 \cdot (X_7 - 0.3)^2 + 3 \cdot (X_8 - 0.5)^2 + 2 \cdot (X_9 - 0.7)^2 + 1 \cdot (X_{10} - 0.9)^2$$
(4.8)

顯然最佳解為（0.1, 0.3, 0.5, 0.7, 0.9, 0.1, 0.3, 0.5, 0.7, 0.9）。

◀練習 4.1▶ Excel 規劃求解 1：非線性規劃無限制最佳化

(1) 開啟「練習 4.1 Excel 規劃求解 1：非線性規劃無限制最佳化」檔案（圖 4.1）。

(2) B3:B12 儲存格為設計變數初始值 0。

(3) B2 儲存格公式「$=1*(B3-0.1)\wedge2+2*(B4-0.3)\wedge2+3*(B5-0.5)\wedge2+4*(B6-0.7)$ $\wedge2+5*(B7-0.9)\wedge2$」

(4) 開啟「資料」標籤的「規劃求解」視窗（圖 4.2），並輸入參數，即在「設定目標式」輸入「B2」，在「藉由變更變數儲存格」輸入「B3:B12」，以調整在 B3:B12 儲存格內的設計變數，最小化在 B2 儲存格內的目標函數。

(5) 結果：圖 4.3 顯示最佳解，此解為正解。

圖 4.1　問題在 Excel 工作表中的表達（B2 代表目標函數；設計變數置於 B3:B12）

圖 4.2　問題在「規劃求解」工具中的表達

	A	B	C	D	E	F
		B17	▼		fx	
1						
2	目標函數	0.0000		下限	0	
3	設計變數 1	0.100		上限	1	
4	設計變數 2	0.300				
5	設計變數 3	0.500				
6	設計變數 4	0.700				
7	設計變數 5	0.900				
8	設計變數 6	0.100				
9	設計變數 7	0.300				
10	設計變數 8	0.500				
11	設計變數 9	0.700				
12	設計變數 10	0.900				
13						

圖 4.3 求解的結果

隨 堂 練 習

試改圖 4.2「選項」的「反覆運算」為 2, 5, 30, 100，記錄結果有何不同？（注意要先把解改為初始解（0, 0, 0, 0, 0, 0, 0, 0, 0, 0））

4.3 ▶ Excel 規劃求解 2：非線性規劃限制最佳化

假設問題為：

$$\text{Min } F = 80 - 2x_1 - 3x_2 + x_1 x_2 + 1.5x_1^2 + 2x_2^2 \tag{4.9}$$

$$\text{Subject } g_1 = -6.25 + 5 x_1 - 22.5 x_2 + 0.25x_1^2 + 0.75x_2^2 \leq 0 \tag{4.10}$$

$$g_2 = 46.875 - 9 x_1 - 10.5 x_2 + 0.3x_1^2 + 0.7x_2^2 \leq 0 \tag{4.11}$$

◀ 練習 4.2 ▶ Excel 規劃求解 2：非線性規劃限制最佳化

(1) 開啟「練習 4.2 Excel 規劃求解 2：非線性規劃限制最佳化」檔案（圖 4.4）。

(2) B1:B2 儲存格為設計變數初始值 0。

D1:D2 儲存格設下限值 -10，上限值 10。

B3 儲存格為目標式公式「=80-2*B1-3*B2+B1*B2+1.5*B1^2+2*B2^2」

B4 儲存格為限制式 g1 公式「=-6.25+5*B1-22.5*B2+0.25*B1^2+0.75*B2^2」

B5 儲存格為限制式 g2 公式「=46.875-9 *B1-10.5*B2+0.3*B1^2+0.7*B2^2」

(3) 開啟「資料」標籤的「規劃求解」視窗（圖 4.5），並輸入參數，即在「設定目標式」輸入「B3」，在「藉由變更變數儲存格」輸入「B1:B2」，在「設定限制式」輸入二個限制「B4<0」與「B5<0」，以及「B1:B2>D1」與「B1:B2<D2」，以調整在 B1:B2 儲存格內的設計變數，最小化在 B3 儲存格內的目標函數，並滿足四個限制式。

(4) 結果：圖 4.6 顯示最佳解。

	B4		▼	f_x	=-6.25+5*B1-22.5*B2+0.25*B1^2+0.75*B2^2						
	A	B	C	D	E	F	G	H	I	J	K
1	x1	0	下限	-10							
2	x2	0	上限	10							
3	F	80				Min $F=80-2x_1-3x_2+x_1x_2+1.5x_1{}^2+2x_2{}^2$					
4	g1	-6.25		0		$g_1=-6.25+5x_1-22.5x_2+0.25x_1{}^2+0.75x_2{}^2 \leq 0$					
5	g2	46.875		0		$g_2=46.875-9x_1-10.5x_2+0.3x_1{}^2+0.7x_2{}^2 \leq 0$					
6											

圖 4.4　問題的表達（第 3-5 列分別代表 (1)-(3) 式；設計變數置於 B1:B2）

圖 4.5　問題在「規劃求解」工具中的表達

	A	B	C	D	E	F	G	H	I	J	K
			C6	▼		f_x					
1	x1	3.161625	下限	-10							
2	x2	2.435295	上限	10							
3	F	100.9255				Min F=80-2x_1 -3x_2 +x_1 x_2 +1.5x_1^{2} +2x_2^{2}					
4	g1	-38.289		0		g$_1$=-6.25+5x_1 -22.5x_2 +0.25x_1^{2} +0.75x_2^{2} ≦0					
5	g2	6.16E-08		0		g$_2$=46.875-9x_1 -10.5x_2 +0.3x_1^{2} +0.7x_2^{2} ≦0					
6											

圖 4.6　求解的結果

隨堂練習

試改圖 4.5「選項」的「反覆運算」為 2, 5, 30, 100，記錄結果有何不同？（注意要先把解改為初始解（0, 0））

4.4 ▶ Excel 規劃求解 3：線性規劃

　　某承包商考慮自兩個採石場採購材料。材料的單價（含運費），採石場 1 為 \$500/m^3，採石場 2 為 \$700/m^3。必須裝運至工地的最小數量為 10000m^3。運至工地之混合料成份，砂至少為 50%，礫石不超過 60%，沉泥不超過 8%。採石場 1 之材料計含 30% 砂，70% 礫石。採石場 2 之材料計含 60% 砂，30% 礫石，與 10% 之沉泥。故此產品設計問題的線性規劃模式可寫成：

求設計變數 χ_1, χ_2

$$\text{Minimize } C = 500\chi_1 + 700\chi_2 \tag{4.12}$$

$$\chi_1 + \chi_2 \geq 10000 \text{（總量限制）} \tag{4.13}$$

$$0.3\chi_1 + 0.6\chi_2 \geq 0.5(\chi_1 + \chi_2) \text{（砂限制）} \tag{4.14}$$

$$0.7\chi_1 + 0.3\chi_2 \leq 0.6(\chi_1 + \chi_2) \text{（礫石限制）} \tag{4.15}$$

$$0.1\chi_2 \leq 0.08(\chi_1 + \chi_2) \text{（沉泥限制）} \tag{4.16}$$

$$\chi_1 \geq 0 \tag{4.17}$$

$$\chi_2 \geq 0 \tag{4.18}$$

《練習 4.3》Excel 規劃求解 3：線性規劃

(1) 開啟「練習 4.3 Excel 規劃求解 3：線性規劃」檔案（圖 4.7）。

(2) A20:B20 儲存格為設計變數初始值 0。

(3) A21:B26 儲存格為限制式的 X1, X2 的係數，C21:C26 儲存格限制式的函數，例如 C21 公式「=A21*A$20+B21*B$20」。E21:E26 儲存格為限制式的函數的限制值。

(4) A27:B27 儲存格為為目標式的 X1, X2 的係數，C27 為目標式公式「=A27*A$20+B27*B$20」

(5) 開啟「資料」標籤的「規劃求解」視窗（圖 4.8），並輸入參數，即在「設定目標式」輸入「C27」，在「藉由變更變數儲存格」輸入「A20:B20」，在「設定限制式」輸入六個限制「C21>E21」、「C22>E22」、「C23<E23」、「C24<E24」、「C25>E25」、「C26>E26」，以調整設計變數，最小化目標式，並滿足限制式。

(6) 結果：圖 4.9 顯示最佳解。

	C21		▼	f_x	=A21*A$20+B21*B$20	
	A	B	C	D	E	F
19	X1	X2				
20	0	0				
21	1	1	0	>=	10000	
22	0.3	0.6	0	>=	0	
23	0.7	0.3	0	<=	0	
24	0	0.1	0	<=	0	
25	1	0	0	>=	0	
26	0	1	0	>=	0	
27	500	700	0			
28						

圖 4.7　問題的表達（第 21-26 列分別代表 (4-13)-(4-18) 式；第 27 列代表 (4-12) 式；設計變數置於 A20:B20）

圖 4.8　問題在「規劃求解」工具中的表達

	A	B	C	D	E	F	G	H
			C21	▼	f_x	=A21*A$20+B21*B$20		
19	X1	X2						
20	3333.333	6666.667						
21	1	1	10000	>=	10000			
22	0.3	0.6	5000	>=	5000			
23	0.7	0.3	4333.333	<=	6000			
24	0	0.1	666.6667	<=	800			
25	1	0	3333.333	>=	0			
26	0	1	6666.667	>=	0			
27	500	700	6333333					
28								

圖 4.9　求解的結果

習題

1. 練習 4.1 Excel 規劃求解 1：試解下列非線性無限制最佳化問題

   Min $F = 80 - 2x_1 - 3x_2 + x_1 x_2 + 1.5x_1^2 + 2x_2^2$

2. 練習 4.2 Excel 規劃求解 2：試解下列非線性限制最佳化問題

   Max $f(x) = x_1 + x_2$

   $x_1 \geq 0$

   $x_2 \geq 0$

   $x_1^2 + x_2^2 \geq 1$

   $x_1^2 + x_2^2 \leq 2$

3. 練習 4.3 Excel 規劃求解 3：假設

   材料的單價（含運費），採石場 1 改為 $550/m^3$。

   必須裝運至工地的最小數量改為 $20000m^3$。

   運至工地之混合料成份，砂至少改為 55%。

   採石場 1 之材料計含 40% 砂，65% 礫石。

   其餘條件不變。

Excel 進階 2：
機率統計

5.1 》 前言

由於金融市場充滿不確定性，統計與機率成為金融市場上分析與決策的重要工具。本章旨在介紹下列統計與機率的概念與方法：

- 隨機變數的敘述統計
- 機率分佈型態之性質
- 機率分佈參數之估計與測試
- 隨機變數的相關分析
- 隨機函數的平均值與變異定理
- 迴歸分析

5.2 》 隨機變數的敘述統計

隨機變數的中央特性與散佈特性可用下列數值來描述：

- 平均值（mean）：變數值的總和除以變數值的個數值之值，但對例外值較敏感。
- 中位值（median）：變數值大於、小於此值的頻率相等，但對例外值較不敏感。
- 標準差：變數值對平均值的偏差之平方值的平均值開方根，可描述散佈特性，但對例外值敏感。
- 最小值、最大值：變數的值域，可描述散佈特性，但對例外值非常敏感。

平均值與標準差是隨機變數的基本統計量，如果數據取自全體樣本者稱母體平均值與母體標準差，取自部份樣本者稱樣本平均值與母體標準差：

$$母體平均值：\mu = \frac{\sum X}{N}$$

（5.1）

母體標準差：$\sigma = \sqrt{\dfrac{\sum(X-\mu)^2}{N}}$ (5.2)

樣本平均值：$\overline{X} = \dfrac{\sum X}{n}$ (5.3)

樣本標準差：$s = \sqrt{\dfrac{\sum(X-\overline{X})^2}{n-1}}$ (5.4)

樣本變異數：$s^2 = \dfrac{\sum(X-\overline{X})^2}{n-1}$ (5.5)

樣本變異：$Var = \sum(X-\overline{X})^2$ (5.6)

5.3 機率分佈型態之性質

　　變數經常具有隨機的性質，例如連續變數中的身高，離散變數中的血型。常態分佈函數（如圖 5.1）是連續隨機變數的一種分佈函數，也是最重要的分佈型態。標準常態分佈是指平均值為 0，標準差為 1 的常態分佈（圖 5.2）。

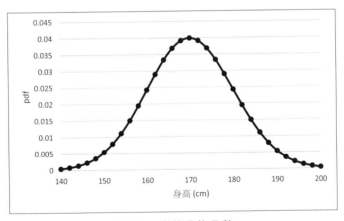

圖 5.1　常態分佈函數

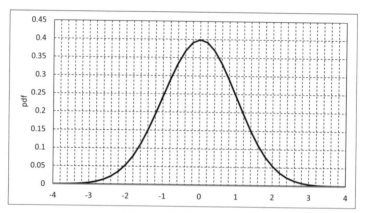

圖 5.2　標準常態分佈

對常態分佈函數而言，有二個參數：平均值與標準差。當這二個參數知道時可計算

■ 此隨機變數 X 小於某值 x 的機率（圖 5.3(a)）：

$$P(X < x) = \Phi\left(\frac{x - \mu}{\sigma}\right) = \Phi(Z) \tag{5.7}$$

■ 此隨機變數 X 大於某值 x 的機率（圖 5.3(b)）：

$$P(X > x) = 1 - \Phi\left(\frac{x - \mu}{\sigma}\right) = 1 - \Phi(Z) \tag{5.8}$$

■ 此隨機變數 X 介於 a~b 的機率（圖 5.3(c)）：

$$P(a < X < b) = P(X < b) - P(X > a) = \Phi\left(\frac{b - \mu}{\sigma}\right) - \Phi\left(\frac{\mu - a}{\sigma}\right) \tag{5.9}$$

其中 $Z = \dfrac{x - \mu}{\sigma}$

當 Z 值越大時，此隨機變數小於 X 值的機率越大，例如 Z=-3 時，有 0.135% 的機率，Z=0 時，有 50% 的機率，Z=3 時，有 99.865% 的機率。

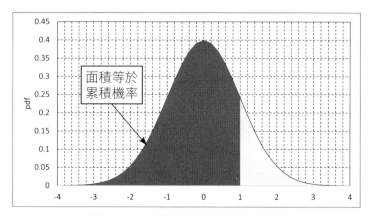

圖 5.3(a)　求觀測值小於某值之機率

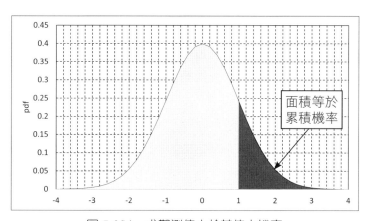

圖 5.3(b)　求觀測值大於某值之機率

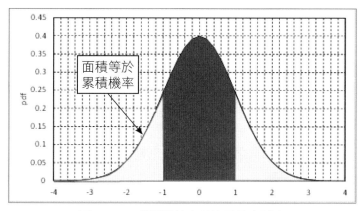

圖 5.3(c)　求觀測值在某範圍內之機率

表 5.1　常態分佈函數累積機率

Z	-3	-1.96	-1.65	-1	0	1	1.65	1.96	3
機率	0.135%	2.5%	5%	15.9%	50%	84.1%	95%	97.5%	99.865%

5.4　機率分佈參數之估計與測試

機率分佈參數之估計

各種隨機變數的分佈函數有其獨特的參數用以描述其分佈，對常態分佈函數而言有二個參數：平均值與標準差。理論上，我們永遠不知道一個隨機變數的參數值，因為母體的樣本數有無限多個，但我們可以估計其參數值。由於一個隨機變數的平均值之估計值本身也是個隨機變數，因此可以只估其最可能值，稱為點估計；或估其可能範圍，稱為區間估計。常態分佈函數的參數估計公式如下：

點估計（圖 5.4）

平均值的點估計公式：

$$\overline{X} = \frac{\sum X}{n} \tag{5.10}$$

標準差的點估計公式：

$$s = \sqrt{\frac{\sum (X - \overline{X})^2}{n-1}} \tag{5.11}$$

區間估計

一個隨機變數的平均值之估計值本身也是個隨機變數，其平均值即前述之點估計公式，標準差為：

$$s_{\overline{X}} = \frac{s}{\sqrt{n}}$$ （5.12）

因此平均值的區間估計即平均值之平均值加減 Z 倍的標準差：

$$(\overline{X} - Z \cdot s_{\overline{X}}, \ \overline{X} + Z \cdot s_{\overline{X}})$$ （5.13）

Z 越大則越有把握平均值會落在區間內，例如 Z=1.65 將有 90% 的機率平均值會落在估計的範圍，Z=1.96 將有 95% 的機率平均值會落在估計的範圍。

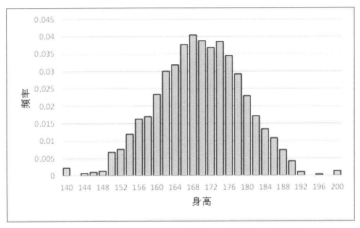

圖 5.4　觀測值之平均值與標準差之估計（一）點推定法

機率分佈參數之測試

與前節相反的問題是：判斷一個隨機變數的參數值大於或小於某一值的機率，或落在某區間的機率，此問題稱假說測試。例如要判斷一個常態分佈的隨機變數的平均值小於某值的機率可用區間估計的逆觀念，即計算 Z 值：

$$Z = \frac{x - \overline{X}}{s_{\overline{X}}}$$ （5.14）

當 Z 值越大時，此隨機變數的平均值小於 x 值的機率越大，例如 Z=1.65
時，有 95% 的機率；Z=1.96 時，有 97.5% 的機率。

如要判斷一個常態分佈的隨機變數的平均值落在某區間的機率可用 Z 的
絕對值，此值越大則越有把握平均值會落在區間內，例如 Z=1.65 時，有 90%
的機率；Z=1.96 時，有 95% 的機率。

5.5 隨機變數的相關分析

要判斷二個隨機變數間是否線性相關可用相關係數：

二變數協方差（共變異）：$Cov(x,y) = \sum (x_i - \mu_x)(y_i - \mu_y)$

母體相關係數：$\rho = \dfrac{Cov(x,y)}{n \cdot \sigma_X \sigma_Y} = \dfrac{\sum (x_i - \mu_x)(y_i - \mu_y)}{n \cdot \sigma_X \sigma_Y}$ （5.15）

樣本相關係數：$r = \dfrac{Cov(x,y)}{(n-1)s_X s_Y} = \dfrac{\sum (x_i - \overline{X})(y_i - \overline{Y})}{(n-1)s_X s_Y}$ （5.16）

其中 x_i = 第 i 筆樣本的輸入變數值；y_i = 第 i 筆樣本的輸出變數值。

相關係數在 -1~+1 之間，相關係數為正則為正相關，為負則為負相關，
絕對值越大則線性相關性越強。圖 5.5 表示了相關係數為 0.9，0.5，0，-0.5，-
0.9 等幾種情況。但要注意相關係數的絕對值小並不代表二變數間不相關，只
是沒有線性相關，但仍可能有曲線相關的可能性，例如圖 5.5(f)。當有二個以
上的數值變數時，可使用相關係數矩陣加以分析。

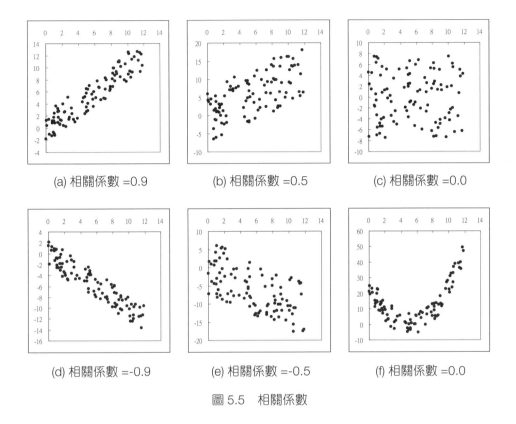

(a) 相關係數 =0.9　　　(b) 相關係數 =0.5　　　(c) 相關係數 =0.0

(d) 相關係數 =-0.9　　　(e) 相關係數 =-0.5　　　(f) 相關係數 =0.0

圖 5.5　相關係數

5.6 ▶▶ 隨機函數的平均值與變異定理

● 隨機函數的基本定理

設有 Y 為 n 個隨機變數 X_1，X_2，$\cdots$，X_n 之線性函數

$$Y = \sum_i a_i X_i \tag{5.17}$$

則其期望值與變異數如下：

期望值 $E(Y) = \sum_i a_i E(X_i)$ \hfill （5.18）

變異數 $\sigma_Y^2 = \sum_i \sum_j a_i a_j Cov(X_i, X_j) = \sum_i \sum_j a_i a_j \rho_j \sigma_i \sigma_j$ \hfill （5.19）

其中

$Cov(X_i, X_j) = \rho_{ij} \sigma_i \sigma_j = $ 協方差

$\rho_{ij} = $ 隨機變數 X_i 與 X_j 相關係數

$\sigma_i = $ 隨機變數 X_i 標準差

特例：二變數隨機函數

$$Y = aX_1 + bX_2 \qquad\qquad (5.20)$$

$$E(Y) = aE(X_1) + bE(X_2) \qquad\qquad (5.21)$$

$$\sigma_Y^2 = a^2 \sigma_{X1}^2 + b^2 \sigma_{X2}^2 + 2ab\rho_{X1X2}\sigma_{X1}\sigma_{X2} \qquad\qquad (5.22)$$

實例：二股票投資組合

A 股票：報酬率平均值 = 20%，標準差 = 40%

B 股票：報酬率平均值 = 10%，標準差 = 25%

A、B 股票報酬率之間的相關係數為 0.5

假設投組中 A 股票佔 60%，B 股票佔 40%，試問投組的報酬率平均值、標準差？

$$E(Y) = aE(X_1) + bE(X_2) = 0.6(0.2) + 0.4(0.1) = 0.12 + 0.04 = 0.16$$

$$\sigma_Y^2 = a^2 \sigma_{X1}^2 + b^2 \sigma_{X2}^2 + 2ab\rho_{X1X2}\sigma_{X1}\sigma_{X2}$$
$$= (0.6)^2(0.4)^2 + (0.4)^2(0.25)^2 + 2(0.6)(0.4)(0.5)(0.4)(0.25)$$
$$= 0.0916$$

$$\sigma_Y = \sqrt{\sigma_Y^2} = 0.303 = 30.3\%$$

假設 A、B 股票報酬率之間的相關係數為 -1, -0.9, …, 0.,,,, 0..9, 1，其投組的報酬率平均值、標準差如圖 5.6。

心得：一個報酬率標準差 40% 與標準差 25% 的資產的 60% 與 40% 的投資組合，其報酬率標準差在相關係數 =-1 下可以低到 14.0%，即使相關係數

=+1 下也可略為降低到 34.0%；如果相關係數在 0~0.5 之間，則報酬率標準差在 26%~30.3% 之間。

相關係數	報酬率標準差	相關係數	報酬率標準差
-1.000	14.0	0.100	26.9
-0.900	15.6	0.200	27.8
-0.800	17.1	0.300	28.6
-0.700	18.4	0.400	29.5
-0.600	19.7	0.500	30.3
-0.500	20.9	0.600	31.0
-0.400	22.0	0.700	31.8
-0.300	23.1	0.800	32.6
-0.200	24.1	0.900	33.3
-0.100	25.1	1.000	34.0
0.000	26.0		

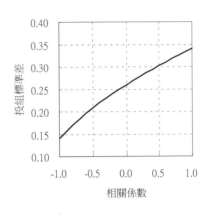

圖 5.6　二股票投資組合

5.7 迴歸分析之模型

　　認識真實世界的方法有二種：數理模式與經驗模式（empirical model），前者是建立在演繹法的基礎上；後者則是建立在歸納法的基礎上。有些問題無法以數理模式解釋，只能以經驗模式解釋。例如以下問題：某大學籃球社近兩年來共來了 80 名新生（每年 40 人），入社時都記錄了身高、體重、年齡、彈性、球技、耐力等六項資料，入社一年後都參加考核，並得到一個分數，試以第一年的身高等六項資料為自變數，考核分數為因變數，建立一個預測模型，並以第二年資料來測試預測模型。第一年、第二年的資料分別稱為訓練範例、測試範例。也可稱之為樣本內範例、樣本外範例。這個問題很難以數理模式解釋，但適合以經驗模式解釋。

表 5.2　某大學籃球社社員資料

訓練範例

	身高	體重	年齡	彈性	球技	耐力	分數入選
1	1.92	64	18.9	44	94	24	97
2	1.67	49	18.2	71	9	95	57
3	1.81	62	19.5	44	55	85	55
4	1.75	54	18.1	28	61	7	52
5	1.84	70	19.6	29	88	8	96
⋮	⋮	⋮	⋮	⋮	⋮	⋮	⋮
36	1.70	61	18.8	31	43	72	54
37	1.66	53	18.1	55	92	58	96
38	1.66	63	19.9	61	88	50	96
39	1.79	71	18.7	28	83	93	99
40	1.78	56	18.4	97	82	8	95

測試範例

	身高	體重	年齡	彈性	球技	耐力	分數入選
41	1.66	63	18.8	80	96	63	99
42	1.87	62	19.7	74	44	12	52
43	1.72	64	18.2	24	26	67	54
44	1.68	49	19.4	49	8	91	55
45	1.68	64	18.7	54	32	65	56
⋮	⋮	⋮	⋮	⋮	⋮	⋮	⋮
76	1.78	64	19.7	67	60	15	58
77	1.68	60	18.9	60	16	6	59
78	1.69	63	18.4	65	60	8	59
79	1.76	56	18.5	60	93	14	97
80	1.93	82	19.7	5	91	82	94

　　建構經驗模式的最主要工具是迴歸分析。迴歸分析依其因變數是連續的數值變數或離散的分類變數有兩種模式：

- **因變數是連續的數值變數：線性迴歸分析**

$$y = \hat{a}_0 + \sum_k \beta_k x_k \tag{5.23}$$

- **因變數是離散的分類變數：邏輯迴歸分析**

$$y = \frac{1}{1 + \exp\left(-(\hat{a}_0 + \sum_k \beta_k x_k)\right)} \tag{5.24}$$

5.8 ▶ 迴歸分析之建模：最小平方法

5.8.1 迴歸模型係數之估計

設一因變數 y，具有 k 個自變數 x_1，x_2，...x_k，已收集 n 組數據：

第 1 組：x_{11}，x_{12}，……，x_{1k}　　y_1

第 2 組：x_{21}，x_{22}，……，x_{2k}　　y_2

　　　：　　　：　　：　……　：　　　：　　　　　　　　　　　　（5.25）

第 n 組：x_{n1}，x_{n2}，……，x_{nk}　　y_n

要建立下列迴歸公式：

$$y = \beta_0 + \beta_1 x_1 + \beta_2 x_2 + ... + \beta_k x_k + \varepsilon \tag{5.26}$$

可利用最小化誤差平方和原理，即求 x 使殘差之平方和最小之迴歸係數：

$$Min\ L = \sum_{i=1}^{n} \varepsilon_i^2 = \sum_{i=1}^{n} \left(y_i - \left(\beta_0 + \sum_k \beta_{ik} x_{ik} \right) \right)^2 \tag{5.27}$$

【推導】

(1) 將所有數據代入迴歸公式（5-26）式得

$$y_i = \beta_0 + \beta_1 x_{i1} + \beta_2 x_{i2} + ... + \beta_k x_{ik} + \varepsilon_i \tag{5.28}$$

$$= \beta_0 + \sum_{j=1}^{k} \beta_j x_{ij} + \varepsilon_i, \qquad i=1，2，...，n \tag{5.29}$$

得殘差 x

$$\varepsilon_i = y_i - \beta_0 - \sum_{j=1}^{k} \beta_i x_{ij} \tag{5.30}$$

(2) 計算殘差之平方和

$$L = \sum_{i=1}^{n} \varepsilon_i^2 = \sum_{i=1}^{n} \left(y_i - \beta_0 - \sum_{j=1}^{k} \beta_j x_{ij} \right)^2 \tag{5.31}$$

(3) 由上式可知，殘差之平方和為迴歸係數的函數。依據極值定理，一函數在極值處之微分為 0，並以估計係數 b 取代模型係數 **β** 得

$$\left. \frac{\partial L}{\partial \beta_0} \right|_{b_0, \, b_1, \ldots, b_k} = -2 \sum_{i=1}^{n} \left(y_i - b_0 - \sum_{j=1}^{k} b_j x_{ij} \right) = 0 \tag{5.32}$$

$$\left. \frac{\partial L}{\partial \beta_j} \right|_{b_0, \, b_1, \ldots, b_k} = -2 \sum_{i=1}^{n} \left(y_i - b_0 - \sum_{j=1}^{k} b_j x_{ij} \right) x_{ij} = 0 \text{，} j=1，2，3 \cdots，k \tag{5.33}$$

(4) 將上二式展開得下列聯立方程式

$$\begin{aligned}
nb_0 + b_1 \sum_{i=1}^{n} x_{i1} + b_2 \sum_{i=1}^{n} x_{i2} + \ldots + b_k \sum_{i=1}^{n} x_{ik} &= \sum_{i=1}^{n} y_i \\
b_0 \sum_{i=1}^{n} x_{i1} + b_1 \sum_{i=1}^{n} x_{i1}^2 + b_2 \sum_{i=1}^{n} x_{i1} x_{i2} + \ldots + b_k \sum_{i=1}^{n} x_{i1} x_{ik} &= \sum_{i=1}^{n} x_{i1} y_i \\
\vdots \qquad \vdots \qquad \vdots \qquad\qquad \vdots \qquad\quad \vdots \\
b_0 \sum_{i=1}^{n} x_{ik} + b_1 \sum_{i=1}^{n} x_{ik} x_{i1} + b_2 \sum_{i=1}^{n} x_{ik} x_{i2} + \ldots + b_k \sum_{i=1}^{n} x_{ik}^2 &= \sum_{i=1}^{n} x_{ik} y
\end{aligned} \tag{5.34}$$

解上述聯立方程式即可得使殘差之平方和最小之迴歸係數。

上述推導過程如改為矩陣形式則更為簡潔：

(1) 將迴歸公式寫成矩陣形式

$$\mathbf{y} = \mathbf{X}\boldsymbol{\beta} + \boldsymbol{\varepsilon} \tag{5.35}$$

其中

$$\mathbf{y} = \begin{bmatrix} y_1 \\ y_2 \\ \vdots \\ y_n \end{bmatrix}, \qquad \mathbf{X} = \begin{bmatrix} 1 & x_{11} & x_{12} & \cdots & x_{1k} \\ 1 & x_{21} & x_{22} & \cdots & x_{2k} \\ \vdots & \vdots & \vdots & & \vdots \\ 1 & x_{n1} & x_{n2} & \cdots & x_{nk} \end{bmatrix}, \tag{5.36}$$

$$\boldsymbol{\beta} = \begin{bmatrix} \beta_0 \\ \beta_1 \\ \vdots \\ \beta_k \end{bmatrix}, \quad \text{and} \quad \boldsymbol{\varepsilon} = \begin{bmatrix} \varepsilon_1 \\ \varepsilon_2 \\ \vdots \\ \varepsilon_n \end{bmatrix} \tag{5.37}$$

故

$$\boldsymbol{\varepsilon} = \mathbf{y} - \mathbf{X}\boldsymbol{\beta} \tag{5.38}$$

(2) 計算殘差之平方和

$$L = \sum_{i=1}^{n} \varepsilon_i^2 = \boldsymbol{\varepsilon}' \, \boldsymbol{\varepsilon} = (\mathbf{y} - \mathbf{X}\boldsymbol{\beta})'(\mathbf{y} - \mathbf{X}\boldsymbol{\beta}) \tag{5.39}$$

將上式展開得

$$L = \mathbf{y}'\mathbf{y} - \boldsymbol{\beta}' \, \mathbf{X}'\mathbf{y} - \mathbf{y}'\mathbf{X}\boldsymbol{\beta} + \boldsymbol{\beta}' \, \mathbf{X}'\mathbf{X}\boldsymbol{\beta} \tag{5.40}$$

上式第三項 $\mathbf{y}'\mathbf{X}\boldsymbol{\beta}$ 是一個 1×1 矩陣，即純量，其轉置亦為純量，故

$$\mathbf{y}'\mathbf{X}\boldsymbol{\beta} = (\mathbf{y}'\mathbf{X}\boldsymbol{\beta})' = \boldsymbol{\beta}' \mathbf{X}'\mathbf{y} \tag{5.41}$$

故（5.40）式第二項與第三項可合併，得

$$L = \mathbf{y}'\mathbf{y} - 2\boldsymbol{\beta}' \mathbf{X}'\mathbf{y} + \boldsymbol{\beta}' \mathbf{X}'\mathbf{X}\boldsymbol{\beta} \tag{5.42}$$

(3) 由上式可知，殘差之平方和為迴歸係數的函數。依據極值定理，一函數在極值處之微分為 0，並以估計係數 $\mathbf{b}$ 取代模型係數 $\boldsymbol{\beta}$ 得

$$\begin{aligned} -2\mathbf{X}'\mathbf{y} + 2\mathbf{X}'\mathbf{X}\mathbf{b} &= 0 \\ \mathbf{X}'\mathbf{X}\mathbf{b} &= \mathbf{X}'\mathbf{y} \end{aligned} \tag{5.43}$$

(4) 解上述聯立方程式即可得使殘差之平方和最小之迴歸係數

$$\mathbf{b} = \left(\mathbf{X}'\mathbf{X} \right)^{-1} \mathbf{X}'\mathbf{y} \tag{5.44}$$

當自變數只有一個時，稱為單變數迴歸分析。當有一條配適樣本點極佳的直線，使實際值與配適值之間的垂直距離平方和極小化時，稱此直線為迴歸線，稱此直線方程式為迴歸方程式：

$$y = a + bx \tag{5.45}$$

其中 a, b = 迴歸係數

$$b = \frac{\sum x_i y_i - n \cdot \bar{x} \cdot \bar{y}}{\sum x_i^2 - n\bar{x}^2} = \frac{\sum (x_i - \bar{x}) \cdot (y_i - \bar{y})}{\sum (x_i - \bar{x})^2} = \frac{Cov(x, y)}{Var(x)} \tag{5.46}$$

$$a = \bar{y} - b\bar{x} \tag{5.47}$$

5.8.2 迴歸模型係數之隨機性

由於數據具隨機性，因此從數據估計得到的迴歸係數也是隨機變數。首先定義 $\boldsymbol{\beta}$ 為模型之係數，$\mathbf{b}$ 為估計之係數。估計之迴歸係數 $\mathbf{b}$ 之期望值如下：

$$E(\mathbf{b}) = \boldsymbol{\beta} \tag{5.48}$$

估計之係數 $\mathbf{b}$ 之期望值恰為模型之係數 $\boldsymbol{\beta}$，故上節所推導之迴歸係數為不偏估計。

至於估計之係數之協方差 $Cov(\mathbf{b})$ 為

$$Cov(\mathbf{b}) = \sigma^2 (\mathbf{X'X})^{-1} \tag{5.49}$$

其中 σ^2 為殘差之變異數，即

$$Var(\varepsilon) = \sigma^2$$

殘差之變異數的估計值如下：

$$\hat{\sigma}^2 = \frac{SS_E}{n - p} \tag{5.50}$$

其中 n = 數據數目；p = 模型係數之數目；SS_E = 殘差之平方和

$$SS_E = \sum_{i=1}^{n} (y_i - \hat{y}_i)^2 \tag{5.51}$$

其中 y_i = 因變數實際值；$\hat{y}_i$ = 因變數估計值。

5.8.3　迴歸模型係數之顯著性檢定：t 檢定

線性迴歸係數顯著性檢定是指對個別迴歸係數 β_j 是否顯著的測試，即虛無假說與對立假說如下：

$$H_0 : \beta_j = 0$$
$$H_1 : \beta_j \neq 0$$

迴歸係數顯著性檢定可用 t 統計量判定

$$t_0 = \frac{b_j}{se(b_j)} \tag{5.52}$$

其中 $se(b_j)$ 為 b_j 的標準差

因為

$$se(b_j) = \sqrt{\hat{\sigma}^2 C_{jj}} \tag{5.53}$$

其中 C_{jj} 為 $(\mathbf{X'X})^{-1}$ 的對角元素

故

$$t_0 = \frac{b_j}{\sqrt{\hat{\sigma}^2 C_{jj}}} \tag{5.54}$$

當上式的絕對值大於 t 統計量臨界值 $t_{\alpha/2, n-p}$ 時，迴歸係數顯著，此臨界值為自由度 n-p 與顯著水準 α 的函數，其中 n 為數據數目，p 為模型係數之數目（含常數項）。

5.8.4　迴歸模型係數之信賴區間

個別迴歸係數值 β_j 的信賴區間公式如下：

$$b_j - t_{\alpha/2,\, n-p} se(b_j) \leq \beta_j \leq b_j + t_{\alpha/2,\, n-p} se(b_j)$$

因 $se(b_j) = \sqrt{\hat{\sigma}^2 C_{jj}}$ 故

$$b_j - t_{\alpha/2,\,n-p}\sqrt{\hat{\sigma}^2 C_{jj}} \le \beta_j \le b_j + t_{\alpha/2,\,n-p}\sqrt{\hat{\sigma}^2 C_{jj}} \qquad (5.55)$$

5.9 ▶ 迴歸分析之檢定：變異分析

判定係數 R^2 定義為解釋方差 SS_R 和佔總方差和 S_{yy} 之比例：

$$R^2 = \frac{SS_R}{S_{yy}} = \frac{S_{yy} - SS_E}{S_{yy}} = 1 - \frac{SS_E}{S_{yy}} \qquad (5.56)$$

判定係數介於 0 到 1 之間，判定係數越大代表模型對變異的解釋能力越大。由於判定係數總是隨著模型的複雜度的增加而增加，因此複雜度高的模型會有高估模型對變異的解釋能力之傾向，因此有調整判定係數的提出：

$$R_{adj}^2 = 1 - \frac{SS_E/(n-p)}{S_{yy}/(n-1)} = 1 - \left(\frac{n-1}{n-p}\right)(1 - R^2) \qquad (5.57)$$

其中 n= 數據數目；p= 模型係數之數目。

迴歸模型顯著性檢定是指判定因變數 y 與自變數 x 間是否存有線性關係之測試，即虛無假說與對立假說如下：

H_0： $\beta_1 = \beta_2 = ... = \beta_k = 0$

H_1： $\beta_j \ne 0$　for at least one j $\qquad (5.58)$

其中 β_j 為模型之係數

迴歸模型顯著性檢定可用 **F** 統計量判定

$$F_0 = \frac{SS_R/k}{SS_E/(n-k-1)} = \frac{MS_R}{MS_E} \qquad (5.59)$$

其中 n = 數據數目，k = 模型獨立變數之數目，MS_R = 解釋均方差，MS_E = 未解釋均方差。

由上式可知 F 統計量相當於解釋均方差 MS_R 對未解釋均方差 MS_E 之比例。F 統計量越大代表越顯著，即因變數 y 與自變數 x 間越可能存有線性關係。當 F 統計量大於 F 統計量臨界值 $F_{\alpha,v1,v2}$ 時，迴歸模型顯著，此臨界值為分子自由度 v_1，分母自由度 v_2 與顯著水準 α 的函數。

上述分析經常以表 5.3 之變異分析表來表達，一般而言，其計算程序為：

(1) 總自由度 = n-1，其中 n = 觀測數。

(2) 迴歸自由度 k = 模型獨立變數之數目。

(3) 殘差自由度 = 總自由度 (n-1)- 迴歸自由度 (k)=(n-1)-k=n-k-1

(4) 計算總方差和

$$S_{yy} = \sum_{i=1}^{n}(y_i - \bar{y})^2 \tag{5.60}$$

(5) 計算殘差方差和

$$SS_E = \sum_{i=1}^{n}(y_i - \hat{y}_i)^2 \tag{5.61}$$

(6) 計算迴歸方差和

$$SS_R = \sum_{i=1}^{n}(\hat{y}_i - \bar{y})^2 \tag{5.62}$$

或由（5.32）式 $S_{yy} = SS_R + SS_E$ 得速算公式 $SS_R = S_{yy} - SS_E$ 計算。

(7) 計算迴歸均方差 $MS_R = SS_R/k$ (5.63)

(8) 計算殘差均方差 $MS_E = SS_E/(n-k-1)$ (5.64)

(9) $F = MS_R / MS_E$ (5.65)

(10) 以 F 值，F 值分子自由度 k，F 值分母自由度 n-k-1，計算得顯著值 P，此值越低代表越顯著，其計算可用電子試算表之函數。

表 5.3　變異分析表

	自由度	方差和	均方差	F 統計量	顯著值
迴歸	k	SS_R	MS_R	F	P
殘差	n-k-1	SS_E	MS_E		
總和	n-1	S_{yy}			

5.10　Excel 的統計函數

Excel 提供大量的統計函數，例如：

(1)　基本統計函數：average、stdev、min、max 等

(2)　排序統計函數：rank 可傳回數字在一個數列中的排名。

(3)　迴歸分析函數：

　　(a) INTERCEPT 利用現有 x 值和 y 值計算出一直線迴歸線的截距。

　　(b) SLOPE 利用現有 x 值和 y 值計算出一直線迴歸線的斜率。

◀練習 5.1▶ Excel 的統計函數：學生的成績統計

(1)　開啟「練習 5.1 Excel 的統計函數」檔案。

(2)　到「統計函數（基本）」工作表（圖 5.7）。

　　F2 函數「=AVERAGE(B2:E2)」取平均

　　G2 函數「=MIN(B2:E2)」取最小

　　H2 函數「=MAX(B2:E2)」取最大

　　I2 函數「=STDEV(B2:D2)」取標準差

　　J2 函數「=RANK（F2,$F$2:$F$6）」取 F 欄的排序值，最大值為 1，最小值為 N（假設有 N 個值）

(3)　到「統計函數（迴歸）」工作表（圖 5.8）。以計概成績為自變數，微積分成績為因變數，使用迴歸分析函數：

B11 函數「=INTERCEPT(C2:C8,B2:B8)」

B12 函數「=SLOPE(C2:C8,B2:B8)」

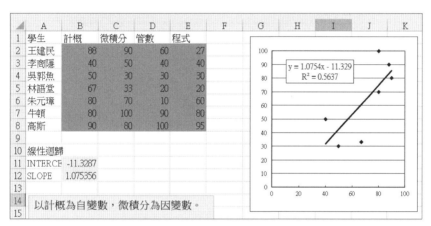

圖 5.7　基本統計函數（學生的成績統計）

圖 5.8　統計函數（迴歸）（學生的成績統計）

5.11 ≫ Excel 的機率函數

Excel 提供大量的機率函數，例如

(1)　NORMDIST：常態分佈函數（圖 5.9）

(2)　NORMINV：常態分佈反函數

(3)　NORMSDIST：標準常態分佈函數

(4)　NORMSINV：標準常態分佈反函數

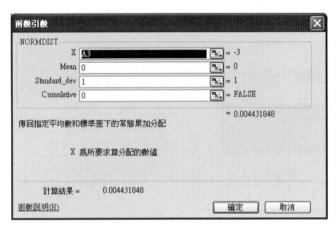

圖 5.9　NORMDIST：常態分佈函數

◀練習 5.2▶ Excel 的機率函數

(1)　開啟「練習 5.2 Excel 的機率函數」檔案。

(2)　到「統計函數（隨機函數）」工作表（圖 5.10）。

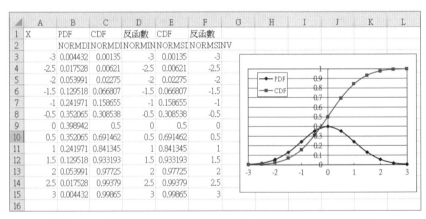

	A	B	C	D	E	F	G	H	I	J	K	L
1	X	PDF	CDF	反函數	CDF	反函數						
2		NORMDI	NORMDI	NORMIN	NORMSI	NORMSINV						
3	-3	0.004432	0.00135	-3	0.00135	-3						
4	-2.5	0.017528	0.00621	-2.5	0.00621	-2.5						
5	-2	0.053991	0.02275	-2	0.02275	-2						
6	-1.5	0.129518	0.066807	-1.5	0.066807	-1.5						
7	-1	0.241971	0.158655	-1	0.158655	-1						
8	-0.5	0.352065	0.308538	-0.5	0.308538	-0.5						
9	0	0.398942	0.5	0	0.5	0						
10	0.5	0.352065	0.691462	0.5	0.691462	0.5						
11	1	0.241971	0.841345	1	0.841345	1						
12	1.5	0.129518	0.933193	1.5	0.933193	1.5						
13	2	0.053991	0.97725	2	0.97725	2						
14	2.5	0.017528	0.99379	2.5	0.99379	2.5						
15	3	0.004432	0.99865	3	0.99865	3						
16												

圖 5.10　統計函數（繪出標準常態分佈函數的 PDF 與 CDF）

(3)　輸入公式：

B3 公式「=NORMDIST(A3,0,1,0)」產生平均值 =0，標準差 =1 的常態分佈 PDF 函數。

C3 公式「=NORMDIST(A3,0,1,1)」產生平均值 =0，標準差 =1 的常態分佈 CDF 函數。

D3 公式「=NORMINV(C3,0,1)」產生平均值 =0，標準差 =1 的常態分佈 CDF 反函數。

E3 公式「=NORMSDIST(A3)」可產生標準常態分佈 CDF 函數。

F3 公式「=NORMSINV(C3)」可產生標準常態分佈 CDF 反函數。

(4) 繪出標準常態分佈函數的 PDF 與 CDF

Excel 並無直接產生常態分佈亂數的函數，但可用均佈函數配合常態分佈 反函數 NORMINV(RAND(),0,1) 產生平均值 =0，標準差 =1 的常態分佈亂數。

◀ 練習 5.3 ▶ Excel 的產生常態分佈亂數

(1) 開啟「練習 5.3 Excel 的產生常態分佈亂數」檔案。

(2) 到「產生常態分佈亂數」工作表（圖 5.11）。

(3) A1 公式「=NORMINV(RAND(),0,1)」可產生平均值 =0，標準差 =1 的常態分佈亂數。

複製 A1 公式到 A1:J30，可產生 300 個常態分佈亂數。

(4) B32 公式「=AVERAGE(A1:J30)」計算平均值，應接近 0，B33 公式「=STDEV (A1:J30)」計算標準差，應接近 1。

(5) 用資料分析工具箱的「直方圖」繪製直方圖，應接近常態分佈。

	A	B	C	D	E	F	G	H	I	J	K	L
1	-1.4067	0.694903	2.04761	0.101456	0.083134	-1.47498	-0.44819	-0.87979	1.086849	-0.84565		-3
2	3.129754	0.711678	0.508617	-0.89256	1.5582	-0.30529	-2.32719	-0.84513	-0.62206	1.010774		-2.5
3	0.864772	0.964106	-0.38216	-0.01869	0.859811	-1.52174	0.186481	1.110418	0.285082	-0.35125		-2
4	1.370123	1.07879	-0.82877	0.272785	-0.71391	-0.24361	-1.58386	0.518437	2.176672	-0.26021		-1.5
5	0.573534	-1.57859	-1.12265	-0.12706	0.391605	1.68396	-0.48118	0.988822	-0.83904	0.885664		-1
6	-2.39846	-2.00338	0.88268	1.13977	1.500089	1.609206	-0.28398	0.83728	0.767345	-0.82328		-0.5
7	0.976819	-1.07713	-1.42046	0.594097	-0.30023	-0.52043	0.53647	-0.68501	-1.87535	1.623107		0
8	-0.40371	0.253905	-0.94838	-1.16324	1.161671	1.320287	-0.45239	-1.01674	-0.90754	0.831948		0.5

圖 5.11　產生常態分佈亂數（使用 NORMINV(RAND(),0,1)）

5.12 ▶▶ Excel 的資料分析工具箱

Excel 提供「資料分析」工具箱，包括：

(1) 雙因子共變異分析

(2) 相關係數

(3) 共變數

(4) 敘述統計

(5) 指數平滑法

(6) F 檢定：兩個常態母體變異數的檢定

(7) 傅立葉分析

(8) 直方圖

(9) 移動平均

(10) 亂數產生器

(11) 等級和百分比

(12) 迴歸

(13) 抽樣

(14) t 檢定

(15) Z 檢定

◀練習 5.4▶ Excel 的資料分析工具箱 1（敘述統計與相關係數）

(1) 開啟「練習 5.4 Excel 的資料分析工具箱 1（敘述統計與相關係數）」
檔案。

(2) 到「報酬率 Data」工作表。有七家上市公司的月報酬率，以及股市的月
報酬率，如圖 5.12。

(3) 開啟「資料」標籤的 ▣資料分析 工具，如圖 5.13。選「敘述統計」，並輸入參
數如圖 5.14，結果如圖 5.15。

(4) 開啟「資料」標籤的「資料分析」工具，選「相關係數」，並輸入參數如

圖 5.16，結果如圖 5.17。可以得到個股之間的月報酬率相關係數矩陣，可發現聯電與臺積電的月報酬率高度相關，與富邦金的月報酬率低度相關。

	A	B	C	D	E	F	G	H	I	J
1	年月	1101台泥	2002中鋼	2303聯電	2330台積	2317鴻海	2881富邦	2501國建	Y9999加權指數	
2	Aug-96	6.4	4.19	1.09	-3.54	9.21	-6.72	-19.79	-3.29	
3	Jul-96	10.35	17.43	-4.7	-8.32	-4.23	4.79	3.59	4.55	
4	Jun-96	22.51	3.9	3.39	9.25	21.63	3.99	1.59	9.06	
5	May-96	4.54	1.85	0.52	-0.73	5.42	-0.52	-0.26	3.42	
6	Apr-96	6.63	1.34	0	1.18	-0.23	-2.68	-2.57	-0.11	
7	Mar-96	0.9	2.19	-5.45	-2.02	-3.48	-1.97	-12.78	-0.22	

圖 5.12　練習 5.4

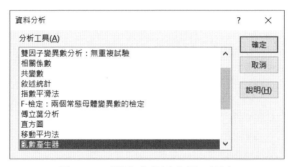

圖 5.13　開啟「資料分析」視窗

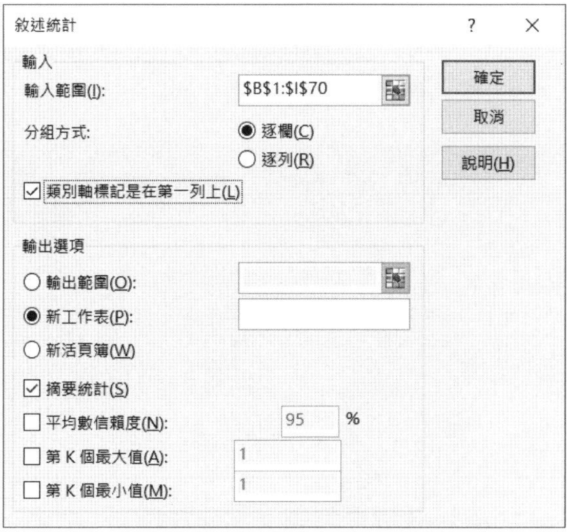

圖 5.14　在「敘述統計」對話盒輸入參數

	A	B	C	D	E	F	G	H	I	J	K	L	M	N	O	P
1	1101台泥		2002中鋼		2303聯電		2330台積電		2317鴻海		2881富邦金		2501國建		Y9999加權指數	
2																
3	平均數	3.88	平均數	3.076667	平均數	-0.11333	平均數	0.90029	平均數	2.676957	平均數	0.242464	平均數	1.997536	平均數	1.205362
4	標準誤	1.540743	標準誤	0.918849	標準誤	1.047774	標準誤	1.021887	標準誤	1.003903	標準誤	0.850418	標準誤	1.620067	標準誤	0.738854
5	中間值	2.53	中間值	3.21	中間值	0	中間值	0.78	中間值	1.97	中間值	-0.29	中間值	0	中間值	1.12
6	眾數	0	眾數	#N/A	眾數	0	眾數	0	眾數	-5.59	眾數	12.36	眾數	0	眾數	#N/A
7	標準差	12.79837	標準差	7.632536	標準差	8.703468	標準差	8.488432	標準差	8.339044	標準差	7.064104	標準差	13.45728	標準差	6.137382
8	變異數	163.7983	變異數	58.25561	變異數	75.75036	變異數	72.05347	變異數	69.53966	變異數	49.90156	變異數	181.0985	變異數	37.66745
9	峰度	2.410839	峰度	0.886428	峰度	1.181693	峰度	0.653759	峰度	-0.15703	峰度	0.031349	峰度	1.31772	峰度	2.131021
10	偏態	0.629987	偏態	0.539258	偏態	0.393669	偏態	-0.37546	偏態	0.466653	偏態	0.156692	偏態	1.019293	偏態	0.695477
11	範圍	76.24	範圍	37.87	範圍	48.56	範圍	45.6	範圍	38.26	範圍	34.95	範圍	63.32	範圍	37.03
12	最小值	-26.96	最小值	-13.2	最小值	-19.45	最小值	-25.74	最小值	-13.16	最小值	-17.84	最小值	-21.84	最小值	-12.03
13	最大值	49.28	最大值	24.67	最大值	29.11	最大值	19.86	最大值	25.1	最大值	17.11	最大值	41.48	最大值	25
14	總和	267.72	總和	212.29	總和	-7.82	總和	62.12	總和	184.71	總和	16.73	總和	137.83	總和	83.17
15	個數	69	個數	69	個數	69	個數	69	個數	69	個數	69	個數	69	個數	69
16	信賴度	3.074505	信賴度(9	1.833535	信賴度	2.090801	信賴度	2.039144	信賴度	2.003257	信賴度	1.696983	信賴度	3.232793	信賴度	1.47436

圖 5.15　「敘述統計」結果

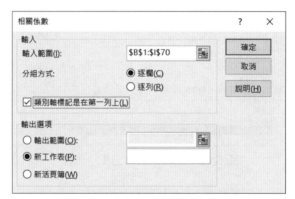

圖 5.16　在「相關係數」對話盒輸入「輸入範圍」，並選
「類別軸標記是在第一列上」

	A	B	C	D	E	F	G	H	I	J
1		1101台泥	2002中鋼	2303聯電	2330台積電	2317鴻海	2881富邦金	2501國建	9999加權指數	
2	1101台泥	1								
3	2002中鋼	0.364596	1							
4	2303聯電	0.401607	0.142951	1						
5	2330台積1	0.384953	0.226042	0.790148	1					
6	2317鴻海	0.346556	0.185834	0.439759	0.459108	1				
7	2881富邦	0.404812	0.457753	0.181009	0.162398	0.289996	1			
8	2501國建	0.404988	0.338299	0.368777	0.313881	0.272462	0.503672	1		
9	Y9999加權	0.66385	0.457311	0.746176	0.740559	0.580519	0.379001	0.523335	1	

圖 5.17　產生「相關係數」矩陣

《練習 5.5》Excel 的資料分析工具箱 2（直方圖）

(1) 開啟「練習 5.5 Excel 的資料分析工具箱 2（直方圖）」檔案。

(2)　到「報酬率 Data」工作表。

(3)　因為台積電的月報酬率資料最小與最大值約在 -20, 20 之間，因此組距採用 -20, -17.5, -15,..., 20。在 L2:L18 填入組距。

(4)　開啟「資料」標籤的「資料分析」視窗。選「直方圖」，並輸入參數如圖 5.18，結果如圖 5.19。可以得到台積電的月報酬率直方圖。

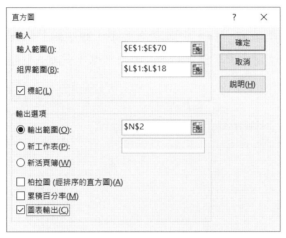

圖 5.18　在「直方圖」對話盒輸入參數

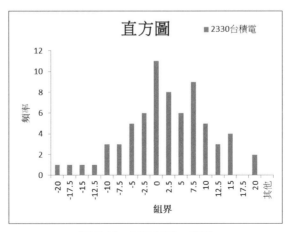

圖 5.19　「直方圖」結果

‹練習 5.6› Excel 的資料分析工具箱 3（t 檢定與單因子變異數）

(1) 開啟「練習 5.6 Excel 的資料分析工具箱 3（t 檢定與單因子變異數）」檔案。

(2) 到「報酬率 Data」工作表。

(3) 開啟「資料」標籤的「資料分析」視窗。選「t 檢定：成對母體平均數差異檢定」，並輸入參數如圖 5.20，結果如圖 5.21。可以得到聯電對台積電的月報酬率的成對母體平均數差異檢定，顯示雖然聯電的月報酬率的平均值小於台積電，但並未達到 5% 顯著水準（只達 6.8%）。

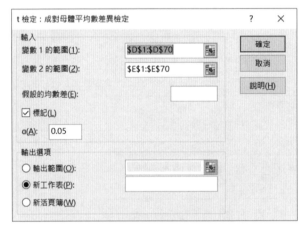

圖 5.20　在「t 檢定與單因子變異數」
對話盒輸入參數

圖 5.21　「t 檢定與單因子變異數」結果

5.13 ➤ Excel 的單迴歸分析

Excel 提供許多單迴歸分析函數，例如：

- INTERCEPT：可計算單迴歸分析的截距。

- SLOPE：可計算單迴歸分析的斜率。

此外，XY 散佈圖也提供多種單變數迴歸功能。

◀練習 5.7▶ Excel 的散布圖與趨勢線

(1) 開啟「練習 5.7 Excel 的散布圖與趨勢線」檔案。

(2) 到「報酬率 Data」工作表。

(3) 以加權指數的月報酬率為自變數，鴻海的月報酬率為因變數，使用迴歸分析函數：

在 K16 輸入公式「=INTERCEPT(F2:F70,I2:I70)」，得到 1.7262；

在 K17 輸入公式「=SLOPE(F2:F70,I2:I70)」，得到 0.7888。

(4) 使用 Excel 的插入散布圖功能，產生以加權指數的月報酬率為橫軸，鴻海的月報酬率為縱軸的散布圖（圖 5.22）。再用「加入趨勢線」功能，可以得到趨勢線公式為 $y = 0.7888x + 1.7262$

注意迴歸函數與趨勢線兩者有相同的單迴歸分析截距與斜率。

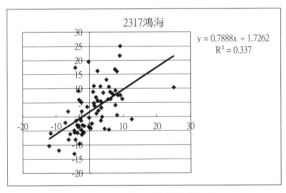

圖 5.22　散布圖與趨勢線

5.14 ▶▶ Excel 的複迴歸分析

◀練習 5.8▶ Excel 的資料分析工具箱 4（迴歸分析：單因子）

(1) 開啟「練習 5.8 Excel 的資料分析工具箱 4（迴歸分析：單因子）」檔案。

(2) 到「報酬率 Data」工作表。

(3) 開啟「資料」標籤的「資料分析」視窗。選「迴歸」，並輸入參數如圖
5.23，結果如圖 5.24。可以得到以鴻海的的月報酬率為因變數 (y)，以加
權指數的月報酬率為自變數 (x) 的單變數迴歸分析。顯示迴歸公式為：
y＝0.7888x＋1.7262。

圖 5.23 「迴歸分析：單因子」輸入參數

▲	A	B	C	D	E	F	G
1	摘要輸出						
2							
3	迴歸統計						
4	R 的倍數	0.580519					
5	R 平方	0.337003					
6	調整的 R	0.327107					
7	標準誤	6.840522					
8	觀察值個	69					
9							
10	ANOVA						
11		自由度	SS	MS	F	顯著值	
12	迴歸	1	1593.583	1593.583	34.05619	1.71E-07	
13	殘差	67	3135.114	46.79275			
14	總和	68	4728.697				
15							
16		係數	標準誤	t 統計	P-值	下限 95%	上限 95%
17	截距	1.726204	0.839463	2.05632	0.04365	0.050629	3.401779
18	Y9999加	0.788769	0.135161	5.835768	1.71E-07	0.518986	1.058552

圖 5.24 「迴歸分析：單因子」結果

◀練習 5.9▶ Excel 的資料分析工具箱 4（迴歸分析：多因子）

(1) 開啟「練習 5.9 Excel 的資料分析工具箱 4（迴歸分析：多因子）」檔案。

(2) 到「報酬率 Data」工作表。

(3) 開啟「資料」標籤的「資料分析」視窗。選「迴歸」，並輸入參數如圖 5.25，結果如圖 5.26。可以得到以大盤的月報酬率為因變數 (y)，以各股票的月報酬率為自變數 (x_1, x_2, ...) 的多變數迴歸分析。

圖 5.25 「迴歸分析：多因子」輸入參數

	A	B	C	D	E	F	G
1	摘要輸出						
2							
3		迴歸統計					
4	R 的倍數	0.912528					
5	R 平方	0.832708					
6	調整的 R	0.81351					
7	標準誤	2.650393					
8	觀察值個	69					
9							
10	ANOVA						
11		自由度	SS	MS	F	顯著值	
12	迴歸	7	2132.887	304.6981	43.37596	2.36E-21	
13	殘差	61	428.4997	7.024586			
14	總和	68	2561.387				
15							
16		係數	標準誤	t 統計	P-值	下限 95%	上限 95%
17	截距	-0.40317	0.374253	-1.07728	0.285597	-1.15154	0.34519
18	1101台泥	0.134592	0.030732	4.379521	4.75E-05	0.073139	0.196045
19	2002中鋼	0.159694	0.049544	3.223273	0.002036	0.060625	0.258764
20	2303聯電	0.21256	0.063127	3.367181	0.001319	0.08633	0.33879
21	2330台積	0.167275	0.064354	2.599285	0.0117	0.038591	0.295959
22	2317鴻海	0.134805	0.045401	2.96923	0.004263	0.044021	0.225589
23	2881富邦	-0.02977	0.058321	-0.51048	0.611559	-0.14639	0.086849
24	2501國建	0.05749	0.029742	1.932997	0.057882	-0.00198	0.116962

圖 5.26 「迴歸分析：多因子」結果

習題

1.　練習 5.1 Excel 的統計函數：試在 K 欄取 B 欄的 Rank 值，最小值為 1，最大值為 N（假設有 N 個值）。

2.　練習 5.2 Excel 的機率函數：繪出平均值 7%，標準差 25% 的常態分佈函數的 PDF 與 CDF。

3.　練習 5.3 Excel 的產生常態分佈亂數：產生 300 個平均值 7%，標準差 25% 的常態分佈亂數，並統計其平均值與標準差。

4.　練習 5.5 Excel 的資料分析工具箱 2（直方圖）：試作聯電的直方圖。

5.　練習 5.6 Excel 的資料分析工具箱 3（t 檢定與單因子變異數）：改用「兩個母體平均數差的檢定，假設變異數不相等」。（註：本資料實際上是成對資料）

6.　Excel 有 percentile 函數，傳回範圍中第 K 個百分位數的值。可以使用這個函數來建立可接受的臨界值。例如，只接受分數在百分之九十以上的考生。試用練習 5.1 的檔案，找出「台積電」的百分之十、百分之九十的值。

7.　Excel 有 percentrank 函數，傳回某數值在資料集中的排名，以資料集的百分比表示。可以用來評估一個數值在資料集中的相對位置。例如，您可以使用 PERCENTRANK 來評估某人的分數在團體中的排名。試用練習 5.1 的檔案，計算「台積電」的每一個值的百分比排名。

Excel 進階 3：Visual Basic Application (VBA)

6.1 ▶▶ 簡介

　　雖然前面四章介紹了 Excel 的強大功能，要更進一步擴充其功能，就必須利用 Visual Basic for Applications（VBA），它是 Visual Basic 的一種巨集語言，主要能用來擴展 Windows 的應用程式功能，特別是 Microsoft Office 軟體。

　　首先，必須認識如何建構「ActiveX 控制項」，並在控制項上撰寫 VBA，並了解 VBA 中的資料如何與 Excel 的儲存格互動。為此，本章設計了兩個簡單的例題：

- 練習 6.1（VB 與 Excel 互動 - 用 VB 在 Excel 格子上輸出）
- 練習 6.2（VB 與 Excel 互動 - 設值定位複製貼上）

　　其次，在使用 Excel 時，經常會做重複的操作動作，例如把多張日報表彙整成週報表，可能需要重複一些複製、貼上、排序等操作動作，既無聊又費時。要寫程式來處理，又十分吃力，這時「錄製」這些重複的操作動作，讓系統幫你把它們寫成「巨集」，再將巨集儲存在試算表中。下次就可以用這些巨集幫你執行這些重複的操作動作，省時省力。更重要的是這些巨集很容易看懂，使用者可以將這些巨集某些片段複製、貼上，並加以修改，就可以增強這些巨集的功能。為此，本章設計了四個簡單的例題：

- 練習 6.3（巨集基礎 - 錄製法 - 執行巨集啟動巨集）
- 練習 6.4（巨集基礎 - 仿錄製自寫法 - 控制項啟動巨集）
- 練習 6.5（巨集基礎 - 錄製法 - 表單按鈕啟動巨集）
- 練習 6.6（巨集基礎 - 錄製法 - 繪圖巨集）

　　以下兩章需使用 Microsoft Excel [開發人員] 這一個額外標籤。先檢視試算表上方是否有 [開發人員] 標籤（圖 6.1）。如果沒有，請先安裝並啟動：

(1) 按一下 [檔案] 索引標籤。

(2) 按一下 [選項]。

(3) 按一下 [自訂功能區]。

(4) 在 [自訂功能區] 下的 [主要索引標籤] 底下，選取 [開發人員] 核取方塊。

圖 6.1　開發人員] 索引標籤

6.2 ➤➤ VBA/Excel 互動

VBA 可用下列函數將值輸出到 Excel 的儲存格之中，語法：

Range(" 儲存格範圍 ").Select

ActiveCell.FormulaR1C1 = 值

◀ 練習 6.1 ▶（VB 與 Excel 互動 - 用 VB 在 Excel 格子上輸出）

(1) 開啟 Excel 新檔。

(2) 啟動：到「開發人員」標籤，確認按下「設計模式」。

(3) 設計使用者介面物件：選「插入」，再從「ActiveX 控制項」點選一個「按鍵」（圖 6.2），在 Excel 工作表空白處放置一個按鍵圖案。同法在前按鍵圖案右方也放置一個按鍵圖案（圖 6.3）。

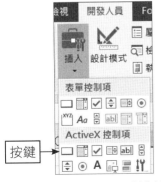

圖 6.2　ActiveX 控制項

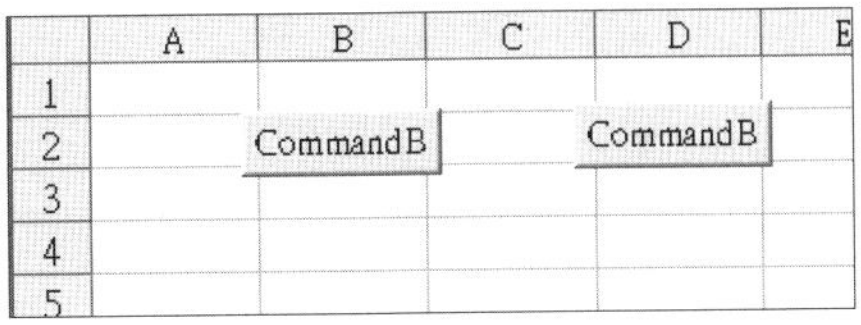

圖 6.3　設計使用者介面物件

(4)　設計物件屬性（圖 6.4）：

在左方「按鍵」連點二下，出現「設計物件屬性」，在 Caption 屬性填入「開始」；

在右方「按鍵」連點二下，出現「設計物件屬性」，在 Caption 屬性填入「離開」。

可發現按鍵上的標題已改變（圖 6.5）。

圖 6.4　設計物件屬性　　　　　　圖 6.5　設計物件屬性

(5)　設計物件行為（圖 6.6）：

在左方「按鍵」連點二下，在畫面右方填入

```
Private Sub CommandButton1_Click()
    Range("A1").Select
    ActiveCell.FormulaR1C1 = "Hello, The World!"
End Sub
```

在右方「按鍵」連點二下，在畫面右方填入

```
Private Sub CommandButton2_Click()
    Range("B1").Select
    ActiveCell.FormulaR1C1 = "成功了!"
    End
End Sub
```

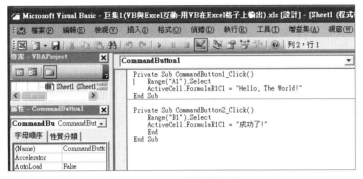

圖 6.6　設計物件行為

(6)　執行與偵錯：到「開發人員」標籤，取消「設計模式」。先清除在 A1:B1 中的文字，在「開始」按鍵點一下，會在 A1 儲存格出現 "Hello, The World!"（圖 6.7），在「離開」按鍵點一下，會在 B1 儲存格出現 "成功了 !"（圖 6.8）。

圖 6.7　執行與偵錯	圖 6.8　執行與偵錯
（在「開始」按鍵點一下）	（在「離開」按鍵點一下）

VBA 可用下列函數與 Excel 互動：

按鍵	程式
將值輸出到 Excel 的儲存格之中	`Range(" 儲存格範圍 ") = 值`
移動遊標到儲存格	`Range(" 儲存格範圍 ").Activate`
將值輸出到 Excel 的儲存格之中	`Cells( 列號 , 欄號 ) = 值`
移動遊標到儲存格	`Cells( 列號 , 欄號 ).Activate`
清除工作表內容	`Worksheets(" 工作表 ").Cells.ClearContents`
使用變數來控制儲存格位置	`Cells(x, y) = 值`
格式化儲存格	`Cells( 列號 , 欄號 ).Font.Size = 值`
複製儲存格	`Range(" 儲存格範圍 ").Copy`
貼到工作表	`Sheets(" 工作表 ").Paste`

《練習 6.2》（VB 與 Excel 互動 - 設值定位複製貼上）

(1) 開啟 Excel 新檔。

(2) 啟動：到「開發人員」標籤，確認按下「設計模式」　。

(3) 設計使用者介面物件與設計物件屬性：選「插入」，再從「ActiveX 控制項」拉出五個「按鍵」，並在其 Caption 屬性填入名稱（圖 6.9）。

圖 6.9　設計使用者介面物件與設計物件屬性

(4) 設計物件行為：由上而下五個按鍵各連點二下，在畫面右方填入下列程式

按鍵	程式
設 B10=10 定位 B9（Range）	```Private Sub CommandButton1_Click()\n Range("B10") = 10\n Range("B9").Activate\nEnd Sub```
設 C10=10 定位 C9（Cells）	```Private Sub CommandButton2_Click()\n Cells(10, 3) = 20\n Cells(9, 3).Activate\nEnd Sub```
清除內容	```Private Sub CommandButton3_Click()\n Worksheets("Sheet1").Cells.ClearContents\nEnd Sub```
產生 10*10 個亂數	```Private Sub CommandButton4_Click()\n For x = 1 To 10\n For y = 1 To 10\n Cells(x, y) = Int(Rnd * 100)\n Cells(x, y).Font.Size = 12\n Next y\n Next x\nEnd Sub```

按鍵	程式
| 複製貼上 | ```
Private Sub CommandButton5_Click()
    Range("A1:J10").Copy
    Cells(11, 1).Activate
    Sheets("Sheet1").Paste
End Sub
``` |

(5) 執行與偵錯：按下每一個按鍵，會產生如下動作：

按鍵	執行後的結果
設 B10=10 定位 B9（Range）	
設 C10=10 定位 C9（Cells）	
清除內容	
產生 10*10 個亂數	
複製貼上	
```

6.3 >> VBA 巨集

在使用 Excel 時，經常會做重複的操作動作，「錄製」這些重複的操作動作，讓系統幫你把它們寫成「巨集」，再將巨集儲存在試算表中。下次就可以用這些巨集幫你執行這些重複的操作動作，省時省力。更重要的是這些巨集很容易看懂，使用者可以將這些巨集某些片段複製、貼上，並加以修改，就可以增強這些巨集的功能。

◀練習 6.3▶（巨集基礎 - 錄製法 - 執行巨集啟動巨集）

(1) 開啟 Excel 新檔。

(2) 啟動：到「開發人員」標籤，按下 錄製巨集。

(3) 在「錄製新巨集」中選確定即可錄製（圖 6.10）。

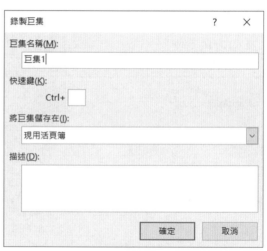

圖 6.10　在「錄製巨集」中選確定即可錄製

(4) 作以下動作（圖 6.11）：

(a) 到 A1 儲存格輸入 "A"

(b) 到 A2 儲存格輸入 "B"

(c) 到 A3 儲存格輸入 "C= A+B"

(d) 到 B3 儲存格輸入 "=B1 +B2"

(e) 按下停止錄製 ■ 停止錄製

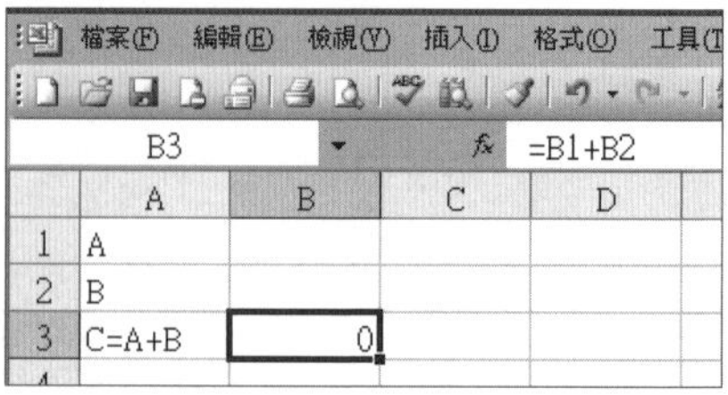

圖 6.11　作以下動作

(5) 到「開發人員」標籤，按 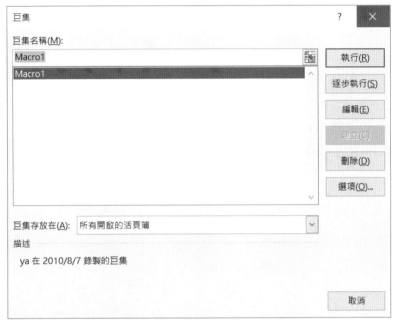，並選「編輯」鍵（圖 6.12）。

圖 6.12　到「開發人員」標籤，按下「巨集」，並選「編輯」鍵

可發現錄製了如圖 6.13 程式：

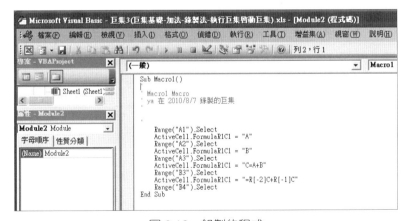

圖 6.13　錄製的程式

(6) 清除 A1:B3 的所有內容（圖 6.14）。

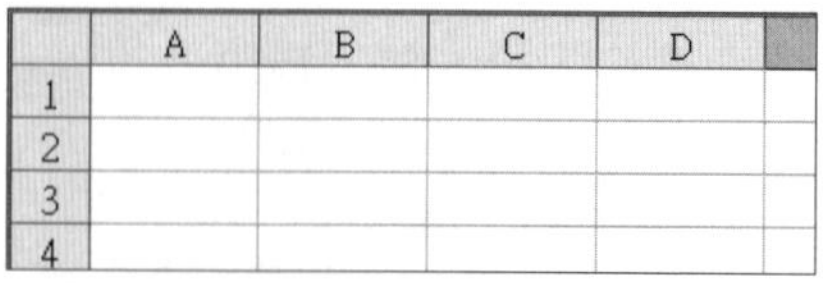

圖 6.14　清除 A1:B3 的所有內容

(7) 到「開發人員」標籤，按下「巨集」，並選「執行」鍵，可發現系統重作了步驟 (4) 動作（B3 內有公式「=B1+B2」）（圖 6.15）。

圖 6.15　到「開發人員」標籤，按下「巨集」，並選「執行」鍵

(8) 在 B1 與 B2 儲存格輸入值，可發現在 B3 儲存格得其相加值（圖 6.16）。

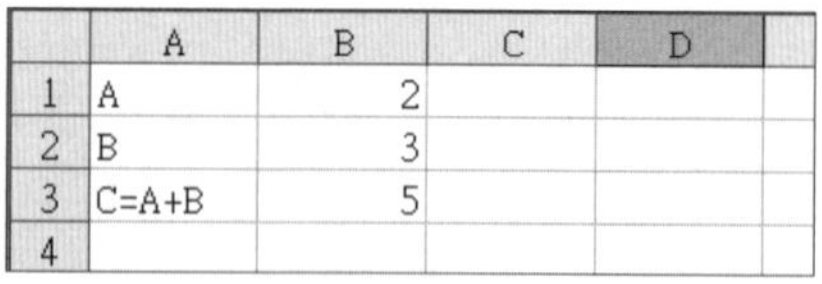

圖 6.16　在 B1 與 B2 儲存格輸入值

為了讓使用上更友善，可將錄製巨集以複製、貼上到前述「ActiveX 控制項」的按鍵的程式中，讓使用者以按下按鍵的方式啟動巨集。

◀練習 6.4▶（巨集基礎 - 仿錄製自寫法 - 控制項啟動巨集）

(1) 開啟「練習 4（巨集基礎 - 仿錄製自寫法 - 控制項啟動巨集）.xls」（圖 6.17）。

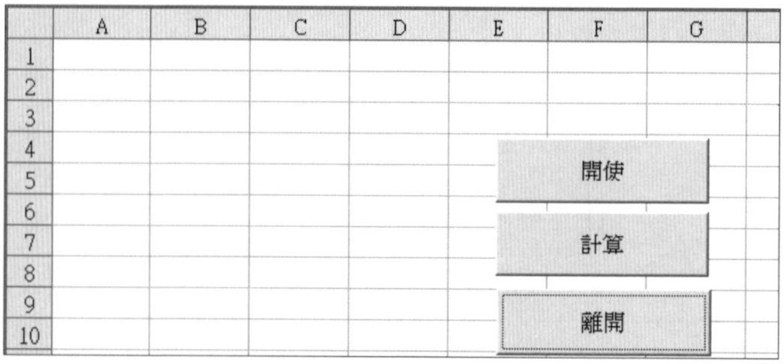

圖 6.17　初始的畫面

(2) 啟動：到「開發人員」標籤，確認按下「設計模式」 ![設計模式] 。

(3) 以滑鼠點選三個「按鍵」，可觀察到如下程式，其中前二個程式即是從上一個練習所錄製的巨集複製、貼上其中的片段，加以修改而來。

按鍵	程式
開始	```Private Sub CommandButton1_Click()
Range("A1").Select
ActiveCell.FormulaR1C1 = "A"
Range("A2").Select
ActiveCell.FormulaR1C1 = "B"
Range("A3").Select
ActiveCell.FormulaR1C1 = "C=A+B"
Range("B1").Select
End Sub```
計算	```Private Sub CommandButton2_Click()
Range("B3").Select
ActiveCell.FormulaR1C1 = "=R[-2]C+R[-1]C"
End Sub```
離開	```Private Sub CommandButton3_Click()
Worksheets("Sheet1").Cells.ClearContents
End
End Sub```

(4) 按下「開始」按鍵，會產生如圖 6.18 動作。

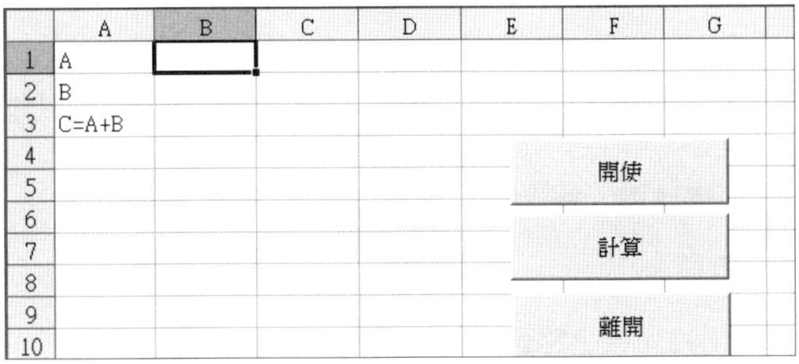

圖 6.18　按下「開始」按鈕後的畫面

(5) 輸入 A 與 B 的值（圖 6.19），按下「計算」按鍵，會產生如圖 6.20 動作。

	A	B	C	D	E	F	G
1	A	1					
2	B	2					
3	C=A+B					開使	
4							
5							
6						計算	
7							
8							
9						離開	
10							

圖 6.19　輸入 A 與 B 的值

	A	B	C	D	E	F	G
1	A	1					
2	B	2					
3	C=A+B	3					
4						開使	
5							
6							
7						計算	
8							
9						離開	
10							

圖 6.20　按下「計算」按鈕後的畫面

　　為了讓使用上更友善，除了以「ActiveX 控制項」啟動巨集外，也可將錄製巨集指定在「表單控制項」的按鈕上，讓使用者以按下按鍵的方式啟動巨集。「ActiveX 控制項」與「表單控制項」十分相似，但仍有不同。「表單控制項」比較簡單，但功能較弱；「ActiveX 控制項」比較複雜，但功能較強。

◀練習 6.5▶（巨集基礎 - 錄製法 - 表單按鈕啟動巨集）

(1) 開啟 Excel 新檔。

(2) 啟動：到「開發人員」標籤，按下 ▣錄製巨集 。

(3) 在「錄製新巨集」中選確定即可錄製。

(4) 做以下動作（圖 6.21）：

(a) 到 A1、A2、A3 儲存格輸入 " 本金 "、" 期數 "、" 利率 "

(b) 到 B1、B2、B3、B4 儲存格輸入 "100"、"10"、"0.1"、"=B1*(1+B3)^B2"

(c) 按下停止錄製 ■ 停止錄製

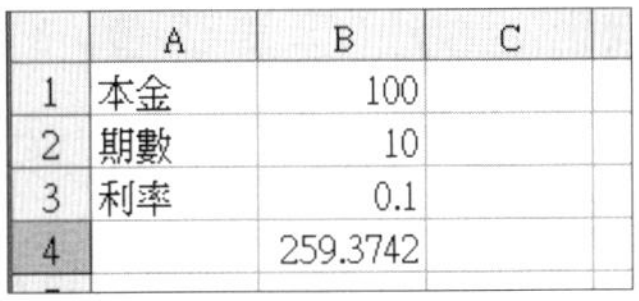

圖 6.21　練習 6.5

(5) 設計使用者介面物件：選「插入」，再從「表單控制項」拉出一個按鍵（圖 6.22）。注意表單與控制工具箱外觀相似，但內容不同。

圖 6.22　表單控制項

(6) 在該按鍵上選滑鼠右鍵再選「指定巨集」，指定剛才錄製的巨集。

(7) 清除 A1:B4 的內容。

(8) 點選剛才建立的按鍵即可執行該巨集（圖 6.23）。

圖 6.23　點選剛才建立的按鍵即可執行該巨集

　一些複雜的操作動作，例如插入圖表，也可錄製成巨集。以下舉一個實例。

◀練習 6.6▶（巨集基礎 - 錄製法 - 繪圖巨集）

(1) 開啟「練習 6（巨集基礎 - 錄製法 - 繪圖巨集）.xls」（圖 6.24）。

(2) 以滑鼠點選「繪圖」按鍵，可發現產生繪圖。

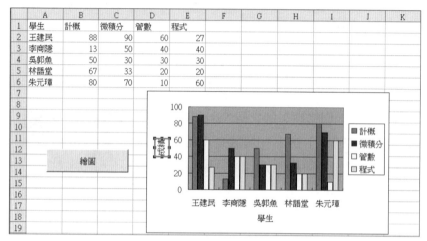

圖 6.24　以滑鼠點選「繪圖」按鍵，可發現產生繪圖

(3) 在「繪圖」按鍵上選滑鼠右鍵再選「指定巨集」，可發現它被指定一個巨集，選「編輯」鍵，即可找到一個巨集如下，這是一個用錄製法產生的巨集。

```
Sub Macro1()
    Range("A1:E6").Select
    Charts.Add
    ActiveChart.ChartType = xlColumnClustered
    ActiveChart.SetSourceData Source:=Sheets("Sheet1").
        Range("A1:E6"), PlotBy:= _
        xlColumns
    ActiveChart.Location Where:=xlLocationAsObject, Name:="Sheet1"
    With ActiveChart
        .HasTitle = False
        .Axes(xlCategory, xlPrimary).HasTitle = True
        .Axes(xlCategory, xlPrimary).AxisTitle.Characters.Text= "學生"
        .Axes(xlValue, xlPrimary).HasTitle = True
        .Axes(xlValue, xlPrimary).AxisTitle.Characters.Text= "成績"
    End With
End Sub
```

習題

1. 練習 6.1（VB 與 Excel 互動 - 用 VB 在 Excel 格子上輸出）：設計一個新按鍵，名稱「測試」，按下去，會在 A5 儲存格出現「測試成功」文字。

2. 練習 6.2（VB 與 Excel 互動 - 設值定位複製貼上）：(1) 設 B10 儲存格的值為 10，但使用 Cells 函數 (2) 設 C10 儲存格的值為 10，但使用 Range 函數 (3) 在 K11:O15 產生 5*5 個 0~1 的亂數

3. 練習 6.3（巨集基礎 - 錄製法 - 執行巨集啟動巨集）：重新錄製一次，但改成 C=A*B 的巨集。

4. 練習 6.4（巨集基礎 - 仿錄製自寫法 - 控制項啟動巨集）：重做一次，但改成將上一題錄製的巨集複製、貼上其中的片段，加以修改。

5. 練習 6.5（巨集基礎 - 錄製法 - 表單按鈕啟動巨集）：重新錄製一次，但改為本金、期數、利率分別為 200, 20, 0.2。

6. 練習 6.6（巨集基礎 - 錄製法 - 繪圖巨集）：重新錄製一次，但改為折線圖。

CHAPTER

07

Excel 進階 4：
Visual Basic 程式設計

7.1 ➤➤ 簡介

　　Visual Basic for Applications(VBA) 是 Visual Basic 的一種巨集語言，主要能用來擴展 Windows 的應用程式功能，特別是 Microsoft Office 軟體。雖然前面四節介紹了 VBA 的運用，但只介紹了：

(1) 如何建構「ActiveX 控制項」，並在控制項上撰寫 VBA，以及了解 VBA 中的資料如何與 Excel 的儲存格互動。

(2) 如何錄製、修改巨集。

　　但是要更進一步，就必須接觸 Visual Basic(VB) 語法。值得慶幸的是，VB 可說是最簡單的程式語言，只要學會基本結構，就能用來大幅強化 Excel 的功能。

　　程式設計的三種基本結構如下：

結構	範例
順序結構	INPUT A,B,C (輸入部份) D=(A+B+C)/3 (處理部份) PRINT D (輸出部份)

判斷結構	INPUT A,B,C
	D=(A+B+C)/3
	IF D>=60 THEN
	　　PRINT " 及格 "
	ELSE
	　　PRINT " 不及格 "
	END IF

重覆結構	FOR I=1 TO 50 　　INPUT A,B,C 　　D=(A+B+C)/3 　　PRINT D NEXT I

使用 VBA 設計資訊系統的基本程序如下：

1. 安排使用者介面物件。常用的物件有按鍵（CommandButton）、輸出入文字框（TextBox）、標籤（Label）、表單（Userform）、與分類框（Frame）。
2. 設定物件特性。即定義選取物件的屬性。
3. 設計物件行為及驅動事件的程式碼。即定義物件之間如何互動。
4. 執行程式，若執行過程有錯誤則偵錯。通常是以在按鍵上單按滑鼠左鍵（Click）來驅動程式動作。

7.2 ▶ 程式 0：Hello, the World!

VBA 程式中可用下列方式將文字輸出到文字框物件之中，語法：

```
TextBox1 = " 文字 "
```

◀ 練習 7.0 ▶ 程式 0：Hello, the World!

(1) 開啟 Excel 新檔。

(2) 啟動：到「開發人員」標籤，確認按下「設計模式」 ⟨圖示⟩ 。

(3) 設計使用者介面物件：選「插入」，再從「ActiveX 控制項」點選一個「按鍵」（圖 7.1），在 Excel 工作表空白處放置一個按鍵圖案。同法在前按鍵圖案右方也放置一個按鍵圖案，在下方放置一個文字框圖案（圖 7.2）。

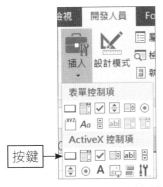

圖 7.1　ActiveX 控制項

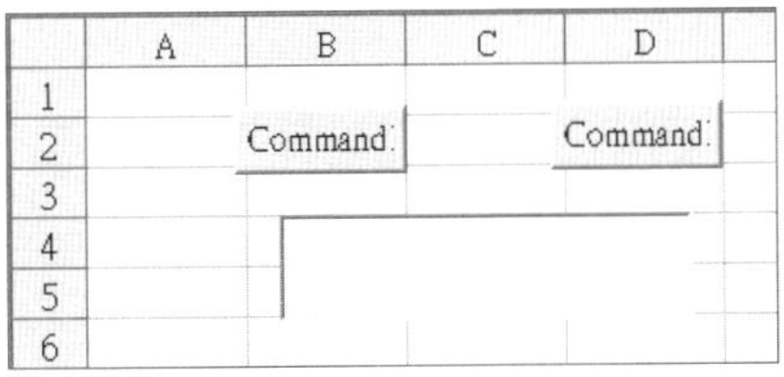

圖 7.2　設計使用者介面物件

(4) 設計物件屬性（圖 7.3）：

在左方「按鍵」連點二下，出現「設計物件屬性」，在 Caption 屬性填入「開始」；

在右方「按鍵」連點二下，出現「設計物件屬性」，在 Caption 屬性填入「離開」。

可發現按鍵上的標題已改變（圖 7.4）。

圖 7.3　設計物件屬性

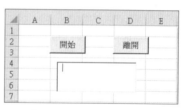

圖 7.4　設計物件屬性

(5) 設計物件行為（圖 7.5）：

在左方「按鍵」連點二下，在畫面右方出現

```
Private Sub CommandButton1_Click()

End Sub
```

在二列之間填入

```
TextBox1 = "Hello, The World!"
```

變成

```
Private Sub CommandButton1_Click()
    TextBox1 = "Hello, The World!"
End Sub
```

在右方「按鍵」連點二下，在右方填入

```
Private Sub CommandButton2_Click()
    TextBox1 = " 成功了！"
    End
End Sub
```

(6) 執行與偵錯：到「開發人員」標籤，取消「設計模式」。在「開始」按鍵
點一下，會在文字框出現 "Hello, The World!"，在「離開」按鍵點一下，
會在 B1 儲存格出現 " 成功了！"（圖 7.6）。

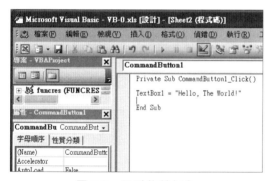

圖 7.5　設計物件行為

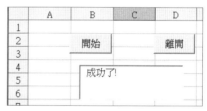

圖 7.6　執行與偵錯

7.3 ▶ 程式 1：C=A+B

　　順序結構是一種直線式依序動作的結構，也是最簡單的程式結構，可以
用來撰寫簡單的程式。文字框物件可以由使用者在文字框物件直接輸入數字，
但需要用 Val 函數將文字轉換成變數的值。例如 a = Val(TextBox1.Text)。反過
來，變數的值需要用 Str 函數轉換成文字才能置入文字框。例如 TextBox3.Text
= Str(c)。

◀ 練習 7.1 ▶ 程式 1：C＝A＋B

(1) 開啟「練習 7.1 C＝A＋B.xls」。

(2) 在「開始」按鍵上寫上下列程式。

```
Dim a, b, c As Single
a = Val(TextBox1.Text)
b = Val(TextBox2.Text)
c = a + b
TextBox3.Text = Str(c)
```

(3) 在 A 文字框輸入 5，在 B 文字框輸入 3，按下「開始」按鍵，會在 C＝A＋B 文字框輸出 8，如圖 7.7。

圖 7.7　程式 1：C＝A＋B

7.4 ≫ 程式 2：if 邏輯命令

判斷結構的基本語法為

```
If(條件式) Then
    (程式 A)
Else
    (程式 B)
End If
```

有兩個條件的判斷結構的基本語法為

```
If( 條件式 1)  Then
    ( 程式 A)
ElseIf( 條件式 2)  Then
    ( 程式 B)
Else
    ( 程式 C)
End If
```

◀練習 7.2▶ 程式 2：if 邏輯命令

(1) 開啟「練習 7.2 if 邏輯命令 .xls」。

(2) 在「開始」按鍵上寫上下列程式。

```
Dim a, b As Single
a = Val(TextBox1.Text)
b = Val(TextBox2.Text)

If a > b Then
    TextBox3.Text = "a>b"
ElseIf a < b Then
    TextBox3.Text = "a<b"
Else
    TextBox3.Text = "a=b"
End If
```

(3) 在 A 文字框輸入 5，在 B 文字框
輸入 3，按下「開始」按鍵，會
在「判斷」文字框輸出「a>b」，
如圖 7.8。

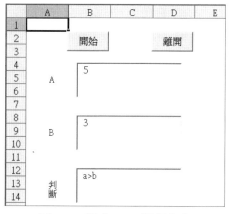

圖 7.8　程式 2：if 邏輯命令

7.5 >> 程式 3：for 循環命令（一層）

一層迴圈的重覆結構的基本語法為

```
For i = 1 To n
    ( 程式 )
Next
```

◀練習 7.3▶ for 循環命令（一層）

(1) 開啟「練習 7.3 for 循環命令（一層）.xls」。

(2) 在「開始」按鍵上寫上下列程式。

```
Dim i, n, Sum As Integer
n = Val(TextBox1.Text)
Sum = 0

For i = 1 To n
    Sum = Sum + i
Next

TextBox2.Text = Str(Sum)
```

(3) 在 A 文字框輸入 5，按下「開始」按鍵，會計算 1+2+3+4+5=15，並在「加總」文字框輸出「15」，如圖 7.9。

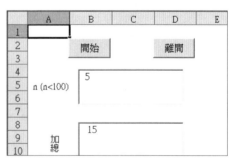

圖 7.9　程式 3：for 循環命令（一層）

7.6 >> 程式 4：for 循環命令（二層）

二層迴圈的重覆結構的基本語法為

```
For i = 1 To n
    For j = 1 To m
        （程式）
    Next
Next
```

◀ 練習 7.4 ▶ for 循環命令（二層）

(1) 開啟「練習 7.4 for 循環命令（二層）.xls」。

(2) 在「開始」按鍵上寫上下列程式，其運作如圖 7.10。

```
Dim i, j, m, n, Sum As Integer
n = Val(TextBox1.Text)
m = Val(TextBox3.Text)
Sum = 0
For i = 1 To n
    For j = 1 To m
        Sum = Sum + i
    Next
Next
TextBox2.Text = Str(Sum)
```

(3) 在 n 文字框輸入 3，m 文字框輸入 4，按下「開始」按鍵，會計算：

在 i=1 的會圈內，因為 j 迴圈要做 4 次，故計算 1+1+1+1

在 i=2 的會圈內，因為 j 迴圈要做 4 次，故計算 2+2+2+2

在 i=3 的會圈內，因為 j 迴圈要做 4 次，故計算 3+3+3+3

合計 24，並在「加總」文字框輸出「24」，如圖 7.10。

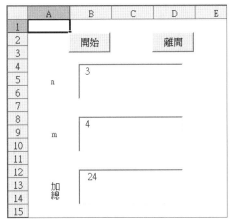

圖 7.10　程式 4：for 循環命令（二層）

7.7 ▶ 程式 5：陣列（一維）：以加總運算為例

一維陣列的基本語法為

```
Dim x(10) As Single
```

代表宣告 x 為有 10 個元素的單精度實數的一維陣列。Dim 是 Dimension 的縮寫，Single 為單精度實數。其元素可用 x(0), x(1), ..., x(9) 代表。

◀練習 7.5▶ 陣列（一維）

(1) 開啟「練習 7.5 陣列（一維）以加總運算為例 .xls」。

(2) 在「開始」按鍵上寫上下列程式。

```
Dim i, n As Integer
Dim Sum, x(10) As Single
n = 4
x(0)= Val(TextBox1.Text)
x(1)= Val(TextBox2.Text)
x(2)= Val(TextBox3.Text)
x(3)= Val(TextBox4.Text)
Sum = 0

For i = 0 To n - 1
   Sum = Sum + x(i)
Next i

TextBox5.Text = Str(Sum)
```

(3) 在 X1~X4 文字框輸入 1, 2, 3, 4，按下「開始」按鍵，會計算：

x(0)+x(1)+x(2)+x(3)=1+2+3+4=10

並在「加總」文字框輸出「10」，如圖 7.11。

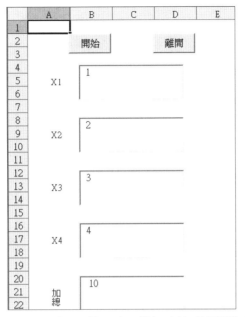

圖 7.11　程式 5：陣列（一維）：以加總運算為例

7.8　程式 6：陣列（二維）：以矩陣乘法為例

二維陣列的基本語法為

```
Dim x(10,10) As Single
```

代表宣告 x 為有 10*10 個元素的單精度實數的二維陣列。其元素可用

$x(0,0), x(0,1), ..., x(0,9)$

$x(1,0), x(1,1), ..., x(1,9)$

$\quad$:　　　 :　　　　 :

$x(9,0), x(9,1), ..., x(9,9)$

代表。

◀練習 **7.6**▶ 陣列（二維）

(1) 開啟「練習 7.6 陣列（二維）以矩陣乘法為例 .xls」。

(2) 在「開始」按鍵上寫上下列程式。本程式的輸入太多，因此改用儲存格作為輸出入的介面，其中

Range("B5").Select: x(0, 0) = ActiveCell.FormulaR1C1

可以看成是（冒號是為了在一行中寫二個指令，作為指令之間的區隔）

Range("B5").Select
x(0, 0) = ActiveCell.FormulaR1C1

第一個指令目的是將游標移動到 B5 儲存格，第二個指令是將該儲存格的值指派給 x(0, 0)。

矩陣乘法計算公式為

$$(AB)_{ij} = \sum_{r=1}^{n} a_{ir}b_{rj} = a_{i1}b_{1j} + a_{i2}b_{2j} + \cdots + a_{in}b_{nj}$$

故以下列三重迴圈的方式計算

```
For i = 0 To l - 1 Step 1
   For k = 0 To n - 1 Step 1
      z(i, k) = 0
      For j = 0 To m - 1 Step 1
         z(i, k) = z(i, k) +(x(i, j) * y(j, k))
      Next j
   Next k
Next i
```

```
Private Sub CommandButton1_Click()
    Dim i, j, k, l, m, n As Integer
    Dim x(10, 10), y(10, 10), z(10, 10) As Single
    l = 2: m = 3: n = 4

    Range("B5").Select: x(0, 0) = ActiveCell.FormulaR1C1
    Range("C5").Select: x(0, 1) = ActiveCell.FormulaR1C1
    Range("D5").Select: x(0, 2) = ActiveCell.FormulaR1C1
    Range("B6").Select: x(1, 0) = ActiveCell.FormulaR1C1
    Range("C6").Select: x(1, 1) = ActiveCell.FormulaR1C1
    Range("D6").Select: x(1, 2) = ActiveCell.FormulaR1C1


    Range("B8").Select: y(0, 0) = ActiveCell.FormulaR1C1
    Range("C8").Select: y(0, 1) = ActiveCell.FormulaR1C1
    Range("D8").Select: y(0, 2) = ActiveCell.FormulaR1C1
    Range("E8").Select: y(0, 3) = ActiveCell.FormulaR1C1
    Range("B9").Select: y(1, 0) = ActiveCell.FormulaR1C1
    Range("C9").Select: y(1, 1) = ActiveCell.FormulaR1C1
    Range("D9").Select: y(1, 2) = ActiveCell.FormulaR1C1
    Range("E9").Select: y(1, 3) = ActiveCell.FormulaR1C1
    Range("B10").Select: y(2, 0) = ActiveCell.FormulaR1C1
    Range("C10").Select: y(2, 1) = ActiveCell.FormulaR1C1
    Range("D10").Select: y(2, 2) = ActiveCell.FormulaR1C1
    Range("E10").Select: y(2, 3) = ActiveCell.FormulaR1C1


    For i = 0 To l - 1 Step 1
        For k = 0 To n - 1 Step 1
            z(i, k) = 0
            For j = 0 To m - 1 Step 1
                z(i, k) = z(i, k) +(x(i, j) * y(j, k))
            Next j
        Next k
    Next i

    Range("B12").Select: ActiveCell.FormulaR1C1 = z(0, 0)
    Range("C12").Select: ActiveCell.FormulaR1C1 = z(0, 1)
    Range("D12").Select: ActiveCell.FormulaR1C1 = z(0, 2)
    Range("E12").Select: ActiveCell.FormulaR1C1 = z(0, 3)
    Range("B13").Select: ActiveCell.FormulaR1C1 = z(1, 0)
    Range("C13").Select: ActiveCell.FormulaR1C1 = z(1, 1)
    Range("D13").Select: ActiveCell.FormulaR1C1 = z(1, 2)
    Range("E13").Select: ActiveCell.FormulaR1C1 = z(1, 3)

End Sub
```

(3) 在 X 與 Y 旁的儲存格輸入矩陣元素，按下「開始」按鍵，會計算 Z 矩陣，如圖 7.12。

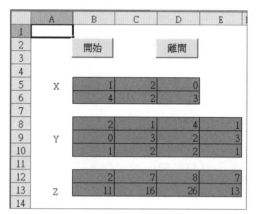

圖 7.12 程式 6：陣列（二維）：以矩陣乘法為例

7.9 ▶ 程式 7：函數：以平方函數為例

函數的基本語法為

```
Function 函數名 (ByVal x As Single) As Single
    Dim y As Single
    (此處可以寫 y 與 x 的關係，例如 y = x * x)
    函數名 = y
End Function
```

一個實例如下

```
Function square(ByVal x As Single) As Single
    Dim y As Single
    y = x * x
    square = y
End Function
```

呼叫函數的基本語法為 y = 函數名 (x)，例如 y = square(x)。

《練習 7.7》簡單的函數

(1) 開啟「練習 7.7 簡單的函數：以平方函數為例 .xls」。

(2) 在「開始」按鍵上寫上下列程式。

```
Private Sub Button1_Click(ByVal sender As System.Object,
   ByVal e As System.EventArgs) Handles Button1.Click
   Dim x, y As Single
   x = Val(TextBox1.Text)
   y = square(x)
   TextBox3.Text = Str(y)
End Sub

Function square(ByVal x As Single) As Single
   Dim y As Single
   y = x * x
   square = y
End Function
```

(3) 在 x 文字框輸入 1.732，按下「開始」按鍵，會在「x 的平方」文字框輸出 2.999824，如圖 7.13。

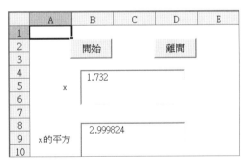

圖 7.13　程式 7：簡單的函數：以平方函數為例

習題

1. 練習 7.0 程式 0：Hello, the World!：修改程式，按「開始」按鍵會在文字框出現自己的名字，按「離開」按鍵會在文字框出現「測試成功！」

2. 練習 7.1 程式 1：C=A+B：修改程式為 C=A*B。

3. 練習 7.2 程式 2：if 邏輯命令：修改程式為輸入 a, b, c 數字，判斷 b^2-4*a*c>0, =0, 或 <0。

4. 練習 7.3 for 循環命令（一層）：修改程式為連乘 1*2*3*...*n。

5. 練習 7.4 for 循環命令（二層）：修改程式，輸出局部 99 乘法表在以 F11 為左上端的範圍，即輸入 n=9, m=9 時為完整的 99 乘法表，但輸入 n=5, m=4 只會產生 5 列 4 欄的局部乘法表，最大一項為 5*4。

6. 練習 7.5 陣列（一維）：修改程式為在 A1:A10 輸入數字，輸出為加總 X1+X2+...+X10。需要一層迴圈。

7. 練習 7.6 陣列（二維）：修改程式為矩陣加法 Z=X+Y，X, Y, Z 都採用 3*3 的矩陣，位置在 B5:D7，B9:D11，B13:D15。需要二層迴圈。

8. 練習 7.7 簡單的函數：修改程式為輸入 a, b, c 數字（需要三個文字框），輸出 b^2-4*a*c 的值。

財務分析的原理

> ◈ 內在價值的定義很簡單：它是一家企業在其壽命史中可以產生的現金的折現值。── 華倫‧巴菲特
>
> ◈ 會計報表只是評估企業價值的起點，而非最終的結果。── 華倫‧巴菲特
>
> ◈ 我們判斷一家公司經營的好壞，取決於其股東權益報酬率（排除不當的財務槓桿或會計操作）。── 華倫‧巴菲特
>
> ◈ 股東權益報酬率（ROE）在正常的負債水準下，是最佳的公司獲利指標。── 班傑明‧葛拉漢
>
> ◈ 當你讀不懂某一公司的財務情況時，不要投資。── 彼得‧林區

8.1 ▶▶ 前言

證券投資分析的核心有四：

- **金錢的時間價值**：由於通膨導致購買力下降，或者資金本身的機會成本，導致現金流必須折現成現值，以作為投資決策的依據。

- **財務報表分析**：證券的主體是企業，因此證券投資績效的真正根源是企業經營績效，而財務報表分析正是理解企業經營績效的顯微鏡。

- **報酬與風險的關係**：由於金融市場上的資金對風險的承受能力不同，不同資金追逐不同風險與報酬的投資機會，促使金融市場提供不同風險與報酬的投資工具。但是風險有系統性與非系統性風險，只有系統性風險有相應的風險溢酬。

- **效率市場假說**：金融市場經由競爭達到效率市場，導致大多數情況下，目前的價格接近合理的價格。然而市場仍然可能未能達到完全效率性，這提供了投資人獲得超過風險溢酬的超額報酬的機會。

  本章將介紹前面二個主題，後三章將介紹後面二個主題。

8.2 >> 金錢的時間價值

財務管理的核心觀念是「貨幣的時間價值」。長期投資必需考慮貨幣的時間價值，基本假設就是現在的一塊錢比未來的一塊錢來得更值錢，未來金錢的現值公式如下（圖 8.1）：

$$P = \frac{F_n}{(1+i)^n} \tag{8.1}$$

其中 $P=$ 現值，$i=$ 利率，$n=$ 年期，$F_n=$ 第 n 年的金額。

圖 8.1 貨幣的時間價：現值

例題 8.1 ....

必要報酬率 $i=8\%$，專案在第 10 年可拿回 100 萬，則現值 ＝？

解

$$P = \frac{F_n}{(1+i)^n} = \frac{100}{(1+0.08)^{10}} = 46.3 \text{ 萬}$$

同理，終值公式如下（圖 8.2）：

$$F_n = P \cdot (1+i)^n \tag{8.2}$$

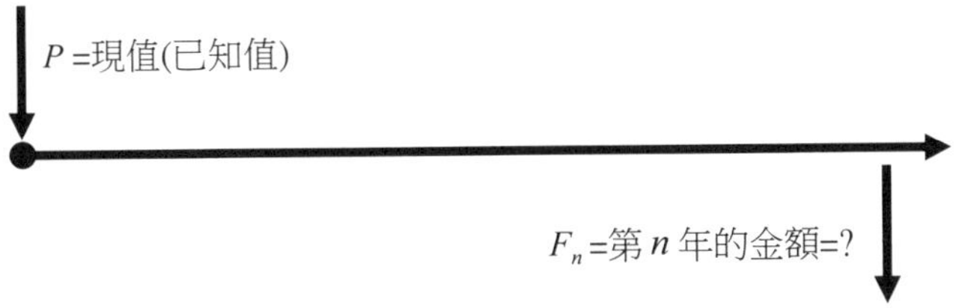

$P =$現值(已知值)

$F_n =$第 n 年的金額=?

圖 8.2 貨幣的時間價：終值

例題 8.2 ⋯⋯⋯⋯⋯⋯⋯⋯⋯⋯⋯⋯⋯⋯⋯⋯⋯⋯⋯⋯⋯⋯⋯⋯⋯⋯⋯⋯

報酬率 $i=8\%$，一開始投資 100 萬的投資方案在第 10 年可拿回多少？

解

$$F_n = P \cdot (1+i)^n = 100 \cdot (1+0.08)^{10} = 215.9 \text{ 萬}$$

驗算　例題 8.2 與例題 8.1 是一對反向問題，例題 8.1 在第 10 年可拿回 100 萬的投資方案現值只有 46.3 萬，只有 $(46.3/100)=46.3\%$，而例題 8.2 在第 10 年可拿回 215.9 萬的投資方案只需投資 100.0 萬，放大了 $(215.9/100)=215.9\%$，正好是前者的倒數 $(1/46.3\%)=215.9\%$。

例題 8.3 ⋯⋯⋯⋯⋯⋯⋯⋯⋯⋯⋯⋯⋯⋯⋯⋯⋯⋯⋯⋯⋯⋯⋯⋯⋯⋯⋯⋯

假設有五個現金流如下表，試求其現值。

	A	B	C	D	E
1	0	10	15	20	150
2	0	10	15	20	0
3	0	10	15	20	0
4	0	10	15	20	0
5	0	10	15	20	0
6	0	20	15	10	0
7	0	20	15	10	0
8	0	20	15	10	0
9	0	20	15	10	0
10	150	20	15	10	0

解

	A	B	C	D	E
PV	$57.83	$84.98	$92.17	$99.35	$136.36

上述五個現金流在不考慮折現下，總和都是 150，但現值順序是 A<B <C<D<E 可見現金流出現得越早，折現越少，現值越大。

當現金流除了期初、期末之外，每期金額固定不變下，可用下面四式計算，其證明可參考本章章末證明。

一 現值與終值公式

當年金已知時，可以計算年金現值或終值：

複利年金現值（圖 8.3）

$$PV = AV\left(\frac{1 - \dfrac{1}{(1+r)^n}}{r}\right) \tag{8.3}$$

問題	意義與 Excel 函數	公式
複利年金現值	計算貸款可借多少金額 PV（利率，期數，年金）	$PV = AV\left(\dfrac{1 - \dfrac{1}{(1+r)^n}}{r}\right)$

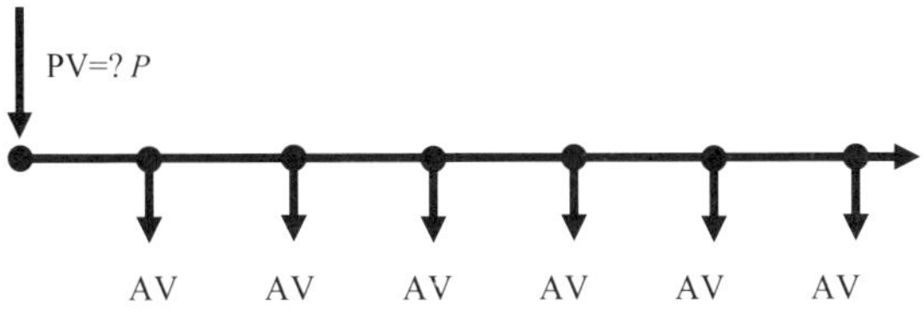

圖 8.3　複利年金現值

複利年金終值（圖 8.4）

$$FV = AV\left(\frac{(1+r)^n - 1}{r}\right) \tag{8.4}$$

問題	意義與 Excel 函數	公式
複利年金終值	計算投資可得多少金額 FV（利率，期數，年金）	$FV = AV\left(\dfrac{(1+r)^n - 1}{r}\right)$

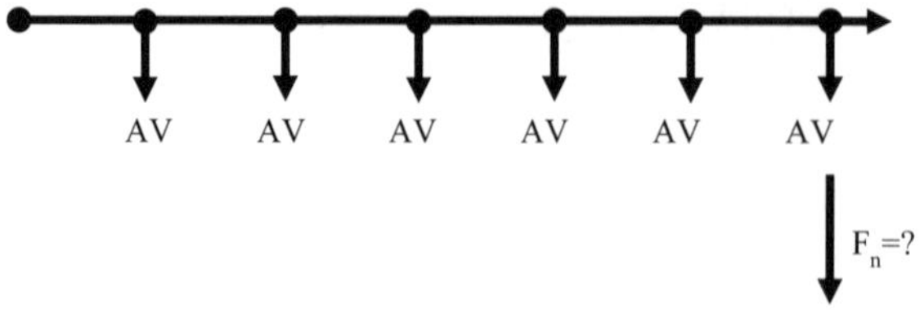

AV　AV　AV　AV　AV　AV

$F_n = ?$

圖 8.4　複利年金終值

二　年金公式

當年金現值或終值已知時，可以計算年金：

本利均等償還年金（圖 8.5）

$$AV = PV\left(\dfrac{r}{1 - \dfrac{1}{(1+r)^n}}\right)$$
（8.5）

問題	意義與 Excel 函數	公式
本利均等償還 年金	計算每期需償還金額 PMT（利率，期數，現值，0）	$AV = PV\left(\dfrac{r}{1 - \dfrac{1}{(1+r)^n}}\right)$

PV

AV　AV　AV　AV　AV　AV

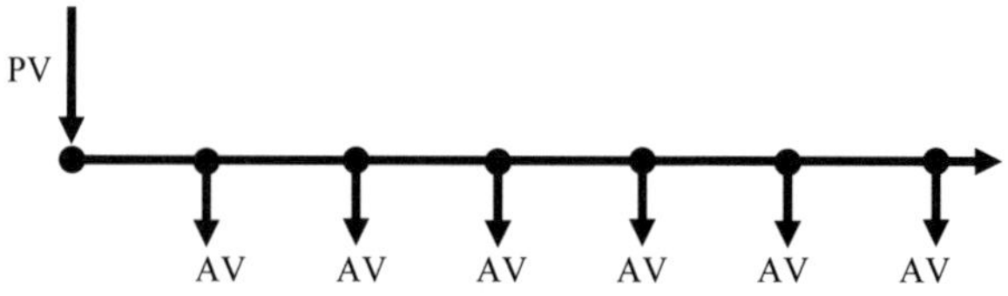

圖 8.5　本利均等償還年金

固定報酬率投資年金（圖 8.6）

$$AV = FV\left(\frac{r}{(1+r)^n - 1}\right) \tag{8.6}$$

問題	意義與 Excel 函數	公式
固定報酬率投資年金	計算每期需投資金額 PMT（利率，期數，0，終值）	$AV = FV\left(\dfrac{r}{(1+r)^n - 1}\right)$

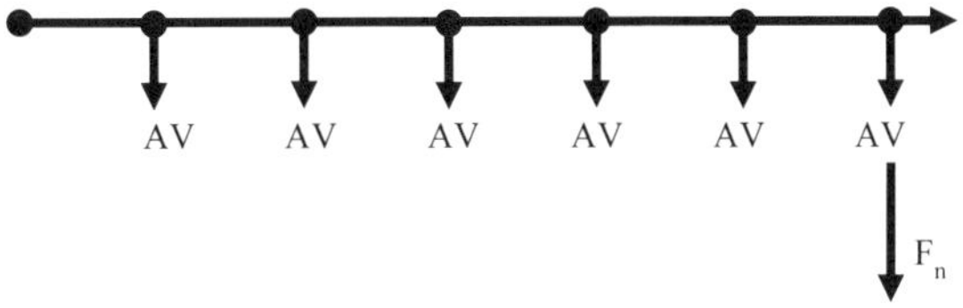

圖 8.6　固定報酬率投資年金

三 永續年金公式

折現率 r 大於 0，年金期數 n 無限大時，公式（8.6）與（8.8）可簡化如下：

永續年金之現值　$PV = \dfrac{AV}{r}$ $\tag{8.7}$

永續年金之均等償還年金　$AV = PV \cdot r$ $\tag{8.8}$

例題 8.4

假設每月可繳 1 萬元，貸款 20 年，年利率 3%，計算貸款可借多少金額？

[解] 由於是「每月可繳 1 萬元」，因此要以「月」為單位，故貸款 20 年要視為 $20 \times 12 = 240$ 月，年利率 3% 要改為月利率 3%/12＝0.25%

$$PV = AV\left(\frac{1 - \dfrac{1}{(1+r)^n}}{r}\right) = 1 \cdot \left(\frac{1 - \dfrac{1}{(1+0.03/12)^{20 \times 12}}}{0.03/12}\right) = 180.31 \text{ 萬}$$

例題 8.5

假設每年可投資 10 萬元，投資 30 年，年報酬率 7%，計算期末有多少金額？

解

$$FV = AV\left(\frac{(1+r)^n - 1}{r}\right) = 10 \cdot \left(\frac{(1+0.07)^{30} - 1}{0.07}\right) = 944.6\ 萬$$

例題 8.6

假設貸款 1000 萬，20 年，年利率 3%，計算每月要繳多少金額？

解　由於是「每月要繳多少金額」，因此要以「月」為單位，故貸款 20 年要視為 20×12=240 月，年利率 3% 要改為月利率 3%/12=0.25%

$$AV = PV\left(\frac{r}{1 - \dfrac{1}{(1+r)^n}}\right) = 1000 \cdot \left(\frac{0.0025}{1 - \dfrac{1}{(1+0.0025)^{240}}}\right) = 5.55\ 萬$$

驗算　例題 8.6 與例題 8.4 是一對反向問題，每月可繳 1 萬元可借 180.31 萬，因此要借 1000 萬應該月繳

$$\frac{1000}{180.31} \times 1 = 5.55\ 萬$$

補充　本題不可用以下方法算

$$年\ AV = PV\left(\frac{r}{1 - \dfrac{1}{(1+r)^n}}\right) = 1000 \cdot \left(\frac{0.03}{1 - \dfrac{1}{(1+0.03)^{20}}}\right) = 67.22\ 萬 / 年$$

月 AV= 年 AV/12=67.22/12=5.60 萬 / 年

原因是這種算法相當於每年只繳一次年金，然後同一天繳 12 筆 5.60 萬，故會比正確答案略高。

例題 8.7

假設希望 30 年後有養老金 1000 萬，年報酬率 7%，計算每年要投資多少？

解

$$AV = FV\left(\frac{r}{(1+r)^n - 1}\right) = 1000 \cdot \left(\frac{0.07}{(1+0.07)^{30} - 1}\right) = 10.59 \text{ 萬}$$

驗算 例題 8.7 與例題 8.5 是一對反向問題，每年可投資 10 萬元可得 944.61 萬，因此要得 1000 萬應該每年可投資

$$\frac{1000}{944.61} \times 10 = 10.59 \text{萬}$$

例題 8.8

假設每月可繳 1 萬元，年利率 3%，貸款 180.31 萬元，則要貸款多少年？

解 由於是「每月可繳 1 萬元」，因此要以「月」為單位，故貸款期限為 n 個月，年利率 3% 要改為月利率 3%/12=0.25%

$$PV = AV\left(\frac{1 - \dfrac{1}{(1+r)^n}}{r}\right) = 1 \cdot \left(\frac{1 - \dfrac{1}{(1+0.03/12)^n}}{0.03/12}\right) = 180.31 \text{ 萬}$$

故 $\left(1 - \dfrac{1}{(1+0.0025)^n}\right) = \dfrac{0.03}{12} \times 180.31$ 得 $\dfrac{1}{(1+0.0025)^n} = 1 - 0.0025 \times 180.31$

故 $\dfrac{1}{(1+0.0025)^n} = 0.5492$ 得 $(1+0.0025)^n = 1/0.5492$

故 $(1+0.0025)^n = 1.8207$ 兩端取對數得 $n \times \log(1+0.0025) = \log(1.82075)$

故 $n = \dfrac{\log(1.82075)}{\log(1+0.0025)} = 240.0$ （這是以月為單位之解答）

故貸款 240.00/12=20 年

> **例題 8.9** ....
>
> 假設每月可繳 1 萬元，貸款 180.31 萬元，貸款 20 年後還清，則年利率多少？
>
> 解 由於是「每月可繳 1 萬元」，因此要以「月」為單位，故貸款 20 年要視為 20×12=240 月，利率 r% 要視為月利率
>
> $$PV = AV \left(\frac{1 - \frac{1}{(1+r)^n}}{r} \right) = 1 \cdot \left(\frac{1 - \frac{1}{(1+r)^{20 \times 12}}}{r} \right) = 180.31 \text{ 萬}$$
>
> 用試誤法
>
> r＝0.2%, 左端 =190.46 > 180.31
>
> r＝0.3%, 左端 =170.91 < 180.31
>
> r＝0.25%, 左端 =180.31 = 180.31
>
> 故 r＝0.25%（月利率），故年利率 r＝12×0.25%＝3.00%

8.3 財務報表內容簡介

財務報表的運用包括：

內部運用

1. 評估過去績效：比較不同部門的營運績效，根據績效給予報酬。
2. 規劃公司未來：作為估計未來投資、籌資、經營現金流量規劃的指引。

外部運用

財務比率可以幫助債權人、投資人、供應商、客戶了解一家公司的狀況。

財務報表顯示企業的財務狀況，有三種主要的報表：

- 現金流量表
- 損益表
- 資產負債表

現金流量表是第一份準備妥當的財務報告，因為它是另兩份報告的基礎。損益表則是第二份準備妥當的報告，因為資產負債表需要靠它來進行。預算報表是初始控制；實際報表則是修正控制。

8.4 >> 財務報表內容 1：現金流量表

現金流量表報告在某一特定時期內現金的來源與運用。支票也被視為現金。現金流量可分為三類（圖 8.7）：

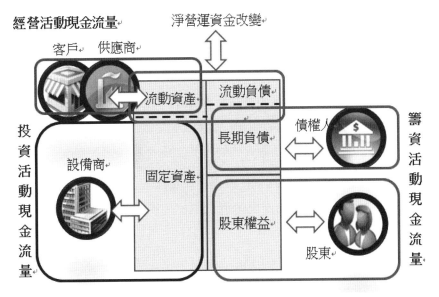

圖 8.7 經營活動、投資活動、籌資活動與資產負債表的關係

- 投資活動（investing activity）：是指固定資產的購建和不包括現金等價物範圍內的投資及其處置活動。

淨資本支出 = 期末固定資產 −（期初固定資產 - 折舊） （8.9）

期初固定資產要減掉折舊是因為折舊會使期初資產折損，故得下式

淨資本支出 = 期末固定資產 − 期初固定資產 + 折舊 （8.10）

- 籌資活動（financial activity）：是指導致企業資本及債務規模和構成發生變化的活動，包括三種活動的現金流量：

淨營運資本改變 = 期末淨營運資本 − 期初淨營運資本 （8.11）

債權人現金流量 = 利息支出 − 新借款淨額 （8.12）

股東現金流量 = 股利支出 − 新增權益淨額 （8.13）

- 經營活動（operating activity）：是指直接進行產品生產、商品銷售或提供勞務的活動，它們是企業取得收益的主要交易和事項。

營運現金流量 (OCF) = 息稅前利 (EBIT) + 折舊 − 稅 （8.14）

其中　息稅前利 (Earnings Before Interest and Tax, EBIT，簡稱淨利)

　　　= 淨銷貨收入 − 銷貨成本 − 折舊 （8.15）

營運現金流要加上折舊是因為在計算 EBIT 時，將折舊視為費用，但實際上並無現金流出，故要加回來。要減去稅是因為有現金流出，但不用減去利息是因為利息被視為籌資活動的現金流。

因為經營活動現金流量為正代表現金流量流入，投資活動現金流量、籌資活動現金流量為正代表現金流量流出，現金流量流入與流出必定平衡。因此下式必定成立：

經營活動現金流量 = 投資活動現金流量 + 籌資活動現金流量 （8.16）

將籌資活動現金流量分解成三種活動的現金流量得到

經營活動現金流量 = 投資活動現金流量 +（淨營運資本改變 + 債權人現金流量 + 股東現金流量） （8.17）

將與資產有關的項目移到等號的左端得到

經營活動現金流量 – 投資活動現金流量 – 淨營運資本改變

= 債權人現金流量 + 股東現金流量 　　　　　　　　　　　　　（8.18）

上式左端的現金流量稱為「資產現金流量」（CFFA），即

資產現金流量（CFFA）= 經營活動現金流量 – 投資活動現金流量 – 淨營運資本改變 　　　　　　　　　　　　　（8.19）

因此（8.18）可改寫成

資產現金流量 = 債權人現金流量 + 股東現金流量 　　　　　　　（8.20）

現金流量表通常一年一次。但是也有每月和每季的現金流量表，用途是為了衡量績效，以便在必要的時候展開及時控制。在此要注意的是，將現金流量與淨值的概念區分開是非常重要的。一個企業的資產負債表上可能表明其資產減去負債後得到的淨值為正，但是如果這些資產不能迅速變現（例如存貨），那麼即使企業的財務報表表明企業淨值為正，即資產大於負債，企業仍然可能會因為無法償還已經到期的負債而破產。

8.5 ▶ 財務報表內容 2：損益表（income statement）

損益表報告在某特定時間內的各種收益和費用，以及利潤（或損失）。損益表通常一年做一次。但是也有每月和每季的損益表，其用途是為了衡量企業的績效表現，以便在必要的時候展開各種及時控制的手段。當收益高過於費用時，就有利潤；當費用超過收益時，則有損失。損益表反應企業在某一段時間中的利潤（或損失）狀況。它與資產負債表的一個顯著區別是，損益表的計算基準是一段時間，例如 2000 年 1 月 1 日至 2000 年 12 月 31 日（圖 8.8）；而資產負債表的計算基準是一個日期，例如 2000 年 12 月 31 日。

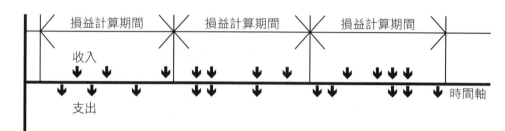

圖 8.8　損益表的時間基準

這種報表的一般關係式可表示為（圖 8.9）：

息稅前利 (EBIT) = 銷售收入 (S) – 成本費用 (C)　　　　　　　　　　（8.21）

其中　成本費用 = 銷貨成本 + 銷售費用 + 管理費用 + 折舊成本。

稅前利潤 (EBT) = 營息稅前利 (EBIT) – 利息 (I)　　　　　　　　　（8.22）

淨利潤 (E) = 稅前利潤 (EBT) – 稅金 (T)　　　　　　　　　　　　　（8.23）

將（8.21）與（8.22）代入（8.23）得

淨利潤 (E) = 銷售收入 (S) – 成本費用 (C) – 利息 (I) – 稅金 (T)　　（8.24）

淨利潤（或淨損失）代表企業的獲利（或虧損）狀況。

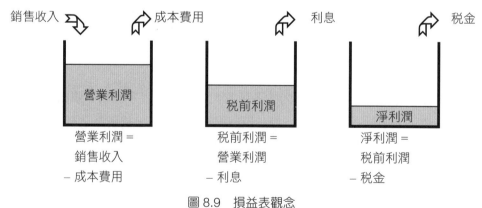

圖 8.9　損益表觀念

8.6 >> 財務報表內容 3：資產負債表（balance sheet）

資產負債表反應了企業在某一特定日期，例如 2000 年 12 月 31 日，的財務狀況（圖 8.10）。資產負債表報告所有的資產、負債、股東權益：

- 資產：是由企業所持有的財產。
- 負債：是積欠於其他人的債務。
- 股東權益：是把資產減去負債所得到的數值。

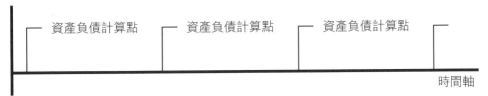

圖 8.10　資產負債表的時間基準

在資產負債表中，資產是按流動性由大到小的順序排列，而負債則是按債券到期日由近到遠的順序排列。這種報表的一般關係式可表示為（圖 8.11）：

資產 = 負債 + 股東權益

實際上企業是先算出資產與負債，再推算出股東權益，即將上式改寫成：

股東權益 = 資產 − 負債

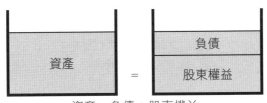

資產 = 負債 + 股東權益

圖 8.11　資產負債表觀念

例題 8.10

財務報表編製－二手教科書網路書局

有個大學生想要作二手教科書的網路書局，其資產負債表演變過程如下：

1. 從自己省吃節用的零用前中拿出 10000 元作資金，其資產負債表如下：

會計科目	金額	會計科目	金額
現金	10000		
		負債總計	0
		股本	10000
		股東權益總計	10000
資產總計	10000	負債及股東權益總計	10000

2. 從同學那裏借了 20000 元作資金，約定開學後二個月還錢，並付 10% 利息，其資產負債表如下：

會計科目	金額	會計科目	金額
現金	30000	應付票據	20000
		負債總計	20000
		股本	10000
		股東權益總計	10000
資產總計	30000	負債及股東權益總計	30000

3. 開學後以四折價格從舊生那裏買入二手教科書，共花了 27000 元，其資產負債表：

會計科目	金額	會計科目	金額
現金	3000	應付票據	20000
存貨	27000	負債總計	20000
		股本	10000
		股東權益總計	10000
資產總計	30000	負債及股東權益總計	30000

4. 再以六折價格向新生那裏賣出二手教科書，原來 27000 元買入之教科書中，有 20000 元的書賣出，因為是四折買入，六折賣出，獲利率 50%，故共收得 30000 元，還有 7000 元的教科書賣不出去，其資產負債表如下：

會計科目	金額	會計科目	金額
現金	33000	應付票據	20000
存貨	7000	負債總計	20000
		保留盈餘	10000
		股本	10000
		股東權益總計	20000
資產總計	40000	負債及股東權益總計	40000

5. 開學後二個月了，還錢 20000 元給同學，但還要付 10%（2000 元）的利息，其資產負債表如下：

會計科目	金額	會計科目	金額
現金	11000	應付票據	0
存貨	7000	負債總計	0
		保留盈餘	8000
		股本	10000
		股東權益總計	18000
資產總計	18000	負債及股東權益總計	18000

6. 由於存貨對他毫無意義，他開始大拍賣，將原來以四折買入的書以三折賣出，故 7000 元存貨，得款 5250，其資產負債表如下：

會計科目	金額	會計科目	金額
現金	16250	應付票據	0
存貨	0	負債總計	0
		保留盈餘	6250
		股本	10000
		股東權益總計	16250
資產總計	16250	負債及股東權益總計	16250

7. 他覺得他自己也應算工資 1000 元，另外材料設備費 750 元，其資產負債表：

會計科目	金額	會計科目	金額
現金	14500	應付票據	0
存貨	0	**負債總計**	0
		保留盈餘	4500
		股本	10000
		股東權益總計	14500
資產總計	14500	**負債及股東權益總計**	14500

8. 由於要繳稅，他提出 1675 元作準備金，其資產負債表如下：

會計科目	金額	會計科目	金額
現金	12825	應付票據	0
存貨	0	**負債總計**	0
		保留盈餘	2825
		股本	10000
		股東權益總計	12825
資產總計	12825	**負債及股東權益總計**	12825

其損益表如下：

會計科目	金額	計算公式
營業收入淨額	35250	初次銷售額 30000+ 降價銷售額 5250
營業成本	(27000)	
營業毛利	8250	＝營業收入淨額 - 營業成本
營業費用	(1750)	＝工資 + 材料設備費
營業利益	6500	＝營業毛利 - 營業費用
營業外收入	0	
營業外支出	(2000)	＝利息
稅前淨利	4500	＝營業利益 + 營業外收入 - 營業外支出
所得稅費用	(1675)	
稅後淨利	2825	＝稅前淨利 - 所得稅費用

經過一學期的辛苦經營，股東權益報酬率 =2826/10000=28.25%，算是戰果輝煌。資產總計、負債及股東權益總計之變化過程如圖 8.12 與圖 8.13。

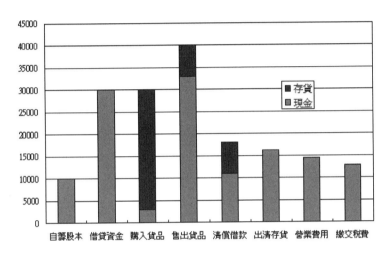

圖 8.12　資產總計變化

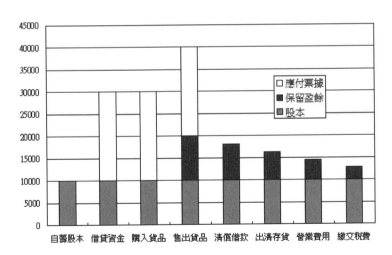

圖 8.13　負債及股東權益總計變化

例題 8.11 ·····

財務報表編製 - 東健公司

東健公司的財務報表如下：

資產負債表

中華民國 105 年 12 月 31 日　單位：新台幣仟元

會計科目	金額	會計科目	金額
流動資產	395,713	流動負債	98,143
現金及約當現金	55,598	長期負債	23,910
短期投資	34,070	各項準備	4,792
應收票據淨額	4,383	其他負債	5,200
應收帳款淨額	94,082	**負債總計**	132,045
其他應收款 - 關係人	945		
存貨	182,946	股本	476,157
其他流動資產	23,689	資本公積	1,542
長期股權投資	165,541	保留盈餘	122,665
固定資產淨額	155,787	累積換算調整數	19,398
無形資產	-	**股東權益總計**	619,762
其他資產	34,766		
資產總計	751,807	**負債及股東權益總計**	751,807

損益表

中華民國 105 年 1 月 1 日至 12 月 31 日　單位：新台幣仟元

會計科目	金額	計算公式
營業收入淨額	607,017	
營業成本	(396,804)	
營業毛利	210,213	＝營業收入淨額 - 營業成本
營業費用	(110,384)	
營業利益	99,829	＝營業毛利 - 營業費用
營業外收入	38,233	
營業外支出	(7,378)	
稅前淨利	130,684	＝營業利益 + 營業外收入 - 營業外支出
所得稅費用	(29,941)	
稅後淨利	100,743	＝稅前淨利 - 所得稅費用

| 知 識 方 塊 | 財務報告的公告 |

台灣股市的上市公司的財務報告發佈時間

	發佈內容	發佈時間
季報	財務報告	一般公司（含投控公司）在每會計年度第 1 季、第 2 季及第 3 季終了後 45 日內（5/15、8/14、11/14 前）。
年報	財務報告	每會計年度終了後 3 個月內（3/31 前）。

因此可以得到下面的時間表：

季	第一季			第二季			第三季			第四季		
月	1	2	3	4	5	6	7	8	9	10	11	12
財報			3/31 年報		5/15 第一季季報			8/14 第二季季報			11/14 第三季季報	

8.7 財務報表之分析

一 標竿比較原理

只看一家公司的財務比率並沒有什麼用，財務比率只有拿來比較類似或相同產業的公司時才有意義。稱為同儕分析（peer group analysis）。

二 時間趨勢原理

只看目前的財務比率並沒有什麼用，財務比率只有拿來比較過去的歷史紀錄時才有意義。

三 規模無關原理

不同規模的公司不能直接比較，「共同比分析」可以消除規模的影響。

四 比率關係原理

單一變數的比較不能了解企業經營流程的各環節的績效，「比率分析」可以用二個變數的比率去分析各環節的績效，發現有用的資訊。

五 報酬分解原理

股東權益報酬率是財務報表分析的核心。「杜邦分析」可以將股東權益報酬率分解成不同的比率之連乘積，讓我們了解股東權益報酬率來自何方。

8.8 ≫ 財務報表分析 1：共同比分析

不同規模的公司不能直接比較，「共同比分析」（Common-Size）可以消除規模的影響。

一 共同比資產負債表

將資產負債表的各項金額，以總資產的百分比表示（表 8.1）。

二 共同比損益表

將損益表的各項金額，以銷貨收入的百分比表示（表 8.2）。

基於共同比分析的財務報表較易於：

(1) 比較公司不同年度的財務資訊。
(2) 比較同產業不同規模的公司的財務資訊。

例題 8.11 ···

共同比財務報表 - 東健公司

東健公司的共同比財務報表如下：

表 8.1　共同比資產負債表（單位：千元）

會計科目	2011		2012		會計科目	2011		2012	
	金額	%	金額	%		金額	%	金額	%
流動資產	350,072	50.0%	395,713	52.6%	流動負債	88,651	12.7%	98,143	13.1%
現金及約當現金	49,185	7.0%	55,598	7.4%	長期負債	21,598	3.1%	23,910	3.2%
短期投資	30,140	4.3%	34,070	4.5%	各項準備	4,329	0.6%	4,792	0.6%
應收票據淨額	3,877	0.6%	4,383	0.6%	其他負債	4,697	0.7%	5,200	0.7%
應收帳款淨額	83,231	11.9%	94,082	12.5%	負債總計	119,274	17.0%	132,045	17.6%
其他應收款關係人	836	0.1%	945	0.1%					
存貨	161,845	23.1%	182,946	24.3%	股本	445,760	63.7%	476,157	63.3%
其他流動資產	20,957	3.0%	23,689	3.2%	資本公積	1,450	0.2%	1,542	0.2%
長期股權投資	177,279	25.3%	165,541	22.0%	保留盈餘	115,371	16.5%	122,665	16.3%
固定資產淨額	166,833	23.8%	155,787	20.7%	累積換算調整數	18,245	2.6%	19,398	2.6%
無形資產	0	0.0%	0	0.0%	股東權益總計	580,826	83.0%	619,762	82.4%
其他資產	5,916	0.8%	34,766	4.6%			0.0%		0.0%
資產總計	700,100	100.0%	751,807	100.0%	負債及股東權益	700,100		751,807	100.0%

表 8.2　共同比損益表（單位：千元）

會計科目	金額	%
營業收入淨額	607,017	100.0%
營業成本	-396,804	-65.4%
營業毛利	210,213	34.6%
營業費用	-110,384	-18.2%
營業利益（EBIT）	99,829	16.4%
營業外收入	38,233	6.3%
營業外支出（利息）	-7,378	-1.2%
稅前淨利	130,684	21.5%
所得稅費用	-29,941	-4.9%
稅後淨利	100,743	16.6%

8.9 ▶▶ 財務報表分析 2：比率分析

單一變數的比較不能了解企業經營流程的環節優劣，「比率分析」（ratio analysis）用二個變數的比率去分析各環節的關係，可用來比較不同公司或同公司不同時間點的營運狀態。企業的償債力、安定力、經營力、獲利力、市場評價等五種構面，分別可用流動性比率、財務槓桿比率、資產管理比率、獲利率、市場價值比率等五種比率來分析。

一 流動性比率（償債能力）分析

衡量企業應付短期償債的能力。常用的比率有：

(1) 流動比率

　　流動比率＝流動資產／流動負債　　　　　　　　　　　　　　　（8.25）

　　雖然沒有一個數字被認為是絕對安全的數字，但一般原則是大於 1。若比率低於 1，則暗示有潛在的困難去應付短期償債的需要（薪資、應付帳款、應付利息、稅金等等）。而一個太高的比率則表示企業並沒有好好利用資產得到最高的報酬率。

(2) 速動比率

　　速動比率＝（流動資產－存貨）／流動負債　　　　　　　　　（8.26）

　　速動比率與流動比率相似，只是將分子改為流動資產扣掉存貨。當存貨轉換緩慢或難以變現時，速動比率比流動比率更能真實反應出企業的短期償債能力。速動比率一般原則是大於 1。

(3) 現金比率

　　現金比率＝現金／流動負債　　　　　　　　　　　　　　　　　（8.27）

　　現金具有完全的流動性，因此是流動性比率中最保守的一種比率。

二 財務槓桿比率（安定能力）分析

衡量企業有效運用資金擴大經營的能力。常用的比率有：

(1) 權益乘數

權益乘數（槓桿比率）= 總資產／總權益 　　　　　　　　　　　　　　（8.28）

財務槓桿意味著借資金以擴大營運與擴張規模，以創造更大的利潤。當資金能創造出超過利息成本的利潤時，財務槓桿（financial leverage）便會發生。如果企業借錢的利率為 6%，而內部報酬率為 10%，則借錢是合理的。但若借太多，則可能會因為資金調度困難而使企業破產。槓桿比率可以幫助企業控制負債在適當的水準。

(2) 負債資產比

負債資產比 = 總負債／總資產 　　　　　　　　　　　　　　　　　　（8.29）

(3) 負債股東權益比

負債股東權益比 = 總負債／股東權益 　　　　　　　　　　　　　　　（8.30）

它與負債資產比相似，只是將分母改為股東權益，而股東權益等於總資產扣掉總負債。

(4) 利息保障倍數

利息保障倍數 = EBIT ／利息 　　　　　　　　　　　　　　　　　　（8.31）

用來評估企業用經營獲利償還利息的能力。

(5) 現金涵蓋比率

現金涵蓋比率 =（EBIT+ 折舊）／利息 　　　　　　　　　　　　　　（8.32）

它與利息保障倍數相似，只是將分子改為「EBIT+ 折舊」。這是由於折舊在經營過程中被視為成本費用，因此在 EBIT 中已經扣除了折舊，但實際上並無現金因折舊而流出，因此在評估償還利息的能力時，可以把折舊加回去。

三 資產管理比率（經營能力）分析

衡量企業有效運用企業資源進行經營活動的能力。常用的比率有：

(1) 總資產周轉率

總資產周轉率＝銷貨收入／總資產 　　　　　　　　　　　　　　（8.33）

顯示總資產使用效率。

(2) 固定資產周轉率

固定資產周轉率＝銷貨收入／固定資產 　　　　　　　　　　　　（8.34）

顯示固定資產使用效率。

(3) 股東權益周轉率

股東權益周轉率＝銷貨收入／股東權益 　　　　　　　　　　　　（8.35）

顯示股東權益使用效率。

(4) 存貨周轉率

存貨周轉率＝銷貨成本／存貨 　　　　　　　　　　　　　　　　（8.36）

顯示存貨資產使用效率。

(5) 應收帳款周轉率

應收帳款周轉率＝銷貨收入／應收帳款 　　　　　　　　　　　　（8.37）

顯示收款及賒帳政策的效率。

四 獲利率（獲利能力）分析

衡量企業獲利的效率。常用的比率有：

(1) 銷貨利潤率（邊際獲利）

銷貨利潤率＝淨利／銷貨收入 　　　　　　　　　　　　　　　　（8.38）

意指每 1 塊錢銷貨能有多少淨利。當企業有數個產品時，可分開計算各產品的銷貨利潤率，而將努力放在高銷貨利潤率的產品上。

(2) 總資產報酬率（ROA）

總資產報酬率 = 淨利／總資產 　　　　　　　　　　　　　　（8.39）

顯示總資產產生利潤的效率。

(3) 股東權益報酬率（ROE）

股東權益報酬率 = 淨利／股東權益 　　　　　　　　　　　　（8.40）

顯示股東權益產生利潤的效率，是最重要的衡量企業獲利效率的比率。

五 市場價值比率（市場評價）分析

衡量市場對企業前景的評價。常用的比率有：

(1) 本益比

本益比 = 每股股價／每股盈餘 　　　　　　　　　　　　　　（8.41）

越高顯示市場越看好企業的前景。

(2) 股價淨值比

股價淨值比 = 每股股價／每股淨值 　　　　　　　　　　　　（8.42）

越高顯示市場越看好企業的前景。小於 1 時通常代表市場非常看壞企業的前景。

(3) 股價營收比

股價營收比 = 每股股價／每股銷貨收入 　　　　　　　　　　（8.43）

越高顯示市場越看好企業的前景。

　　將上述常見的財務比率分析整理如表 8.3。各產業的合理比率有很大的差異，例如有些產業銷貨利潤率雖低，但總資產周轉率高；反之，有些產業銷貨利潤率雖高，但總資產周轉率低。因為：

銷貨利潤率 × 總資產周轉率

=（淨利／銷貨收入）×（銷貨收入／總資產）

= 淨利／總資產

= 總資產報酬率

因此這兩種產業的總資產報酬率仍可能相同。

表 8.3　常見的財務比率分析

	比率	分子	分母	意義
償債力	流動比率	流動資產	流動負債	顯示企業的短期償債能力。
	速動比率	（流動資產 - 存貨）	流動負債	顯示企業的短期償債能力。
	現金比率	現金	流動負債	顯示企業的短期償債能力。
安定力	權益乘數	總資產	股東權益	顯示企業的財務安定能力。
	負債資產比	總負債	總資產	顯示企業的財務安定能力。
	負債股東權益比	總負債	股東權益	顯示企業的財務安定能力。
	利息保障倍數	EBIT	利息	顯示企業的財務安定能力。
	現金涵蓋比率	EBIT+ 折舊	利息	顯示企業的財務安定能力。
經營力	總資產周轉率	銷貨收入	總資產	顯示總資產使用效率。
	固定資產周轉率	銷貨收入	固定資產	顯示固定資產使用效率。
	股東權益周轉率	銷貨收入	股東權益	顯示股東權益使用效率。
	存貨周轉率	銷貨成本	存貨	顯示存貨資產使用效率。
	應收帳款周轉率	銷貨收入	應收帳款	顯示存貨資產使用效率。
獲利力	銷貨利潤率	淨利	銷貨收入	顯示各項產品的利潤率。
	總資產報酬率	淨利	總資產	顯示總資產產生利潤的效率。
	股東權益報酬率	淨利	股東權益	顯示股東權益產生利潤的效率。
市場評價	本益比	每股股價	每股盈餘	衡量市場對企業前景的評價。
	股價淨值比	每股股價	每股淨值	衡量市場對企業前景的評價。
	股價營收比	每股股價	每股銷貨收入	衡量市場對企業前景的評價。

上述比率分析可以整理成圖 8.14 的五邊形關係。

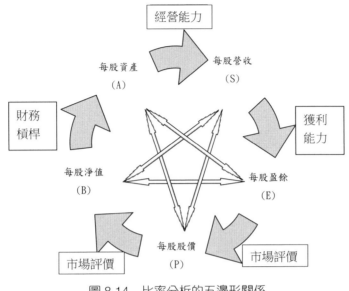

圖 8.14　比率分析的五邊形關係

財務比率是分析公司財務狀況的利器，其優缺點如下：

【優點】

一 提供經營管理資訊

單一變數的比較不能了解企業經營流程的環節優劣，比率分析可以用二個變數的比率去分析各環節的關係，以獲得有用的資訊。例如銷貨利潤率比同業高，總資產周轉率比同業低，那麼有可能定價偏高，定價策略有調整的空間，以提升總資產周轉率。但也有可能企業本身定位在高端消費市場，高銷貨利潤率、低總資產周轉率是正常現象，無需調整。

二 適合不同規模比較

比率沒有單位，與企業規模無關，能方便比較，容易理解。

三 適合不同公司比較

與同業比較可以了解公司在同業之間相對的獲利與財務的相對實力。

四 適合內部趨勢比較

公司自己前後期比較可以了解公司的變化趨勢，推測未來走向。

【缺點】

一 忽略金額大小

比率沒有單位，並無金額大小，所以單看比率，而忽略金額，有時易被誤導。例如 A 與 B 公司 ROE 都是 20%，但股東權益分別為 100 億 1 億，淨利分別為 20 億與 0.2 億。B 公司的淨利與 A 公司相較其實微不足道。

二 不易找到合適標竿

比率的高低應和同業或公司往年做比較。例如 A 與 B 公司 ROA 都是 5%，但總資產周轉率分別為 250% 與 25%，但銷貨利潤率分別為 2% 與 20%。兩家公司的總資產周轉率、銷貨利潤率差亦如此大可能是產業特性，因此如果只看總資產周轉率或銷貨利潤率來比較這兩家公司，而不考慮產業特性就會誤讀。然而集團式企業、跨國型企業不容易找到相似的比較對象，此外不同的會計程序、不同的會計年度起訖時間的企業也不適合當作標竿。資本結構有差異的企業也要小心解讀。

三 季節性波動的影響

許多產業景氣具明顯的季節性，例如旅遊業，在解讀季報時，不可忽略季節性波動。

四 一次性事件的衝擊

當企業處分大額資產等一次性的事件（例如出售土地）時，其交易雖影響財報，但因為不是持續性事件，在解讀財報時，如果忽略一次性的事件的衝擊，會產生誤判。

五 盈餘管理的誤導

盈餘管理是在一般公認會計原則的合法範圍內,策略性選取會計選擇以達事先預計利潤目標,即增加盈餘、降低盈餘或盈餘平穩化。這種修飾自然妨礙財報的正確解讀。

例題 8.13

財務比率分析 - 東健公司

延續例題 8.2,試作財務報表之比率分析。假設折舊 =20,000(千元)。

解

股數 = 股本 /10(元 / 股)= 476,157(千元)/10(元 / 股)=47,616(千股)

每股盈餘 = 稅後淨利 / 股數 = 2.12 元 / 股

每股淨值 = 股東權益 / 股數 = 13.02 元 / 股

每股銷貨收入 = 銷貨收入 / 股數 = 12.75 元 / 股

東健公司的財務報表之比率分析如表 8.4。

表 8.4　東健公司財務比率分析

	比率	分子	分母	分子	分母	比率
償債力	流動比率	流動資產	流動負債	395713	98143	4.03
	速動比率	(流動資產 - 存貨)	流動負債	(395713 -182946)	98143	2.17
	現金比率	現金	流動負債	55598	98143	0.57
安定力	權益乘數	總資產	股東權益	751807	619762	1.21
	負債資產比	總負債	總資產	132045	751807	0.176
	負債股東權益比	總負債	股東權益	132045	619762	0.213
	利息保障倍數	EBIT	利息	99829	7378	13.53
	現金涵蓋比率	EBIT+ 折舊	利息	119829	7378	16.24

	比率	分子	分母	分子	分母	比率
經營力	總資產周轉率	銷貨收入	總資產	607017	751807	0.807
	固定資產周轉率	銷貨收入	固定資產	607017	155787	3.90
	股東權益周轉率	銷貨收入	股東權益	607017	619762	0.979
	存貨周轉率	銷貨成本	存貨	396804	182946	2.17
	應收帳款周轉率	銷貨收入	應收帳款	607017	94082	6.45
獲利力	銷貨利潤率	淨利	銷貨收入	100743	607017	16.6%
	總資產報酬率	淨利	總資產	100743	751807	13.4%
	股東權益報酬率	淨利	股東權益	100743	619762	16.3%
市場評價	本益比	每股股價	每股盈餘	30	2.12	14.15
	股價淨值比	每股股價	每股淨值	30	13.02	2.30
	股價營收比	每股股價	每股銷貨收入	30	12.75	2.35

8.10 ▶ 財務報表分析 3：杜邦分析

　　由於對股東而言，股東權益報酬率是他們關心的核心，因此對股東權益報酬率的深入分析是財務比率分析得最重要議題。股東權益報酬率的基本公式：

$$股東權益報酬率 = \frac{總盈餘}{總淨值} \tag{8.44}$$

上式可以分解成三項連乘：

$$股東權益報酬率 = \frac{總資產}{總淨值} \times \frac{總營收}{總資產} \times \frac{總盈餘}{總營收}$$

$$= 權益乘數 \times 資產週轉率 \times 淨利率 \tag{8.45}$$

因此股東權益報酬率有三個因素：

- **權益乘數**：衡量公司的財務槓桿，即融資管理的能力。
- **資產週轉率**：衡量公司的資產使用效率，即資產運用的能力。
- **淨利率**：衡量公司的銷貨獲利效率，即成本控制的能力。

例如：以下四公司的股東權益報酬率（ROE）都是 7.2%，但在分解成上述三項連乘「權益乘數 × 資產週轉率 × 淨利率」後意義不同

A 公司 ROE＝(1.5)(80%)(6%)＝7.2%

B 公司 ROE＝(1.5)(40%)(12%)＝7.2%

C 公司 ROE＝(1.5)(160%)(3%)＝7.2%

D 公司 ROE＝(1.0)(80%)(9%)＝7.2%

如以 A 公司為標竿，則

B 公司控制成本的能力高，但資產使用的效率低。

C 公司控制成本的能力低，但資產使用的效率高。

D 公司控制成本的能力高，但公司的財務槓桿低。

例題 8.14

杜邦分析 - 東健公司

延續例題 8-3，試作杜邦分析。

解 由例題 8-3 得知：邊際獲利 = 16.6%，總資產週轉率 = 0.807 倍，權益乘 = 1.21 倍，故

權益報酬率＝邊際獲利 × 總資產週轉率 × 權益乘數

＝ 16.6% × 0.807 × 1.21 = 16.3%

8.11 >> Excel 的應用

【NPV 函數】淨現值函數。注意 Excel 的 NPV 與財務的 NPV 不同：

財務的 NPV = 初始投資 (P0) + Excel 的 NPV，初始投資通常為負值，代表現金流出。

【格式】NPV(rate, value1, value2, ...) = NPV（折現率，第 1 期現金流，第 2 期現金流，...）

【範例】折現率為 10%，第 1~3 年的現金流為 3, 2, 1。

= NPV(0.1,3,2,1) = 5.131

【PV 函數】現值函數。傳回投資的付款方式為週期、固定支出及固定利率時的現值：

【格式】PV(rate, nper, pmt)=PV（折現率，期數，年金）

【範例】例題 8.4 假設每月可繳 1 萬元，貸款 20 年，年利率 3%，計算貸款可借多少金額？

= PV(0.03/12,20*12,1) = -180.31

傳回負值是正常的結果，也可用 = PV(0.03/12,20*12,-1) = 180.31

【FV 函數】終值函數。傳回投資的付款方式為週期、固定支出及固定利率時的終值：

【格式】FV(rate, nper, pmt)=FV（折現率，期數，年金）

【範例】例題 8.5 假設每年可投資 10 萬元，投資 30 年，年報酬率 7%，計算期末有多少金額？

=FV(0.07,30,10)= -944.61

傳回負值是正常的結果，也可用 =FV(0.07,30,-10)= 944.61

【PMT 函數】年金函數。傳回投資的付款方式為週期、固定支出及固定利率時的年金：

【格式】PMT(rate, nper, PV, FV)=PMT（折現率，期數，現值，終值）

【範例 1】例題 8.6 假設貸款 1000 萬，20 年，年利率 3%，計算每月要繳多少金額？

=PMT(0.03/12,20*12,1000,0)= -5.55

傳回負值是正常的結果，也可用 =PMT(0.03/12,20*12,-1000,0)= 5.55

【範例 2】例題 8.7 假設希望 30 年後有養老金 1000 萬，年報酬率 7%，計算每年要投資多少？

= PMT(0.07,30,0,1000)= -10.59

傳回負值是正常的結果，也可用 =PMT(0.07,30,0,-1000)= 10.59

【NPER 函數】期數函數。傳回投資的付款方式為週期、固定支出及固定利率時的期數：

【格式】NPER(rate, PMT, PV, FV)=NPER（折現率，年金，現值，終值）

【範例】例題 8.8 假設每月可繳 1 萬元，年利率 3%，貸款 180.31 萬元，則要貸款多少年？

= NPER(0.0025, 1, -180.31,0) = 240.00（月）（注意 180.31 要輸入 -180.31）

故需 20（年）

【RATE 函數】折現率函數。傳回投資的付款方式為週期、固定支出及固定利率時的利率：

【格式】RATE(nper, PMT, PV, FV)=RATE（期數，年金，現值，終值）

【範例】例題 8.9 假設每月可繳 1 萬元，貸款 180.31 萬元，貸款 20 年後可還清，則年利率多少？

= RATE(240, 1, -180.31,0)= 0.25%（月）（注意 180.31 要輸入 -180.31）

故年利率 =0.25%*12=3%

◀練習 8.1▶ 現金流之評價

(1) 開啟「練習 8.1 現金流之評價」檔案。

(2) 上述例題 8.3~ 例題 8.9 對應 Excel 公式已經寫入各工作表，並有詳細解說，不再贅述。

《練習 8.2》共同比分析

(1) 開啟「練習 8.2 共同比分析」檔案。

(2) 上述例題的對應 Excel 公式已經寫入各儲存格，不再贅述。

《練習 8.3》財務比率分析

(1) 開啟「練習 8.3 財務比率分析」檔案。

(2) 上述例題的對應 Excel 公式已經寫入各儲存格，不再贅述。

8.12 >> 結語

總結如下：

- 投資的複利的效果在時間拉長後極為可觀，投資證券是馬拉松長跑，不是百米衝刺。

- 持股人就是企業的股東，股東對企業擁有二個權利，對應兩種財務報表：
  - 盈餘分配請求權：損益表的淨利
  - 剩餘財產請求權：資產負債表的淨值（股東權益）

例題 8.15 ··

現金股利發放或保留的價值

假設公司股東權益 100 元，股東權益報酬率 10%，未來五年現金股利發放或保留有兩方案，它們的價值相同嗎？

A 方案：每一年產生的淨利全部發給股東作為現金股利，並假設股東能將股利投資於報酬率與上述股東權益報酬率同的投資。

B 方案：每一年產生的淨利全部保留。

解

A 方案：因為每一年產生的淨利全部發給股東做為現金股利，因此公司 0 成長，股東權益每年底都是 100 元，每年發的現金股利都是 10 元，股利投資於報酬率與上述股東權益報酬率同的投資，即股利的投資報酬率 =10%，第 1~5 年的現金股利分別有 4~0 年的投資期間，在第 5 年底的終值分別為 14.6, 13.3, 12.1, 11.0, 10，連同股東權益 100 元，合計 166.1 元。

時間	0	1	2	3	4	5
股東權益	100	100	100	100	100	100
現金股利		10	10	10	10	10
						11.0
						12.1
						13.3
						14.6
						合計 166.1

B 方案：每一年產生的淨利全部保留，每年發的現金股利都是 0 元，因此公司成長率等於股東權益報酬率，股東權益以 10% 的速度成長。

時間	0	1	2	3	4	5
股東權益	100	110.0	121.0	133.1	146.4	161.1
現金股利		0	0	0	0	0
					合計	166.1

總結：有兩方案的價值相同。

附錄 1. 等比級數

$$S_n = a_1 + a_2 + a_3 + \cdots + a_n$$
$$= a_1 + a_1 q + a_1 q^2 + \cdots + a_1 q^{n-1} \tag{8.46}$$

先將兩邊同乘以公比 q，有：

$$q S_n = a_1 q + a_1 q^2 + a_1 q^3 + \cdots + a_1 q^n \tag{8.47}$$

（8.46）式減去（8.47）式，有：

$$(1-q)S_n = a_1 - a_1 q^n \tag{8.48}$$

故

$$S_n = \frac{a_1 \cdot (1-q^n)}{1-q} \tag{8.49}$$

當 $q<1$，n 無限大時

$$S_n = \frac{a_1}{1-q} \tag{8.50}$$

附錄 2. 年金現值公式證明

試證年金 AV，折現率 r，期數 n 之下，現值為

$$PV = AV \left(\frac{1 - \dfrac{1}{(1+r)^n}}{r} \right)$$

證明：

第 1 年現值 $PV_1 = \dfrac{AV}{(1+r)^1}$

第 2 年現值 $PV_2 = \dfrac{AV}{(1+r)^2}$

第 n 年現值 $PV_n = \dfrac{AV}{(1+r)^n}$

故為等比數列：首項 $= \dfrac{AV}{(1+r)^1}$ ，公比 $= \dfrac{1}{(1+r)^1}$

代入等比級數公式（8.15） $S_n = \dfrac{a_1(1-q^n)}{1-q} = \dfrac{\dfrac{AV}{1+r}\left(1-\left(\dfrac{1}{1+r}\right)^n\right)}{1-\left(\dfrac{1}{1+r}\right)}$

分子、分母通乘 $1+r$ 得 $S_n = \dfrac{AV\left(1-\left(\dfrac{1}{1+r}\right)^n\right)}{r}$ （得證）

附錄 3. 年金終值公式證明

試證年金 AV，折現率 r，期數 n 之下，終值為

$$FV = AV\left(\frac{(1+r)^n - 1}{r}\right)$$

證明：

先將年金折現為現值得 $PV = AV\left(\dfrac{1-\dfrac{1}{(1+r)^n}}{r}\right)$

再算出此現值的終值得

$$FV = PV \times (1+r)^n = AV\left(\frac{1-\dfrac{1}{(1+r)^n}}{r}\right) \times (1+r)^n = AV\left(\frac{(1+r)^n - 1}{r}\right) \text{（得證）}$$

習題

1.　假設每月繳 1 萬元，貸款 150 萬元，貸款 20 年還清，則年利率多少？

2.　假設每月可繳 2 萬元，貸款 25 年，年利率 3.5%，計算貸款可借多少金額？

3.　假設每月可繳 1 萬元，年利率 3.5%，貸款 200 萬元，則要貸款多少年？

4.　假設每月可投資 1 萬元，投資 35 年，年報酬率 6%，計算期末有多少金額？

5.　假設貸款 1200 萬，25 年，年利率 3.5%，計算每月要繳多少金額？

6.　假設希望 35 年後有養老金 2000 萬，年報酬率 6%，計算每年要投資多少？

7.　開啟「練習 8.1 現金流之評價」檔案，在 NPV 工作表將折現率改 20%，重新分析一次各現金流的現值。

投資的風險與報酬

◇ 我在歷史中學到的唯一東西就是：大眾從未從歷史中汲取教訓。—— 華倫·巴菲特

◇ 如果你沒有持有一種股票十年的準備，那麼連十分鐘都不要持有這種股票。—— 華倫·巴菲特

◇ 不能承受股價下跌 50% 的人就不應該投資股票。—— 華倫·巴菲特

◇ 買股票是為了獲利，而非保本。(引申：投資必須承擔必要的風險) —— 彼得·林區

◇ 投資股市絕不是為了賺一次錢，而是要持續賺錢。如果想靠大賺一票而發財，你大可離開股市，去買彩券好了。—— 彼得·林區

◇ 在過去 70 多年歷史上發生的 40 次股市暴跌中，即使其中 39 次我提前預測到，而且在暴跌前賣掉了所有的股票，我最後也會後悔萬分。因為即使是跌幅最大的那次股災，股價最終也漲回來了，而且漲得更高。—— 彼得·林區

◇ 要在股市上投資成功，你必須押上你對股票的忠誠度。基本上你應該把它看待成一樁婚姻，也就是你的金錢及投資的結合。否則，即使你是一個選股高手，如果你缺少執著及勇氣，恐怕也很難賺到大錢。—— 彼得·林區

9.1 ▶▶ 前言

本章旨在介紹下列主題：

- **報酬率與風險的計算**：正確計算報酬率與風險是觀察金融市場特性的起點。

- **報酬率與風險的歷史**：回顧市場過去真實報酬率與風險可以讓投資人對市場的特性有一個宏觀的視野，有助形成合理的績效預期，擬定合理的投資策略。

這兩個主題是理解下一章的報酬率與風險關係的基石。

9.2 >> 報酬率與風險的計算

當各期的報酬率 R 已知，其報酬的平均值的衡量有兩個方式：

(1) 算術平均值 $= (R_1 + R_2 + \cdots + R_n)/n$ （9.1）

(2) 幾何平均值（複利）$= \sqrt[n]{(1+R_1)(1+R_2)\cdots(1+R_n)} - 1$ （9.2）

衡量報酬時要注意：

- 算術平均值通常略大於幾何平均值。

- 一般未特別註明時，報酬是指「算術平均值」。

- 注意：不可以用下式衡量報酬率的平均值，因為此值將嚴重高估。

$$\left(\frac{P_n - P_0}{P_0}\right)/n \quad \text{其中 } P_n = \text{期末資產，} P_0 = \text{期初資產。}$$

- 實際的報酬必須考慮購買力，因此還需考慮通膨的影響。令 r = 實際報酬率；R = 名目報酬率；i = 通膨率，則

$$1 + r = \frac{1+R}{1+i} \quad \text{故 } 1+r+i+ir = 1+R \tag{9.3}$$

因 ir 經常很小，接近 0，故可推得 $r \approx R - i$

　　證券投資風險是指投資者在證券投資過程中遭受損失或達不到預期收益率的可能性。簡言之，風險的定義是「報酬的不確定性」。證券投資風險就其性質而言，可分為系統性風險和非系統性風險。證券投資的總風險是系統風險和非系統風險的總和。風險的衡量通常以報酬率的標準差表達：

$$s = \sqrt{\frac{\sum(X - \overline{X})^2}{n-1}} \tag{9.4}$$

例題 9.1

報酬率與風險的計算

設有一個起始值 10000 元的投資組合，其十年的投資組合價值如下表：

年	投資組合價值	年報酬率
1	9267	-0.0733
2	8769	-0.0537
3	10357	0.1810
4	13060	0.2610
5	12275	-0.0601
6	11842	-0.0353
7	15275	0.2899
8	17968	0.1763
9	20578	0.1452
10	19981	-0.0290

報酬率算術平均值 $= (-0.0733 - 0.0537 + 01810 + ... -0.0290)/10 = 0.0802 = 8.02\%$

報酬率幾何平均值

$$= \sqrt[10]{(1-0.0733)(1-0.0537)(1+0.1810)...(1-0.0290)} - 1 = 7.17\%$$

注意：報酬率不可以用 $\left(\dfrac{P_n - P_0}{P_0}\right) / n = \left(\dfrac{19981 - 10000}{10000}\right)/10 = 10.0\%$

報酬率標準差 $s = \sqrt{\dfrac{\sum (X - \overline{X})^2}{n-1}} = 14.4\%$

9.3 ▶▶ 報酬率與風險的歷史記錄：美國

美國股市自 1926~2001 年的年投資報酬率（未扣除通貨膨脹率）的歷史統計如下（± 號前後為平均值、標準差）（圖 9.1）：

- 小型股年報酬率 18.3%±39.3%

- 大型股年報酬率 12.5%±20.3%

- 長期公債 5.5%±8.2%

- 中期公債 5.3%±6.3%

- 國庫券 3.9%±3.3%

- 通膨率 3.2%±4.4%

Siegel 教授在他的書「Stocks for the Long Runs」中，統計美國股市在 1802- 1997 年間的報酬率如表 9.1。

由上述歷史統計可以得到以下結論：

(1) 股票市場的真實投資報酬率約在 7%，債券市場的真實投資報酬率約在 3%。

(2) 年投資報酬率平均值與標準差成正比關係，即報酬越高，風險越大。

(3) 無風險的國庫券的報酬率與通膨率相當，代表不冒系統性風險的投資工具只能保持購買力，無法增加購買力，只是保值的工具。

表 9.1　美國股市在 1802- 1997 年間的報酬率

	期間	名目報酬率 %	通膨率 %	實際報酬率 %
第 1 階段	1802-1870	7.1	0.1	7.0
第 2 階段	1871-1925	7.2	0.6	6.6
第 3 階段	1926-1997	10.6	3.1	7.2
全期	1802-1997	8.4	1.3	7.0
近期	1982-1997	16.7	3.4	12.8

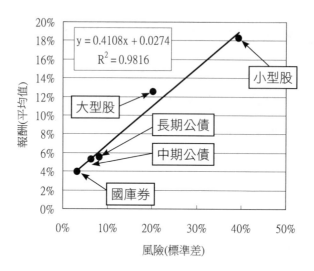

圖 9.1 1926~2001 美國各種投資工具的報酬與風險

Case Studies 美國 **S&P500** 指數的績效

標準普爾 500（Standard & Poor's 500，S&P 500）是一個由 1957 年起，記錄在美國股市的兩大股票交易市場交易的 500 家具代表性的上市公司的平均記錄。它的股市代表性極強，甚至足以顯示美國經濟的興衰。以線性尺度、對數尺度顯示之指數如圖 9.2 與圖 9.3。線性尺度顯示，長期而言股市雖有波動，但大趨勢向上，投資人如能堅持不懈，獲利可期。指數的年成長率幾何平均值如下：

- 由 1950/1 的 16.66 點到 2017/9 的 2521 點，67.75 年間：年成長率 7.7%

- 由 2007/9 的 1527 點到 2017/9 的 2521 點，10 年間：年成長率 5.1%

- 由 2009/1 的 903 點到 2017/9 的 2521 點，8.75 年間：年成長率 12.4%

上述第一項顯示長期而言，S&P500 的年成長率高達 7.7%，第二項較低的原因是 2007/9 股市達到 2008 年金融海嘯前的高點，而第三項較高的原因是 2009/1 股市達到金融海嘯期間的最低點。雖然不同的起算點的年成長率

幾何平均值有很大的差異，顯示股市有很高的風險，但拉長到 20~30 年來看，差異就不算很大。

對數尺度的好處是可以看清楚早期指數較小時的波動，此外其斜率大約正比於報酬率，從斜率的變化可以估計報酬率的變化。從圖可以看出，短期而言（5 年以下），斜率變化很大，但長期而言（10 年以上），斜率變化不大，因此長期而言，報酬率變化不大。

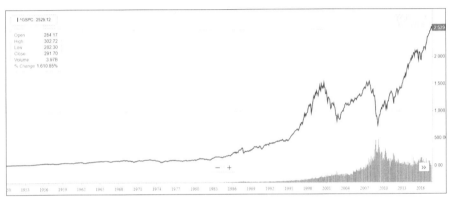

圖 9.2　S&P500 指數（1950-1917）（線性尺度）

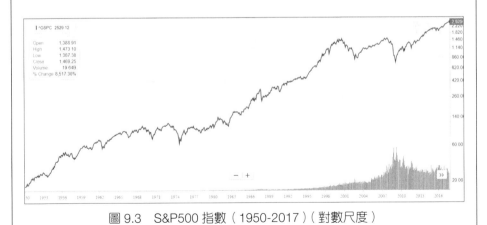

圖 9.3　S&P500 指數（1950-2017）（對數尺度）

9.4 ▶ 報酬率與風險的歷史記錄：台灣

　　台灣股市自 1971~2015 年，未扣除通貨膨脹率，也未加上股利率下的投資報酬率歷史統計如下（圖 9.4 與圖 9.5）：

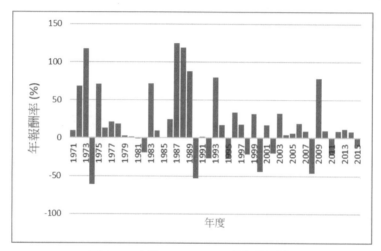

圖 9.4　台股 1971~2015 的年報酬率

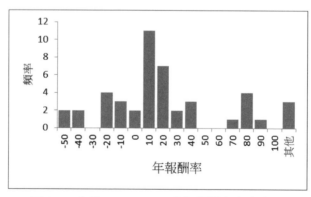

圖 9.5　台股 1971~2015 的年報酬率之直方圖

- 1971~2015 年（共 45 年）：幾何平均值約 9.82%±44.0%

- 1996~2015 年（共 20 年）：幾何平均值約 2.45%±28.6%

- 2006~2015 年（共 10 年）：幾何平均值約 2.42%±32.0%

　　由於早期股市處於噴發期，報酬率雖高，但不具可持續性，且那段期間的通貨膨脹率也很高。1996~2015 年、2006~2015 年的統計顯示，報酬率幾何平均值都大約在 2.4%，變化很小，而且標準差也縮小到約 30% 左右，顯示台股已經進入成熟期。由於股利率大約在 3~4%，因此合計報酬約 6%，這比美國長期的平均值略低一些。

　　表 9.2 為 1971-2006 年台灣股市重要統計數據，可以發現幾個有趣的發現：

表 9.2　台灣股市重要統計數據（1971-2006 年）

	利率（一銀一年期定期存款）（%）	通貨膨脹率（%）	經濟成長率（%）	股市股東權益報酬率 ROE（%）	股市本益比（P/E）	股市市價淨值比（P/B）	股市殖利率（%）	股市年報酬率（%）
1971	9.25	5.00	12.84	13.58	12.19	1.66		9.60
1972	8.75	2.95	13.30	20.64	9.50	1.96		68.70
1973	9.50	8.23	12.88	28.96	11.21	3.25		117.30
1974	13.50	47.43	1.38	17.27	8.99	1.55		-61.00
1975	12.00	5.23	4.94	8.11	19.10	1.55		71.00
1976	12.00	2.50	13.96	8.51	17.22	1.47		12.80
1977	9.58	7.06	10.30	9.19	17.42	1.60		21.00
1978	9.50	5.74	13.67	10.14	15.52	1.57		18.20
1979	11.00	9.77	8.44	13.96	10.77	1.50		3.20
1980	12.50	19.02	7.36	11.49	12.35	1.42		1.60
1981	13.50	16.33	6.24	6.11	17.84	1.09		-1.33
1982	11.50	2.95	3.47	1.90	49.63	0.94		-19.50
1983	8.50	1.37	8.32	5.04	26.14	1.32		71.77
1984	8.25	-0.07	10.71	9.86	14.86	1.46		9.99
1985	7.39	-0.13	5.02	6.04	24.07	1.46		-0.35
1986	5.50	0.65	11.49	10.95	15.20	1.66		24.43
1987	5.00	0.53	12.66	13.74	22.63	3.11		125.18
1988	5.07	1.33	8.04	18.71	33.97	6.35		118.78
1989	9.30	4.38	8.45	15.39	57.72	8.88		88.00
1990	9.50	4.12	5.70	10.37	31.36	3.25		-52.93

	利率 （一銀一 年期定 期存款） （%）	通貨 膨脹率 （%）	經濟 成長率 （%）	股市股東 權益報酬 率 ROE （%）	股市 本益比 （P/E）	股市市價 淨值比 （P/B）	股市 殖利率 （%）	股市年 報酬率 （%）
1991	9.38	3.60	7.58	11.01	29.49	3.25	2.63	1.56
1992	7.75	4.46	7.85	10.26	27.58	3.00	4.32	-26.60
1993	7.80	2.98	6.90	10.83	29.31	2.64	2.17	79.76
1994	7.28	4.11	7.39	11.53	37.53	3.66	2.24	17.36
1995	7.13	3.66	6.49	10.32	22.60	2.53	3.88	-27.38
1996	6.55	3.05	6.30	10.00	25.90	2.87	3.38	34.02
1997	5.95	0.90	6.59	11.12	33.19	3.47	2.82	18.08
1998	6.53	1.66	4.55	8.57	25.37	2.51	4.47	-21.60
1999	5.00	0.18	5.75	9.69	47.54	2.37	2.68	31.63
2000	5.00	1.31	5.77	8.85	27.61	2.40	5.38	-43.91
2001	3.95	0.00	-2.17	5.54	18.66	1.42	4.85	17.14
2002	2.20	-0.19	4.64	7.00	49.08	1.56	3.70	-19.79
2003	1.46	-0.28	3.50	8.41	36.85	1.62	3.10	32.30
2004	1.40	1.61	6.15	10.02	14.43	1.72	4.38	4.23
2005	1.74	2.32	4.16	7.72	15.41	1.69	5.39	6.66
2006	2.10	0.58	4.89	9.30	17.29	1.76	4.21	19.48
平均值	7.56	4.84	7.38	10.84	24.60	2.38	3.73	20.82
標準差	3.40	8.44	3.63	4.85	12.33	1.52	1.02	46.11
中位值	7.78	2.95	6.75	10.08	22.61	1.70	3.71	14.97
幾何平均	7.51	4.51	7.32	10.74	19.70	1.85	3.72	12.22

- 通貨膨脹率（%）中位數 3%。

- 股市股東權益報酬率 ROE（%）中位數約 10%，是所有變數中唯一能預測下一年度股市年報酬率的變數，但也只有 25% 左右的解釋變異的能力。

- 股市本益比（P/E）、股市市價淨值比（P/B）、股市殖利率（%）中位數分別為 15 倍、1.7 倍、3.7%。

- 股市年報酬率（%）是所有變數中變化最劇烈的變數，幾何平均約 12%，標準差高達 46%。

表 9.3 為 1981-2006 年個股中位數統計數據，可以發現幾個有趣的發現：

- 股票股東權益報酬率 ROE（%）中位數 7%。

- 股票市價淨值比（P/B）中位數 1.6 倍。

- 股票年報酬率（%）是變化最劇烈的變數，幾何平均約 8%，標準差高達 40%。

表 9.3　個股中位數統計（1981-2006 年）

	股票負債對股東權益比 D/B（%）	股票市價淨值比（P/B）	股票股東權益報酬率 ROE（%）	股票市值（Market Value）（百萬元）	股票週轉率（Turnover）（%）	股票成交量（Volume）	股票股價（元）	股票年報酬率（%）
1981	145.1	1.18	7.2	1276	155.4	64	15.7	6.8
1982	132.5	0.93	4.2	1014	76.4	78	12.2	-16.5
1983	115.7	1.64	9.7	1605	208.3	218	19.3	66.1
1984	118.5	1.51	10.2	1933	130.1	143	17.6	3.7
1985	101.4	1.51	7.4	2030	94.8	102	18.4	7.9
1986	90.4	1.83	15.8	2908	195.3	265	25.3	37.5
1987	81.4	2.65	17.7	4651	319.4	392	37.9	74.6
1988	70.6	3.98	15.1	8375	351.4	503	57.0	74.3
1989	61.1	7.25	8.4	16227	623.3	1064	110.0	128.3
1990	56.4	2.56	6.9	6484	545.4	1050	37.4	-56.1
1991	56.7	3.06	8.3	7392	332.5	640	44.6	22.6
1992	50.6	2.16	7.2	4953	157.5	329	32.0	-26.4
1993	55.0	2.93	6.9	7013	257.8	515	42.8	47.9
1994	56.0	3.10	8.5	8888	301.0	645	43.8	12.6
1995	59.1	1.95	7.7	6223	197.0	425	28.4	-26.1
1996	62.0	2.36	6.5	7273	222.7	544	32.6	25.6
1997	60.1	2.23	6.2	8564	301.5	807	34.1	10.8
1998	62.1	1.65	4.8	6104	225.7	660	24.2	-18.5
1999	61.7	1.37	5.9	4444	145.0	377	19.7	-16.9
2000	66.4	0.79	5.6	2438	142.7	360	10.9	-42.2
2001	64.9	0.85	2.5	2847	116.0	354	11.2	3.3
2002	65.9	0.94	3.5	2896	235.3	632	12.0	7.5
2003	68.9	1.17	5.1	4063	219.3	581	14.7	24.7

	股票負債對股東權益比 D/B（％）	股票市價淨值比（P/B）	股票股東權益報酬率 ROE（％）	股票市值（Market Value）（百萬元）	股票週轉率（Turnover）（％）	股票成交量（Volume）	股票股價（元）	股票年報酬率（％）
2004	66.7	1.03	7.2	3958	186.9	544	14.0	0.6
2005	63.5	1.00	6.0	3557	107.0	333	13.6	-5.1
2006	58.3	1.36	7.6	5410	140.2	444	18.9	41.7
平均值	75.0	2.04	7.8	5097	230.3	464	28.8	15.0
標準差	25.9	1.35	3.6	3280	129.1	261	20.8	40.5
中位值	64.2	1.64	7.2	4548	202.7	435	22.0	7.7
幾何平均	NA	NA	7.7	NA	NA	NA	NA	8.3

Case Studies 台灣發行量加權股價報酬指數的績效

發行量加權股價報酬指數是指，除了在採樣股票異動或增資除權時進行調整之外，當公司發放現金股利時，也調整讓指數不會因股票除息而下跌，因此，會產生類似加回現金股利的作用，使得利用該指數所計算之投資報酬率中，亦包含現金股利之報酬。指數如圖 9.6，顯示長期而言，股市雖有波動，但大趨勢向上，投資人如能堅持不懈，獲利可期。不同起始點的年報酬率如下（圖 9.7）：

- 由 2003/1 月初投入到 2016/12 月底：年報酬率 9.1%
- 由 2007/11 月初的高點投入到 2016/12 月底：年報酬率 3.3%
- 由 2009/2 月初的高點投入到 2016/12 月底：年報酬率 14.4%

雖然上述第一項顯示 9.1% 的高報酬率，但因為 2003 年初台灣股市處於低點（圖 9.8），第二項較低的原因是 2007/11 股市達到 2008 年金融海嘯前的高點，而第三項較高的原因是 2009/2 股市達到金融海嘯期間的最低點。雖然不同的起算點的年成長率幾何平均值有很大的差異，顯示股市有很高的風險，但圖 9.7 中的三年移動平均顯示，如果將起始投資分三年平均投入，年報酬率在 6%~8% 之間，波動異不大。

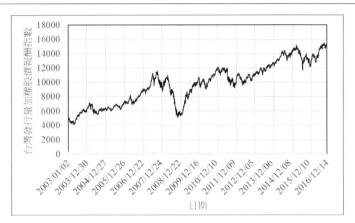

圖 9.6　台灣發行量加權股價報酬指數

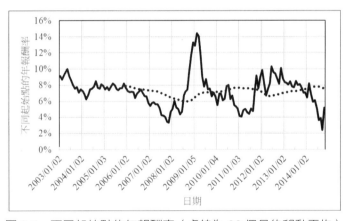

圖 9.7　不同起始點的年報酬率（虛線為 36 個月的移動平均）

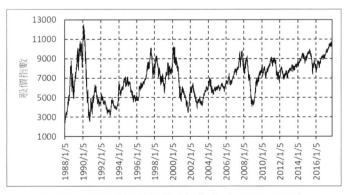

圖 9.8　台灣發行量加權股價指數（1988-2017）

知識方塊　股票市場的長期報酬率到底是多少？

假設全體上市公司的股東權益報酬率（ROE）為常數，盈餘保留率 =100%，則在 n 年後，淨值為

$$B_n = (1 + ROE)^n B_0 \tag{9.5}$$

假設全體上市公司的股價淨值比 k 為常數，則

$$P_0 = kB_0 \tag{9.6}$$

$$P_n = kB_n = k(1 + ROE)^n B_0 \tag{9.7}$$

假設股票市場報酬率 r_M 為常數，則在 n 年內 r_M 為

$$r_M = \sqrt[n]{\frac{P_n}{P_0}} - 1 \quad = \sqrt[n]{\frac{k(1 + ROE)^n B_0}{kB_0}} - 1 \quad = \sqrt[n]{\frac{(1 + ROE)^n}{1}} - 1 \quad = ROE \tag{9.8}$$

上式顯示股票市場的長期報酬率等於全體上市公司的股東權益報酬率。因為股票的持有者事實上就是公司的股東，因此股市的長期報酬率與股東權益報酬率相當之推論十分合理。

Case Studies　股市報酬率與股東權益報酬率的關係：台灣股市實證

圖 9.9 是台灣股市在 1970-2007 的變化過程，在 1987-1991 有一段劇烈漲跌過程。以下為二個基於股市 ROE 做為股價指數成長率的方法：

- ROE 法　$I_t = I_{t-1} \cdot (1 + ROE_t)$
- 假設初始指數（1970 年）$I_0 = 1$

- ROE 修正法　$I_t = I_{t-1} \cdot (1 + k \cdot ROE_t)$　其中 k = 修正係數

  用最佳化方法找出能使 $\left(\prod_{t=1}^{n} (I_t / M_t) \right)^{1/n} \to 1$ 的 k 值

  其中 M_t = 市場指數，n=36。

- 實證結果（圖 9.9）：

(1) ROE 方法：市場指數幾乎從未低於 ROE 法估計的指數。

(2) ROE 修正法：用最佳化方法得到 k=1.386。市場指數在 1987~1991 出現遠高於 ROE 修正法的正偏離，而在 2001~2006 出現遠低於 ROE 修正法的負偏離。顯示在 80 年代末，90 年代初出現了大泡沫。

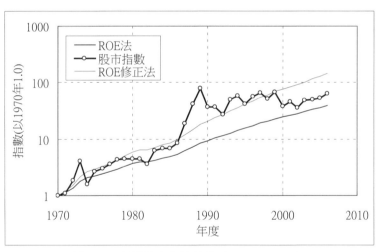

圖 9.9　台灣股市的泡沫化（1987~1991）

9.5 》 Excel 的應用

◀練習 9.1 ▶ 報酬率與風險的計算

(1) 開啟「練習 1 報酬率與風險的計算」檔案。

(2) 在 C12 輸入公式「= AVERAGE(C2:C11)」可得報酬率算術平均值，在 C13 輸入公式「= STDEV(C2:C11)」可得報酬率標準差。

(3) 在 D1 輸入 1，在 D2 輸入公式「=D1*(1+C2)」，並複製到 D3:D11。在 D2 輸入公式「= D11^(1/10)–1」可得報酬率幾何平均值。

9.6 》 結語

總結如下：

- 股市年報酬率的幾何平均值通常略小於算術平均值。

- 歷史資料顯示，長期而言，股市雖有波動，但大趨勢向上。

- 由於股票的持有者事實上就是公司的股東，因此股市的長期報酬率與股東權益報酬率相當，約 6%~8%。

- 年報酬率的標準差約 15%~25%，約年報酬率平均值的三倍，因此股市的年報酬率具有很高的不確定性。投資人必須能忍受高風險，才能獲得相對應的報酬。

習題

1. 「習題 9.1 報酬率與風險的計算（台股）」檔案有台股 1971-2015 年報酬率，試計算算術平均值、幾何平均值、標準差。

2. 「習題 9.2 直方圖（台股）」檔案有台股 1971-2015 年報酬率，試繪直方圖。

3. 「習題 9.3 報酬率與風險的計算（個股與大盤）」檔案有個股、大盤月報酬率，試計算年化算術平均值、年化幾何平均值、年化標準差。

4. 「習題 9.4 直方圖（個股與大盤）」檔案有個股、大盤月報酬率，試繪大盤月報酬率的直方圖。

CHAPTER

10

投資的多元分散與資產定價

> ◆ 「這支股票一定要漲」的說法並不可信。— 彼得‧林區
>
> ◆ 擁有股票就像養孩子一樣 — 不要養得太多而管不過來。— 彼得‧林區
>
> ◆ 股市下跌就像科羅拉多一月的暴風雪一樣平常，如果你有準備，它並不能傷害你。下跌正是好機會，去撿那些慌忙逃離風暴的投資者丟下的廉價貨。— 彼得‧林區
>
> ◆ 如果你有買股票的肚量，但卻沒有時間也不想做家庭作業，你就投資基金好了。當然，這也要分散投資。你應該買幾支不同的基金，它們的經理追求不同的投資風格：價值型、小型公司、大型公司等。投資六支相同風格的基金不叫分散投資。— 彼得‧林區
>
> ◆ 十月，是股票投資最危險的月份之一。其他最危險的月份是：七月、一月、九月、四月、十一月、五月、三月、六月、十二月、八月和二月。— 馬克‧吐溫

10.1 ▶▶ 前言

本章旨在介紹下列主題：

- 系統性風險與非系統性風險
  - 單一資產
  - 多個資產

- 投資組合理論：投資組合的報酬與風險的計算
  - 一個風險資產性資產搭配無風險資產的投資組合
  - 二個風險資產性資產的投資組合
  - 二個風險資產性資產搭配無風險資產的投資組合
  - 多個風險資產性資產的投資組合：效率前緣
  - 多個風險資產性資產搭配無風險資產的投資組合

- 資產定價模型：CAPM 與 APT
  - 資本資產定價模型 CAPM
  - 套利定價理論 APT
  - 資本資產定價模型的實證模型：多因子模型

10.2 》系統性風險與非系統性風險：單一資產

風險分類

- **系統性風險**：系統性風險又稱市場風險，或不可分散風險，是指那些影響市場上所有公司的因子導致的風險。系統性風險是由公司外部因子引起的，例如：戰爭、政權更迭、自然災害、經濟周期、通貨膨脹、能源危機、宏觀政策調整等。雖然系統性風險是公司自身無法控制的，但不同的公司對系統性風險的敏感程度不一樣。系統性風險的大小通常用 β 係數來表示。由於系統性風險影響所有公司，因此系統性風險無法通過投資組合進行有效的分散。

- **非系統性風險**：系統性風險又稱非市場風險，或可分散風險，是指那些影響特定公司的因子導致的風險。它是由特殊因子引起的，如企業的高階管理人員的任免、智慧產權訴訟的勝負、產品研發的成敗、競爭對手的進退、工安環安意外、勞資糾紛等。由於非系統性風險只和特定公司有關，不影響其他公司，因此非系統性風險可以通過投資組合進行有效的分散。

- **實例**：有個老奶奶，有兩個兒子，大兒賣鹽，二兒子賣傘。天下雨，老人家就愁大兒子沒法曬鹽；天一晴，老人家又愁二兒子賣不掉雨傘。事實上：晴天賣鹽獲利三兩銀子；雨天獲利一兩銀子。晴天賣傘獲利一兩銀子；雨天獲利三兩銀子。故無論晴天、雨天，全家人永遠獲利四兩銀子，是一個可以完全消除晴雨天影響的投資組合。但仍有景氣風險，景氣差時，無論賣鹽、賣傘都受衝擊。因此對這個老奶奶而言，天氣是非系統性風險；景氣是系統性風險。

單一資產的系統性風險的衡量（beta 係數）

雖然系統性風險是公司自身無法控制的，但不同的公司對系統性風險的敏感程度不一樣。例如股市受到剛公布的景氣數字優於或劣於預期而上漲 1% 與下跌 1%，A 公司分別上漲 1.5% 與下跌 1.5%，而 B 公司分別上漲 0.5% 與下跌 0.5%，可見 A 公司對系統性風險的敏感程度高於 B 公司。因此可以用股市報酬率為橫軸，個股報酬率為縱軸，繪成散布圖，兩者的關係通常接近一直線，觀察直線的斜率，斜率越大代表個股對系統性風險的敏感程度越高，反之，越低。定量的方法是用單變數迴歸分析，計算其斜率 β_i：

$$R_i = \alpha_i + \beta_i R_M \tag{10.1}$$

其中 $R_i = r_i - r_f$；$R_M = r_M - r_f$，是名目報酬率 r_i、r_M 減去無風險報酬率 r_f 後的實質報酬率。

斜率 β_i 可以用來定量衡量個股的系統性風險的大小。係數等於 1 時，代表個股的報酬率與市場平均報酬率呈同比例變化，也就是說，該資產所含的系統性風險與市場組合的風險一致。係數大於（或小於）1 時，代表個股所含的系統性風險大於（或小於）市場組合的風險。

根據單變數迴歸分析理論，迴歸方程式 $y = a + b$ 截距 a 與斜率 b 公式如下：

$$b = \frac{\sum x_i y_i - n \cdot \bar{x} \cdot \bar{y}}{\sum x_i^2 - n\bar{x}^2} = \frac{\sum (x_i - \bar{x}) \cdot (y_i - \bar{y})}{\sum (x_i - \bar{x})^2} = \frac{Cov(x, y)}{Var(x)} \tag{10.2}$$

$$a = \bar{y} - b\bar{x} \tag{10.3}$$

因此系統性風險係數 β_i（斜率）的公式如下：

$$\beta_i = \frac{Cov(R_M, R_i)}{Var(R_M)} \tag{10.4}$$

其中 R_M= 股市報酬率，R_i= 個股報酬率。

β_i 係數實際計算時面對的問題如下：

- R_M 如何決定？R_M 是 CAPM 理論中的「市場投資組合」的報酬率，但「市場投資組合」是理想中的產物，在現實世界無法找到，一般以當地股票市場指數的報酬率代替。

- 樣本頻率與樣本期間：頻率是日資料、週資料、或月資料？取樣的長度為何？一般可取 60~250 日的日報酬率資料。

- 圖 10.1 為三家公司的股票在同一年度的系統性風險係數計算，圖 10.2 為一家公司的股票在三個不同年度的系統性風險係數計算。

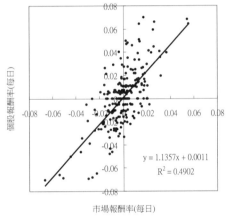

圖 10.1.1　台泥（1101）2004 年 beta=1.13

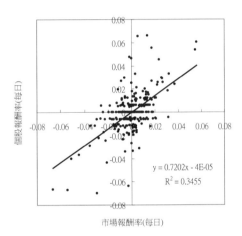

圖 10.1.2　大成（1210）2004 年 beta =0.72

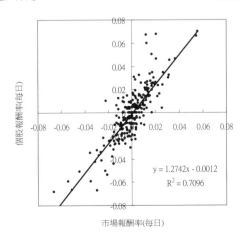

圖 10.1.3　聯電（2303）2004 年 beta=1.27

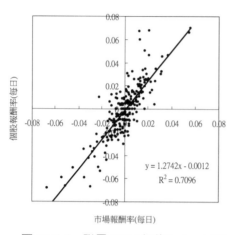

圖 10.2.1　聯電 2004 年的 beta=1.27

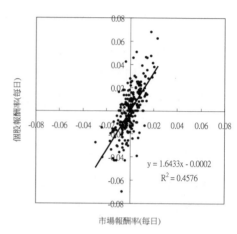

圖 10.2.2　聯電 2005 年的 beta=1.64

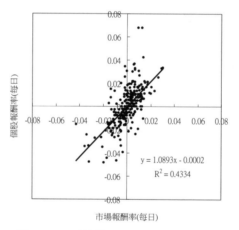

圖 10.2.3　聯電 2006 年的 beta=1.09

單一資產的系統性風險與非系統性風險的分解

假設股市報酬率 R_M 為自變數，個股報酬率 R_i 為因變數，單變數迴歸公式

$$R_i = \alpha_i + \beta_i R_M + e_i$$

其中 $R_i = r_i - r_f$；$R_M = r_M - r_f$，都是名目報酬率 r_i、r_M 減去無風險報酬率 r_f 後的實質報酬率。e_i 為殘差項隨機變數。

故可改寫成

$$r_i - r_f = \alpha_i + \beta_i(r_M - r_f) + e_i = \alpha_i + \beta_i r_M - \beta_i r_f + e_i$$

兩端取變異得

$$Var(r_i - r_f) = Var(\alpha_i) + Var(\beta_i r_M) + Var(\beta_i r_f) + Var(e_i) \qquad (10.5)$$

- 因 α_i 為常數，非隨機變數，故第一項 $Var(\alpha_i) = 0$
- 因 $\beta_i r_f$ 為常數，非隨機變數，故第二項 $Var(\beta_i r_f) = 0$
- 因 β_i 為常數，r_M 為隨機變數，故第三項 $Var(\beta_i r_M) = \beta_i^2 Var(r_M) = \beta_i^2 \sigma_M^2$
- 因 e_i 為殘差項隨機變數，故第四項 $Var(e_i) = \sigma^2(e_i)$

故（10.5）式可以簡化得

$$Var(r_i - r_f) = \beta_i^2 \sigma_M^2 + \sigma^2(e_i) \qquad (10.6)$$

上式中，第一項 $\beta_i^2 \sigma_M^2$ 為系統性風險，β_i 越大，系統性風險越大。第二項 $\sigma^2(e_i)$ 為非系統性風險，迴歸的殘差 e_i 的變異數 $\sigma^2(e_i)$ 越大，非系統性風險越大。因此，如用股市報酬率為橫軸，個股報酬率為縱軸，繪成散布圖，兩者的關係通常接近一直線，直線的斜率越大，代表個股對系統性風險的敏感程度越高，即「系統性」風險越大。而這些散布在直線兩側的點寬度越大，代表個股的「非系統性」風險越大。

10.3 ▶ 系統性風險與非系統性風險：多個資產

● 多個資產的總風險

當投資組合內包含多個資產時，因為每一個資產的報酬率 r_i 是隨機變數，投資比率 a_i 為常數，因此投資組合的報酬率 r 也是隨機變數，公式如下：

$$r_P = \sum_i a_i r_i \qquad (10.7)$$

投資組合的報酬率的期望值與變異數如下（參考課本第五章 5.5 隨機函數的平均值與變異定理）：

期望值 $E(r_P) = \sum_i a_i E(r_i)$ （10.8）

變異數 $\sigma_P^2 = \sum_i \sum_j a_i a_j \rho_{ij} \sigma_i \sigma_j$ （10.9）

　　當投資組合內各資產之間的報酬率相等，標準差相同，均等投資時，投資組合的報酬率的期望值與變異數如下：

期望值 $E(r_P) = \sum_i a_i E(r_i) = \sum_i \frac{1}{n} r = \frac{1}{n} \sum_i r = \frac{1}{n} \cdot n \cdot r = r$ （10.10）

變異數 $\sigma_P^2 = \sum_i \sum_j a_i a_j \rho_{ij} \sigma_i \sigma_j = \sum_i \sum_j \frac{1}{n} \frac{1}{n} \rho_{ij} \sigma \sigma = \frac{\sigma^2}{n^2} \sum_i \sum_j \rho_{ij}$ （10.11）

相關係數 $\rho_{ij} = 0$

$$\sigma_P^2 = \frac{\sigma^2}{n^2} \sum_i \sum_j \rho_{ij} = \frac{\sigma^2}{n^2} \sum_i \rho_{ii} = \frac{\sigma^2}{n^2} \sum_i 1 = \frac{\sigma^2}{n^2} n = \frac{\sigma^2}{n}$$
$$\sigma_P = \sqrt{\sigma_P^2} = \sqrt{\frac{\sigma^2}{n}} = \frac{\sigma}{\sqrt{n}}$$
（10.12）

　　投資組合的報酬率之標準差與資產之數目的開根號成反比。故當 n 無限大時，可以消除所有風險。例如當資產之數目達 100 個時，投資組合的報酬率之標準差為各資產之標準差的 $1/\sqrt{100} = 1/10$。

相關係數 $\rho_{ij} = 1$

$$\sigma_P^2 = \frac{\sigma^2}{n^2} \sum_i \sum_j \rho_{ij} = \frac{\sigma^2}{n^2} \sum_i \sum_j 1 = \frac{\sigma^2}{n^2} n^2 = \sigma^2$$
$$\sigma_P = \sqrt{\sigma_P^2} = \sqrt{\sigma^2} = \sigma$$
（10.13）

投資組合的報酬率之標準差與資產之數目無關。

● 0 < 相關係數 ρ_{ij} <1

但實際上，各資產之間的報酬率的相關係數很少接近 0 或 1，大多是大於 0 的數字，會大於 0 的原因是這些各資產的報酬率存在一個會影響它們的共同因子，例如基本面的經濟景氣，技術面的市場多空。

多個資產的總風險與資產數目的關係如圖 10.3。顯示將各資產加以組合後，資產數目增加可降低風險，但即使 n 無限大時，仍然有風險。此可被消除的風險即「非系統性風險」；無法降低的風險即「系統性風險」（圖 10.4(a)）。在 1960 年代，只需 15 支股票就足以消除大部份的「非系統性風險」，但到了 20 世紀末，因為股票報酬之間的相關係數變大，可能需要 50 支股票才足夠。分散投資多國市場可進一步降低系統性風險（圖 10.4(b)）。

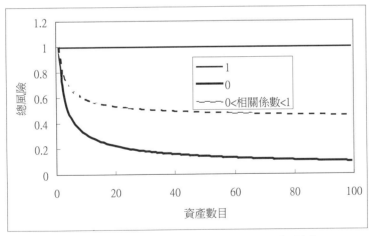

圖 10.3 多個資產的總風險與資產數目的關係

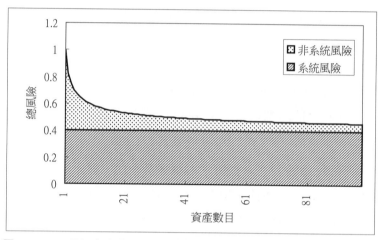

圖 10.4(a)　多個資產的系統性風險與非系統性風險對資產數目的關係

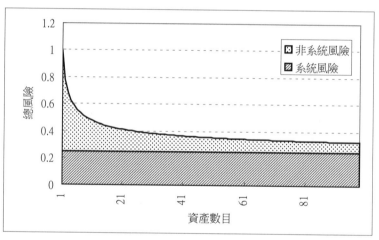

圖 10.4(b)　多國市場可進一步降低系統性風險

多個資產的系統性風險

對於證券資產組合來說，其所含的系統性風險的大小可以組合各資產的系統性風險係數來衡量。證券資產組合的系統性風險係數是所有單項資產係數的加權平均數，權數為各種資產在證券資產組合中所占的價值比例。計算公式為：

$$\beta_P = \sum_i a_i \beta_i \qquad (10.14)$$

式中，β_p = 證券資產組合的風險係數；a_i = 第 i 項資產在組合中所占的價值比重；β_i = 第 i 項資產的係數。

當投資組合內各資產均等投資時

$$\beta_P = \sum_i a_i \beta_i = \sum_i \frac{1}{n} \beta_i = \frac{1}{n} \sum_i \beta_i \qquad (10.15a)$$

此時證券資產組合的風險係數是各資產的風險係數的平均值。

當投資組合內各資產均等投資，且系統性風險相等時

$$\beta_P = \frac{1}{n} \sum_i \beta_i = \frac{1}{n} n \cdot \beta = \beta \qquad (10.15b)$$

此時證券資產組合的風險係數等於各資產的風險係數。

10.4 >> 一個風險資產性資產搭配無風險資產的投資組合

資產（Asset）可以根據提供的報酬有無風險分成兩種：

無風險資產（Risk Free Asset）

無風險資產提供無風險報酬，也就是大小固定，且完全確定的報酬，它的報酬率是一個常數。無風險資產通常是定存或短期政府債券。

風險資產（Risk Asset）

除了無風險資產之外的資產為風險資產，提供有風險報酬，也就是不確定的報酬，它的報酬率是一個隨機變數。風險資產包括債券、股票等。

假設一個風險資產性資產搭配無風險資產的投資組合如下：

■ 無風險資產 F：報酬率 r_f，風險 $\sigma_f = 0$
■ 風險資產 P：報酬率 r_p，風險 $\sigma_p > 0$

假設投組 C 投資在風險資產 P 的比例為 y，因資產 F 為無風險資產，則投組 C 的報酬率

$$r_C = (1-y)r_f + yr_P \tag{10.16}$$

上式兩端取期望值得

$$E(r_C) = (1-y)E(r_f) + yE(r_P) = (1-y)r_f + yE(r_P) \tag{10.17}$$

整理得

$$E(r_C) - r_f = y(E(r_P) - r_f) \tag{10.18}$$

由（10.16）式兩端取變異得

$$\sigma_C^2 = (1-y)^2\sigma_f^2 + y^2\sigma_P^2 + 2(1-y)y\rho_{fP}\sigma_f\sigma_P$$

因 $\sigma_f = 0$，故上式第一、三項為 0，整理得

$$\sigma_C = y\sigma_P \tag{10.19}$$

特例 1：$y=0$（即全部都是無風險資產）

$$E(r_C) = r_f \quad \sigma_C = 0 \tag{10.20}$$

特例 2：$y=1$（即全部都是風險資產）

$$E(r_C) = E(r_P) \quad \sigma_C = \sigma_P \tag{10.21}$$

特例 3：$y=1/2$（即無風險資產、風險資產各半）

$$E(r_C) = r_f + \frac{1}{2}(E(r_P) - r_f) = \frac{1}{2}(E(r_P) + r_f) \quad \sigma_C = \frac{1}{2}\sigma_P \tag{10.22}$$

● 資本配置線 CAL

由上述一個無風險資產與一個風險資產組成的投資組合之報酬率與風險之間關係可知，兩者的關係為一直線（圖 10.5）。無論投資組合投資在風險資產的比例多寡，其報酬率期望值與標準差（風險）的組合一定在此直線上，此直線稱為資本配置線 CAL（圖 10.6）。

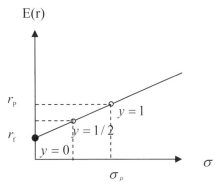

圖 10.5　一個風險資產性資產搭配
無風險資產的投資組合

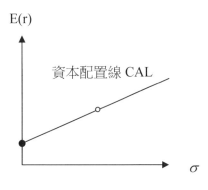

圖 10.6　資本配置線 CAL

10.5 ▶ 二個風險資產性資產的投資組合

假設一個風險資產性資產搭配另一個風險資產的投資組合如下：

- 風險資產 S：報酬率 r_S，風險 $\sigma_S > 0$
- 風險資產 B：報酬率 r_B，風險 $\sigma_B > 0$

假投組 C 投資在風險資產 S 的比例為 w_S，風險資產 B 的比例為 w_B，則投組 C 的報酬率

$$r_p = w_B r_B + w_S r_S \tag{10.23}$$

由上式兩端取期望值得

$$E(r_p) = w_B E(r_B) + w_S E(r_S) \tag{10.24}$$

由（10.16）式兩端取變異得

$$\sigma_P^2 = (w_B\sigma_B)^2 + (w_S\sigma_S)^2 + 2(w_B\sigma_B)(w_S\sigma_S)\rho_{BS} \tag{10.25}$$

特例 1：當 $\rho_{BS} = 0$ 時，

$$\sigma_P^2 = (w_B\sigma_B)^2 + (w_S\sigma_S)^2 \tag{10.26}$$

最小變異數的股債投資比例 $w_B = \dfrac{\sigma_S^2}{\sigma_B^2 + \sigma_S^2}$ \hspace{1cm}（10.27）

特例 2：當 $\rho_{BS} = 1$ 時，

$$\sigma_P^2 = (w_B\sigma_B)^2 + (w_S\sigma_S)^2 + 2(w_B\sigma_B)(w_S\sigma_S) \tag{10.28}$$

$$\sigma_P^2 = (w_B\sigma_B + w_S\sigma_S)^2 \tag{10.29}$$

$$\sigma_P = w_B\sigma_B + w_S\sigma_S \tag{10.30}$$

特例 3：當 $\rho_{BS} = -1$ 時，

$$\sigma_P^2 = (w_B\sigma_B)^2 + (w_S\sigma_S)^2 - 2(w_B\sigma_B)(w_S\sigma_S) \tag{10.31}$$

$$\sigma_P^2 = (w_B\sigma_B - w_S\sigma_S)^2 \tag{10.32}$$

$$\sigma_P = |w_B\sigma_B - w_S\sigma_S| \tag{10.33}$$

故一個風險資產性資產搭配另一個風險資產的投資組合的風險與報酬之關係如圖 10.7。當 $\rho_{BS} = 0$ 時為一曲線，當 $\rho_{BS} = 1$ 時為一直線，當 $\rho_{BS} = -1$ 時為一條轉折點在縱軸的折線。

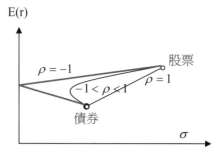

圖 10.7　二個風險資產性資產的投資組合

例如

A 股票：報酬率平均值 $r_S=20\%$，標準差 $\sigma_S=40\%$

B 股票：報酬率平均值 $r_S=10\%$，標準差 $\sigma_S=25\%$

假設 A、B 股票報酬率之間的相關係數為 -1, -0.5, 0, 0.5, 1 下，投組的報酬率平均值、標準差關係圖如圖 10.8。顯示相關係數越小，越有利於組成高報酬、低風險的投資組合。

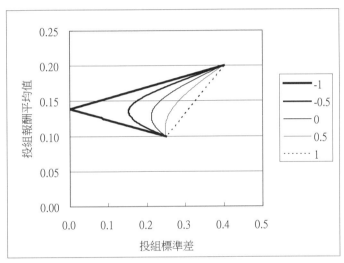

圖 10.8　二個風險資產性資產的投資組合

10.6 》》 二個風險資產性資產搭配無風險資產的投資組合

假設二個風險資產性資產搭配一個無風險資產的投資組合如下：

- **無風險資產 F**：報酬率 r_f，風險 $\sigma_f=0$
- **風險資產 S**：報酬率 r_S，風險 $\sigma_S>0$
- **風險資產 B**：報酬率 r_B，風險 $\sigma_B>0$
- 資產 S 與資產 B 的相關係數 ρ_{BS}

解析如下：

(1) 首先以不同比例結合風險資產 S 與資產 B，其報酬率期望值與標準差（風險）的組合會呈現一條「報酬—風險曲線」。此一條曲線上的任意點代表一個風險資產 S 與資產 B 的風險資產組合 SB。

(2) 風險資產組合 SB 可再與無風險資產 F 組成一條「報酬—風險直線」，此一條直線上的任意點代表一個風險資產 SB 與無風險資產 F 的組合（圖10.9）。

(3) 這些直線當中必有一條直線與資產 S 與資產 B 的組合所構成的「報酬—風險曲線」相切，這個切點所代表的組合 M 是資產 S 與資產 B 的最佳投組（圖 10.10）。因為這個組合 M 與無風險資產 F 所構成的「報酬—風險直線」上的投資組合是資產 S、B、F 所能達到的「效率邊緣」，即在特定風險的限制下，達到最大的報酬率期望值。

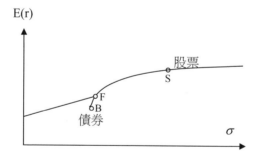

圖 10.9　二個風險資產性資產搭配無風險資產的投資組合的 CAL

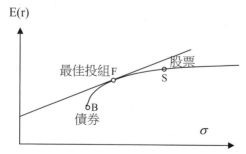

圖 10.10　二個風險資產性資產搭配無風險資產的投資組合的最佳投組

10.7 >> 多個風險資產性資產的投資組合

🥧 現代投資組合理論（Modern Portfolio Theory）

現代投資組合理論假定投資者為規避風險（Risk Averse）的投資者。如果兩個資產擁有相同預期回報，投資者會選擇其中風險小的那一個。只有在獲得更高預期回報的前提下，投資者才會承擔更大風險。換句話說，如果一個投資者想要獲取更大回報，就必須接受更大的風險。一個理性投資者會在市場上幾個擁有相同預期回報的投資組合中，選擇其中風險最小的那一個投資組合。另一種情況是如果市場上有幾個投資組合擁有相同的投資風險，投資者會選擇預期回報最高者。市場上這樣的投資組合被稱為效率投資組合（Efficient Portfolio）。

現代投資組合理論可用來解釋理性投資者如何利用分散投資來優化他們的投資組合。在這個理論中，假設每一個資產的報酬是一個隨機變數。由於一個投資組合是多個資產的加權組合，因此其報酬也是一個隨機變數，故報酬因此有一個期望值和一個方差，此方差的平方根（即報酬的標準差）被用來衡量投資組合的風險。

雖然不同的投資者對風險的承受度不同，但他們都在追求報酬大於某值下，風險最小的投資組合，這些效率投資組合的集合稱為「效率前緣」（Efficient Frontier）或馬科維茨效率前緣（Markowitz Efficient Frontier）（圖10.11）。效率前緣曲線上面的每一點都代表一個最佳投資組合，也就是在給定任意一個相同預期報酬的條件下風險最低的投資組合。當風險資產只有二個時，可用前節公式得到效率前緣；當風險資產有三個以上時，可用最佳化方法得到效率前緣。

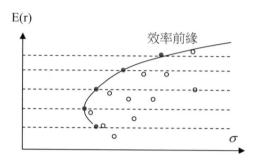

圖 10.11　多個風險資產性資產的投資組合之效率前緣

🥧 均值－方差分析和馬科維茨效率前緣

投資組合報酬的期望值：

$$E(R_p) = \sum_{i=1}^{n} w_i E(R_i) \tag{10.34}$$

投資組合報酬的方差：

$$\sigma_p^2 = \sum_{i=1}^{n}\sum_{j=1}^{n} w_i w_j \sigma_{ij} = \sum_{i=1}^{n}\sum_{j=1}^{n} w_i w_j \sigma_i \sigma_j \rho_{ij} \tag{10.35}$$

投資組合報酬的標準差（風險）：

$$\sigma_p = \sqrt{\sigma_p^2} \tag{10.36}$$

對於包含兩個資產的投資組合，方差為：

$$\sigma_p^2 = w_A^2 \sigma_A^2 + w_B^2 \sigma_B^2 + 2w_A w_B \sigma_{AB} \tag{10.37}$$

對於包含三個資產的投資組合，方差為：

$$w_A^2 \sigma_A^2 + w_B^2 \sigma_B^2 + w_C^2 \sigma_C^2 + 2w_A w_B \sigma_{AB} + 2w_A w_C \sigma_{AC} + 2w_B w_C \sigma_{BC} \tag{10.38}$$

10.8 >> 多個風險資產性資產搭配無風險資產的投資組合

當多個風險資產性資產搭配無風險資產時，解析如下：

(1) 首先以不同比例結合風險資產，其報酬率期望值與標準差（風險）的組合會呈現一條「效率前緣」曲線（見前一節）。

(2) 「效率前緣」曲線上的組合可再與無風險資產組成一條「報酬—風險直線」，此一條直線上的任意點代表一個風險資產組合與無風險資產的組合（圖 10.12）。

(3) 這些直線當中必有一條直線與「效率前緣」曲線上的組合所構成的「報酬—風險曲線」相切，這個切點所代表的組合 M 是「效率前緣」曲線上的組合的最佳投組（圖 10.13）。因為這個組合 M 與無風險資產所構成的「報酬—風險直線」上的投資組合是風險資產、無風險資產所能達到的「效率邊緣」，即在特定風險的限制下，達到最大的報酬率期望值。此直線稱為資本市場線（Capital Market Line, CML）。

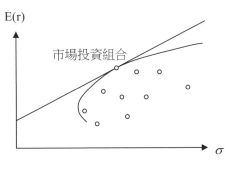

圖 10.12　多個風險資產性資產搭配無風險資產的投資組合

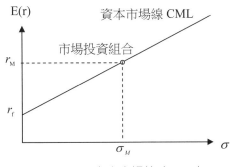

圖 10.13　資本市場線（CML）

前一節的馬科維茨模型前緣包括了所有的最佳投資組合。但此效率前緣曲線上的投資組合並不包含無風險資產。如果將市場投資組合和無風險資產

組合在一起，其結果是資本市場線（Capital Market Line, CML）（圖 10.12 與圖 10.13）。即資本市場線是以「市場投資組合」做為「風險資產」的「資本配置線」。資本市場線上每一點代表的投資組合比效率前緣曲線上的投資組合更加優化。這樣，理性投資者將投資一部分資金到無風險資產，其餘的資金投在市場投資組合上。

資本市場線（CML）的直線方程式是：

$$E(r_C) = r_f + \sigma_C \frac{E(r_M) - r_f}{\sigma_M} \tag{10.39}$$

C 是市場投資組合 M 和無風險資產組合而成的投資組合

r_f 是無風險回報

$E(r_M)$ 是市場投資組合的期望回報

σ_C 是投資組合 C 的投資風險

σ_M 是市場投資組合的投資風險

10.9 ▶ 資本資產定價模型 CAPM

● CAPM 模型的描述

資本資產定價模型（Capital Asset Pricing Model）試圖解釋資本市場如何決定資本資產（主要指的是股票資產）的報酬率。此理論認為對於一個給定的資產 i，它的期望報酬率和市場投資組合的期望報酬率之間的關係可以表示為：

$$E(r_i) = r_f + \beta_i(E(r_M) - r_f) \tag{10.40}$$

其中

- $E(r_i)$ 是資產 i 的期望報酬率。
- $E(r_M)$ 是市場投資組合 M 的期望報酬率。

- r_f 是無風險報酬率。

- $(E(r_M) - r_f)$ 是市場風險溢價（Market Risk Premium），即市場投資組合的期望報酬率與無風險報酬率之差。

- β_i 是資產 i 的系統性風險，衡量對市場溢價的敏感度。

$$\beta_i = \frac{Cov(r_i, r_m)}{Var(r_m)} \qquad (10.41)$$

上述 CAPM 模型的意義如下：

- 上式可改寫成

$$E(r_i) - r_f = \beta_i(E(r_M) - r_f) \qquad (10.42)$$

故投資人對風險性資產的實質必要報酬率與系統性風險成正比。

- CAPM 可用來估計當風險已知時，合理的報酬率。承擔市場風險，才有超額報酬。

- 但承擔風險不代表必有報酬做為補償利，必須是無法分散的風險，即「系統性風險」（以 β 值衡量）才有超額報酬。

- 「高風險，高報酬」並不違反效率市場。

報酬率的期望值可與 β 之間的關係也可以用證券市場線（Securities Market Line, SML）來表示（圖 10.14）。證券市場線（SML）的橫坐標是系統性風險 β 值，斜率是 $(E(r_M) - r_f)$，截距是 r_f，故其直線方程式是：

$$E(r_i) = r_f + \beta_i(E(r_M) - r_f) \qquad (10.43)$$

注意證券市場線（SML）的橫坐標是系統性風險 β 值，而前一節的資本市場線（CML）的橫坐標是總風險 σ 值。這是因為證券市場線（SML）用來說明風險性資產的必要報酬率與風險的關係，但只有系統性風險才有報酬做為補償，故以系統性風險 β 值為橫坐標。資本市場線（CML）用來說明多個風險資產性資產搭配無風險資產時的「效率前緣」，資產的風險以總風險 σ 值來衡量，故以總風險 σ 值為橫坐標。

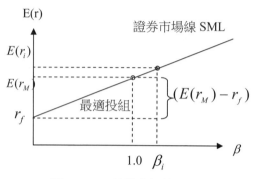

圖 10.14　證券市場線 SML

CAPM 模型的意義

　　資本資產定價模型可以評估一項投資「值得實施」的報酬率是多少，而不是「預測」一項投資的報酬率是多少。例如，求職者可以評估一個「高付出」的就業機會要提供多少「報酬」才值得爭取，但他不能預測一個「高付出」的就業機會將提供多少「報酬」。同理，CAPM 只能用來評估一個具特定「風險」的股票要提供多少「報酬」才值得購買，但不能預測一個具特定「風險」的股票將提供多少「報酬」。總之，CAPM 是指系統性風險大（β 大）的股票需要高報酬才值得購買，而非指系統性風險大的股票會提供高報酬。

CAPM 模型的假設

　　資本資產定價模型（Capital Asset Pricing Model 簡稱 CAPM）是由美國學者威廉‧夏普（1964）（William Sharpe）、林特爾（1965）（John Lintner）、崔納（Jack Treynor）和莫辛（Jan Mossin）等人在現代投資組合理論的基礎上發展起來的，是現代金融市場價格理論的支柱，廣泛應用於投資決策和公司理財領域。

　　CAPM 模型是建立在一系列假設的基礎上的，其中主要包括：

■　**平均數 – 變異數準則**：投資者的行為可以用平均數 – 變異數準則（Mean–Variance Criteria）來描述，即當給定報酬率變異下，選擇報酬率期望值

較高者；當給定報酬率期望值下，選擇報酬率變異較小者。由於投資人為風險規避者，故變異數越大，需要越高的期望值才能彌補對風險的厭惡，因此投資人的效用函數為凹函數。

■ **同質性預期**：所有投資者對各種投資標的之收益的平均值、方差和協方差的看法是相同的。市場的信息是完全充分的對稱的。

■ **完美市場假設**：交易市場中，沒有交易成本、交易稅等，且證券可無限制分割。所有投資人可用無風險利率無限制借貸，且借款利率 = 貸款利率 = 無風險利率。所有資產均可交易，包括人力資本。對融券放空無限制。

■ 證券市場的買賣人數眾多，投資人為價格接受者。即任何一個投資者的買賣行為都不會對股票價格產生影響。

■ 所有資產的數量是給定的和固定不變的。

由於投資人為風險規避者，故變異數越大，需要越高的期望值才能弭補對風險的厭惡。因此投資人的效用函數可用下式表示：

$$U = E(r_P) - \frac{1}{2} A \cdot \sigma_p^2 \qquad (10.44)$$

由於投資人為風險規避者，故上式中的 $A>0$，即曲線為凹性。投資人為風險厭惡風險的程度越強，A 值越大。

● CAPM 模型的實證與應用

資本資產定價模型是理論模型，為了實證，有單因子模型的提出

$$r_i - r_f = \alpha_i + \beta_i(r_M - r_f) + e_i \qquad (10.45)$$

其中 e_i 為殘差項隨機變數。

取期望值得

$$E(r_i) - r_f = \alpha_i + \beta_i(E(r_M) - r_f) + E(e_i) \qquad (10.46)$$

因殘差項隨機變數的期望值 $E(e_i)=0$，故

$$E(r_i)-r_f=\alpha_i+\beta_i(E(r_M)-r_f)\qquad\qquad（10.47）$$

比較上式與 CAPM 的（10.42）式可知，如果 CAPM 成立，則

$$\alpha_i=0\qquad\qquad（10.48）$$

近年的實證研究表明，CAPM 模型無法完全解釋投資組合的報酬率，也就是單用「性統性風險」β_i 這個因子並無法全面地解釋股票的報酬率，即（10.47）式中的 α_i 並不為 0，因此不少多因子模型不斷誕生，例如 Fama-French 的三因子模型。

Karceski(2000) 指出造成近年來 CAPM 對股票定價失效，即大的 β_i 沒有高報酬的原因是機構投資人增加。機構投資人在股市多頭時追逐 β_i 高的股票，以追求高報酬，但這樣也使得這些股票變得昂貴而降低了報酬率。

但是由於 CAPM 的簡單和便於理解，故在業界運用非常廣泛，特別是在評估合理股價的折現過程中，用來決定必要報酬率（required return）。

10.10 套利定價理論（Arbitrage Pricing Theory）

1976 Ross 提出套利定價理論（Arbitrage Pricing Theory, APT）。此理論假設：

- 投資人追求其財富極大化。
- 完美市場假說：即市場上無交易成本及交易限制。
- 市場上沒有無風險套利機會存在。
- 證券報酬為多項因子之線性函數。

　　套利定價理論認為證券報酬率與一組因子線性相關，這組因子代表證券報酬率的一些基本因子。APT 以多因子模型來解釋報酬率的組成。事實上，當報酬率的多因子模型簡化為單一因子（市場組合）模型時，可發現 APT 形成了一種與資本資產定價模型（CAPM）相同的關係。因此，套利定價理論可以被認為是一種廣義的資本資產定價模型，為投資者提供了一種替代性的方法，來理解市場中的風險與報酬率間的均衡關係。

CAPM 與 APT 的異同

- 相似點
  - CAPM 與 APT 都是資產定價模型，各證券的預期報酬率均為無風險報酬率加上一組因子的風險溢酬。
  - CAPM 與 APT 都認為唯有承擔系統性風險，才可獲的風險溢酬。
  - CAPM 與 APT 兩者均為單期模式，衡量單期風險與報酬。
  - CAPM 與 APT 兩者均為線性的因子模式。

- 相異點
  - CAPM 為單因子模式，報酬只受市場風險因子影響；APT 為多因子模式。
  - CAPM 是一個均衡模式，APT 是一個無套利模式。
  - CAPM 的理論架構較嚴謹，而 APT 較符合實際情況。
  - CAPM 假設投資人用平均數—變異數（Mean — Variance）準則作決策，且假設報酬率為常態分配，APT 則否。

CAPM 與 APT 的應用

- 公司經理人追求長期價值最大化，資本預算應選 CAPM；追求短期價值最大化，應選 APT（例如 FF3）。
- 當公司融資能力很強，資本預算應選 CAPM；如常需到市場籌資，應選 APT（例如 FF3）。

10.11 定價模型的實證

10.11.1 Fama-French 三因子模型（FF3）

FF3 認為證券報酬率與三個因子線性相關：

$$r_{it} - r_{ft} = \alpha_i + \beta_{1i}(r_{mt} - r_{ft}) + \beta_{2i}(SMB_t) + \beta_{3i}(HML_t) + e_{it} \tag{10.49}$$

其中

SMB= 小市值公司股票報酬率減去大市值公司股票報酬率；

HML= 高價值公司股票報酬率減去低價值公司股票報酬率。

🥧 實證方法

三因子模型是利用六個市值加權投資組合構建出來的，而六個投資組合係按照市場價值（規模）和淨值市值比（BM 比）為基礎所形成（圖 10.15）。這些投資組合是以 1926-2000 年間，每年的 6 月底為一個投資組合的建構時點。例如，第 t 年的規模分界點，是取 NYSE 市場價值在第 t 年 6 月底時的中位數，而第 t 年的 BM 比，是取上個年度的期末帳面值除以第 t-1 年 12 月底的市場價值。BM 比的分組是取 NYSE 的第 30 百分位及第 70 百分位做為分界點，BM 比最小的 30% 股票是成長股，BM 比最大的 30% 股票是價值股，其餘是中性股。由三組不同 BM 比、兩組不同規模的市場價值，共同形成 3*2=6 種投資組合。

市場價值中位數

	小型價值股	大型價值股
BM 比第 70 百分位	小型中性股	大型中性股
BM 比第 30 百分位	小型成長股	大型成長股

圖 10.15　Fama-French 三因子模型實證方法

SMB（小減大）就是把三組小型股投資組合平均報酬減去三組大型股投資組合的平均報酬：

SMB = 1/3（小型價值股 ＋ 小型中性股 ＋ 小型成長股）
　　　－ 1/3（大型價值股 ＋ 大型中性股 ＋ 大型成長股）

HML（高減低）則為兩個價值股投資組合平均報酬減去兩個成長股投資組合的平均報酬：

HML = 1/2（小型價值股 ＋ 大型價值股）
　　　－ 1/2（小型成長股 ＋ 大型成長股）

資料取自 NYSE、AMEX 及 NASDAQ 股市中，第 t-1 年 12 月的 B/M、第 t 年 6 月底的市值、第 t 年 7 月到第 t+1 年 6 月的報酬率資料完整的所有股票。

$r_{mt} - r_{ft}$ 是市場的超額報酬，取 NYSE、AMEX 和 NASDAQ 所有股票的市值加權報酬，減去 1 個月期國庫券利率。

● **實證結果**

Fama & French 證實價值股與小型股報酬率較高是一個相當普遍的現象。

10.11.2　Carhart 四因子模型

四因子模型認為證券報酬率除了與 FF3 三因子模型中的市場因子、價值因子、規模因子相關外，也與慣性因子相關：

$$r_{it} - r_{ft} = \alpha_i + \beta_{1i}(r_{mt} - r_{ft}) + \beta_{2i}(SMB_t) + \beta_{3i}(HML_t) + \beta_{4i}(WML_t) + e_{it} \qquad (10.50)$$

WML＝慣性因子，贏家組合股票報酬率減去輸家組合股票報酬率。贏家、輸家是指近期股票報酬率高於、低於市場的股票。

10.11.3 五因子模型

五因子模型認為證券報酬率除了與四因子模型中的市場因子、價值因子、規模因子、慣性因子相關外，也與流動性因子相關：

$$r_{it} - r_{ft} = \alpha_i + \beta_{1i}(r_{mt} - r_{ft}) + \beta_{2i}(SMB_t) + \beta_{3i}(HML_t) + \beta_{4i}(WML_t)$$
$$+ \beta_{5i}(LIQUID_t) + e_{it} \tag{10.51}$$

LIQUID= 流動性因子，低流動性股票報酬率減去高流動性股票報酬率。低流動性可以用成交值、周轉率來衡量。

10.12 ▶ Excel 的應用

在投資的多元分散與資產定價分析上，Excel 可用來：

例一、計算系統性風險的 β

例二、計算相關係數

例三、分析二個股票馬科維茨效率前緣

例四、分析三個股票馬科維茨效率前緣

例五、風險與報酬散佈圖

◀練習 10.1▶計算系統性風險 β

(1) 開啟「練習 10.1 一年 beta 值（大盤與三個股之連續三年）」檔案（圖 10.17）。

(2) B~E 欄分別為大盤（加權指數）與三個股票的每日指數。在 F~I 欄分別計算其每日的報酬率。

(3) 以大盤報酬率為 X 軸；股票報酬率為 Y 軸，繪 XY 散佈圖。

(4) 點選 XY 散佈圖上的點，選「圖表 / 加上趨勢線 / 線性」插入線性迴歸線。迴歸的乘常數即系統性風險的 β。

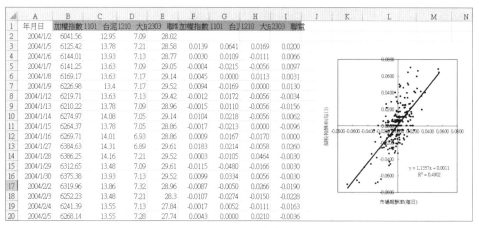

圖 10.17　例一、計算系統性風險的 beta

◀ 練習 10.2 ▶ 計算相關係數

(1) 開啟「練習 10.2 相關係數」檔案。

(2) 到「報酬率 Data」工作表，B~I 欄分別為七個股票、大盤的每月報酬率。

(3) 開啟「資料」功能表的「資料分析」視窗。

(4) 選「相關係數」，並輸入適當的參數，可得如圖 10.18 相關係數矩陣。可以發現台積電與聯電的相關係數相當大，與富邦金的相關係數很小，與基於產業相關性的預判相符。

檔案(F)	編輯(E)	檢視(V)	插入(I)	格式(O)	工具(T)	資料(D)	視窗(W)	說明(H)	
	A	B	C	D	E	F	G	H	I
1		1101台泥	2002中鋼	2303聯電	2330台積電	2317鴻海	2881富邦金	2501國建	999加權指數
2	1101台泥	1							
3	2002中鋼	0.364596	1						
4	2303聯電	0.401607	0.142951	1					
5	2330台積電	0.384953	0.226042	0.790148	1				
6	2317鴻海	0.346556	0.185834	0.439759	0.459108	1			
7	2881富邦金	0.404812	0.457753	0.181009	0.162398	0.289996	1		
8	2501國建	0.404988	0.338299	0.368777	0.313881	0.272462	0.503672	1	
9	Y9999加權	0.66385	0.457311	0.746176	0.740559	0.580519	0.379001	0.523335	1
10									

圖 10.18　例二、計算相關係數

◀ 練習 10.3 ▶ 分析二個股票馬科維茨效率前緣

(1) 開啟「練習 10.3 二個股票馬科維茨效率前緣」檔案。如圖 10.19。

(2) 在 B1~B5 輸入參數。

在 B6 輸入投資比例初值；B7 輸入公式「=1-B6」。

在 B8 輸入報酬率平均值公式。

在 B9 輸入報酬率標準差公式。

	A	B	C	D	E	F	G	H	I	J
1	股票A年報酬平均值	0.2						投組年報酬標	投組年報酬平均值	
2	股票B年報酬平均值	0.1						0.400	0.200	max
3	股票A年報酬標準差	0.4						0.350	0.190	max
4	股票B年報酬標準差	0.25						0.300	0.180	max
5	股票A與B相關係數	-0.5						0.250	0.170	max
6	股票A投資比例	0.904						0.200	0.158	max
7	股票B投資比例	0.096						0.150	0.135	max
8	投組年報酬平均值	0.190						0.100		
9	投組年報酬標準差	0.350						0.150	0.135	min
10								0.200	0.112	min
11								0.250	0.100	min

圖 10.19　例四、分析二個股票馬科維茨效率前緣

(3) 開啟「資料」標籤的「規劃求解」視窗，解馬科維茨效率前緣，例如要解報酬率標準差 <0.35 下，報酬率平均值的最大值可用如圖 10.20 參數。即在「設定目標式」輸入「B8」，在「藉由變更變數儲存格」輸入「B6」，在設定限制式輸入「B9<H3」，以調整在 B6 儲存格內的設計變數，最大化在 B8 儲存格內的目標函數，並滿足 B9<H3 的要求。

(4) 使用不同的報酬率標準差限制 0.4, 0.35, 0.3, 0.25, 0.2, 0.15, 0.1，發現到 0.1 時無解。

(5) 接下來再用「規劃求解」解報酬率標準差 <0.15, 0.2, 0.25 下，報酬率平均值的「最小值」。

(6) 將報酬率平均值的結果輸入 I2:I11，以 H2:I11 為範圍繪 XY 散佈圖，可得如圖 10.21 結果。

圖 10.20　例三、分析二個股票馬科維茨效率前緣

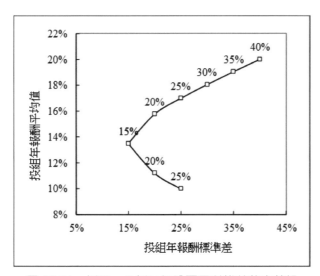

圖 10.21　例四、分析二個股票馬科維茨效率前緣

◀ 練習 10.4 ▶ 數分析三個股票馬科維茨效率前緣

(1) 開啟「練習 10.4 三個股票馬科維茨效率前緣」檔案。如圖 10.22。

(2)　在 B1~B9 輸入參數。

　　在 E2:F2 輸入投資比例初值；G2 輸入公式「=1-E2-F2」。

　　在 E4:G6 建立共變異矩陣。

　　在 E7:G7 用矩陣乘法「= MMULT(E2:G2,E4:G6)」計算投資比例向量與共變異矩陣之乘積。

　　在 E8 用矩陣乘法「= SQRT(MMULT(E7:G7,I4:I6))」計算 E7:G7 與投資比例向量之乘積，並開根號，此值即報酬率標準差。

　　在 B11 輸入報酬率平均值公式。

　　在 B12 輸入報酬率標準差公式「=E8」。

	A	B	C	D	E	F	G	H	I
1	股票A年報酬平均值	0.2			股票A投	股票B投	股票C投資比例		
2	股票B年報酬平均值	0.1			0.895338	0	0.104662		
3	股票C年報酬平均值	0.15			A	B	C		
4	股票A年報酬標準差	0.4		A	0.16	-0.05	-0.036	股票A投	0.895338
5	股票B年報酬標準差	0.25		B	-0.05	0.0625	0.015	股票B投	0
6	股票C年報酬標準差	0.3		C	-0.036	0.015	0.09	股票C投	0.104662
7	股票A與B相關係數	-0.5			0.139486	-0.0432	-0.02281		
8	股票A與C相關係數	-0.3			0.350				
9	股票B與C相關係數	0.2							
10									
11	投組年報酬平均值	0.195							
12	投組年報酬標準差	0.350							
13									

圖 10.22　例五、分析三個股票馬科維茨效率前緣

(3)　開啟「資料」標籤的「規劃求解」視窗，解馬科維茨效率前緣，例如要解報酬率標準差 <0.35 下，報酬率平均值的最大值可用如圖 10.23 參數。即在「設定目標式」輸入「B11」，在「藉由變更變數儲存格」輸入「E2:F2」，在設定限制式輸入「B12<L3」、「E2:G2<=1」、「E2:G2>=0」，以調整在 B6 儲存格內的設計變數，最大化在 B8 儲存格內的目標函數，並滿足三個限制式。

(4)　使用不同的報酬率標準差限制 0.4, 0.35, 0.3, 0.25, 0.2, 0.15, 0.1，發現到 0.1 時無解。但 0.13 有解。

(5)　接下來再解報酬率標準差 <0.15, 0.2, 0.25 下，報酬率平均值的「最小值」。

圖 10.23 例四、分析三個股票馬科維茨效率前緣

(6) 將報酬率平均值的結果輸入 M2:M11，以 L2:M11 為範圍繪 XY 散佈圖，
可得如圖 10.24 結果。注意圖中也繪出前一例題「二個股票馬科維茨效率
前緣」（細線）（以 O2:O11 為縱座標）作為比較，可以看出「三個股票馬
科維茨效率前緣」（粗線）在相同的報酬率標準差限制下，有較佳的報酬
率，即效率前緣較佳。

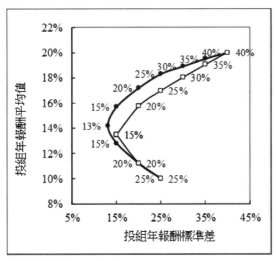

圖 10.24 例四、分析三個股票馬科維茨效率前緣

◀練習 10.5▶ 風險與報酬散佈圖

(1) 開啟「練習 10.5 風險與報酬散佈圖」檔案（圖 10.25）。

(2) 為比較資產的投資績效，可將許多資產的年報酬率與年化標準差繪成散佈圖。例如圖 10.25 為許多共同基金的風險與報酬散佈圖，可看出報酬越大，風險也越高。

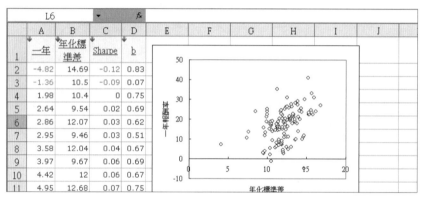

圖 10.25　風險與報酬散佈圖

10.13 ▶▶ 結語

本章總結如下：

● 系統性風險與非系統性風險

■ 單一資產

單一資產的系統性風險的衡量（β 係數）

$$\beta_i = \frac{Cov(R_M, R_i)}{Var(R_M)} \tag{10.52}$$

單一資產的總風險可以分解為系統性風險與非系統性風險

$$Var(r_i - r_f) = \beta_i^2 \sigma_M^2 + \sigma^2(e_i) \tag{10.53}$$

第一項 $\beta_i^2 \sigma_M^2$ 為系統性風險，β_i 越大，系統性風險越大。第二項 $\sigma^2(e_i)$ 為非系統性風險，迴歸的殘差 e_i 的變異數 $\sigma^2(e_i)$ 越大，非系統性風險越大。

- **多個資產**

  將各資產加以組合後，資產數目增加可降低風險，但即使 n 無限大時，仍然有風險。此可被消除的風險即「非系統性風險」；無法消除的風險即「系統性風險」。

投資組合理論：投資組合的報酬與風險的計算

- 一個風險資產性資產搭配無風險資產的投資組合：形成資本配置線（CAL）
- 二個風險資產性資產的投資組合
- 二個風險資產性資產搭配無風險資產的投資組合
- 多個風險資產性資產的投資組合：形成效率前緣
- 多個風險資產性資產搭配無風險資產的投資組合：形成資本市場線（CML）

二個資產定價模型：CAPM 與 APT

- **CAPM**：投資組合 P 的合理報酬 R_P 與系統性風險 β_P 成正比，與非系統性風險無關。

$$R_P = \beta_P R_M \qquad (10.54)$$

- **APT**：投資組合 P 的合理報酬 R_P 是一組因子的線性函數。

$$R_P = \sum_j \beta_{pj} R_{Mj} \qquad (10.55)$$

總結

- 系統性風險無法分散，故須有風險溢酬來補償。
- 非系統性風險可以分散，故無風險溢酬來補償。

```
隨 堂 練 習
```

報酬與風險的兩全

試對以下看法提出評論：

- 迎向風險，以取得高報酬（火中取栗）。
- 只接受有意義的風險─系統性風險。
- 只接受適量的風險。
- 只接受合算的風險，報酬與風險要相稱。
- 以空間分散風險（多國家、多產業）。
- 以時間分散風險（>30 年）。

Case Studies 風險的時間消散模擬

假設初始投資 1 元，年報酬率平均 15%，標準差 15%，期間 50 年，模擬 1000 次，結果如圖 10.26。顯示其最終資金分佈極廣，從數十到數萬元都有可能，相距千倍。初期十年甚至出現小於 1 元的情形，但隨著時間增加，都變為正值。從年複利報酬率來看，n 年後的年複利報酬率之平均值不變，標準差為 $\sigma/\sqrt{n}$，n 越大，標準差越小。例如第 1, 10, 20, 30, 40, 50 年的年報酬率為 15%±4.7%, 15%±3.4%, 15%±2.7%, 15%±4.7%, 15%±2.4%, 15%±2.1%。因此時間越久，年化報酬率平均值這個隨機變數會變得越確定。

此外這個模擬假設時間序列是統計獨立，事實上金融方面的時間序列經常是會有均數回歸（mean reversion）的現象。均值回歸是一種統計現象，當一隨機變數的值對它的平均值的偏差越大，下一個出現的值對它的平均值的偏差越小。換言之，一個極端的事件很可能跟一個不那麼極端的事件相伴出現。均值回歸也是金融學的一個重要概念。金融學中狹義的均值回歸是指股票價格無論高於或低於歷史均值，都會有很高的機率向歷史均值回

歸的趨勢。金融學中廣義的均值回歸是指許多公司的財務變數,例如股東權益報酬率(ROE)、股票報酬率,無論高於或低於市場平均水平,都會以很高的機率向平均水平回歸。因此實際上,時間越久,年化報酬率平均值這個隨機變數會比上述模擬更為集中、確定。

總之,系統性風險雖然無法靠「投資組合多元化」策略來消散,但可以透過長期投資來消散,這可視為「投資期間多元化」策略。林肯說過:「你可以一時欺騙所有人,也可以永遠欺騙某些人,但不可能永遠欺騙所有人。」風險就像欺騙,系統風險可以一時影響所有股票,非系統風險可以永遠影響一些股票,前者的影響可以透過「投資期間多元化」策略來消除,後者的影響可以透過「投資組合多元化」策略來消除。

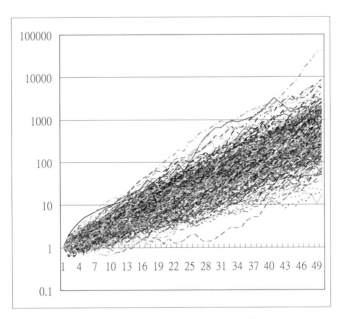

圖 10.26　初始投資 1 元,年報酬率平均 15%,
標準差 15%,50 年,模擬 1000 次。

附錄 單因子套利定價理論的推導

(1) 令 $R_i = r_i - r_f$，假設 R_M 是唯一影響報酬的因子。

$$R_i = \alpha_i + \beta_i R_M + e_i \tag{10.56}$$

設有經過多元分散後的投組 P 無公司特有風險 e_i

$$R_P = \alpha_P + \beta_P R_M \tag{10.57}$$

(2) 設有經過多元分散後的投組 U 與 V

$$R_U = \alpha_U + \beta_U R_M \tag{10.58}$$

$$R_V = \alpha_V + \beta_V R_M \tag{10.59}$$

為進行套利，同時賣出投組 V 與買進投組 U

並令 $w_V = \dfrac{-\beta_U}{\beta_V - \beta_U}$ 與 $w_U = \dfrac{\beta_V}{\beta_V - \beta_U}$ $\tag{10.60}$

則

$$\beta(V+U) = \beta_V w_V + \beta_U w_U = \beta_V \frac{-\beta_U}{\beta_V - \beta_U} + \beta_U \frac{\beta_V}{\beta_V - \beta_U} = \frac{-\beta_V \beta_U + \beta_V \beta_U}{\beta_V - \beta_U} = 0$$

$$R(V+U) = R_V w_V + R_U w_U = (\alpha_V + \beta_V R_M)\frac{-\beta_U}{\beta_V - \beta_U} + (\alpha_U + \beta_U R_M)\frac{\beta_V}{\beta_V - \beta_U}$$

$$= \frac{-\alpha_V \beta_U + \alpha_U \beta_V - \beta_V \beta_U R_M + \beta_V \beta_U R_M}{\beta_V - \beta_U} = \frac{-\alpha_V \beta_U + \alpha_U \beta_V}{\beta_V - \beta_U} \tag{10.61}$$

由上式知，除非 $\alpha_V = 0$ 與 $\alpha_U = 0$，否則可能產生一個無風險但有利可圖的投組，這與「市場上沒有無風險套利機會存在」的假設矛盾，故 $\alpha_V = 0$，$\alpha_U = 0$。

因此在 APT 的無套利機會的假設成立下，$\alpha_P = 0$，即

$$R_P = \beta_P R_M \tag{10.62}$$

將 $R_P = r_P - r_f$，$R_M = r_M - r_f$ 代入上式得

$$r_P - r_f = \beta_P(r_M - r_f)$$

$$r_P - r_f + \beta_P(r_M - r_f) \tag{10.63}$$

上式兩端取期望值得

$$E(r_P) = r_f + \beta_P(E(r_M) - r_f) \tag{10.64}$$

可證得在假設 R_M 是唯一影響報酬的因子下，APT 理論的結論同 CAPM 理論。

習題

1.　前一章習題的「習題 9.3 報酬率與風險的計算（個股與大盤）」檔案有個股、大盤月報酬率，試計算每一股票的系統性風險 β。

2.　練習 10.3 分析二個股票馬科維茨效率前緣：將股票 A 與 B 相關係數改為 0 重解效率前緣。

3.　練習 10.4 數分析三個股票馬科維茨效率前緣：將股票 A 與 B、A 與 C、B 與 C 相關係數改為 0, 0, 0，重解效率前緣。

4.　「不入虎穴，必無虎子；雖入虎穴，未必有虎子。」試從系統性風險與非系統性風險的觀點討論之。

CHAPTER

11

效率市場假說與實證

◆ 若有人跟你談效率市場理論的東西時，趕快閃人。── 華倫‧巴菲特

◆ 相信效率市場就好比在打橋牌時認為不需看牌一樣。── 華倫‧巴菲特

◆ 如果市場總是有效率的，我將會流落街頭，沿街乞討。── 華倫‧巴菲特

◆ 股市有趣之處在於當有人賣出股票時，就有人買入股票，而且二者都認為自己很精明。── 無名氏

◆ 在市場貪婪時恐懼；在市場恐懼時貪婪。（Be greedy when others are fearful; be fearful when others are greedy.）── 華倫‧巴菲特

◆ 恐懼和貪婪這兩種傳染性極強的災難的「偶然」爆發會「永遠」在投資界出現。── 華倫‧巴菲特

◆ 貪婪與恐懼是推動股市漲跌的原動力。股價不會離基本面太遠；但貪婪與恐懼總是使股價不會離基本面太近。── 作者

◆ 我要的是事實，而且希望控制自己的幻想。──吉姆‧史萊特

11.1 》前言

本章旨在介紹下列主題：

🥧 效率市場假說的概念

- 效率市場的層級：弱式、半強式、強式
- 效率市場的意義
- 效率市場的考量

🥧 效率市場假說的實證

- 弱式效率市場假說的實證
- 半強式效率市場假說的實證
- 強式效率市場假說的實證
- 效率市場假說的實證的解釋

● 效率市場假說實證的解釋

- 投資人的行為：行為財務學的觀察
- 投資人的行為：決策論

11.2 ▶▶ 效率市場的層級：弱式、半強式、強式

● 效率市場假說

- **定義**

  市場中所有可能影響股票漲跌的因素都能即時且完全反應在股票漲跌上面。

- **基本假設**

  依據 Fama 對效率市場理論存在的三個基本假設：

  - 新資訊的出現是呈隨機性，即好、壞資訊是相伴而來的。
  - 市場將立即反應新的資訊，調整至新的價位。因此價格變化是取決於新資訊的發生，股價呈隨機走勢。
  - 市場上許多投資者是理性且追求最大利潤，而且每人對於股票分析是獨立的，不受相互影響。

- **效率市場論證**

  有人從三段式論證，為效率市場假說辯護：

  - **論證一**：投資人是理性的，可以對新資訊的作出即時且適當的反應，因此股票價格始終維持在合理價格。
  - **論證二**：即使論證一不正確，有許多投資人不是理性的，這些非理性投資人對新資訊的作出過度樂觀或悲觀的解釋，但他們的反應對價格的影響互相抵消，因此股票價格始終維持在合理價格。

- 論證三：即使論證一、論證二不正確，有許多投資人不是理性的，且他們的反應對價格的影響無法互相抵消，但由於這些非理性的投資人會因為對價格非理性的評價而在交易中受損，因此長期下來其投資資金減少，最終退出市場。因此長期而言，股票價格仍可維持在合理價格。

11.3 >> 效率市場的意義

🔵 證券分析資訊的層級

市場上用來分析證券的資訊可以用容易取得的程度分成三個層級：

- ■ **技術分析**：股市交易的價量資訊，是最容易取得的資訊。
- ■ **基本分析**：財務報表、總經情勢資訊，是較難取得的資訊。
- ■ **內線消息**：未公開的資訊，是最不易取得的資訊。

🔵 效率市場的層級

市場的效率可以分成三個層級（圖 11.1）

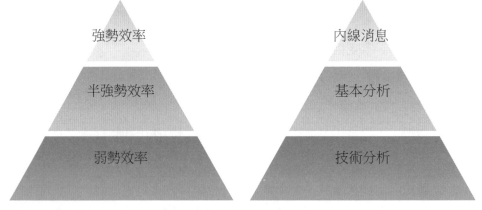

圖 11.1　效率市場層級與證券分析資訊層級之關係

- 弱式效率市場（Weak Form Efficiency）（技術分析無效）

  目前股票價格已充分反應過去股票價格所提供各項情報，所以投資人無法運用各種方法對過去股票價格進行分析來預測未來股票價格，意即投資者無法利用過去價量資訊來獲得超額報酬。

- 半強式效率市場（Semi-Strong Form Efficiency）（基本分析無效）

  目前股票價格已充分反應於所有公開資訊（財務報表、經濟情況及政治情勢），所以投資人無法運用各種方法對公開資訊進行分析來預測未來股票價格，意即投資者無法利用基本面資訊來獲得超額報酬。

- 強式效率市場（Strong Form Efficiency）（內線消息無效）

  目前股票價格充分反應了所有已公開和未公開之所有情報。雖然部份情報未公開，但投資者能利用各種管道來獲得資訊，所以所謂未公開的消息，實際上是已公開的資訊，且已反應於股票價格上。在這種情形下，投資者無法因擁有某些股票內幕消息而獲取超額報酬。

證券分析資訊的批評

雖然市場上的投資人用各種資訊來分析證券，但效率市場假說的支持者也有不同的看法：

- 技術分析：技術分析是瞎子摸象；市場價格是隨機漫步（random walk）。
- 基本分析：好公司未必是好股票；壞公司未必是壞股票。
- 內線消息：當你得知消息時，很可能大家都知道了！

效率市場的意義

即使效率市場假說成立，證券分析仍有其價值：

- 效率市場假說並非「資訊無用論」，而是資訊不能獲得超額報酬。不使用資訊可能連正常報酬都達不到（圖 11.2）。
- 效率市場假說並非指你可以隨便買賣股票，而是你很認真分析下，只能得到正常報酬。

- 效率來自投機。效率市場是動態平衡的。競爭是效率市場的源頭。

此外，證券分析還有下列功能：

- 提供不同投資人不同報酬與風險的金融商品。

- 提供有效率地消散非系統性風險的多元資產配置。

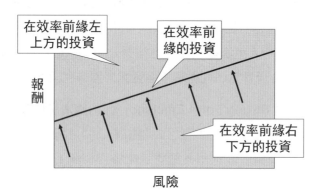

圖 11.2 效率市場的意義

11.4 >> 效率市場的考量

效率市場是否成立要考量：

- **資訊成本大小**：有些方法在未考慮資訊成本下可以擊敗市場，但考慮資訊成本後，並無法擊敗市場。

- **交易成本大小**：有些方法在未考慮交易成本下可以擊敗市場，但考慮交易成本後，並無法擊敗市場。

- **投資規模大小**：有些方法在小規模投資時可以擊敗市場，但在大規模投資時，並無法擊敗市場，例如投資小型股獲利可能高於投資大型股，但小型股因流動性不足，並不適合大規模投資。有些方法剛好相反，例如需要複雜分析的方法，資訊成本很高，大規模投資可以負擔此一成本，但小規模投資無法負擔。

- **投資運氣好壞**：已知的擊敗市場的方法可能只是運氣好，並無法在未來擊敗市場。
- **投資方法隱匿**：即使所有已公開的方法無法擊敗市場，仍無法排除真正能擊敗市場的方法可能尚未被公開。

證券分析與證券交易都需要成本，投資方法是否擊敗市場與投資規模大小有關，可用下列模式來說明：

$$\overline{R}\% = \frac{S \times (R\% - T\%) - I}{S} = R\% - T\% - \frac{I}{S}$$

$\overline{R}\%$＝扣除交易成本與資訊成本後之因資訊而增加之報酬率＝有效增益報酬率；

$R\%$＝扣除交易成本與資訊成本前之因資訊而增加之報酬率；

S＝投資規模；I＝資訊成本；$T\%$＝交易成本費用率。

當 S 很大時

$$\overline{R}\% \approx R\% - T\%$$

可見投資規模較大時，因為資訊成本可以忽略不計，較易達到正的有效增益報酬率。

11.5 效率市場假說的實證：弱式

動能效應與反轉效應

弱式效率市場（Weak Form Efficiency）認為目前股票價格已充分反應過去股票價格所提供各項情報，所以投資人無法運用各種方法對過去股票價格進行分析來預測未來股票價格，意即投資者無法再利用過去價量資訊來獲得超額報酬。

市場可能存在兩種違反弱式效率市場，而且性質相反的異常效應：

- **動能效應**：慣性效應是指最近績效好的股票會持續績效好；最近績效差的股票會持續績效差。故「慣性策略」是買入贏家；賣出輸家。

- **反轉效應**：反轉效應是指最近績效好的股票會變成績效差；最近績效差的股票會變成績效好。故「反向策略」是買入輸家；賣出贏家。

上述兩種交易策略均分成二階段：

- **形成期**：計算每個股票在 M 個月（或季、年）的報酬率；根據報酬率從大到小進行排序，分成 L 組，其中最高的一組被定義為贏者組合，最低的一組為輸者組合。

- **持有期**：如果是「慣性策略」，則通過買入贏者組合、賣空輸者組合來構建多空套利組合；如果是「反轉策略」，則反向操作。並持有 N 個月（或季、年）。在持有期結束時，重複形成期計算，形成下一個持有期的投資組合。

股市實證：美國股市

美國動能效應實證如表 11.1，顯示市場有動能效應存在，慣性策略的「買入贏家，賣出輸家」，可以獲得超額報酬。

表 11.1　美國動能效應

期間	平均月超額報酬率（％）
1931/01~1963/02	0.38
1963/07~1993/12	1.31
1990/01~1997/01	1.01

股市實證：台灣股市

如果動能效應存在，則第 t 期的報酬率應該會與第 t+1, t+2, t+3,... 等近期報酬有正相關。反之，如果反轉效應存在，則應該會有負相關。在台灣股市的歷史記錄中，發現：

- 股價報酬的短期（第 t+1~t+3 週）序列相關為正值（圖 11.3），但非常微弱。

- 股價報酬的長期（第 t+3~t+9 個月）序列相關大多為負值（圖 11.4），即股價報酬在較長的期間反轉，但非常不穩定。

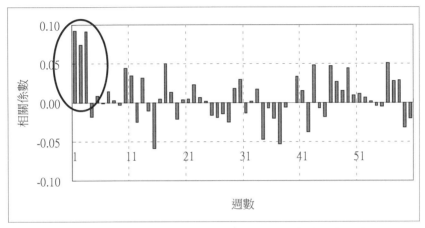

圖 11.3　以週為單位的序列相關（前三週有輕微正相關）

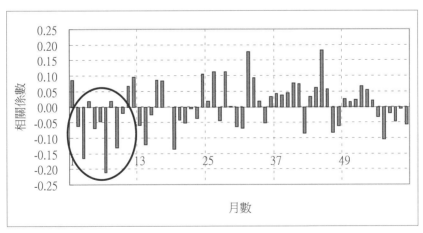

圖 11.4　以月為單位的序列相關

　　圖 11.5 是將台灣股市的股票依照年報酬率大小分為十等分，統計其下一個年度的報酬率，可見年報酬率越小，下一個年度的報酬率越高，證實在以一年為形成期，下一年為持有期下，有反轉效應存在。

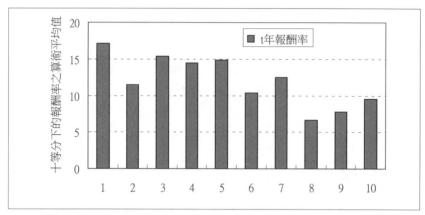

圖 11.5　台灣股市 1996~2006 的個股年報酬率十等分下，隔年的報酬率平均值。

一般而言，股票是：

- 短期因對資訊「反應不足」而有「慣性效應」。
- 長期因對資訊「反應過度」而有「反轉效應」。
- 「慣性效應」與「反轉效應」實為雙胞胎，也可視為「乒乓效應」（圖 11.6 與圖 11.7）。

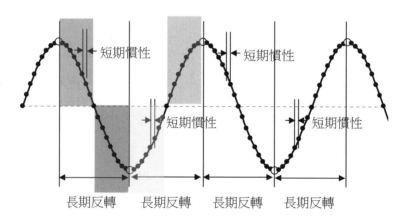

圖 11.6　「慣性效應」與「反轉效應」實為雙胞胎，也可視為「乒乓效應」。

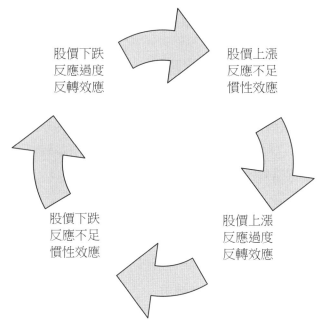

圖 11.7　慣性效應與反轉效應之循環

技術分析：動能效應與反轉效應的應用

技術分析看似複雜，其實主要分為「慣性策略」與「反向策略」：

- **慣性策略**：順勢系統技術分析的理論基礎是當漲或跌持續一段相當時間後，會造成趨勢，持續一個波段，形成漲者恆漲、跌者恆跌的現象。這類方法中最著名者如「移動平均線」。

- **反向策略**：擺盪系統技術分析的其理論基礎是當股價短期漲或跌超過一個合理範圍時，會觸頂或觸底反彈，回到合理範圍，形成漲多必跌、跌多必漲的現象。這類方法中最著名者如「布林帶」。

11.6 >> 效率市場假說的實證：半強式

11.6.1　各式各樣的異常效應

半強式效率市場認為目前股票價格已充分反應於所有公開資訊（財務報表、經濟情況及政治情勢），所以投資人無法運用各種方法對公開資訊進行分析來預測未來股票價格，意即投資者無法再利用基本面資訊來獲得超額報酬。然而有幾種異常效應違反了半強式效率市場：

- 元月效應：元月有較高的報酬率。
- 價值股效應：高價值股有較高的報酬率。
- 成長股效應：高成長股有較高的報酬率。
- 規模效應：小型股有較高的報酬率。
- 流動性效應：低流動性股有較高的報酬率。

11.6.2　元月效應

- 元月效應：元月有較高的報酬率。
- 原因解釋：在美國股市，因為美國稅法規定，投資股票的損失可以抵所得稅費用，大部份投資人會在年底前大量賣出有資本損失的股票來避稅，使年底時股市通常出現較大的跌勢，而在隔年的元月份又買回去年底賣出的股票，又使每年元月份的投資報酬率有長期高於其他月份的現象。
- 股市實證：台灣股市
  - 由圖 11.8 每月的報酬率統計，可發現有明顯的月份效應及元月效應。
  - 由圖 11.9 每年第 t 月底買入持有六個月，考慮交易成本之超額年報酬，可發現在 10 月底買入最有利。這種只持有六個月的策略大多數不如買入持有，這是因為股市基本上是正報酬，只持有六個月的策略自然不易擊敗買入持有。

- 圖 11.10 顯示每年持有不同的連續月份之超額年報酬，可見策略微調會造成很大差異，但都可獲得超額報酬。
- 圖 11.11 顯示每年 10 月底買入、隔年 4 月底賣出，考慮交易成本下，投資一元的累積金額，可見相當穩定。
- 圖 11.12 顯示每年 10 月底買入、隔年 4 月底賣出，考慮交易成本下，假設空手半年獲利 1.5%，投資一元的累積金額，可見非常穩定，且獲利頗豐。

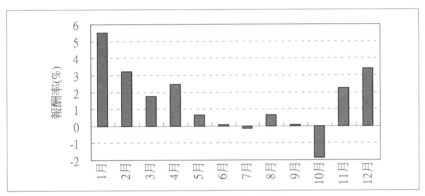

圖 11.8　每月的報酬率統計（1996~2006）（有明顯的月份效應及元月效應）

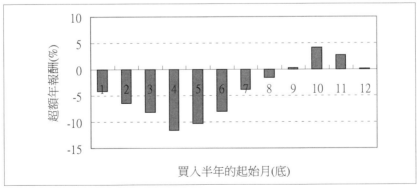

圖 11.9　每年第 t 月底買入持有六個月，考慮交易成本之超額年報酬

		策略				
		A	B	C	D	E
持有月份	10			■		
	11	■	■	■		■
	12	■	■	■	■	■
	1	■	■	■	■	■
	2	■	■	■	■	■
	3	■	■	■	■	■
	4	■	■	■	■	
	5		■			
超額年報酬		4.21	4.41	1.91	2.54	2.52

圖 11.10　每年持有不同的連續月份之超額年報酬

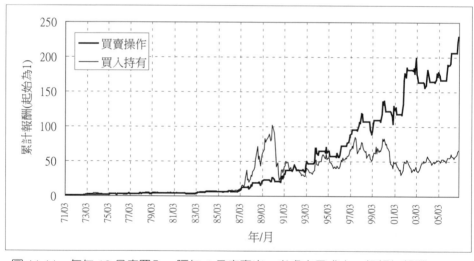

圖 11.11　每年 10 月底買入、隔年 4 月底賣出，考慮交易成本，超額年報酬 2.94%

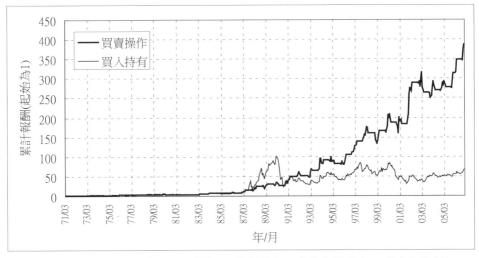

圖 11.12　每年 10 月底買入、隔年 4 月底賣出，考慮交易成本，考慮空手半年
獲利 1.5%，超額年報酬 4.21%（非常穩定，且獲利頗豐）

11.6.3　規模效應

規模效應

　　Banz（1981）提出規模效應，指出小型股有較高的報酬率。小型股是指
總市值較低的股票。對於小型股為何有較高之報酬率有幾種解釋：

(1)　風險補償解釋：小型股的公司經常處於開創期，對市場景氣敏感，故系
　　　統性風險較高，高報酬率是對高系統性風險的補償。

(2)　流動性補償解釋：小型股的公司經常因為總市值很低，造成成交值很低
　　　而流動性不足，高報酬率是對低流動性的補償。

(3)　錯誤定價解釋：小型股的公司比起大型股的公司知名度不足，在市場上
　　　較為冷門，投資人低估了它們的合理價格，造成它們有較高的報酬率。

股市實證 — 美國

圖 11.13 是將美國股市的股票依照市值大小分為五等分,統計其下一個年度的報酬率,可見規模越小,報酬率越高,證實有規模效應存在。但也有實證指出,美國在 1990 年代後小型股效應消失。

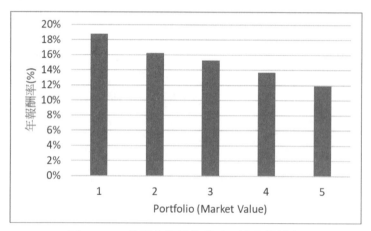

圖 11.13　美國的規模效應(五等分規模)

股市實證 — 台灣

圖 11.14 是將台灣股市的股票依照市值大小分為十等分,統計其下一個年度的報酬率,可見規模越小,報酬率越高,證實有規模效應存在。但規模最小的等分,因市值規模很小,有流動性不足的問題。

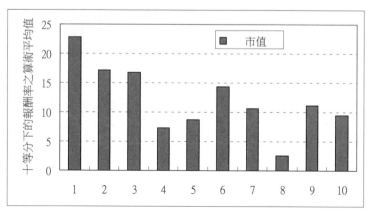

圖 11.14　1996~2006 年的規模效應

11.6.4　價值股效應 vs 成長股效應

🥧 價值股效應

　　由於持股的股東擁有盈餘分配請求權、剩餘財產請求權，因此當股東買入一股時，理論上此一股擁有分配每股盈餘、每股淨值的權益。如果這二個權益相對於購入股票的價格的比值較大，代表權益大、代價小，股價便宜。因此價值股通常是指盈餘市值比 E/P 大（即本益比 P/E 小），或淨值市值比 B/P 大（即市值淨值比 P/B 小）的股票。

　　許多學者與投資人主張，價值股有較高的報酬率，稱之為價值股效應。

🥧 成長股效應

　　持股的股東擁有盈餘分配請求權、剩餘財產請求權，但此權益是動態變化的。現在與未來的每股盈餘都取決於公司的獲利能力，現在的每股淨值雖與公司的獲利能力無直接關係，但獲利可轉為保留盈餘，提升股東權益，故未來的每股淨值與公司的獲利能力直接相關。

　　由於股東交付公司經營的資源是股東權益（淨值），公司經營的產出是盈餘，因此衡量公司的獲利能力的最佳指標是把盈餘除以股東權益（淨值），以一股來看就是把每股盈餘除以每股淨值，此一比率即股東權益報酬率（ROE），又稱為淨值報酬率。這個比值越大，代表公司運用股東權益（淨值）產生盈餘的效率越高，未來的盈餘、股東權益（淨值）的成長性也會越高。因此成長股通常是指股東權益報酬率（ROE）高股票。但也有人偏重營收成長率，以營收成長率高的股票為成長股。

　　許多學者與投資人主張，成長股有較高的報酬率，稱之為成長股效應。

🥧 價值股效應 vs 成長股效應

　　許多人把成長股視為價值股的對立，以 B/P 或 E/P 大者為價值股，B/P 或 E/P 小者為成長股。但此觀點不正確，應以 B/P 或 E/P 大者為價值股，股東權

益報酬率（ROE）大者為成長股。但為何過去會有此誤謬？原因可能是股東權益報酬率（ROE）比值越大，代表公司運用股東權益（淨值）產生盈餘的效率越高，未來的盈餘、股東權益（淨值）的成長性也會越高。因此，市場上的投資人十分看好這些成長股的未來，願意用高價買入，導致盈餘市值比（E/P）、淨值市值比（B/P）都偏小。造成高成長股經常是低價值股。反之，低成長股經常是高價值股。然而股票的價值性與成長性是兩個不同的概念，應該看成一個二維的關係，將股票分成四種（圖 11.15）：

- 低成長股—低價值股
- 低成長股—高價值股
- 高成長股—低價值股
- 高成長股—高價值股

當然在市場上，低成長股—低價值股、高成長股—高價值股的股票很少，大部分的股票屬於低成長股—高價值股、高成長股—低價值股。

圖 11.15　價值成長矩陣

■ 實證

例如圖 11.16 為 1996~ 2006 台灣股市的股票的成長性與價值性，圖中變數採用「排序正規化」，即將各股票的各變數分季排序，該季最大者其排序值 Rank=1；最小者 Rank=0，其餘依此內插。例如中位數的 Rank=0.5。由圖可知淨值報酬率與淨值市值比成反比，印證好公司（高 ROE）的股票通常較貴（低 B/P）；壞公司（低 ROE）的股票通常較便宜（高 B/P）。

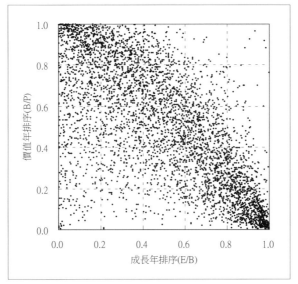

圖 11.16　1996~2006 台灣股市的股票的成長性與價值性

　　一個有趣的現象是圖的右上方的股票很少，代表股市很少好公司的便宜股票。但圖的左下方的股票不少，代表股市有不少壞公司的昂貴股票。這是為什麼？一個合理的解釋是，股市中大多數的投資人相當聰明理性，當股市出現好公司的便宜股票時，必會競相買入，導致股價上漲，這些股票最終會成為好公司的昂貴股票。但股市中仍有些投資人喜歡道聽途說，追高殺低，使得股市出現壞公司的昂貴股票時，仍然願意買入、賣出，導致少數這類股票在市場上仍可維持股價，繼續維持壞公司的昂貴股票的特性。

價值股效應 vs 成長股效應：應用

成長股策略、價值股策略事實上就是「好公司策略」、「便宜股策略」：

- **好公司策略**：重視公司的品質（Quality），例如高股東權益報酬率（ROE）是高品質的好公司。

- **便宜股策略**：重視股票的價值（Value），例如高淨值市值比（B/P）是高價值的便宜股票。

好公司的便宜股票才是值得買入的股票。但好公司的股票通常不便宜；便宜的股票通常不是好公司的股票，因此要找到值得買入的股票並不容易。

以下舉一個「到市場買母雞」例子比喻價好公司策略與便宜股策略的關係，其中 P 為股價，B 為每股淨值，E 為每股盈餘。

- 高淨值市值比等同單位金錢 (P) 買到較多的雞肉 (B)。
- 高盈餘市值比等同單位金錢 (P) 買到較多的定期產生的雞蛋 (E)。
- 高淨值報酬率等同單位雞肉 (B) 產生較多的定期產生的雞蛋 (E)。
- 市場上最值得買的母雞：短期看單位金錢買到的雞肉與雞蛋多寡；長期看單位雞肉產生雞蛋的效率；中期兩者都要看。

價值股效應 vs 成長股效應：全球實證

圖 11.22 是一些國家的價值股、成長股報酬率的統計，可以看出都是價值股優於成長股，證實長期而言，價值股優於成長股。

表 11.2 是一些國家的價值股、成長股的報酬率，以及價值股優於成長股的期間百分比的統計（1975~2000 年），可以看出多數國家都是價值股的報酬率高於成長股，且價值股優於成長股的期間百分比的統計都高於 50%，證實長期而言，價值股優於成長股。

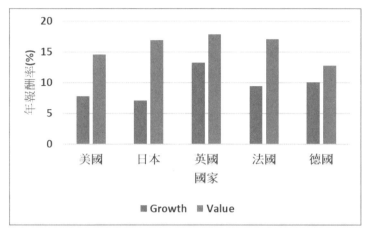

圖 11.22　各國的價值股效應（長期而言，價值股優於成長股）。

表 11.2　全球的價值股與成長股的比較（1975~2000 年）

國家	價值股報酬 （%）	成長股報酬 （%）	報酬差異 （%）	價值股優於成長股 的期間百分比 （%）
美國	16.10	15.30	0.80	58
日本	12.50	6.50	6.00	76
德國	14.70	13.00	1.70	66
法國	21.00	16.00	4.00	64
義大利	22.25	20.25	2.00	48
全球	16.00	13.00	3.00	64
台灣 （1981~2006）	18.9	16.4	2.5	62

資料來源：MSCI, Thomson Datastream（台灣：作者計算，價值股以 B/P 為準，成長股以 ROE 為準）

價值股效應 vs 成長股效應：台灣實證

　　圖 11.23 是將台灣股市的股票依照淨值市值比（B/P）大小分為十等分，統計其下一個年度的報酬率，可見淨值市值比越大，報酬率越高，證實有價值

股效應存在。但這個效應只出現在淨值市值比最大的兩個等分，其餘等分並無明顯效應，特別是淨值市值比最小的等分報酬率並不是最低，而且高於平均。

圖 11.24 是將台灣股市的股票依照股東權益報酬率（ROE），也就是淨值報酬率大小分為十等分，統計其下一個年度的報酬率，可見股東權益報酬率越大，報酬率越高，證實有成長股效應存在。這個效應在股東權益報酬率最大與最小的等分都很明顯，其餘等分也有效應。

比較圖 11.23 與圖 11.24 可知，如果是要選報酬率最高的股票，淨值市值比最高的 1/10 股票是不錯的標的；如果是要選最低的股票，股東權益報酬率最低的 1/10 股票是不錯的標的。

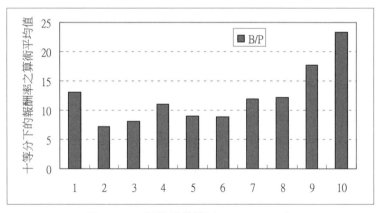

圖 11.23　價值股效應（1996~2006）

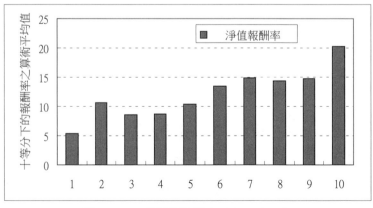

圖 11.24　成長股效應（1996~2006）

　　表 11.3 是將台灣股市的股票依照各種選股指標大小分為十等分，統計其下一個年度的報酬率。其中

- G1 與 G2 是 GVI（Growth Value Index）的參數 n=4 與 7，GVI 的公式如下：

$$GVI = \left(\frac{B}{P}\right)^{1/n}(1+ROE) \tag{11.1}$$

當價值股指標（B/P）與成長指標（ROE）都很大時，GVI 值才會最大，因此 GVI 是一種綜合價值股與成長股效應的選股指標。

- R1 與 R2 是以 B/P 排序後的得分與 ROE 排序後的得分的相加與相乘。排序後的得分是指將同期的數值排序，最高者得 100 分，最小者得 0 分，其餘類推，例如比 80% 的資料高者可得 80 分。因此 R1 與 R2 是綜合價值股與成長股效應的選股指標。

　　各種選股指標的最佳等分的累積資金如圖 11.25~ 圖 11.30。圖 11.31 顯示各法優於基準的年度的比率，圖 11.32 顯示各法年報酬率減去基準年報酬率的超額年報酬率。由圖表可知，顯然綜合價值股與成長股效應的 G1, G2, R1, R2 的選股效果，比單獨使用價值股指標（B/P 與 E/P）與成長指標（ROE）都來得有效。

表 11.3　各法的比較（在 1981~ 2006 的 26 年內）

方法	意義	優於基準之年數	優於基準之 %	年報酬率	超額年報酬率
基準		13	50.0%	16.5%	0.0%
B/P	價值指標	15	57.7%	18.9%	2.4%
E/P	價值指標	19	73.1%	20.3%	3.9%
ROE	成長指標	16	61.5%	16.4%	-0.1%
B/P+E/P-1	GVI(n=1)	18	69.2%	20.0%	3.6%
G1	GVI(n=4)	23	88.5%	23.8%	7.3%

方法	意義	優於基準之年數	優於基準之%	年報酬率	超額年報酬率
G2	GVI(n=7)	20	76.9%	23.6%	7.1%
R1	Rank(B/P)+Rank(ROE)	21	80.8%	25.5%	9.1%
R2	Rank(B/P)*Rank(ROE)	18	69.2%	21.2%	4.7%

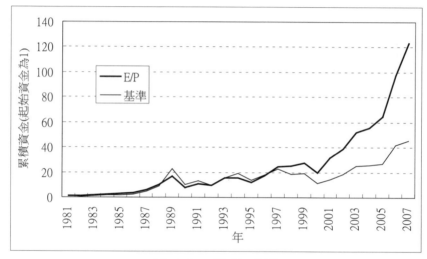

圖 11.25　高 E/P 效應

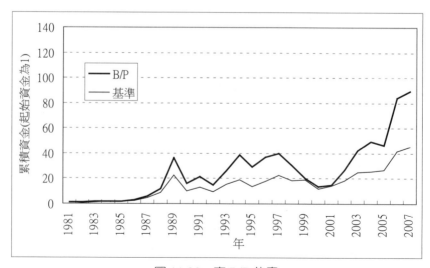

圖 11.26　高 B/P 效應

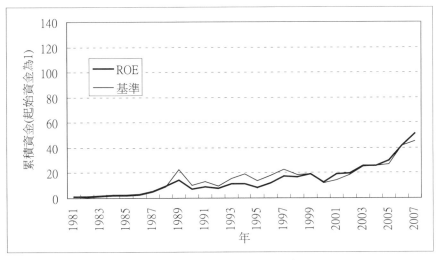

圖 11.27　高 ROE(E/B) 效應

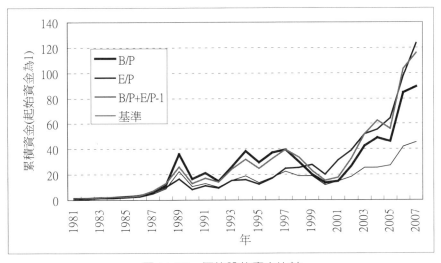

圖 11.28　價值股效應之比較

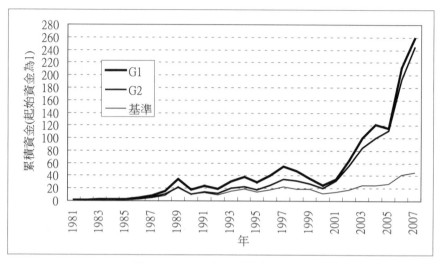

圖 11.29　G1 與 G2 效應之比較

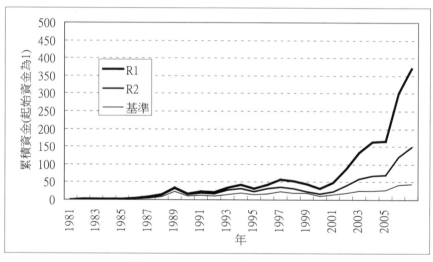

圖 11.30　R1 與 R2 效應之比較

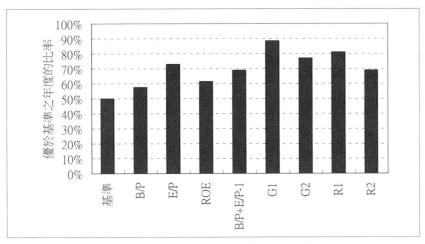

圖 11.31　各法比較（優於基準的年度的比率）

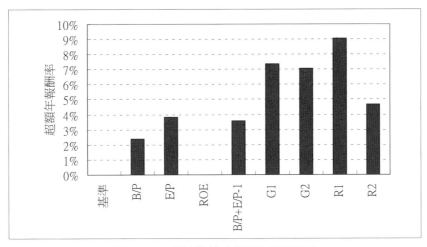

圖 11.32　各法比較（超額年報酬率）

💠 價值股成長股輪動現象

在股市價值股與成長股似乎有數年一輪的「輪動現象」(圖 11.20 與圖 11.21)：

- 價值股會因股價上漲變成非價值股，因而股價下跌
- 因反應不足導致慣性效應而超跌
- 但又會因超跌變成價值股，因而股價上漲
- 因反應不足導致慣性效應而超漲

上述過程循環不已，形成了價值股與成長股的輪動現象。

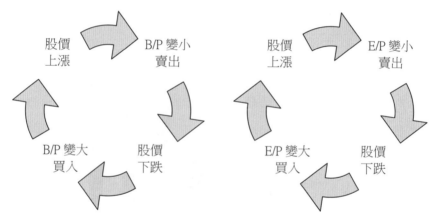

圖 11.20　價值股循環

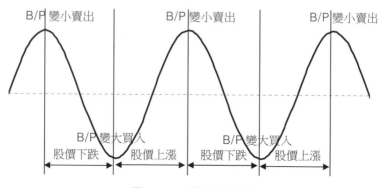

圖 11.21　價值股循環

價值股成長股輪動現象：美國實證

　　圖 11.33(a) 是 1954-2008 美國股市價值股對成長股策略的年報酬率差距，即以 B/M 最大 1/10 股票的報酬率減去 B/M 最小 1/10 股票的報酬率。可以看出大多數的年度價值股的年報酬率大於成長股，但也有一些年度價值股的年報酬率小於成長股。

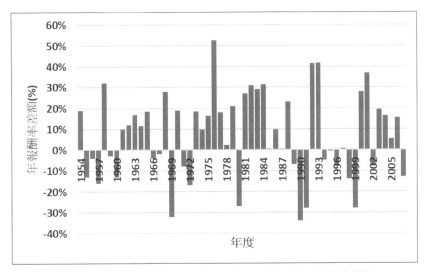

圖 11.33(a)　美國股市價值股對成長股策略的年報酬率差距
（B/M 最大 1/10 減去 B/M 最小 1/10）

資料來源：Value Versus Growth Time Varying Expected Stock Returns

　　一個有趣的現象是 2001 年網路泡沫化，在這之前六年成長股較優，之後七年幾乎都是價值股較優，出現明顯的價值股成長股輪動現象。一個可能的解釋是 2000 年之前的幾年市場狂飆，特別是像那斯達克這樣的以科技類股為主的市場更是激烈（圖 11.33(b)）。這段時間還流行一個名詞叫「本夢比」，一些盈餘很小甚至為負的公司，股價不斷上揚，從傳統的價值股的本益比來看毫無投資價值，但卻是市場的寵兒，漲幅最大。當網路泡沫化後，這些股票跌幅最大，市場回歸理性，價值股重新掌控大局。

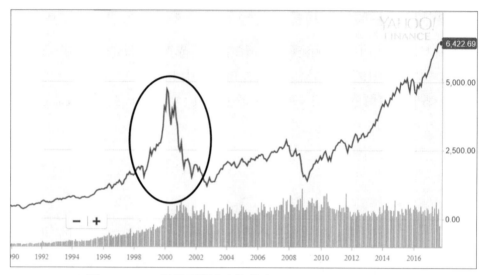

圖 11.33(b) 美國那斯達克指數（22001 年網路泡沫化）

價值股成長股輪動現象：台灣實證

圖 11.34 為台灣股市價值股與成長股的報酬率差額，顯示有「輪動現象」。與美國股市相同，在 2001 年網路泡沫化之前六年成長股較優，之後五年幾乎都是價值股較優，出現明顯的價值股成長股輪動現象。

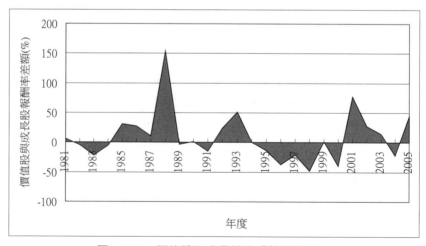

圖 11.34 價值股與成長股的「輪動現象」

表 11.4 與圖 11.35 分析了美國與台灣主動投資之潛在報酬率：

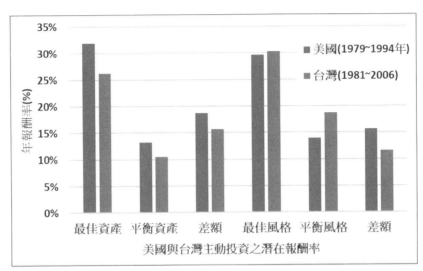

圖 11.35　美國與台灣主動投資之潛在報酬率

表 11.4　美國與台灣積極管理之潛在報酬率

		美國（1979~1994 年）	台灣（1981~2006）
資產配置	最佳的資產配置	31.93%	26.2%
	平衡的資產配置	13.20%	10.5%
	差額	18.73%	15.7%
風格配置	最佳的風格配置	29.67%	30.3%
	平衡的風格配置	13.98%	18.7%
	差額	15.69%	11.6%

資料來源：美國：First Madison Advisors（平衡的資產配置指權益、債券與現金的混合靜態策略；平衡的風格配置以 Wiltshire 500 為準）。台灣：作者計算（平衡的資產配置指權益與現金各半的混合靜態策略；平衡的風格配置以加權指數為準）

- **平衡的資產配置**：混合了固定比例的權益證券、債券與現金的靜態策略。
- **最佳的資產配置**：每年選權益證券、債券與現金中報酬最高的動態策略。

- **平衡的風格配置**：混合了固定比例的價值股與成長股的靜態策略；在此將大盤指數視為平衡的風格配置。
- **最佳的風格配置**：每年選價值股與成長股較佳者的動態策略。

結果顯示，如果能準確利用價值股成長股輪動現象，其潛在報酬率遠高於未能利用此現象者。

知 識 方 塊　價值股與成長股的定義—MSCI 價值指數和成長指數

MBA 智庫百科（http://wiki.mbalib.com/）

2005 年摩根士丹利國際資本指數（Morgan Stanley Capital International Index，MSCI 指數）發佈了全球價值和增長指數系列的編製方法，MSCI 在作分類時採用了 8 個基本的財務指標，其中判斷股票的價值型特徵用了 3 個指標，它們是：

- 淨資產帳面價值 / 市場價格（BV/P）
- 12 個月的收益價格比（E fwd/P）
- 股利收益率（D/P）

另外有 5 個財務指標是用來判斷股票成長型特徵的，它們是：

- 長期每股收益增長率（LT fwd EPS G）
- 短期每股收益增長率（ST fwd EPS G）
- 現在的內部增長率（g）
- 長期歷史每股收益增長趨勢（LT his EPS G）
- 長期歷史市銷率增長趨勢（LT his SPS G）

11.6.5　流動性效應

流動性效應

低流動性有較高的報酬率稱為流動性效應。

台灣實證

　　圖 11.36~ 圖 11.38 是將台灣股市的股票依照股價、週轉率股、成交量大小分為十等分，統計其下一個年度的報酬率。可見股價、週轉率股、成交量越小，報酬率越高，證實有流動性效應存在。但流動性最小的等分，因流動性差，並不適合做為投資標的。

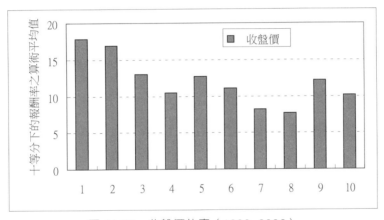

圖 11.36　收盤價效應（1996~2006）

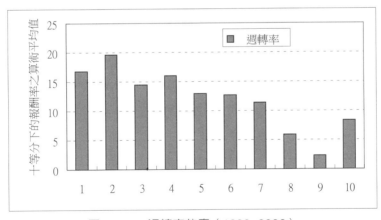

圖 11.37　週轉率效應（1996~2006）

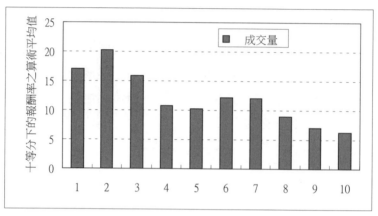

圖 11.38　成交量效應（1996~2006）

11.6.6 營收成長效應

高營收成長率有較高的報酬率稱為營收成長效應。這個現象可以解釋如下：價值股效應指出益本比越高，未來股票的報酬率越高。益本比（E/P）可以分解成

$$\frac{E}{P} = \frac{S}{P} \times \frac{E}{S} \quad \text{其中 S 為營收。}$$

如果獲利率 E/S 不變，則 S/P 與 E/P 成正比。因此如果營收大幅成長，必會使 S/P 變高，益本比也會跟著提高，未來股票的報酬率越高。故營收成長率可能具有預測未來益本比的能力，因而有預測未來股票報酬率的能力。

11.6.7 盈餘宣告效應

如果市場有效率，則當非預期盈餘宣告後，股價應該立即反應。但是許多實證發現：盈餘宣告後，股價反應遲緩，如圖 11.39，顯示市場並未達到完美的效率。由於股價緩慢上升，可能形成慣性，導致股價漲幅超過盈餘對應的合理股價。此外，投資人可能對非預期盈餘宣告產生過度樂觀的預期，認為未來盈餘還會進一步提高。這可解釋為何本益比（P/E）大的股票通常績效

較差。本益比大的股票通常是投資人預期未來盈餘會提高的股票，如果未來盈餘如預期提高，因股價已事先反應，股價漲幅有限。但是一旦結果不如預期，股價可能大幅下跌。因此本益比大的股票通常績效較差。

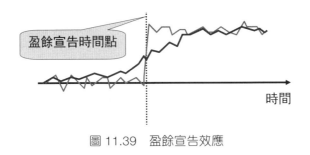

圖 11.39　盈餘宣告效應

11.6.8　效應的綜效

A.　市值─淨值市值比組合

　　為了解價值股效應與規模效應是否有交互作用（綜效），將此二個變數每季皆分為五等分，形成 25 個投組，並計算各投資組合 t+2 季的股票報酬率的平均值與個股數目（圖 11.40~ 圖 11.41）。由報酬率的平均值可知，在市值最小（MV1）的等分，淨值市值比（BPR）扮演極重要的角色；但在市值最大的等分，BPR 對報酬率的平均值並無明顯影響。在 BPR 最大（BPR5）的等分，市值扮演極重要的角色；但在 BPR 最小的等分，市值對報酬率的平均值並無明顯影響。規模效應與價值效應具有相輔相成的效果，故二個變數之間具有交互作用。此外，在市值最小且 BPR 最大、市值最大且 BPR 最小的投組中，個股數目最多，大多數的個股集中在此一對角線上，因此「小市值、高淨值市值比」選股策略是有足夠的個股可選，不過仍存在市值偏低，流動性不佳的現象。

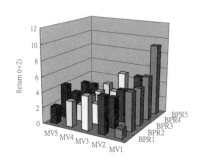

圖 11.40　市值（MV）─淨值市值比
（BPR）組合之報酬率平均值
資料來源：作者整理

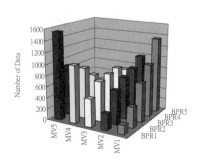

圖 11.41　市值（MV）─淨值市值比
（BPR）組合之個股數目
資料來源：作者整理

B. 股東權益報酬率─淨值市值比組合

　　為了解代表成長股特徵的股東權益報酬率（ROE），與代表價值股特徵的淨值市值比（BPR）是否有交互作用，故同上述方法形成 25 個投組，其結果如圖 11.42 與圖 11.43 所示。可發現股東權益報酬率與淨值市值比均最大的投組報酬率很高；反之，兩者均最小的投組報酬率很低。由此可知，二個變數之間具有交互作用。此外，由圖 11.43 可知，在股東權益報酬率與淨值市值比均最大與均最小的投組，其個股數目極少，顯示「高股東權益報酬率、高淨值市值比」選股策略可能沒有足夠的個股可選。

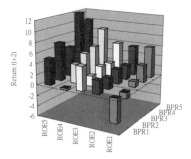

圖 11.42　股東權益報酬率（ROE）
─淨值市值（BPR）組合之報酬率平均值
資料來源：作者整理

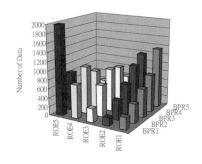

圖 11.43　股東權益報酬率（ROE）
─淨值市值比（BPR）組合之個股數目
資料來源：作者整理

11.7 >> 效率市場假說的實證：強式

強式效率市場認為目前股票價格充分反應了所有已公開和未公開之所有情報。雖然部份情報未公開，但投資者能利用各種管道來獲得資訊，所以所謂未公開的消息，實際上是已公開的資訊，且已反應於股票價格上。在這種情形下，投資者無法因擁有某些股票內幕消息而獲取超額報酬。內線交易在許多國家是違法行為。

Case Studies 微軟收購雅虎 **Yahoo!** 的新聞衝擊

軟件巨頭微軟 Microsoft Corp(NASDAQ: MSFT) 為了更好地與在線廣告巨頭 Google Inc 競爭，為此提出以 446 億美元的價格收購搜索引擎經營商雅虎 Yahoo! Inc(NASDAQ: YHOO)。該收購價格將雅虎每股作價為 31 美元，比雅虎當時的收盤價高出 62%，收購將採用現金加股票的方式進行，其中現金與股票各佔一半。消息公開後，雅虎 Yahoo! 的前後 30 天股價如圖 11.44，顯示隔天股價就暴漲到一個接近 29 元的高價，而且此後 30 天都在此一價格上下，既沒有持續上漲，也沒有反轉向下，可見市場很有效率地反應了此一消息對股價的影響。在消息公開前，股價並無異常提升，這是強式效率市場成立的一個實例。

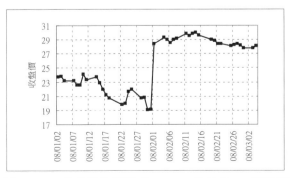

圖 11.44　微軟發佈買雅虎 Yahoo! 的前後 30 天股價

11.8 ▶ 效率市場假說實證的解釋

🔵 市場異常現象的定義

古典理論認為股票的預期收益總是與其承受的風險相對等，認為不可分散的系統性風險導致了溢酬。如果報酬高的股票沒有高的系統性風險，則被視為異常現象。

🔵 市場異常現象的本質

市場異常現象的本質有幾種解釋：

- **解釋 1. 短期巧合現象。**當人們觀察市場的期間越短，越可能發現異常現象，但這些可能只是短期現象，一旦拉長時間來觀察，常可發現這些異常現象並不存在。

- **解釋 2. 過度配適現象。**市場異常現象可能只是用複雜的選股因子組合，在反覆嘗試錯誤下，對樣本內的數據的輝煌戰果，但這些複雜的選股因子組合對樣本外的數據無效。這種現象在統計學上稱為「過度配適」（overfitting）。

- **解釋 3. 未知風險或其他代價。**每一個選股因子都有代價：例如用價值股因子選股會偏好盈餘高但股價低的股票，但股票為何盈餘高但股價低？雖然有可能是市場低估了該股票的內在價值（真實價值），但也可能市場對該公司有其他風險或疑慮存在。用小型股因子選股會偏好市值低的股票，但市值低股票可能有低流動性的代價。因此有些學者堅持效率市場假說，認為價值股、小型股報酬率較高，是因為這些股票可能隱含特定不可分散的系統性風險，因此需要更大的報酬率做為補償，而非市場無效率導致的異常現象。

- **解釋 4. 長期存在現象。**如果排除前三者，則有必要發展新理論來解釋。例如「行為財務學」就是近年來流行的一個理論。

古典理論認為投資是理性行為，但事實上，投資也是感性行為。行為理論學者主張投資者的行為並非總是理性的，也並非總是厭惡風險的，認為投資者的非理性行為導致了異常報酬。而非理性行為可分成「過度反應」和「不足反應」兩種理論。

恐慌與貪婪導致了過度反應，猶豫不決則造成了不足反應。在股市崩盤時，多數投資人瘋狂拋售持股（過度反應），接著就如同被驚嚇的小孩，即使景氣已經好轉，也無膽識投入股市（不足反應）。所以巴菲特最經典的一句話是：「在市場貪婪時恐懼，在市場恐懼時貪婪。」（Be greedy when others are fearful; be fearful when others are greedy.）例如報酬異常高的股票有時是過去曾讓投資人感到挫折的股票，即使這些股票的內在價值（真實價值）已經提升，投資人在心理上不願意買這些股票。這造成了這些股票未來的報酬率異常高的現象。

隨 堂 練 習

投資是理性行為，或非理性行為？

【第 1 題】假如您在年終摸彩中得到特權，可在下面二案選一，您會選 A 或 B？

A: 100% 獲獎金 240 萬

B: 1/4 機會獲獎金 1000 萬，3/4 機會一無所獲。

【第 2 題】假如您經商遇難關，但可在下面二案選一，您會選 C 或 D？

C: 100% 虧損 750 萬

D: 3/4 機會虧損 1000 萬，1/4 機會毫無損失。

[請見章末解說]

Case Studies 美國網路股的泡沫化（**1999~2001**）

圖 11.45 中 AMEX 網路指數在網路股泡沫化（1999~2001）的過程中，波濤洶湧，但終歸平淡。如果投資是理性行為，應該早就拉回基面才對，應不至於維持了一年多的狂飆與一年多的狂跌。S&P 500 因為不以網路股為主要成分，因此過程平靜多了。

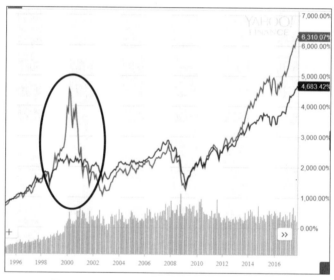

圖 11.45　網路股的泡沫化（1999~2001）

11.9 ≫ 投資人的行為：行為財務學的觀察

　　由於有效市場假說（EMH）不斷地有實證研究提出質疑，有必要發展新理論來解釋。古典理論認為投資是理性行為，但事實上，投資也是感性行為。「行為財務學」就是近年來流行的一個理論。行為金融學是金融學、心理學、行為學、社會學等學科相交叉的邊緣學科，旨在研究金融市場的非理性行為和決策規律。它是和有效市場假說（EMH）相對應的一種學說。行為金融理論認為，證券的市場價格並不只由證券內在價值所決定，還在相當大程度上受到投資者主觀行為的影響。以下介紹這一個學說的部分成果。

認知偏誤

認知偏誤（cognitive bias）是有特定模式的判斷偏差，主要是由於人們經常根據主觀感受而非客觀資訊建立起對社會現實的認識。認知偏誤可以導致判斷不合邏輯、預測不精準，是「不理性」的行為。常見的認知偏誤如下：

- 認知失調（Cognitive dissonance）：當客觀證據與自己的主觀信念或假設不符時，人們會經歷的心理衝突（mental confliction）。為了避免心理衝突，追求認知一致性，人們會改變自己的對客觀證據的認知，以減少因心理衝突產生的不愉快感。例如，剛買入股票不久的人，遇到突如其來的下跌，為了避免覺得自己很笨，會以各種說法來避免心理衝突，例如「股價很快就會漲回來」、「很多人都跟我一樣買了股票」。

- 選擇性認知（Selection Perception）：即肯證偏誤（Confirmation bias）。人們會為了得到期望的訊息而對資訊進行篩選。人們有想要找到資訊以符合既有主觀觀點的傾向，因此有時會盡極大的努力去尋找資訊以支持自己的觀點，但當接收到與既有觀點相衝突的資訊時，會故意忽略這些資訊。換言之，人們只聽自己想聽的。例如，支持學歷無用論的人會努力搜尋沒讀過書的人事業成功的故事，但對同樣的人的事業失敗的故事卻視而不見。例如，手上有股票的人會努力尋找利多的資訊，但對利空的資訊卻視而不見。相反地，剛賣掉手上股票的人會努力尋找利空的資訊，但對利多的資訊卻視而不見。

- 選擇性記憶（Selective Retention）：人們經常需面對大量的訊息，往往無法全部記住，因此經常選擇性地記憶，往往只記住突出的事件，而忽略日常事件。例如，投資人對和公司相關的聳動新聞印象深刻，對定期發布的財報內容容易遺忘。前者往往造成對股價反易過度，而後者往往造成對股價反易不足。

- 選擇性曲解（Selective Distortion）：人們經常對熟悉的事物有固定的主觀觀點，當客觀事實與主觀觀點衝突時，往往選擇性地解釋、判斷客觀

事實，甚至扭曲了客觀事實的意涵。例如，投資人對某股票的股東權益報酬率長期維持超過市場平均值有很高的信心，即使出現負面的資訊顯示這個預期已經難以成真，往往將這個負面資訊解釋成短期現象，或資訊不可靠。甚至扭曲成股價會短期下跌，正是撿便宜貨的好機會。

- 光環效應（Halo Effect）：人們對於一個人或事物的某種特性有非常好的印象，在這種印象的影響下，人們對這個人或事物的其他特性也經常會給予較好的評價。例如名人效應也是一種光環效應，巴菲特說過：「我21歲時最有能力提供財務建議，但人們都敬謝不敏。即使我提出最卓越的看法，也不會有人太在意我。現在我就算說了世界上最蠢的話，還是有許多人會認為，我的話裡一定隱含某種重要的意義。」又例如，投資人對某一股票的某個特性有非常好的印象，比如超高的股東權益報酬率，往往對其他特性也抱持正面看法，比如對超高的股價淨值比或本益比也抱持這是市場對這個股票未來展望的肯定，而非股價已經過度反應公司卓越的股東權益報酬率。

- 刻板印象（stereotype）：人們對於一個人或事物的某種特性有長期累積的印象，往往會形成刻板印象，即將其「貼標籤」而形成難以改變的看法。例如，投資人發現某一股票的報酬率長期很好或很差，會認定這是一個「好」或「壞」股票，即使客觀事實已經改變，人們往往不願意改變這個認知。

- 代表性捷思（Representative heuristic）：人們對於事情發生的可能性，傾向於按照它們與某件事情的主觀相似程度來判斷，而不是以客觀機率來判斷。證據之一是如果問 John 是奧運百米冠軍，試問 John 最可能是(A) 黑人 (B) 美國人 (C) 美國黑人？很多人會答 (C) 但那絕非最可能答案。John 是美國黑人的機率絕不會比 (A) 黑人、(B) 美國人來得更高。

- 可取性捷思（Availability heuristic）：人們評估某一事件發生的頻率或機率，是按照該發生情境容易被記起來的程度做判斷。例如自己曾經出過車禍就認定車禍的可能性極高。「何不食肉糜」的起因就是因為自己可以天天吃肉糜，就以為每個人都可以。

- **近期偏誤**：對最近資訊的過大權重導致「過度反應」（over-reaction），最後導致「均值回歸」（Mean Reversion）。證據之一是盈餘宣告效應：最近盈餘高者會被預期未來也高，導致股價上升；但是當未來盈餘不如預期時，會被預期未來也不佳，導致股價下跌。

- **對照偏誤**：是指人們在相對比較下的認知偏誤。例如當班級中的其他學生表現太好時，會覺得一位表現平平的學生表現太差。反之，當其他學生表現太差時，會覺得這一位學生表現很好。

- **壓力偏誤**：是指人們在強大壓力下的認知偏誤。例如當人們在處理一件簡單但處理不當後果卻極為嚴重的事情時，表現出的處理能力常低於平常水準。

- **複雜偏誤**：是指人們在處理複雜問題時，過度簡化問題的認知偏誤。例如當人們判斷一件因果關係極為複雜的車禍時，常省略一些重要的因素，以便判斷因果關係。

- **以偏概全**：是指人們以對極少數樣本之認知為基礎，去判斷全體樣本的認知偏誤。例如只因自己認識某國的幾位人士都不愛運動，就認定該國國民都不愛運動。

- **風險吸收**：是指對人們當某件事有高度慾望時，經常會低估此事潛在風險的認知偏誤。例如當一個小偷很想偷珠寶展中的鑽石時，他可能會低估被逮捕的機率。又例如當一個投資人在股市多頭時很想買股票大賺一筆時，他可能會低估股市崩盤的機率。

- **越陷越深**：當投資人的投資有損失時，普遍不願承認投資錯誤。當損失擴大時，就更不願意放棄。直到損失極大時，才肯放棄。例如一個在股市套牢的投資人，即使有證據顯示股市會繼續下跌，他也可能不願意認賠賣出。

- **盲目跳動**：當人們不知道自己做了一個成功的決策，由於缺少耐心，導致輕易放棄原決策，使得決策反反覆覆。例如投資人由於缺少耐心，導致買賣頻繁，交易成本偏高，使投資報酬被耗損。

錨定效應與框架相依

- **錨定效應（Anchoring effect）**：當人們在估計某事物時，常常會先建立一個初始估計做為參考點，然後再根據所觀察的資訊，將原先的參考點加以調整。例如投資人容易受買入股價的影響，去判斷未來的某一時刻該股票的股價偏高或偏低。一位用 120 元賣出股票的投資人可能會覺得股價變動到 100 元已經跌很多，股價已經很便宜而考慮買入。相反地，一位用 80 元買入同一股票的投資人可能會覺得股價變動到 100 元已經漲很多，股價已經很昂貴而考慮賣掉。錨定效應可能導致投資人不能完整反應新資訊的內容，造成錯誤的估計與決策。

- **框架相依（Frame dependence）**：人們對事物的判斷常會受到情境背景的影響，或受到他們自己的興趣、背景、經驗和態度的影響，去理解、判斷他們所觀察到的事物，而產生認知偏誤之現象。

- **心理帳戶（mental account）**：人們常對不同來源的錢擁有不同的效用與風險態度，好像這些錢是被放在不同的「帳戶」一般。例如人們經常把買彩券、摸彩輕鬆賺得的錢拿去作高風險投資；而每天加班辛苦賺來的薪水拿去作低風險投資。事實上，錢就錢，其效用和風險與錢的來源無關。

- **客戶效應**：投資人常常比起從賣股票的價差賺到錢，更樂意於見到從「現金股利」賺到錢。一塊錢股利對投資人的效用，常常大於一塊錢資本利得的效用。例如投資人擁有價值 100 萬的股票，股價上漲了 10%，則他可以賣掉 1/11 的股票賺的 10 萬現金；也可以由公司發 10 萬元現金股利賺到錢，但多數投資人更樂於透過後者賺到相同金額的現金。

- **沉沒成本**：將已經損失的錢看成尚未損失，導致在決策時作出錯誤的選擇。例如投資人買入的股票大跌，但常抱著不賣不賠的心態。事實上，股票大跌已經導致投資人的資產縮水，與是否賣出無關，是一種已經發生的事實，即已經發生沉沒成本。

知識方塊 錨定效應

• Tversky 與 Kahneman（1974）在一個實驗中要求受測者回答一些問題，好比說：「在聯合國的會員中，非洲國家占的百分比為何？」這時候，他們先在受測者前旋轉一個數字從 1~100 的轉輪。當然，轉輪停在什麼數字上與剛才的這個問題毫不相干。接著，先問受測者他們的答案比轉輪上所顯示的數字來得高，還是來得低，最後請他們說出自己的答案。結果發現，轉輪上的數字大大影響了受測者的答案。例如，當轉輪所轉出來的數字是 10 或 65 時，受測者對於非洲國家屬於聯合國會員國的比例做答的中位數，分別是 25 與 45。

隨堂練習

沉沒成本

假設你投資 100 萬買入股票，但過了三個月，現值只剩 60 萬，此時有二個投資方案可供選擇：

• 方案一：繼續持有。估計一年後持股股價會反彈，股票價值 120 萬。
• 方案二：賣出換股。先將持股以 60 萬賣出，再用這 60 萬買入另一股票，估計一年後，該股票價值 140 萬。

你會選那個方案？［請見章末解說］

隨堂練習

認知心理

1. 有一位陸軍上將有位弟弟，但弟弟卻從不承認他有位哥哥，為什麼？

2. 有一個人一天到晚亂花錢，卻仍是百萬富翁，為什麼？

3. 圖 11.47 這六條線都是平行線嗎？

圖 11.47　這六條線都是平行線嗎？

4. 圖 11.48 的兩條弧形線哪一根長？

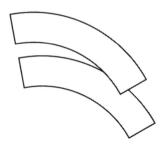

圖 11.48　兩條弧形線哪一根長？

5. 圖 11.49 左圖中間的圓形與右圖中間的圓形哪一個大？

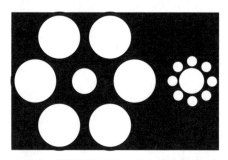

圖 11.49　左圖中間的圓形與右圖中間的圓形哪一個大？

6. 圖 11.50 左邊灰色與右邊灰色哪一個顏色深？

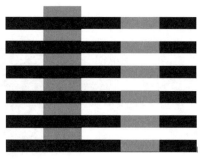

圖 11.50　左邊灰色與右邊灰色哪一個顏色深？

7. 試繪一條連續四段的折線通過下圖中九個點。

圖 11.50　試繪一條連續四段的折線通過圖中九個點

8. 有一位小氣的富翁要園藝公司種五排樹，每一排要有四顆樹，但他只願付十棵樹的錢，園藝公司怎麼辦呢？

保守偏誤與過度樂觀

- **保守偏誤（Conservation bias）**：人們堅持既定的觀點或是預測的傾向，經常因此導致對新資訊「反應不足」。證據之一是盈餘宣告效應：盈餘宣告後的影響經常緩慢產生，有反應不足的現象。

- **現狀偏好（status quo bias）**：人們有情緒性地傾向於維持現狀的一種認知偏誤。當現狀客觀上優於其它選項時，維持現狀是理性的。但人們常將現狀當成基準，任何改變都被視為一種損失。投資人普遍偏好維持現狀，故步自封。

- **模糊嫌惡（Ambiguous aversion）**：人們偏好已知的或是熟悉的事物。證據之一是投資人經常喜好投資自己上班的公司或產業，投資多元化經常嚴重不足。

- **羊群效應（Herd behavior）**：即從眾行為。人們容易受到多數人的思想或行動的影響而盲從。Gadarowski（2001）曾調查股票在媒體披露的程度與股票未來報酬率的關係，發現披露程度很高的股票在接下來的二年報酬率較差。原因是人們受到媒體報導的影響，積極買入某些股票，導致這些股票的股價超過合理價格，最終導致未來報酬率較低。

- **過度樂觀（Over-optimism）**：人們往往傾向誇大自己的能力，自認為「一切都在掌握之中！」過度樂觀來自「控制幻覺」、「自我歸因」。

- **控制幻覺（Illusion of control）**：人們常把隨機事件視為自己能力掌控的結果。

- **自我歸因（Self-attribution）**：當人們判斷個體行為的結果時，會將結果的原因分成二種：

  (1) 外部因素：外在環境的不可控因素，例如運氣。

  (2) 內部因素：內在意志的可控因素，例如努力。

  當人們在判斷自己的失敗時，傾向於高估外部因素的影響，而低估內部因素的影響。反之，在判斷自己的成功時，傾向於高估內部因素的影響，而低估外部因素的影響。例如買一支股票賠了錢，明明是自己決策錯誤，但投資人常歸因於只是運氣差。反之，買一支股票賺了錢，雖然只是運氣好，但投資人常歸因於自己很「英明」。西諺「拋錢幣正面是我贏了，背面只是運氣不好。」（Heads I win, tails it's chance.）很能說明這種人性特質。相反地，人們在判斷別人的失敗或成功時，會採用與上述相反的原則。簡言之，別人的失敗是不認真，成功是狗屎運。

🥧 自信不足與自信過度

- **自信不足**：即蛇咬效應。人們對近期決策的重大失誤會使其低估自己的能力。例如，投資人在空頭之後虧損累累，經常會因此懷疑自己的投資能力，導致有很長一段時間不敢買股票。

- **自信過度（Over-confidence）**：人們普遍高估自己的能力。過度自信的人也被稱為「校準不良」（not well calibrated）。證據之一是多數的駕駛人自信駕駛技術在平均以上。多數的投資人過度自信自己的投資能力，過度自信的程度越大，其投資股市的週轉率越高，而週轉率越高經常導致報酬率偏低。例如男性比女性更過度自信，其週轉率更高、報酬率更低。此外，股市大多頭之後的無敵心態，也會助長過度自信的想法。

- **反應不足與反應過度（圖 11.51）**：人們普遍對「一般性」訊息（例如財報）反應不足，猶豫不決，錯失良機。人們面對「衝擊性」訊息（例如天災人禍）常反應過度，驚慌失措，自亂陣腳。

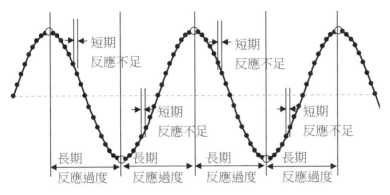

圖 11.51 「反應不足」與「反應過度」

11.10 投資人的行為：決策論

決策論研究決策者如何進行決策，以及如何達到最優決策。常見的理論有「期望值理論」、「預期效用理論」與「展望理論」（圖 11.52）。

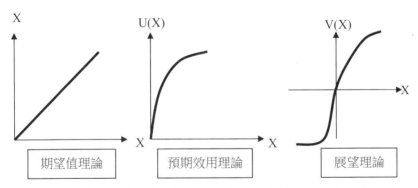

圖 11.52 「期望值理論」、「預期效用理論」與「展望理論」之比較

● 期望值理論

古典決策理論認為，在不確定情況下，個人所作出的選擇是追求某一數量的期望值的最大化。

$$\text{Max Expectation} = \sum P_i \cdot X_i \tag{11.2}$$

其中 P_i = 機率，X_i = 評價（通常以貨幣金額表示）。

例如買 A 股有 70% 機率賺 10 萬，30% 機率賠 5 萬（即賺 -5 萬）；買 B 股有 60% 機率賺 15 萬，40% 機率賠 8 萬（即賺 -8 萬），則

買 A 股期望值 = 0.7*10＋0.3＊(-5)＝5.5 萬
買 B 股期望值 = 0.6*15＋0.4＊(-8)＝5.8 萬

期望值理論認為決策者會選「買 B 股」。

預期效用理論

由於在許多實證中，期望值理論無法正確預測人們的決策，因此有預期效用理論被提出，它有兩個原則：

1. 邊際效用遞減原理：一個人對於財富的占有多多益善，即效用函數一階導數大於零；但隨著財富的增加，滿足程度的增加速度不斷下降，即效用函數二階導數小於零。

2. 最大效用原理：在不確定情況下，個人所作出的選擇是追求期望效用值的最大化。

    $$\text{Max } Utility = \sum P_i \cdot U(X_i) \tag{11.3}$$

    其中 P_i = 機率，$U(X_i)$ = 效用（不以貨幣金額表示）。

例如買 A 股有 70% 機率賺 10 萬（效用 10 分），30% 機率賠 5 萬（即賺 -5 萬，效用 -5 分）；買 B 股有 60% 機率賺 15 萬（因財富的效用遞減，假設效用 12 分），40% 機率賠 8 萬（即賺 -8 萬，效用 -8 分），則

買 A 股預期效用 = 0.7＊10＋0.3＊(-5)＝5.5 分
買 B 股預期效用 = 0.6＊12＋0.4＊(-8)＝4.0 分

預期效用理論認為決策者會選「買 A 股」。

展望理論（Prospect Theory）

展望理論修正了傳統的風險決策理論，證明在不確定條件下的人們大多數的判斷和決策，都系統性地偏離了傳統的決策理論，特別是偏離期望值理論。展望理論認為在不確定情況下，個人所作出的選擇是追求「展望值」（Prospect）的最大化。

$$\text{Max Prospect} = \sum \pi(P_i) \cdot V(X_i - r) \qquad (11.4)$$

其中

- **決策權重 $\pi(P_i)$**：是主觀的機率函數，反映主觀機率對前景價值的影響。它並非機率，所以不服從機率的運算規則，而是一種特殊的權重；通常決策者對小機率的估計偏高，對較大機率的估計偏低。例如對發生機率 1/1000 者估計為 1/100，而發生機率 999/1000 者估計為 99/100。

- **價值函數 $V(X_i - r)$**：它反應前景的主觀感受值。價值函數是用來度量前景相對於參考點的價值，以代替貨幣值或效用值，其中參考點的價值取零。當評價低於參考點時，即 $X_i - r < 0$ 時，因主觀感受痛苦很高，價值函數很低。

例如假設參考點是賺 3 萬元，買 A 股有：

70% 機率賺 10 萬，則 $\pi(P_i) = \pi(70\%) = 0.60$，$V(X_i - r) = V(10 - 3) = 7$ 分
30% 機率賠 5 萬，則 $\pi(P_i) = \pi(30\%) = 0.35$，$V(X_i - r) = V(-5 - 3) = -10$ 分

買 B 股有：

60% 機率賺 15 萬，則 $\pi(P_i) = \pi(60\%) = 0.55$，$V(X_i - r) = V(15 - 3) = 10$ 分
40% 機率賠 8 萬，則 $\pi(P_i) = \pi(40\%) = 0.45$，$V(X_i - r) = V(-8 - 3) = -15$ 分

上面價值函數在評價低於參考點時，因主觀感受痛苦很高，價值函數很低。例如上面的 $V(15-3) = V(12) = 10$，$V(-5-3) = V(-8) = -10$，$V(-8-3) = V(-11) = -15$ 就是評價函數對賺很多的主觀正面評價降低，以及賠很多的主觀負面評價增加的例子。

買 A 股「前景」＝0.6＊7＋0.35＊(-10)＝0.7 分
買 B 股「前景」＝0.55＊10＋0.45＊(-15)＝-1.25 分

展望理論認為決策者會選「買 A 股」。

展望理論的引申如下：

- **損失趨避（loss reversion）**：人們對損失和利得的敏感度不同。損失一塊錢的負效用，大於賺得一塊錢的正效用。例如假設現在有一個對一個公平賭博（勝負機率各半）下注的機會，如果你輸了，就必須支付 1 萬元，如果贏了，你覺得最少要付給你多少錢，才會讓你覺得這場賭注是很有吸引力的？最常見的答案，大概是介於 2~2.5 萬之間。也就是說，人們對損失的感覺大概是對利得感覺的 2~2.5 倍。另一個證據是債券的風險溢酬遠低於權益證券，原因可能是權益證券常常出現負報酬，而債券很少負報酬，因為多數投資人是損失趨避，因而偏愛債券，使得債券只要提供偏低的風險溢酬就可銷售出去。

- **避免後悔**：投資人普遍避免決策失敗，因此寧可投資績優股（P/E 大、市值高）。因為這些股票通常聲譽卓著，知名度響叮噹，當投資失利時投資人可以自認為是運氣不好，而非決策失敗。這可解釋為何 P/E 大、市值高者績效較差。

- **處置效應（disposition effect）**：投資人普遍避免決策失敗，因此賣出贏家，以確保戰果；抱住輸家，以否認失敗。故經常見好就收，過早退場而少賺；拒絕認錯，過晚退場而套牢。

- **確定效應與反射效應**：處於收益狀態時，多數人是風險厭惡者。處於損失狀態時，多數人是風險喜好者。例如問假如您在年終摸彩中得到特權，可在下面二案選一，您會選 A 或 B ？ A: 100% 獲獎金 240 萬，B: 1/4 機會獲獎金 1000 萬，3/4 機會一無所獲。人們經常不願意冒險而選擇 A。再問假如您經商遇難關，但可在下面二案選一，您會選 C 或 D ？ C: 100% 虧損 750 萬，D: 3/4 機會虧損 1000 萬，1/4 機會毫無損失。人們經常願意冒險而選擇 D。

■ 動態展望理論：先前的得失會影響人們對風險
的態度。如果改變人們在評價事物時所使用的
參考點，就可以改變人們的風險偏好。例如在
股市賺了錢的投資人會較願意買入高風險的股
票，又稱賭資效應。例如圖 11.53 的虛線顯示，
賺了錢的投資人會接受更高的風險，因此對於
負值的 X 給予的評價變得沒那麼負面。

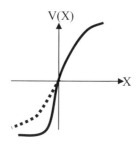

圖 11.53　動態展望理論

11.11 >> Excel 的應用

本例題以十等分排序法證明可能存在某些選股因子可以產生超額報酬，
以實證「半強式」效率市場假說在台灣股市是否成立。本章考慮的選股因子
包括七類：

■ **風險因子**：ß 值、負債權益比（D/B）

■ **價值因子**：淨值股價比（B/P）、益本比（E/P）、新淨值股價比、新益本
比（後二者的分母的股價用第 t+1 季季底股價）

■ **成長因子**：股東權益報酬率（ROE）

■ **規模因子**：市值（季底）

■ **流動性因子**：成交量、周轉率、收盤價（季底）

■ **動能因子**：第 t+1 季報酬率

■ **其它因子**：每股淨值、每股盈餘（EPS）、稅後淨利

這些選股因子的編號參見表 11.5，詳細定義參見第 16 章。投資組合的績
效指標包括：

Y1 第 t+2 季報酬率

Y2 第 t+3 季報酬率

表 11.5　選股因子與報酬的關係

選股因子	說明	關係	
X1	股票報酬率	第 t+1 季的股票季報酬率。	↓↓
X2	系統性風險 β 值	第 t+1 季的 β 值。	
X3	負債 / 淨值比	第 t 季的公司的負債除以淨值的比率。	
X4	淨值報酬率（ROE）	第 t 季的季股東權益報酬率（ROE）。	↑↑
X5	成交量	第 t+1 季的季成交量（百萬股）。	↓
X6	週轉率	第 t+1 季的季週轉率。	↓
X7	市值	第 t+1 季的季底個股市值（百萬元）。	↓↓
X8	收盤價	第 t+1 季的個股季底收盤價。	↓↓
X9	淨值股價比（B/P）	第 t 季的淨值股價比。	↑
X10	益本比（E/P）	第 t 季的益本比。	↑↑
X11	每股淨值	第 t 季的股票的每一股的淨值。	
X12	每股盈餘（EPS）	第 t 季的股票的每一股的盈餘。	↑
X13	稅後淨利	第 t 季的公司的稅後淨利總值。	
X14	新淨值股價比	第 t 季的淨值股價比。股價用第 t+1 季股價。	↑↑↑
X15	新益本比	第 t 季的益本比。股價用第 t+1 季股價。	↑↑↑

◀練習 11.1▶ 台灣股市效率市場假說

(1) 開啟「練習 11.1 台灣股市效率市場假說」檔案。首先將各季各股所有資料均放在如圖 11.54 圖的各欄。其中

- A 欄是股票的編號與名稱。
- B 欄是股票的季報時間基準，3、6、9、12 月分別代表第 1、2、3、4 季。
- C~Q 欄是 X1~X15 的原始值。
- R 欄與 S 欄是 Y1 與 Y2 的原始值。

(2) 首先將各季各股所有資料 Rank 化（圖 11.55）。其中

- T~AH 欄是 X1~X15 的 Rank 值。
- AI 欄與 AJ 欄是 Y1 與 Y2 的 Rank 值。

例如 AI2 是 R2 的 Rank 值，因為第一季的範圍在第 2~242 列，故 AI2 的
公式為「=(RANK(R2,R2:R242,1))/COUNT(R2:R242)」

	A	B	C	D	E	F	G	H
1	name	date	X1 報酬率	X2 風險beta	X3 負債/淨	X4 淨值報	X5 成交量	X6 週轉率 X7
2	1101 台泥	1996/3/1	90.3551	1.0659	68.83	1.1	780	18.13
3	1102 亞泥	1996/3/1	29.5949	0.5411	54.71	2.69	246	7.56
4	1103 嘉泥	1996/3/1	21.5861	1.2857	96.48	1.24	322	19.08
5	1104 環泥	1996/3/1	7.9077	1.0612	47.92	1.01	150	10.34
6	1108 幸福	1996/3/1	-7.8434	1.0405	75.02	1.25	41	5.05
7	1109 信大	1996/3/1	7.1293	0.6231	21.68	1.79	40	2.82
8	1110 東泥	1996/3/1	1.133	0.958	21.59	2.93	51	3.27

圖 11.54　各季各股資料

	AG	AH	AI	AJ	AK	AL	AM	AN	AO	AP
1	Rank(X14)	Rank(X15)	Rank(Y1)	Rank(Y2)		報酬率平均	報酬率標準差	Sharpe	報酬率RANK平均值	
2	0.186721992	0.489626556	0.012448133	0.502074689		8.489447	24.91344	0.340758	0.503359	
3	0.622406639	0.784232365	0.219917012	0.141078838		-5.45501	24.84351	-0.21957	0.495523	
4	0.398340249	0.614107884	0.273858921	0.373443983		-7.67221	36.96758	-0.20754	0.500436	
5	0.663900415	0.622406639	0.307053942	0.348547718		17.07723	56.45074	0.302516	0.50788	
6	0.406639004	0.639004149	0.755186722	0.572614108		-0.53173	29.63626	-0.01794	0.49435	
7	0.319502075	0.676348548	0.195020747	0.821576763		9.285731	25.95963	0.357699	0.509565	
8	0.746887967	0.863070539	0.506224066	0.937759336		-2.11738	17.64304	-0.12001	0.495183	
9	0.369294606	0.174273859	0.265560166	0.402489627		3.739117	21.03885	0.177724	0.503289	
10	0.402489627	0.248962656	0.858921162	0.489626556		13.98302	32.84277	0.425756	0.501869	
11	0.037344398	0.232365145	0.663900415	0.302904561		12.4811	23.69317	0.52678	0.500639	

圖 11.55　各季各股所有資料 Rank 化

(3) 再將 Rank 值以貼上值的方式覆蓋，這是為了避免排序時，公式中 Rank
函數值因為排序而改變。步驟 (2)(3) 相當費時，此檔案已完成這兩個步
驟，讀者不需重作。

(4) 由於資料共 19990 筆，因此十等分約各 2000 筆資料，故在
AL2 寫入第 1 等分的報酬率平均值公式「=AVERAGE(R2:R2000)」
AL3 寫入第 2 等分的公式「=AVERAGE(R2001:R4000)」
　：
AL11 寫入第 10 等分的公式「=AVERAGE(R18001:R20000)」
同理，
在 AM2 寫入第 1 等分的報酬率標準差公式「=STDEV(R2:R2000)」...

在 AN2 寫入第 1 等分的 Sharpe 指標公式「=AL2/AM2」…

在 AO2 寫入第 1 等分的報酬率 Rank 值平均值公式「=AVERAGE
(AI2:AI2000)」…

(5)　將 AL2:AL11, AM2:AM11, AN2:AN11, AO2:AO11 繪出十等分的報酬率平
均值、報酬率標準差、Sharpe 指標、報酬率 Rank 值平均值的柱狀圖。

(6)　選擇 T~AH 欄（X1~X15 的 Rank 值）中的任一欄排序，可以看出其選股
效果。例如選擇 AG 欄（X14 的 Rank 值）排序，可以看出其選股效果十
分突出（圖 11.56）。

	AG	AH	AI	AJ	AK	AL	AM	AN	AO	AP
	Rank(X14)	Rank(X15)	Rank(Y1)	Rank(Y2)		報酬率平均	報酬率標準差	Sharpe	報酬率RANK平均值	
2	0.002197802	0.226373626	0.604395604	0.08351648		-1.89432	34.43366	-0.05501	0.440174	
3	0.002197802	0.23956044	0.707692308	0.026373626		-1.19666	32.79799	-0.03649	0.44877	
4	0.002202643	0.268722467	0.984581498	0.546255507		-0.59111	29.06856	-0.02033	0.46661	
5	0.002202643	0.257709251	0.54845815	0.711453744		0.987487	32.03744	0.030823	0.479948	
6	0.002202643	0.18722467	0.022026432	0.107929515		1.446374	30.61284	0.047247	0.490023	
7	0.002207506	0.110375276	0.315673289	0.847682119		2.536207	31.35957	0.080875	0.504351	
8	0.002207506	0.315673289	0.847682119	0.004415011		3.384677	28.76522	0.117666	0.51733	
9	0.002262443	0.377483444	0.004415011	0.984547461		4.497501	30.01502	0.149842	0.537334	
10	0.002262443	0.371040724	0.076923077	0.712669683		5.738168	32.75587	0.17518	0.551276	
11	0.002262443	0.260180995	0.719457014	0.366515837		9.64538	40.36765	0.238938	0.577129	
12	0.002267574	0.024943311	0.843537415	0.022675737						
13	0.002267574	0.287981859	0.024943311	0.111111111						
14	0.002267574	0.424036281	0.108843537	0.394557823						
15	0.002267574	0.290249433	0.598639456	0.845804989						
16	0.002277904	0.148063781	0.004555809	0.177676538						
17	0.002277904	0.161731207	0.990888383	0.079726651						
18	0.002298851	0.204597701	0.07816092	0.664367816						
19	0.002304147	0.338709677	0.239631336	0.573732719						
20	0.002309469	0.147806005	0.096997691	0.300230947						
21	0.002314815	0.296296296	0.020833333	0.953703704						

圖 11.56　選擇 AG 欄（X14 的 Rank 值）排序，可以看出其選股效果。

　　依序用 15 個選股因子排序，將其十等分的報酬率平均值柱狀圖列在圖
11.57，評估結果如表 11.5 最右邊一欄，顯示有許多選股因子與報酬率有明
顯關係。表中↓↓＝明顯反比，↓＝反比，↑＝正比，↑↑＝明顯正比，
↑↑↑＝很明顯正比。討論如下：

■　**風險因子**：ß 值並無影響，與預期不同。

■　**價值因子**：淨值股價比、益本比都正比，而分母的股價用第 t+1 季的季底
股價之新淨值股價比、新益本比都很明顯正比，與預期相同。

- **成長因子**：股東權益報酬率（ROE）明顯正比，與預期相同。
- **規模因子**：市值（季底）明顯反比，與預期相同。
- **流動性因子**：成交量、週轉率反比、收盤價（季底）明顯反比，與預期相同。
- **動能因子**：第 t+1 季報酬率顯反比，有反轉效應。

　　上述結果證明可能存在某些選股因子可以產生超額報酬，其中價值因子表現最為突出。下一章將探討如何整合多個選股因子來提升選股績效。

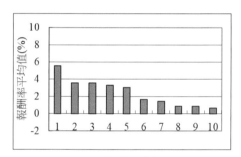

X1 股票報酬率

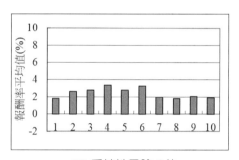

X2 系統性風險 β 值

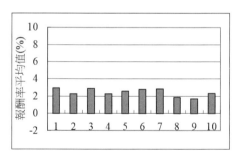

X3 負債 / 淨值比

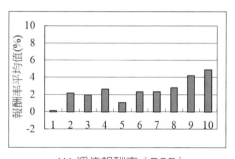

X4 淨值報酬率（ROE）

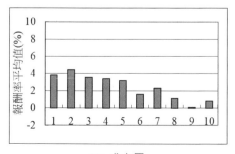

X5 成交量

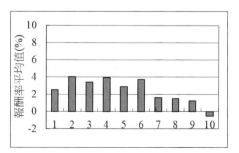

X6 週轉率

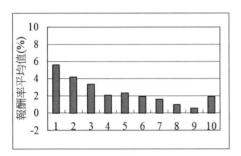

X7 市值

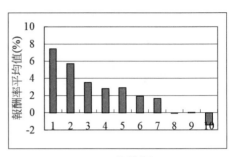

X8 收盤價

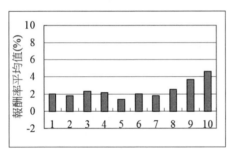

X9 淨值市值比（B/P）

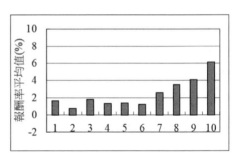

X10 益本比（E/P）

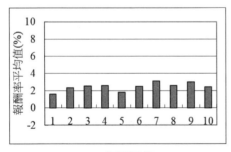

X11 每股淨值

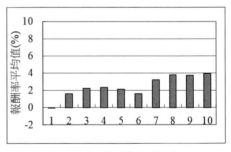

X12 每股盈餘（EPS）

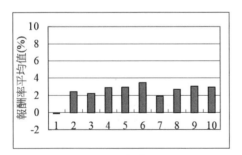

X13 稅後淨利

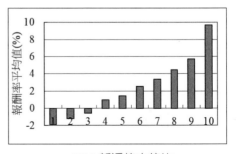

X14 新淨值市值比

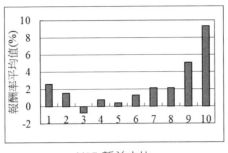

X15 新益本比

圖 11.57　各選股因子的十等分的報酬率平均值柱狀圖

隨 堂 練 習

買自家股票？

上班族購買與自己從事的公司、產業相關的股票的贊成理由有對公司、產業了
解。反對理由有風險集中。試就這些理由深入討論與批判。

11.12 ▶▶ 結語

本章總結如下：

- 實證研究傾向肯定弱式效率市場；傾向否定強式效率市場；但對半強式
  效率市場還沒有定論。

- 成熟的市場較有效率，不成熟的市場較無效率。已開發國家的市場可能
  可以達到「半強式」效率市場；開發中國家的市場可能可以達到「弱
  式」效率市場；未開發國家的市場可能無法達到效率市場。

- 市場相當有效率，擊敗市場極為困難。此外，一旦人們發現了某種選股
  策略在過去有效，在人們大量使用這種策略下，策略可能失效，而無法
  長期有效。

習題

1. 練習 11.1 台灣股市效率市場假說：

   (1) 將 data 分為 1996-1999, 2000-2003, 2004-2008 三組，重作一次。

   (2) 並觀察其柱狀圖，列一張選股因子與報酬的關係表格。

   (3) 最後比較這三個期間，選股因子與報酬的關係是否有變化。

2. 試上網查詢最初提出「動能效應」與「反轉效應」的文獻各為何？

3. 試指出慣性策略技術分析有那些？反向策略技術分析有那些？各舉二例。

4. 試說明為何好公司（高淨值報酬率）的股票報酬率未必高？便宜的股票（高淨值市值比）報酬率未必高？

隨 堂 練 習

投資是理性行為，或非理性行為？

一般人會選 A+D，但顯然選 B+C 較理性，因為

A+D：有 25% 的機率賺 240 萬，有 75% 賠 760 萬

B+C：有 25% 的機率賺 250 萬，有 75% 賠 750 萬

沉沒成本

具有越陷越深迷思的投資者其思考邏輯是：

方案一：獲利 =120 萬 -100 萬 =20 萬

方案二：獲利 =(60 萬 -100 萬)+(140 萬 -100 萬)=0，式中考慮 (60 萬 -100 萬) 的理由是在賣出原持股時的損失。

事實上這 40 萬是沉沒成本 (sunk cost)，是過去的事實，已無可挽回。對未來做決策應忽略沉沒成本，正確的思考邏輯是

方案二：獲利 =140 萬 -100 萬 =40 萬

因此採取方案二才是正確的作法。

認知心理

1. 因為那位陸軍上將是他姊姊。人們容易被框架相依誤導，心理上認定「陸軍上將」必為男性。

2. 原是千萬富翁。人們容易被框架相依誤導，心理上認定「百萬富翁」等於富翁，忘了富翁可能是「千萬富翁」。

3. 都是平行線。人們容易被二直線的背景斜線誤導，誤判不是平行線。

4. 一樣長。人們傾向以左端對齊為基準做比較，誤判下方弧形線較長。

5. 一樣大。人們容易被對照偏誤誤導，誤判不一樣大。

6. 顏色一樣深。人們容易被黑色與白色的背景顏色誤導，誤判左邊灰色顏色深。

7. 採用下列畫法可以畫出一條連續四段的折線通過圖中九個點。人們容易被框架相依誤導，心理上認定折線不可以超出這 3×3=9 個點構成的無形框框。

8. 採用下列五角形配置，可滿足五排樹，每一排有四顆樹，但只有十棵樹。人們容易被框架相依誤導，心理上認定「排列」一定是矩陣式排列。

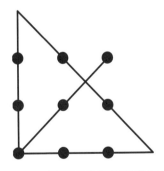
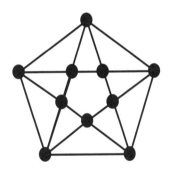

證券投資的
橫斷面分析：選股

◆ 價格是你所付出的，價值是你所得到的。— 華倫‧巴菲特

◆ 價值評估既是藝術，又是科學。— 華倫‧巴菲特

◆ 我們看的是公司本質的表現，而非其股價的表現；如果我們對公司的看法正確，市場終將還它一個公道。— 華倫‧巴菲特

◆ 投資者應考慮企業的長期發展，而不是股票市場的短期前景。價格最終將取決於未來的收益。— 華倫‧巴菲特

◆ 只有當大潮退去的時候，你才能知道誰在「裸泳」。（註：潮汐是股市起伏；泳衣是企業本質）— 華倫‧巴菲特

◆ 過去投資人必須在「價值」與「成長」之間來選擇股票，但成長與價值的投資其實是相通的。價值是一項投資其未來現金流量的折現值，而成長則是用來決定價值的一項預測過程。— 華倫‧巴菲特

◆ 與其把時間和精力花在購買價廉的普通公司上，還不如以公道的價格投資在一些物美的卓越公司上。— 華倫‧巴菲特

12.1 >> 前言

　　圖 12.1 為 2006 年的台股個股年報酬率的分佈，可見雖然該年大部份股票報酬率為正，但也有不少為負，年報酬率的分佈十分寬廣，可見選股的重要性。

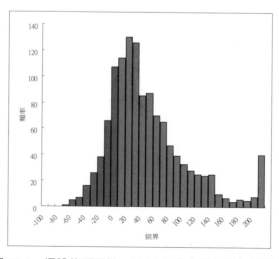

圖 12.1　擇股的重要性：2006 年的台股個股年報酬率

◕ 權益型證券（股票）的評價方法

價值投資的核心理念是尋找價格低於內在價值的證券，期待價格提高到內在價值而獲利。雖然選股並不需要評價股價，但評價方法可以對選擇選股因子有所啟發，因此本章將介紹評價股價的四個方法：

- 從資產負債表來評價：資產淨值評價法（資產基礎法）
- 從損益表來評價：收益折現評價法（收益基礎法）
- 從淨值成長與折現來評價：成長價值評價法
- 從比值來評價：市場比值評價法

◕ 多因子選股方法

上一章已經證明可能存在某些選股因子可以產生超額報酬。本章將介紹整合多因子來提升選股績效的三個方法：

- 條件篩選法
- 評分篩選法
- 評分排序法

12.2 》 權益證券價值之本質

股票的內在價值來自何方？股票只是一張紙（現在根本連紙都沒了），它的價值來自於它表彰持股人擁有特定公司的特定股份，每一股份的權利相等。簡單地說持股人就是企業的股東，股東對企業擁有二個權利（圖 12.2）：

一 盈餘分配請求權

當公司經營有盈餘時，股東有權分配這些盈餘，這些盈餘可用現金股利的形式分配給股東。由於金錢具有時間價值，未來的金錢之價值不如等額的現在的金錢之價值，因此未來的現金股利需用「必要報酬率」折現為現值。因此股價可以從股利折現得到，股利又來自盈餘，因此可從「損益表」中的

淨利除以公司的總股數得到每股盈餘來評價股價，即將每股盈餘乘以「合理」的本益比來估計「合理」的股價，這就是「收益基礎法」的理論基礎。

二 剩餘財產請求權

當公司清算時，股東有權分配公司的淨值，即扣除負債後的資產。故股價應與每股淨值成正比，因此可從「資產負債表」中的淨值除以公司的總股數得到每股淨值來評價股價，即將每股淨值乘以「合理」的股價淨值比來估計「合理」的股價，這就是「資產基礎法」的理論基礎。

因此權益證券的本質可用下式說明：

權益證券的權益 = 剩餘財產分配請求權 + 盈餘分配請求權

因此要對權益證券定價就必須從這二項權利出發。

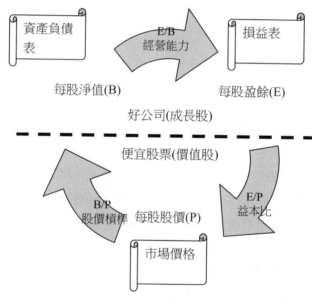

圖 12.2　簡化的三段式財務報表解析

12.3 >> 權益證券之價值投資策略

價值投資的核心理念是尋找價格低於內在價值的證券，期待價格提高到內在價值而獲利。因此價值投資是一種由下而上的投資哲學。但是當價值型投資人認為某一證券的價格低於內在價值而想買入時，必需有人願意賣出，否則無法獲利。為什麼會有投資人心甘情願地以低於內在價值的價格出售手頭上的證券呢？原因很簡單，並非所有的投資人都是價值型投資人。

從短期來看，股市是個相當沒效率的市場，證券價格經常低於以及高於內在價值相當大的幅度，而且有可能持續相當長的時間。但從長期來看，股市是個相當有效率的市場，證券價格低於以及高於內在價值的機率大約相當，偏離內在價值的股價終究會回到內在價值。內在價值高於價格的差額被葛拉漢稱做「安全邊際」（圖 12.1）。

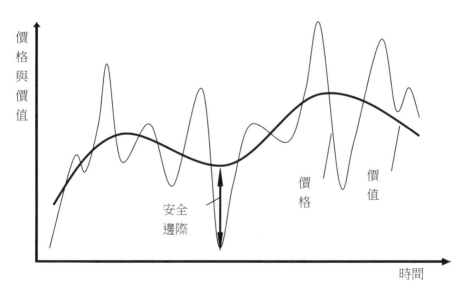

圖 12.3 價值、價格與安全邊際

葛拉漢說：「短期而言，股票市場是一個投票機，但長期來說，它卻是一個體重機」（In the short run, the market is a voting machine but in the long run it is a weighing machine.）從短期來看，證券的價格是由投資人的情緒與主觀看法所驅動；投資人透過買賣（如同投票）決定了價格。但長期來說，證券的價格仍然會回到內在價值，特別是那些受到廣泛關注的大型股。因此巴菲特說：「在投資時，我們把自己看成是企業分析師 — 而不是市場分析師，也不是宏觀經濟分析師，甚至不是證券分析師。」

如果無論長短期，股市都很有效率，或者都很無效率，那麼價值投資無法擊敗市場。正是因為股市在短期內出現無效率，價格偏離價值，價值型投資人可以趁機買入價格被市場低估的股票，等待市場恢復效率，價格因趨近價值而提高，因而獲利。

廣義價值投資策略可以分成兩種：

價值型投資

價值型投資是廣義價值投資策略中的一種策略，由葛拉漢（Benjamin Graham）和陶德（David Dodd）所提出。其重點是透過股價與每股權益相比之「市場評價比值」，例如高股息收益率（D/P，每股股利 / 股價）、低本益比（P/E，股價 / 每股盈餘）和低股價淨值比（P/B，股價 / 每股淨值），去尋找並投資一些股價被低估了的股票。

成長型投資

成長型投資是廣義價值投資策略中的另一種策略，其重點是透過公司的產出盈餘與投入資源（例如資產、股東權益）的「獲利比率」，例如高股東權益報酬率，去尋找並投資一些有高度成長潛力的公司，即使股票價格從上述價值型投資的觀點來看已經很貴，例如有很高的 P/E 或 P/B 值。

價值型投資並不總是戰勝成長型投資，但長期而言，許多證據顯示，價值型投資確實優於成長型投資。

許多人都將成長投資與價值投資視為對立的策略。事實上，兩者並不相衝突，巴菲特與彼得林區都是同時利用成長投資與價值投資的投資人。巴菲特

就曾指出：「價值投資和成長投資猶如人之雙腿。」（Growth and Value Investing are joined at the hip）。事實上，價值型投資重視目前公司的股價與其每股盈餘與淨值相較是否足夠偏低，重視的是靜態的現在價值；而成長型投資認為具有高獲利能力的公司，雖然目前股價偏高，但隨著公司因獲利而成長，未來的每股盈餘與淨值都可以提高，目前看來偏高的股價就不再偏高了，重視的是動態的未來價值。因此成長型投資與價值型投資都屬於一個定義更廣大的「廣義價值投資」，只不過成長型投資關注動態的未來價值，而價值型投資聚焦靜態的現在價值。

12.4 股價評價法 1：資產淨值評價法（資產基礎法）

資產負債表報告所有的資產、負債、股東權益：

- **資產** 是由企業所持有的財產。
- **負債** 是積欠於其他人的債務。
- **股東權益** 是把資產減去負債所得到的數值。

資產負債表反應了企業在某一特定日期的財務狀況。這種報表的一般關係式可表示為：

資產 = 負債 + 股東權益　　　　　　　　　　　　　　　　　　　　（12.1）

實際上企業是先算出資產與負債，再推算出股東權益：

股東權益 = 資產 - 負債　　　　　　　　　　　　　　　　　　　　（12.2）

股東權益代表企業的資產扣除負債的剩餘資產，從權益證券的「剩餘財產分配請求權」來看，股票的合理價格可依下列方法來估計：

$$\hat{P} = B$$

其中股東權益（淨值）B 可以是

- **帳面價值**：與會計原則有關。
- **清算價值**：清算時的價值可能會偏低。
- **重置價值**：重置時的價值可能會偏高。

事實上，實際的股價很少正好等於股東權益（淨值），原因在於未考慮股票的獲利能力。當兩家公司的股東權益（淨值）相同，但其中一家股東權益報酬率高達 20%，另一家低到 0%，顯然前者的合理股價應高於後者。因此股票的合理價格可以修改成

$$\hat{P} = \text{PBR} \times B \quad \text{其中 PBR= 合理的股價淨值比}$$

合理的股價淨值比與股東權益報酬率有密切關係，股東權益報酬率越高，即公司的獲利能力越高，市場給予的股價淨值比越高。根據統計，台股的實際股價淨值比有 80% 的機會會落在 0.7~3 之間。原則上，當公司只能賺到必要報酬率這樣水準的股東權益報酬率時，由於未來的股東權益（淨值）雖然會因股東權益報酬率而成長，但這個成長正好被必要報酬率的折現效果抵銷，未來的股東權益（淨值）的現值不增不減，合理股價等於目前的股東權益（淨值），因此股價淨值比的合理值為 1.0。當公司的股東權益報酬率大於（小於）必要報酬率時，股價淨值比的合理值大於（小於）1.0。

12.5 ▶ 股價評價法 2：收益折現評價法（收益基礎法）

損益表報告在某特定時間內的各種收入和支出，以及利潤（或損失）。當收入高過於支出時，就有利潤；否則出現虧損。它與資產負債表的一個顯著區別是，損益表的計算基準是一段時間；而資產負債表的計算基準是一個日期。

該種報表的一般關係式可表示為：

息稅前利潤 (EBIT) = 銷售收入 (S) – 成本費用 (C)　　　　　　　　（12.1）

其中 成本費用 = 銷貨成本 + 銷售費用 + 管理費用 + 折舊成本。

稅前利潤 (EBT) = 營息稅前利潤 (EBIT) – 利息 (I)　　　　　　　（12.2）

淨利潤 (E) = 稅前利潤 (EBT) – 稅金 (T)　　　　　　　　　　　（12.3）

淨利潤（或淨損失）代表企業的獲利（或虧損）狀況，從權益證券的「盈餘分配請求權」來看，股票的合理價格可依下列方法來估：

假設未來無限年，每年股利成長率為 g，資金成本率（必要報酬率）k，則合理股價為未來每年股利 D 的折現加總：

$$\hat{P} = \frac{D_0(1+g)}{1+k} + \frac{D_0(1+g)^2}{(1+k)^2} + \frac{D_0(1+g)^3}{(1+k)^3} + \cdots \qquad （12.4）$$

依級數定理得

$$\hat{P} = \frac{D_0(1+g)}{k-g} = \frac{D_1}{k-g} \qquad （12.5）$$

股利成長率來自股東權益報酬率 ROE，假設未來無限年盈餘保留率 b 維持不變，股東權益報酬率不變，則每年股利成長率為

$$g = b \times ROE \qquad （12.6）$$

股利 D_1 為第一年的盈餘 E 扣除盈餘保留後的部份，即

$$D_1 = (1-b) \times E \qquad （12.7）$$

將（12.6）與（12.7）代入（12.5）得合理股價為

$$\hat{P} = \frac{(1-b)E}{k - b \times ROE} \qquad （12.8）$$

然而上式有一個顯而易見的缺點：當資金成本率（必要報酬率）$k < b \times ROE$ 時，由於分母為負數，合理股價變得無意義。造成這個困擾的原因是它假設股東權益報酬率是一個常數，事實上太高的值不可能長期維持，股東權益報酬率與其他金融變數一樣，都有均值回歸的現象。

12.6 》股價評價法 3：成長價值評價法

　　股票的價值來自它提供股東「盈餘分配請求權」與「剩餘財產請求權」。投資人買進股票相當於用現金換取這二個權利。前面二節的評價方法：

- 淨值法（資產基礎法）以資產負債表的每股淨值的變現為基礎，只能反應股票的「剩餘財產請求權」。

- 折現法（收益基礎法）以損益表的每股盈餘的折現為基礎，只能反應股票的「盈餘分配請求權」。

　　都只反應一個權利而不夠全面。為了能夠同時反應這二個權利，一個稱為「成長價值法」（Growth Value Model, GVM）的股價評價方法被提出。

　　成長價值法結合收益基礎法、資產基礎法的觀念，同時反應股票的「盈餘分配請求權」與「剩餘財產請求權」，發展出一個簡單的理論公式，具有完善的理論基礎。此外，又結合市場基礎法務實的觀念，以歷史資料作迴歸分析，決定理論公式中的兩個係數，因此具有良好的實用價值。

一 公式的原理：股東權益報酬率（ROE）的均值回歸現象

　　成長價值法的基本原理是將合理股價視為「未來淨值」的折現值。未來淨值的大小與淨值成長的能力，即股東權益報酬率（ROE）有關。當 ROE 大於淨值的折現率 R 時，未來淨值的折現值才會高於目前淨值，這種水準的 ROE 才能提升合理股價。

　　股東權益報酬率（ROE）具有均值回歸現象。當某產業的股東權益報酬率（ROE）高於各產業的平均水平，且持續數年以上時，會吸引更多資金投入此產業，造成產業的產能過剩，產業內的公司的 ROE 下降，直到 ROE 回到各產業的平均水平。反之，當某產業的 ROE 低於各產業的平均水平，且持續數年以上時，會迫使許多資金流出此產業，造成產業的產能不足，存活下來的公司的 ROE 回升，直到 ROE 回到各產業的平均水平。股東權益報酬率（ROE）的均值回歸現象可用以下公式表達：

$$1 + \text{ROE}_{t+1} = \left(1 + \text{ROE}_t\right)^{\alpha} \left(1 + \overline{\text{ROE}}\right)^{1-\alpha} \qquad （12.9）$$

其中 ROE_{t+1} 與 ROE_t 為 t+1 時刻與 t 時刻的股東權益報酬率；$\overline{\text{ROE}}$ 為股東權益報酬率的均值回歸值；α= 均值回歸持續率，$0<\alpha<1$。

上式可以解釋成下一期的 1+ROE 為「本期」與「終期」的加權幾何平均值，權重分別為 α 與 1-α。α 越大代表「本期」的權重越大，「終期」的權重越小，因此下一期的 1+ROE 會較接近「本期」的值，均值回歸的速率越慢；反之，α 越小，均值回歸的速率越快。因此 α 被稱為均值回歸持續率，代表 1+ROE 的持續性。上式可以改寫成：

$$\frac{1 + \text{ROE}_{t+1}}{1 + \overline{\text{ROE}}} = \left(\frac{1 + \text{ROE}_t}{1 + \overline{\text{ROE}}}\right)^{\alpha} \qquad （12.10）$$

二 公式的意義

成長價值利用股東權益報酬率及每股淨值兩個指標推算合理的股價。公式如下（推導過程見章末附錄）：

合理股價 $P_0 = k \cdot B_0 \cdot (1 + ROE_0)^m \qquad （12.11）$

其中 B_0 = 初始每股淨值；ROE_0 = 初始股東權益報酬率；k= 價值係數；m= 持續係數。

以成長價值法估計的股價除了受股東權益報酬率（ROE_0）與每股淨值（B_0）的影響外，還受到模型的價值係數 k、持續係數 m 這兩個參數值的影響：

(1) 持續係數 m

持續係數 $m = \dfrac{1}{1-\alpha} \qquad （12.12）$

其中 α = 均值回歸持續率，約 0.7~0.9。

當企業的 ROE 的持續性越強，α 值越大，由上式可知 m 值越大，因此 m 值反應了企業的獲利能力的持續性。當 m 越大，股價受 ROE 的影響

越大，越偏向收益基礎法的觀念；反之 m 越小，越偏向資產基礎法的觀念。根據過去的研究實證，m 值約 4~8。

(2)　價值係數 k

價值係數 $k = \dfrac{1}{(1+R)^m}$ （12.13）

其中 R= 必要報酬率；m= 持續係數。

當企業的風險越大，其必要報酬率 R 越高；當必要報酬率 R 越高，由上式可知 k 值越小，因此 k 值反應了企業的風險，風險越大，k 值越小。企業的風險可以用 ROE 的波動性來衡量，波動性越大，企業經營的風險越高，因此 k 值反應了 ROE 的波動性，波動性越大，k 值越小。根據過去的研究實證，k 值約 0.7~0.9 左右。

由公式（12.11）可知本模型的兩個特例如下：

當 m=0, $P_0 = B_0$ （12.14）

當 m=1, $P_0 = \dfrac{B_0 \cdot (1+ROE_0)}{1+R} = \dfrac{B_0 + EPS_0}{1+R}$ （12.15）

三 公式的修正

當股東權益報酬率較大時，盈餘是構成股價的主力，當股東權益報酬率較小時，淨值才是支持股價的支撐。為了證實此一假設的合理性，我們以 1997-2012 年台灣股市上市、上櫃股票的年財報為研究範圍，將資料集依照股東權益報酬率的大小排序分成 10 個等分，再計算各等分的股價淨值比的中位數，結果如圖 12.4。顯示無論是哪一個產業，當股東權益報酬率小於 0 時，其合理股價淨值比幾乎與股東權益報酬率大小無關；當股東權益報酬率大於 0 時，其合理股價淨值比與股東權益報酬率大小成正比。證實上述假設的合理性，因此將成長價值模式修正為以下成長價值複合模式有其必要性（圖 12.5）：

第一式：當股東權益報酬率（ROE）>0　$P = k \cdot B \cdot (1+ROE)^m$ （12.16）

第二式：當股東權益報酬率（ROE）<0　$P = k \cdot B$　　　　　　　　　（12.17）

其中 ROE= 年股東權益報酬率。B= 每股淨值。k= 價值係數，m= 持續係數。

上述兩式也可以用下式來代替，達成相同的效果：

$$P = k \cdot B \cdot (1 + Max(ROE,0))^m$$　　　　　　　　　　（12.18）

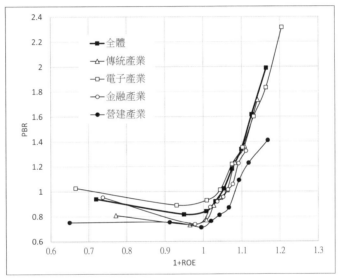

圖 12.4　各產業資料以股東權益報酬率（ROE）排序分成 10 個等分下，各等分的
PBR（股價淨值比）的中位數　資料來源：作者整理

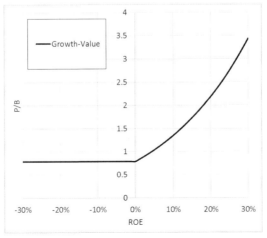

圖 12.5　成長價值複合模式　資料來源：作者整理

12.7 >> 股價評價法 4：市場比值評價法

市場比值法，又稱乘數評價法，是一種市場基礎法，是相對簡單的企業評價法。其基本原理是相似的公司應有相似的某種比率（如 P/E），故可由此比例反推合理股價。

市場比值法尋找相似經營狀況的公司，再以這些相似公司之特定「市場比值」，又稱乘數（Multiple），的平均值做為「公允市場比值」，並以此比值去乘以目標公司的該市場比值的「乘數基礎」做為該公司的估價：

$$價值 = 公允市場比值 \times 乘數基礎 \tag{12.19}$$

其中乘數基礎即市場比值的分母。例如市場比值為本益比，其乘數基礎為盈餘。如果相似經營狀況的公司之本益比的平均值為 15，則以 15 做為公允本益比，假如該公司的每股盈餘（乘數基礎）為 10 元，則公司的合理股價為：

$$合理股價 = 公允本益比 \times 每股盈餘 = 15 \times 10 \ 元 = 150 \ 元 \tag{12.20}$$

常用的比率如下：

- **市值盈餘比法（本益比法）**

  因市值盈餘比（本益比）PER=P/E

  故 $\hat{P} = E \times PER$ ＝每股盈餘 × 合理 PER $\tag{12.21}$

- **市值淨值比法**

  因市值淨值比 PBR=P/B

  故 $\hat{P} = B \times PBR$ ＝每股淨值 × 合理 PBR $\tag{12.22}$

- **市值營收比法**

  因市值營收比 PSR=P/S

  故 $\hat{P} = S \times PSR$ ＝每股營收 × 合理 PSR $\tag{12.23}$

市場比值法之計算流程如下：

1. 選擇比較公司：相似公司數的數目越多，且相似性越高，當然會得到較好的效果。但相似公司數的數目的多寡與相似性成反比，相似性門檻越高，入選的相似公司的數目越少，兩者必須取得平衡。

2. 選擇乘數基礎：常用的乘數基礎為每股盈餘、每股淨值、每股營收。同一家公司使用不同的乘數基礎，可能會得到相當不同的評價。因此，投資者應考慮公司所屬產業的特性，選擇適當的乘數基礎。

3. 估計合理乘數：計算相似公司乘數之平均數。

4. 估計乘數基礎：估計被評價公司之乘數基礎（例如每股盈餘、每股淨值、每股營收）。盈餘須屬於經常性盈餘。

5. 評價：權益價值 = 公允市場比值 × 乘數基礎

市場比值法的技巧在於謹慎選擇相似的公司和適當的乘數基礎。所謂相似的公司通常具有相似的下列項目：

- **產品**：相似的產品或服務代表產品或服務的價格有相似性。
- **技術**：相似的技術製造產品或提供服務代表產品或服務的品質、成本有相似性。
- **市場**：相似的顧客群代表產品或服務的利潤率有相似性。
- **規模**：相似的經營規模代表享有相似的規模經濟。
- **獲利**：相似的獲利、經營能力代表享有相似的成長性。
- **財務結構**：相似的財務槓桿代表負擔相似的財務風險，有相似的必要報酬率。

表 12.1 是世界各股市的本益比、股價淨值比、現金股利殖利率（%）統計（2016 年），可見各市場的差異不小。

表 12.1　本益比、股價淨值比、現金股利殖利率（％）統計（2016 年）

市場	本益比	股價淨值比	現金股利殖利率（％）
上海	17.6	1.72	1.81
日本	24.9	1.84	1.69
美國	18.8	3.34	2.42
英國	60.6	1.89	3.99
香港	12.2	1.14	3.70
深圳	41.8	3.55	0.73
新加坡	12.2	1.13	3.76
臺灣	16.5	1.61	3.96
韓國	18.4	0.91	1.57
平均值	24.8	1.90	2.63
中位數	18.4	1.72	2.42
標準差	16.1	0.94	1.24

資料來源：Bloomberg 資料時間 2016 年 12 月 30 日

知　識　方　塊　新上市股票定價參考公式

有些人會使用以下公式做為新股上市的承銷價格的定價參考：

承銷價格＝A × 權重 W_A ＋ B × 權重 W_B ＋ C × 權重 W_C ＋ D × 權重 W_D

其中

A ＝本益比還原值：最近三年度平均每股稅後純益 × 類似上市公司最近三年度平均本益比

B ＝股利還原值：最近三年度平均每股股利 ÷ 類似上市公司最近三年度平均股利率

C ＝每股淨值：發行公司最近期之每股淨值

D ＝預估股利還原值：預估當年度每股股利 ÷ 金融機構一年期定存利

12.8 >> 選股方法 1：條件篩選法

前一章指出，實證結果顯示許多代表價值效應、成長效應與其他效應的選股因子確實有選股效果，因此一個合理的猜測是：結合代表不同效應的因子組成多因子選股模型有可能進一步提升選股績效。以下將介紹三種常見的多因子選股方法：條件篩選法、評分篩選法、評分排序法。

將多個選股條件並列，並視這些條件之間為「且」的關係，即所有條件通過才入選的方法稱為「條件篩選法」。許多人宣稱投資大師們使用這樣的選股方法。不過這種方法顯然有嚴重的盲點。假設有二個選股條件：

條件 1：股價淨值比 P/B < 1.0
條件 2：股東權益報酬率 ROE > 15%

各條件單獨來看都不過分，但合起來看就難了。一些優質公司雖然 ROE 遠高於 15%，但它的股票的 P/B 經常遠高於 1.0，兩個條件合起可能永遠買不到這家公司的股票。如果放寬標準，例如

條件 1：股價淨值比 P/B < 2.0
條件 2：股東權益報酬率 ROE > 10%

但這樣可能會選到相當平庸的股票。

12.9 >> 選股方法 2：評分篩選法

前一節的「條件篩選法」還有一個缺點：不同選股因子的值域分布不同，不易設定適當寬嚴的門檻。一個改善的方法是以排序評分取代原值。

排序評分的原理很像大學聯考中的「級分」。由於傳統上，數學要得到高分比國文或社會更難，直接將各科分數相加不足以反映學生程度。因此台灣目前的級分是以該科成績前 1% 考生的平均得分除以 15 計算，依次往下得 15、14、13……、1、0 級分，零分和缺考都是零級分。各科系再根據自己科

系的需求對各考科的級分取門檻，以篩選出滿足條件者。例如中文系的國文要求級分可設 12 級以上，英文 11 級以上，社會 10 級以上。

選股票也一樣，將股價淨值比、股東權益報酬率這些選股因子的值排序，依排序給予「評分」，再根據選股邏輯或實證結果對各選股因子的評分取不同的篩選門檻，以前述「條件篩選法」進行篩選，因此這個方法稱為「評分篩選法」。例如根據價值投資主導的選股邏輯，股價淨值比的門檻會比股東權益報酬率的門檻更嚴格；如果採用成長投資主導的選股邏輯，則剛好相反。

評分篩選法的步驟如下：

(1) 單因子評分：將同一季的股票依「選股因子」由預設方向排序，排在最佳一端的股票得 100 分，排在最差一端的股票得 0 分，其餘內插。例如股價淨值比越小越好，故最低者得 100 分，最高者得 0 分；股東權益報酬率越大越好，故最高者得 100 分，最低者得 0 分。

(2) 多因子篩選：各選股因子的評分取不同的篩選門檻，並視這些條件之間為「且」的關係，即所有條件通過才入選。

由於這個方法不採取原值門檻作為篩選條件，而是以評分門檻作為篩選條件，因此比較容易設定適當寬嚴的門檻。但仍然有一個嚴重的缺點：當個別條件太嚴苛或條件太多時，可能無任何股票入選。如果放寬個別條件或減少條件，可能會選到相當平庸的股票。

12.10 選股方法 3：評分排序法

前二節的方法都有一個嚴重的缺點：可能發生條件太嚴苛或太多，入選股票太少，以及條件太寬鬆或太少，入選股票太多的問題。本節的「評分排序法」可以克服這一個缺點。

將股價淨值比、股東權益報酬率這些選股因子的值直接相加並無意義。但如果先將它們排序，依排序給予「評分」，即可根據選股邏輯或實證結果對

各選股因子的評分賦予適當的權重，得到有意義的加權總評分，再以加權總評分排序，選出加權總評分高的股票。不同的權重組合可以組成不同風格的投資組合。例如根據價值投資主導的選股邏輯，股價淨值比的權重會高於股東權益報酬率的權重；如果採用成長投資主導的選股邏輯，則剛好相反。

評分排序法的步驟如下：

(1) 單因子評分：將同一季的股票依「選股因子」由預設方向排序，排在最佳一端的股票得 100 分，排在最差一端的股票得 0 分，其餘內插。

(2) 多因子評分：將各因子評分乘以一定的權重後，加總得到加權總分。總分最高的股票即最佳的股票。例如假設某一個股票股東權益報酬率得到 80 分、股價淨值比得到 30 分，假設對股東權益報酬率、股價淨值比這兩個因子的評分各賦予 40% 與 60% 的權重，則加權總評分 = 40%×80+60%×30=32+18=50 分。

(3) 將股票依照加權總評分排序，取出加權總評分最高的特定數目的股票組成投資組合。

由於這個方法不採取絕對門檻作為篩選條件，而是以加權總評分做為排序依據，在完成排序後，可以任意選取特定數目的股票組成投資組合，因此沒有選不到股票或太多股票的問題。

12.11 選股方法的實證總結

總結過去許多以基本分析選股的實證結論如下：

1. 選股目標：報酬率只是選股的目標之一，投資組合的流動性、風險也是重要考量。

2. 選股因子：提升報酬率最有效的選股因子為價值因子與成長因子。慣性也是重要因子之一，但必須搭配價值因子與成長因子才能顯現效果。規模、系統風險雖然對報酬率的影響較小，但對投資組合的流動性、風險影響很大，因此也是重要因子。

3. 因子綜效：許多因子之間具有綜效，例如價值因子與成長因子之間具有明顯的綜效，二個因子一起考慮的選股效果遠優於使用二者之一。

4. 因子數目：多個因子比單一引子選股為優，但使用 3~6 個因子已經足夠，更多的因子並無法進一步提升績效。

5. 持股數目：基本分析選股的個股績效差異很大，必須將資金平均分配到至少有 20 支以上股票，才能使投資組合有穩健的績效。

6. 換股週期：換股週期不能太長，否則無法及時反應新資訊；也不能太短，否則無法讓資訊有足夠的時間影響市場，而且過度頻繁的交易會造成過高的交易成本。適當的交易週期大約是一個月到一季之間。

7. 投資期間：基本分析選股的短期投資績效並不穩定，需要持續投資股市夠長的時間（三年以上），選股的投資績效才會穩定、顯著。

8. 交易成本：基本分析選股在考慮成本下，效果仍明顯。

12.12 ▶▶ Excel 的應用

◀ 練習 12.1 ▶ 條件篩選法

(1) 開啟「練習 12.1 條件篩選法」檔案。數據如下：

	A	B	C	D	E	F
1	證券代號	證券名稱	本益比	殖利率(%)	股價淨值比	
2	1101	台泥	12.15	6	1.31	
3	1102	亞泥	12.85	7.11	1.29	
4	1103	嘉泥	255.83	2.61	0.81	
5	1104	環泥	11.78	3.08	0.79	
6	1109	信大	107.22	3.63	0.68	
7	1110	東泥	298.75	1.67	0.83	
8	1201	味全	23.61	1.82	3	
9	1203	味王	66.97	5.89	1.35	
10	1210	大成	20.37	5.68	1.56	
11	1213	大飲	122.63	0	2.07	

(2) 一般而言，本益比越小越好，殖利率越大越好，股價淨值比越小越好。因此可以選取要篩選的範圍，再用 <kbd>排序與篩選</kbd> 選「篩選」，再對 C~E 欄以下列條件篩選：

- 本益比 <12.5
- 殖利率（%）>5
- 股價淨值比 <1.25

(3) 結果如下：

	A	B	C	D	E	F
1	證券代號	證券名稱	本益比	殖利率	股價淨值比	
35	1313	聯成	8.3	5.18	1.18	
113	1615	大山	8.07	13.84	1.13	
136	1726	永記	9.41	5.77	1.2	
153	1904	正隆	9.09	5.38	0.8	
156	1907	永豐餘	7.32	5.97	0.92	
168	2023	燁輝	11.26	6.64	0.66	
219	2345	智邦	7.26	6.65	1.2	
225	2355	敬鵬	8.15	6.48	0.91	

◀ 練習 12.2 ▶ 評分篩選法

(1) 開啟「練習 12.2 評分篩選法」檔案。並在 F~H 欄對以下選股因子評分：

本益比：越小越高分，F2 儲存格公式「=RANK(C2,C$2:C$636)/635」

殖利率：越大越高分，G2 儲存格公式「=RANK(D2,D$2:D$636,1)/635」

股價淨值比：越小越高分，H2 儲存格公式「=RANK(E2,E$2:E$636)/635」

	A	B	C	D	E	F	G	H
1	證券代號	證券名稱	本益比	殖利率(%)	股價淨值比	本益比Rank	殖利率(%)Rank	股價淨值比Rank
2	1101	台泥	12.15	6	1.31	0.6000	0.7512	0.6173
3	1102	亞泥	12.85	7.11	1.29	0.5638	0.8583	0.6299
4	1103	嘉泥	255.83	2.61	0.81	0.0173	0.3622	0.9244
5	1104	環泥	11.78	3.08	0.79	0.6425	0.4079	0.9307
6	1109	信大	107.22	3.63	0.68	0.0346	0.4724	0.9622
7	1110	東泥	298.75	1.67	0.83	0.0110	0.2756	0.9102
8	1201	味全	23.61	1.82	3	0.2063	0.2882	0.1024

(2) 可以選取要篩選的範圍，再用 [排序與篩選] 選「篩選」，再對 F~H 欄以下列條件篩選：

- 本益比 Rank>0.8
- 殖利率（%）Rank>0.8
- 股價淨值比 Rank>0.8

代表

- 本益比要選最小 20%
- 殖利率要選最大 20%
- 股價淨值比要選最小 20%

(2) 結果如下：

	A	B	C	D	E	F	G	H
1	證券代號	證券名稱	本益比	殖利率(%)	股價淨值H	本益比 Rank	殖利率(%) Rank	股價淨值 比Rank
238	2376	技嘉	7.05	9.22	0.86	0.9543	0.9685	0.8976
330	2534	宏盛	5.52	7.18	0.99	0.9827	0.8630	0.8220
387	2887	台新金	4.52	8.37	0.53	0.9890	0.9354	0.9984
406	3005	神基	8.01	7.04	0.83	0.9181	0.8504	0.9102
520	5469	瀚宇博	8.07	9.09	0.97	0.9071	0.9622	0.8299
557	6191	精成科	8.63	8.7	0.84	0.8772	0.9480	0.9071
638								

◀練習 12.3▶ 評分排序法

(1) 開啟「練習 12.3 評分排序法」檔案。並在 F~H 欄對以下選股因子評分：

本益比：越小越高分，F2 儲存格公式「=RANK(C2,C$2:C$636)/635」

殖利率：越大越高分，G2 儲存格公式「=RANK(D2,D$2:D$636,1)/635」

股價淨值比：越小越高分，H2 儲存格公式「=RANK(E2,E$2:E$636)/635」

(2) 在 K2:M2 設本益比、殖利率、股價淨值比的權重。

(3) 在 I 欄計算加權總分，I2 儲存格公式「=F2*$K$2+G2*$L$2+H2*$M$2」

	A	B	C	D	E	F	G	H	I	J	K	L	M
1	證券代號	證券名稱	本益比	殖利率(%)	股價淨值比	本益比 Rank	殖利率(%) Rank	股價淨值比 Rank	總分		本益比 權重	殖利率(%) 權重	股價淨值比 權重
2	1101	台泥	12.15	6	1.31	0.6000	0.7512	0.6173	0.6087		0.5	0	0.5
3	1102	亞泥	12.85	7.11	1.29	0.5638	0.8583	0.6299	0.5969				
4	1103	嘉泥	255.83	2.61	0.81	0.0173	0.3622	0.9244	0.4709				
5	1104	環泥	11.78	3.08	0.79	0.6425	0.4079	0.9307	0.7866				
6	1109	信大	107.22	3.63	0.68	0.0346	0.4724	0.9622	0.4984				
7	1110	東泥	298.75	1.67	0.83	0.0110	0.2756	0.9102	0.4606				
8	1201	味全	23.61	1.82	3	0.2063	0.2882	0.1024	0.1543				

(4) 對 I 欄由大到小排序。結果如下：

	A	B	C	D	E	F	G	H	I	J	K	L	M
1	證券代號	證券名稱	本益比	殖利率(%)	股價淨值比	本益比 Rank	殖利率(%) Rank	股價淨值比 Rank	總分		本益比 權重	殖利率(%) 權重	股價淨值比 權重
2	2887	台新金	4.52	8.37	0.53	0.9890	0.9354	0.9984	0.9937		0.5	0	0.5
3	2506	太設	5.4	0	0.6	0.9843	0.0016	0.9906	0.9874				
4	3021	衛展	6.02	0	0.57	0.9732	0.0016	0.9953	0.9843				
5	1432	大魯閣	1.02	0	0.73	1.0000	0.0016	0.9559	0.9780				
6	2024	志聯	6.98	0	0.62	0.9606	0.0016	0.9843	0.9724				
7	1618	合機	7	0	0.65	0.9559	0.0016	0.9748	0.9654				
8	2838	聯邦銀	6.99	0	0.68	0.9591	0.0016	0.9622	0.9606				

12.13 結語

本章總結如下：

- 價值投資策略：價值投資的核心理念是尋找價格低於內在價值的證券，期待價格提高到內在價值而獲利。廣義價值投資策略可以分成價值型投資、成長型投資。

- 權益證券的價值之權益 = 剩餘財產分配請求權 + 盈餘分配請求權

- 權益證券的價值之評價法的比較如表 12.2。

- 選股方法的比較如表 12.3。

表 12.2　評價方法的比較

評價法	評價原理	評價公式
資產淨值評價法	以剩餘財產分配請求權來評價。	$\hat{P} = B$
收益折現評價法	以盈餘分配請求權來評價。	$\hat{P} = \dfrac{(1-b)E}{k - b \times ROE}$
成長價值評價法	以淨值成長與折現來評價。	$\hat{P} = k \cdot B_0 \cdot (1 + ROE_0)^m$
市場比值評價法	取同業平均市場比值為公允市場比值，再以「公允市場比值 × 乘數基礎」估價。	$\hat{P} = B \times PBR$ $\hat{P} = E \times PER$ $\hat{P} = S \times PSR$

表 12.3　選股方法的比較

選股方法	因子的表示	參數	選股方式	主要缺點
條件篩選法	原值	門檻	篩選法	不易設定門檻、選股過多或過少
評分篩選法	評分	門檻	篩選法	選股過多或過少
評分排序法	評分	權重	排序法	必須設定適當的權重

附錄、成長價值模型的推導

成長價值模型（Growth Value Model, GVM）是基於以下三個假設：

假設 1. 淨值成長假設

雖然許多公司會發現金股利，但股東可以透過再投資的方式，使股東權益與股利政策無關，因此第 n 期的淨值可由目前的淨值 B_0 與未來各期的股東權益報酬率 ROE_t 來估計：

$$B_n = B_0 \cdot \prod_{t=1}^{n}(1 + ROE_t) \tag{1}$$

假設 2. 淨值折現值假設

股價現值為無限期後淨值折現值：

$$P_0 = \lim_{n \to \infty} \frac{B_n}{(1+R)^n} \tag{2}$$

其中 R= 折現率（必要報酬率）。

假設 3. 均值回歸假設

假設 $1+ROE_t$ 有均值回歸到 $1+R$ 的現象，並滿足下式：

$$\frac{1 + ROE_t}{1 + R} = \left(\frac{1 + ROE_{t-1}}{1 + R}\right)^{\alpha} \tag{3}$$

其中 α 為 $1+ROE_t$ 的「持續率」，是一個 0~1 的常數。

由以上（1）（2）（3）三式可得

$$P_0 = B_0 \cdot \prod_{t=1}^{\infty} \frac{1+ROE_t}{1+R} = B_0 \cdot \prod_{t=1}^{\infty} \left(\frac{1+ROE_{t-1}}{1+R} \right)^{\alpha} \tag{4}$$

上述無限級數在 $\alpha<1$ 之下，無論 $ROE_0>R$ 與否，都不會發散，其解如下：

$$P_0 = k \cdot B_0 \cdot (1+ROE_0)^m \tag{5}$$

其中

$$m = \frac{1}{1-\alpha} \tag{6}$$

$$k = \frac{1}{(1+R)^m} \tag{7}$$

當 $ROE_0=R$ 時，無論 m 值大小，P=B，即 P/B=1，這個特性十分合理：當公司的 ROE 只能達到折現率（必要報酬率），那麼公司的價值在考慮折現之後，未來並不會有實質的增益，因此公允股價等於每股淨值是合理的現象。

證明過程見以下文獻：

[1] 葉怡成、詹翔安（2014），以收益資產複合基礎法與分量迴歸分析建構營建企業評價模型，營建管理季刊，第 99 期，第 1-19 頁。

[2] 葉怡成（2014），以分量迴歸建構收益資產複合評價模式 - 台灣股市與產業差異之實證，貨幣觀測與信用評等，第 110 期，第 16-31 頁。

[3] Yeh, I. C., & Lien, C. H.(2017). Growth and value hybrid valuation model based on mean reversion. Applied Economics, Pages 5092-5116 | Published online: 06 Mar 2017.

習題

1. 練習 12.1 條件篩選法：試以本益比 <15，殖利率 >3，股價淨值比 <1.5 選股，再以本益比 <10，殖利率 >5，股價淨值比 <1.0 選股，並比較結果。

2. 練習 12.2 評分篩選法：試以本益比 Rank>0.7，殖利率 Rank>0.7，股價淨值比 Rank>0.7 選股，再以本益比 Rank>0.9，殖利率 Rank>0.9，股價淨值比 Rank>0.9 選股，並比較結果。

3. 練習 12.3 評分排序法：試以 { 本益比權重，殖利率權重，股價淨值比權重 } ={1/2,1/4,1/4} 選股，再以 { 本益比權重，殖利率權重，股價淨值比權重 } ={1/4,1/4,1/2} 選股，並比較結果。

4. 資產淨值評價法、收益折現評價法與權益證券的價值之本質有何關係？

5. 試以財務報表解釋市場比值評價法 $\hat{P} = S \times PSR$ 的理論基礎。

證券投資的
縱斷面分析：擇時

◆ 我們一直覺得股市預測的惟一價值在於讓算命先生過得體面一點。——華倫·巴菲特

◆ 想要在股市從事波段操作是神做的事，不是人做的事。——華倫·巴菲特

◆ 短期股市的預測是毒藥，應該把它擺在最安全的地方，遠離兒童以及那些在股市中的行為像小孩般幼稚的投資人。——華倫·巴菲特

◆ 賣股票應該是因為該公司的基本面變壞，而不是因為天要塌下來。——彼得·林區

◆ 在股票上漲時賣出，是一種自我欺騙的策略，這就好像把花園裡的花拔掉，而去灌溉野草一樣。——彼得·林區

◆ 試圖跟隨市場節奏，你會發現自己總是在市場即將反轉時退出市場，而在市場升到頂部時介入市場。人們會認為碰到這樣的事是因為自己不走運，實際上，這只是因為他們想入非非。——彼得·林區

◆ 如果嘗試避開下跌，那麼很可能會錯失下次上漲的機會。這就是試圖預測價格的最大風險。以美國股市為例，如果在過去 25 年的時間中一直堅守崗位，則投資的年平均報酬率超過 11%；如果喜歡進進出出，又不幸剛好錯過當中表現最好的 40 個月，年平均報酬率就會跌至 1%。股市反彈往往在最出乎人意料的時候，只有長期投資才能避免風險。——彼得·林區

◆ 技術分析師有二種：一種沒能力預測股價漲跌，一種不知道自己沒能力預測股價漲跌。——無名氏

13.1 ▶▶ 前言

● 擇時的重要性

　　1992~2006 年台股指數如圖 13.1。以年為單位，其年報酬率如圖 13.2。假設投資台股，每年年初作一決策，非買即賣，持續一整年，則初始投資一單位資金，其累積資金如圖 13.3，可知：

■ 如果每年都猜對漲或跌：15 年後變 9 倍

■ 如果每年都猜錯漲或跌：15 年後剩 19%

可見擇時的重要性。

圖 13.1　擇時的重要性：1992~2006 年的台股指數

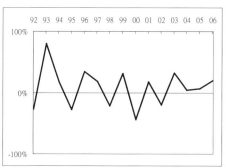

圖 13.2　1992~2006 年的台股年報酬率

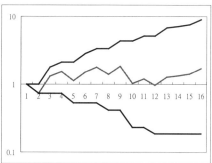

圖 13.3　累積資金

擇時的困難性

擇時表面上看起來不難，實際上很困難：

(1) 市場面：市場情境會依時改變，原本有效的交易規則可能變得無效。例如市場結構（散戶與法人佔市場交易的比例）、市場法規（漲跌停限制、交易成本）、市場氛圍（多數交易者主觀上樂觀或悲觀）、市場景氣（全體上市公司客觀上獲利或虧損）都持續不斷地改變。

(2) 心理面：即使交易規則長期有效，行為財務學告訴我們，投資人因為各種認知偏誤，未必能正確地、有紀律地執行交易規則。例如在大跌崩盤之後，即使趨勢已經開始反轉，技術分析顯示現在是一個買點，投資人未必敢進場買進。在大漲飆升之後，即使趨勢已經開始反轉，技術分析顯示現在是一個賣點，投資人未必能斷然賣出。

雖然權益型證券（股票）的擇時可以分成二類方法：基本面的方法（總體經濟）、技術面的方法（價量波動），但前者難度甚大，本章只介紹投資人常用的以分析價量波動為主的技術面方法。

13.2 技術分析的觀點：價量的振盪與趨勢

🔵 技術分析的定義與假設

技術分析是指研究過去金融市場的價量資訊來預測價格的趨勢與決定買賣時機的方法。技術分析建立在「過去的行為會在未來重演」之基本假設上。即股市的價量變化可能有規則。

🔵 技術分析方法的分類與適用情境

技術分析的理論大致可歸為兩大類：

- **順勢系統**：其理論基礎是當漲或跌持續一段相當時間後，會造成趨勢，持續一個波段，形成漲者恆漲、跌者恆跌的現象。此類技術分析專注於擷取長期間波段行情，因此在波段趨勢明顯時的表現往往較佳。雖然這類系統勝率雖不高，但終能夠大賺小賠，交易頻率通常不會太高，交易成本較低，所以報酬率較佳。但經常要很有耐心地長期等待下一次波段的出現，投資人很難長期有紀律地執行這種交易策略。這類系統以移動平均線為代表。

- **擺盪系統**：其理論基礎是當股價短期漲或跌超過一個合理範圍時，會觸頂或觸底反彈，回到合理範圍，形成漲多必跌、跌多必漲的現象。此類

技術分析專注於擷取短期間的振盪高低點價差，因此在振盪盤整時期的表現往往較佳。雖然這類系統勝率較高，但經常小賺大賠，且交易頻率過高，導致交易成本大增，侵蝕報酬率。有時交易成本的增加甚至可能大於獲利的增加，反而得不償失。這類系統以布林帶（Bollinger Bands）為代表。

上述兩類技術分析方法的邏輯剛好相反，因此適用的情況也剛好相反。

- 順勢系統在「波段趨勢」時期表現較佳。
- 擺盪系統在「振盪盤整」時期表現較佳。

可惜的是我們很難判斷未來股價走勢會是波段趨勢還是振盪盤整。

技術分析規則的產生與優缺點

技術分析規則的產生方法可分為兩種：

- **個人主觀歸納**：依個人經驗歸納，是較不科學的方法。
- **資料客觀歸納**：使用統計分析、資料挖掘來發現、驗證規則，是較科學的方法。

技術分析的優點包括：

- **資料最為即時**：市場交易時每一分秒都會產生新的價量訊息，而財報要等上一季。
- **資料最為真實**：市場交易的價量無法造假，而財報因可「窗飾」，不完全真實。

技術分析的缺點包括：

- **個人主觀歸納**：個人以有限的經驗產生技術分析的規則，因缺少客觀的驗證程序，是較不科學的方法。
- **資料客觀歸納**：雖然統計分析、資料挖掘可以分析大量的歷史數據，以回測客觀地驗證各式各樣的技術分析的規則，是較科學的方法，但過程

中可能發生過度配適（over-fitting），使得模型只有解釋過去結果的能力，而沒有預測未來的能力。

● 技術分析的應用與爭議

技術分析方法除可用於股票外，也可用於其它可以收集到「交易價量」資訊的金融商品分析，例如外匯。有很多學者反對使用技術分析，認為這類方法缺少嚴謹的科學證據證明其效果，但學界亦有少數的支持者。不過市場上確實有許多實際買賣股票的投資人喜歡用技術分析來決定買賣的時機。

技術分析的爭議有很大的原因來自於交易的規則有可能是「時變」的，原因是：

- **一個無效的規則因眾人相信而變得有效**：當一個原本無效的買入規則出現買入訊號，眾人因相信而競相買入，結果股價真的上漲；反之，出現賣出訊號，眾人因相信而競相賣出，結果股價真的下跌。這導致一個無效的規則因而變得有效。

- **一個有效的規則因眾人競爭而變得無效**：當一個原本有效的買入規則出現買入訊號，預期股價會上漲，眾人因相信會上漲，故會在買入訊號尚未確定之前即提早買入，結果股價比預期更早上漲。而依照原本有效的買入規則買入者卻買在一個高價位，反而無利可圖。這種提早買入的競爭持續下去，終會導致一個有效的規則因而變得無效。

13.3 >> 擺盪系統經典方法：布林帶

布林帶（Bollinger Bands）也稱之為保力加通道，是由約翰・布林格（John Bollinger）在 1980 年代發明的技術分析工具。它屬於技術分析中的擺盪系統，其理論基礎是漲多必跌、跌多必漲，即當股價短期漲或跌超過一個合理股價範圍時，終會回到合理範圍。

- **方法：**布林帶是這樣定義的：
  - 上界＝N 時間段的簡單移動平均＋k × N 時間段的標準偏差
  - 下界＝N 時間段的簡單移動平均－k × N 時間段的標準偏差

  其中 k=2 倍和 N=20 日是最常被投資人使用的數值。當價格超越上界時，表示上漲過多，是賣出點。當價格超越下界時，表示下跌過多，是買入點。

- **缺點：**此類技術分析企圖補捉短期振盪的高低點之價差，故當價格超越上界時賣出，當價格超越下界時買入。但也可能遇到上漲趨勢明顯時，在價格超越上界時賣出，而錯失大漲趨勢，望之興嘆；或因在下跌趨勢明顯時，在價格超越下界時買入，而陷入大跌趨勢，無法自拔。

- **實證：**圖 13.5 布林帶在台灣股市 2008/1/1-2010/8/13 之實證。紅線是 50 天移動平均加減 2 倍標準差。向上箭頭是買入點，向下箭頭是賣出點。圖中左方、右方虛線方框內的期間分別為趨勢期、盤整期，顯示擺盪系統。
  - 在盤整期時，因能擷取短期間的振盪高低點，賺取價差，因此表現頗佳。
  - 在趨勢期時，因在下跌趨勢明顯時買入，而陷入大跌趨勢；卻在上漲趨勢明顯時賣出，而錯失大漲趨勢，表現很差。

圖 13.5　布林帶在台灣股市 2008/1/1-2010/8/13 之實證

13.4 >> 順勢系統經典方法：移動平均線

移動平均（moving average，MA）也稱之為「均線」，是一種歷史悠久的技術分析工具。它屬於技術分析中的順勢系統，其理論基礎是漲者恆漲、跌者恆跌，即當漲或跌形成趨勢時，會持續一個波段。除了最常見的股價，交易量也可用來計算移動平均。移動平均可以消除短期波動，反映出長期趨勢。

- **方法：** 當價格的 M 天短期移動平均由下向上突破 N 天長期移動平均時，表示上漲趨勢，是買入點。當價格的 M 天短期移動平均由上向下突破 N 天長期移動平均時，表示下跌趨勢，是賣出點。

  - 買入規則：M 天移動平均 > N 天移動平均

  - 賣出規則：M 天移動平均 < N 天移動平均

  M 通常是 1~5，N 通常是 20~180 天。本書通常取 M=1 天，N=50 天。

- **缺點：** 必須選擇適當的短期移動平均與長期移動平均的期間長度。當所選的短期、長期移動平均的時間長度差異小時，會頻繁買進賣出，出現交易次數過多，交易成本過高的現象；反之，雖然不會頻繁買進賣出，但會錯失買進賣出時機。

- **改進：** 為了避免交易次數過多，可設一個門檻值，即突破的程度超過門檻值才視為有效突破。買賣規則：

  - 買入規則：M 天移動平均 > N 天移動平均 + k × N 天的標準偏差

  - 賣出規則：M 天移動平均 < N 天移動平均 - k × N 天的標準偏差

  k 通常是 0~2。

- **實證：** 圖 13.6(a) 是移動平均線在台灣股市 2008/1/1-2010/8/13 之實證。紅線是 50 天移動平均，綠線是加減 1.5 倍標準差，向下箭頭是買入點，向上箭頭是賣出點。圖中左方、右方虛線方框內的期間分別為趨勢期、盤整期，顯示順勢系統。

- 在趨勢期時，因在下跌趨勢明顯時及時賣出，避免了大跌趨勢；卻能在上漲趨勢明顯時及時買入，而搭上大漲趨勢，表現很好。

- 在盤整期時，因剛好低點買入，高點賣出，賠了價差，因此表現很差。

此圖的實證期間與圖 13.5 的布林帶相同。比較這兩張圖可以發現，布林帶的買點、賣點正好是移動平均線的賣點、買點，兩種方法採取了相反的買賣策略。

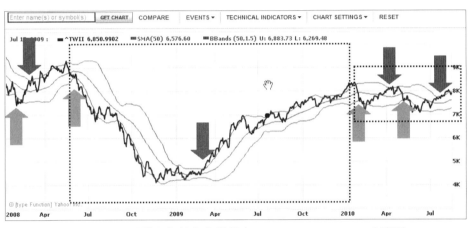

圖 13.6(a)　移動平均線在台灣股市 2008/1/1-2010/8/13 之實證

為了擴大實證的範圍，圖 13.6(b)~(d) 是移動平均線在台灣股市在 1998-2001 年、2002-2005 年、2006-2010 年等三段期間的實證。圖中紅線是 50 天移動平均，綠線是加減 1 倍標準差，向下箭頭是買入點，向上箭頭是賣出點。圖中虛線方框內的期間為盤整期，虛線方框外為趨勢期。討論如下：

■ **趨勢明顯期間：**

在漲跌趨勢明顯期間，例如

- 1998 年初 -1998 年底：下跌趨勢。

- 2000 年初 -2002 年中：網路泡沫化大跌趨勢。

- 2003 年中 -2004 年中：上漲趨勢。

- 2006 年中 -2007 年中：上漲趨勢。

- 2008 年中 -2009 年底：金融海嘯期間的大跌、反彈趨勢。

移動平均線法會在低點之後的上漲初期買入，而在高點之後的下跌初期
賣出，可抓住大波段行情，故順勢系統表現佳。

■ **股價盤整期間：**

但在上述股價趨勢期以外的盤整期間（圖中矩形框），移動平均線法會在
反轉向下之前的高點買入，而在反轉向上之前的低點賣出，剛好買高賣
低，故順勢系統表現差。

圖 13.6(b)　移動平均線在台灣股市 1998/1/1-2002/1/1 之實證

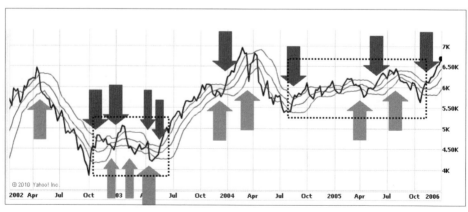

圖 13.6(c)　移動平均線在台灣股市 2002/1/1-2006/1/1 之實證

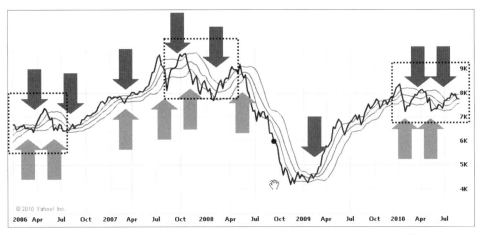

圖 13.6(d)　移動平均線在台灣股市 2006/1/1-2010/8/31 之實證

13.5 》 技術分析的實證（一）：台灣（價格移動平均線）

- **方法**：為了避免交易次數過多，可設一個門檻值，即突破的程度超過門檻值才視為有效突破。前述方法以「k × N 天的標準偏差」為門檻值。在此改以一個「門檻百分比 × N 天移動平均」為門檻值。
  - 買入規則：M 天移動平均 > N 天移動平均 + 門檻百分比 × N 天移動平均
  - 賣出規則：M 天移動平均 < N 天移動平均 - 門檻百分比 × N 天移動平均

  其中短期、長期移動平均的期間長度分別為 1 日、50 日。考慮交易成本。回測期間為 1992/1~2007/1，共 16 年。

- **實證**：圖 13.7 為股價指數（較鋸齒狀的線）與 50 日移動平均線（較平滑的線）比較圖。為了發現交易規則中的門檻值的影響，嘗試了不同的門檻值，結果如圖 13.8。發現門檻值在 0~6% 之間差異不大。其中門檻值 0.5% 表現最佳，年超額報酬率超過 5%，共買進、賣出各 64 次與 63 次。平均約每 3 個月買賣一次。圖 13.9 為門檻值 0.5% 下的績效比較圖，其中初始資金 10000，上方線為移動平均法（MA 法）的績效，下方線為買入持有績效。MA 法的績效逐漸超越買入持有績效。

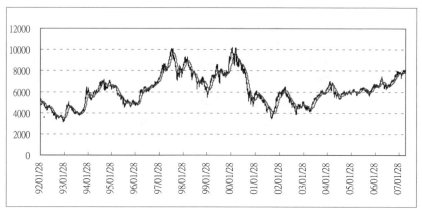

圖 13.7 股價指數（藍線）與 50 日移動平均線（紅線）比較圖（1992/1~2007/1）

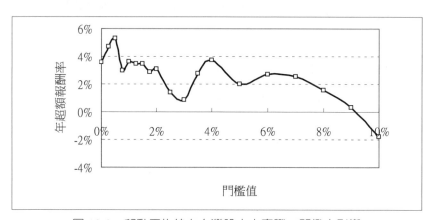

圖 13.8 移動平均線在台灣股市之實證：門檻之影響

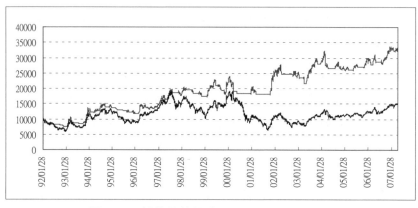

圖 13.9 績效比較圖（1992/1~2007/1 間）

因為回測期間長達 16 年，為了讓讀者能看清細節，以下以 0.5% 為買賣規則中的門檻值，以每四年為一個階段，分四個階段進行回測。

■ 第一段：1992/1~1995/7（圖 13.10~ 圖 13.11）

這段期間股價有持續下跌時段，MA 法因避開下跌段而打敗大盤（見粗實線框）。但也有一些時候因太慢買回而使原先的超額報酬被侵蝕。

■ 第二段：1995/7~1999/2（圖 13.12~ 圖 13.13）

這段期間在前半段股價持續上漲，光是買入持有的策略就有很好的績效，因此 MA 法並無法擊敗它。在後半段股價有明顯的持續下跌時段，MA 法因避開下跌段而打敗大盤（見粗實線框）。

■ 第三段：1999/2~2003/1（圖 13.14~ 圖 13.15）

這段期間的第一年股價持續上漲，光是買入持有的策略就有很好的績效，因此 MA 法並無法擊敗它。但在後三年股價有明顯的持續下跌時段，MA 法因避開下跌段而打敗大盤（見粗實線框）。

■ 第四段：2003/1~2007/1（圖 13.16~ 圖 13.17）

這段期間股價無明顯的持續下跌時段，光是買入持有的策略就有很好的績效，因此 MA 法並無法擊敗它。

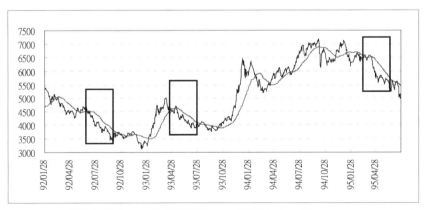

圖 13.10　股價指數與 50 日移動平均線比較圖（第一段：1992/1~1995/7）

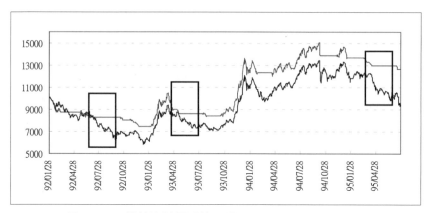

圖 13.11　績效比較圖（第一段：1992/1~1995/7 間）

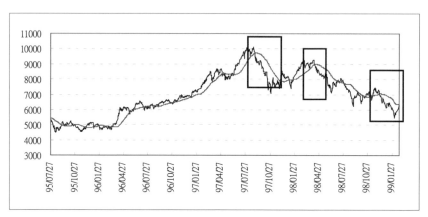

圖 13.12　股價指數與 50 日移動平均線比較圖（第二段：1995/7~1999/2）

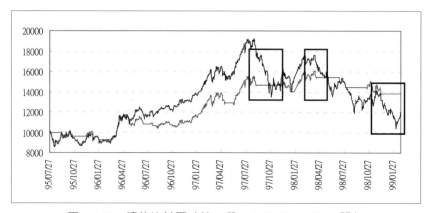

圖 13.13　績效比較圖（第二段：1995/7~1999/2 間）

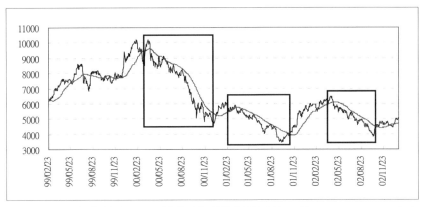

圖 13.14 股價指數與 50 日移動平均線比較圖（第三段：1999/2~2003/1）

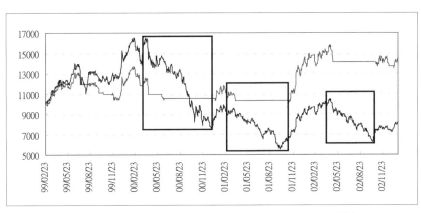

圖 13.15 績效比較圖（第三段：1999/2~2003/1 間）

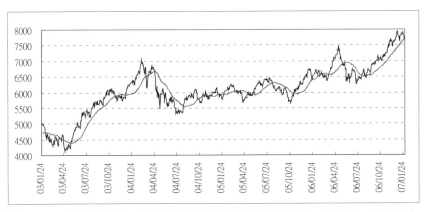

圖 13.16 股價指數與 50 日移動平均線比較圖（第四段：2003/1~2007/1）

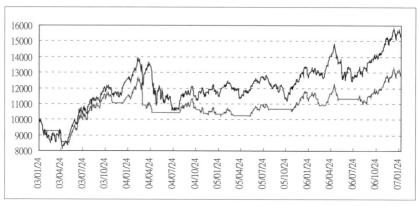

圖 13.17　績效比較圖（第四段：2003/1~2007/1 間）

13.6 ▶▶ 技術分析的實證（二）：台灣（成交量移動平均線）

- **方法**：前一節以價格為變數，在此改用成交量為變數。

  - 買入規則：M 天移動平均 > N 天移動平均 + 門檻百分比 ×N 天移動平均

  - 賣出規則：M 天移動平均 < N 天移動平均 – 門檻百分比 ×N 天移動平均

  考慮交易成本。回測期間為 1992/1~2007/1，共 16 年。

- **實證 1**：短期取 1 天，長期取 50 天。

  圖 13.18 為成交量（較鋸齒狀的線）與 50 日移動平均線（較平滑的線）比較圖。為了發現交易規則中的門檻值的影響，嘗試了不同的門檻值，結果如圖 13.19。發現門檻值在 15~40% 之間差異不大。其中門檻值 20% 表現最佳，年超額報酬率超過 4%，共買進、賣出各 121 次。平均約每 1.5 個月買賣一次。圖 13.20 為門檻值 20% 下的績效比較圖，其中初始資金 10000，上方線為成交量移動平均法（MV 法）的績效，下方線為買入持有績效。MV 法的績效逐漸超越買入持有績效。但在 2000 年初 ~2001 年中這段下跌期（網路泡沫化）表現不好，雖可在 2000 年初偵測到空頭來臨而賣出，但很快又買進，之後未能偵測到空頭趨勢而套牢。

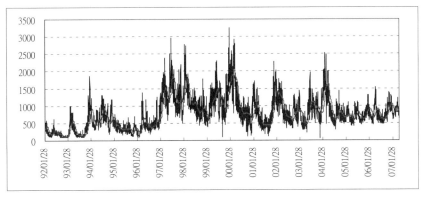

圖 13.18 成交量與 50 日移動平均線比較圖（實證 1：短期取 1 天，長期取 50 天）

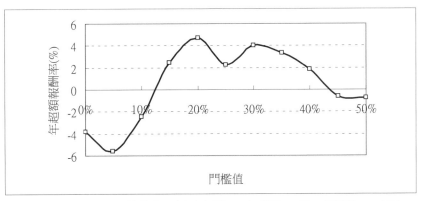

圖 13.19 門檻值與績效的關係（實證 1：短期取 1 天，長期取 50 天）

圖 13.20 績效比較圖（實證 1：短期取 1 天，長期取 50 天）

■ **實證 2**：短期取 10 天，長期取 50 天。

圖 13.21 為成交量 10 日移動平均線（較鋸齒狀的線）與 50 日移動平均線（較平滑的線）比較圖。為了發現交易規則中的門檻值的影響，嘗試了不同的門檻值，結果如圖 13.22。發現門檻值在 15~30% 之間差異不大。其中門檻值 20% 表現最佳，年超額報酬率達到 6%，共買進、賣出各 35 次與 34 次。平均約每 5.5 個月買賣一次。圖 13.23 為門檻值 20% 下的績效比較圖，其中初始資金 10000，上方線為成交量移動平均法（MV 法）績效，下方線為買入持有績效。MV 法在這段期間避開了幾個下跌期（見粗實線框），因此其績效逐漸超越買入持有績效。在 2000 年初~2001 年中這段下跌期（網路泡沫化）表現很好，可在 2000 年初偵測到空頭來臨而賣出，雖在 2001 年初因大盤反彈而買進，但很快偵測到空頭再次來臨而賣出，並堅持到 2001 年中之後止跌反彈才再次買進。

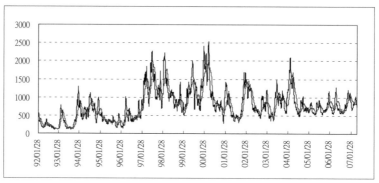

圖 13.21　成交量與 50 日移動平均線比較圖（實證 2：短期取 10 天，長期取 50 天）

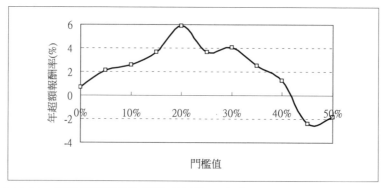

圖 13.22　門檻值與績效的關係（實證 2：短期取 10 天，長期取 50 天）

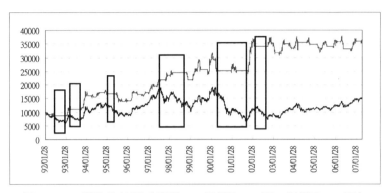

圖 13.23 績效比較圖（實證 2：短期取 10 天，長期取 50 天）

■ **技術分析的實證之歸納：台灣**

技術分析在台灣實證的績效如表 13.1。歸納實證的結論如下：

- 價格移動平均法（MA 法）短期可用 1 日，長期可用 50 日，門檻為 0.5%。成交量移動平均法（MV 法）短期可用 10 日，長期可用 50 日，門檻為 20%。

- MA 法與 MV 法雖是簡易的技術分析，但仍可能有效。複雜的技術分析未必更有效。

- 技術分析要很長的時間（十年以上）才能顯示效益，短期並不穩定。必須仰賴積小勝為大勝，實務上投資人很難堅持這麼長的時間。

- 技術分析在考慮成本下，效果很有限，約為無成本考量下的 1/3~1/2。

- 合理的交易次數是一年 4 次左右。

- 技術分析可使年報酬率的波動變小，因此降低了投資風險。

表 13.1 技術分析的實證之歸納：台灣

技術分析方法	年超額報酬	
	有考慮交易成本	未考慮交易成本
MA	約 3~4%	約 7~8%
MV	約 3~4%	約 9~10%

13.7 》技術分析的實證（三）：世界各國

效率市場假說主張技術分析不能從市場中獲得超額利潤。此一主張長期以來支持與反對各有實證研究支持。有文獻提出一個假說：「市場效率與經濟發達程度成正比，因此在經濟發達程度高的國家市場效率高，無法獲得超額的報酬；但在經濟發達程度低的國家市場效率低，可能可以獲得超額的報酬。」由於每個市場適用的技術分析方法可能不同，因此，此文獻以具有學習能力的遺傳演化神經網路建構使獲利最大化的交易決策系統。並提出以「市場效率指標」定量衡量市場的效率性、以人均國內生產毛額衡量經濟發達程度，而以包含各種經濟發達程度的 22 個國家的股票市場 樣本，進行實證研究。研究結果顯示，經濟發達程度越低的國家，其股票市場在考慮交易成本下使用技術分析獲得超額利潤的可能性越高。在測試期間，人均國內生產毛額可解釋市場效率指標 61% 的變異，F 統計達 0.002% 顯著水準，可見市場效率與經濟發展程度有關。

- 方法
  - 22 國（見表 13.2）。收集這些國家或地區從 1997 年 7 月 1 日至 2006 年 4 月止的股市大盤資料各 2100 筆，其中前期的 1069 筆做為訓練資料，後期的 1031 筆做為測試資料。
  - 使用三種技數指標：MA、DW、RSI 等，並以人工智慧技術（GNN）優化擇時系統。
  - 有考慮交易成本（以台灣為準）。
  - 市場效率指標：為了定量衡量市場效率性，此文獻提出「市場效率指標」如下：

$$市場效率指標 = \frac{\sqrt[n]{\dfrac{Me}{Ms}}}{\sqrt[2n]{\dfrac{Ce}{Cs}}} \tag{13.1}$$

其中 n 等於總交易年數；Ms 為期初投資者所擁有的資金（本研究設定為 100 萬元）；Me 為期末投資者所擁有的資金；Cs 為期初收盤指數；Ce 為期末收盤指數。

市場效率指標等於 1.0 代表交易策略無法擊敗市場，市場無獲得超額利潤的空間，市場達到完全效率。這個指標如此設計的理由是，分子顯示基於技術分析的交易決策系統所能達到年績效，分母是基準交易策略的年績效。因為市場走向不可預知，如果採用「買入持有策略」為基準交易策略，則在股市長期上漲時期，是一個很難擊敗的交易策略；反之在長期下跌時期，是一個很容易擊敗的交易策略。相反地，如果採用「不買空手」策略，則在股市長期上漲時期，是一個很容易擊敗的交易策略；反之在長期下跌時期，是一個很難擊敗的交易策略。因此正確的基準交易策略既非「買入持有」，亦非「不買空手」，而是「盲目買賣」，此一策略在交易期間中的 50% 的期間持有，50% 的期間空手。例如，如果期初收盤指數 100 點，期末收盤指數 300 點，歷經 10 年，則因在此十年內只有 50% 的期間持有，故在計算其年績效時不能採用 10 年，而應採用 20 年，因為歷經 20 年才有 20 年 × 50% = 10 年的持有期間。故正確的年績效指標為：

$$\text{盲目買賣交易策略年績效指標} = \sqrt[10 \times 2]{\frac{300}{100}} = 1.056 \tag{13.2}$$

因此（13.1）式中，分母要開 2n 次根，而非 n 次根。

■ 結果

- 技術分析在考慮成本下，只有 14% 的國家產生正效益（圖 13.24~ 圖 13.25）；在不考慮成本下，有 68% 的國家產生正效益（圖 13.26~ 圖 13.27）。

- 技術分析在開發中國家有效；在已開發國家無效，約以人均 GDP 10000 元美金為界。

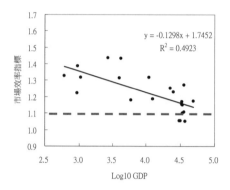

圖 13.24 訓練期間各國市場效率指標與
Log10 GDP 之散佈圖（考慮交易成本）

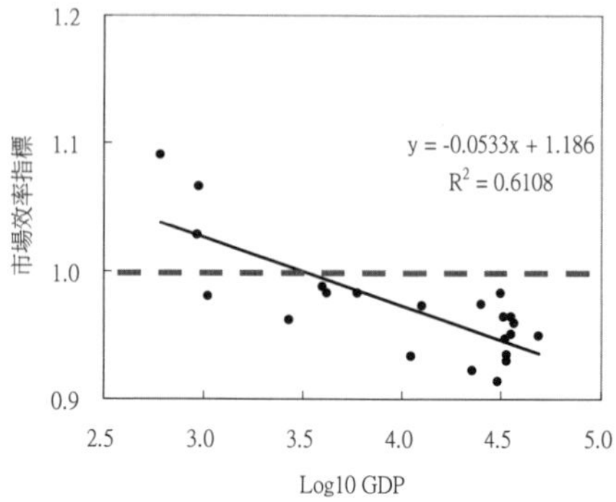

圖 13.25 測試期間各國市場效率指標與
Log10 GDP 之散佈圖（考慮交易成本）

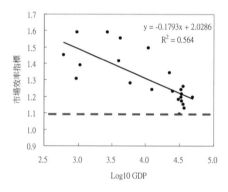

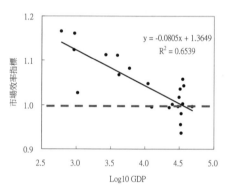

圖 13.26 訓練期間各國市場效指標與
Log10 GDP 之散佈圖（不考慮交易成本）

圖 13.27 測試期間各國市場效率指標與
Log10 GDP 之散佈圖（不考慮交易成本）

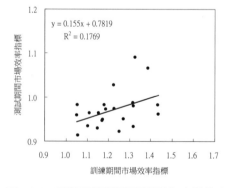

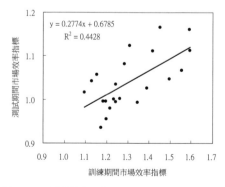

圖 13.28 訓練期間對測試期間的市場效率
指標之散佈圖（考慮交易成本）

圖 13.29 訓練期間對測試期間的市場效率
指標之散佈圖（不考慮交易成本）

表 13.2 各國股市市場效率指標（考慮交易成本）

國家	Log10 GDP	訓練期間			測試期間		
		市場效率指標		大於 1.0 的顯著性	市場效率指標		大於 1.0 的顯著性
		平均值	標準差		平均值	標準差	
巴基斯坦	2.782	1.327	0.035	3.38E-06	1.091	0.098	0.190
斯里蘭卡	2.971	1.224	0.037	8.67E-05	1.028	0.051	0.298
印尼	2.975	1.388	0.07	1.84E-04	1.066	0.065	0.168
菲律賓	3.025	1.319	0.01	6.47E-11	0.980	0.044	0.671
巴西	3.431	1.437	0.07	7.49E-05	0.961	0.078	0.685
阿根廷	3.601	1.316	0.076	1.19E-03	0.987	0.073	0.568
馬來西亞	3.626	1.433	0.083	2.70E-04	0.982	0.048	0.641
墨西哥	3.774	1.180	0.064	1.04E-02	0.982	0.058	0.619
韓國	4.044	1.318	0.063	3.54E-04	0.933	0.038	0.943
台灣	4.098	1.188	0.039	5.05E-04	0.973	0.037	0.757
香港	4.354	1.253	0.027	3.16E-06	0.922	0.023	0.996
新加坡	4.398	1.228	0.044	2.68E-04	0.974	0.046	0.704
英國	4.482	1.055	0.032	6.19E-02	0.913	0.048	0.947
澳洲	4.500	1.054	0.011	4.12E-04	0.983	0.024	0.757
法國	4.518	1.153	0.019	1.06E-05	0.964	0.026	0.902
德國	4.521	1.171	0.025	3.38E-05	0.947	0.034	0.921
日本	4.529	1.101	0.02	3.76E-04	0.934	0.033	0.963
比利時	4.530	1.150	0.012	2.76E-07	0.929	0.017	0.999
荷蘭	4.552	1.273	0.024	7.05E-07	0.951	0.019	0.985
奧地利	4.554	1.109	0.017	6.41E-05	0.964	0.058	0.727
美國	4.567	1.051	0.031	6.96E-02	0.959	0.03	0.898
瑞士	4.693	1.173	0.01	1.10E-08	0.950	0.031	0.932

隨堂練習

1. 擇時的真實潛力有多大？

2. 真的有人能擇時嗎？（需承受很大的挫折感；能遵守嚴格的紀律）

13.8 ▶ 技術分析的實證總結

上述的技術分析的實證可總結得如下「移動平均八大法則」：

1. 簡單法則：價格移動平均法（MA 法）與成交量移動平均法（MV 法）雖是簡易的技術分析，但仍可能有效。複雜的技術分析未必更有效。

2. 門檻法則：

    ● MA 法短期可用 1 日，長期可用 50 日，門檻為 0.5%。

    ● MV 法短期可用 10 日，長期可用 50 日，門檻為 20%。

3. 成熟法則：技術分析在開發中國家有效；在已開發國家無效，約以人均 GDP 10000 元美金為界。

4. 長期法則：技術分析的短期投資績效並不穩定，需要持續投資股市夠長的時間（10 年以上），擇時的投資績效才會穩定、顯著。

5. 大盤法則：技術分析在大盤有效，在個股、類股無效。

6. 成本法則：技術分析在考慮成本下，效果很有限，約為無成本考量下的 1/3~1/2。

7. 頻率法則：合理的交易次數是一年 4 次左右。

8. 風險法則：技術分析會使年報酬率的波動變小，因此降低了投資風險。

13.9 ▶ Excel 的應用

◀ 練習 13.1 ▶ 布林帶（日）

本例題以 Excel 繪股價的布林帶圖。取 50 日的移動平均值，以及加減 2 倍標準差為上下界。

(1) 開啟「練習 13.1 布林帶圖」檔案（圖 13.30）。

(2) H 欄為台灣股價指數的日收盤指數。

I 欄為 50 日的移動平均值。I51 儲存格公式「=AVERAGE（F2:F51）」。

J 欄為 50 日的移動標準差。J51 儲存格公式「=STDEV（F2:F51）」。

K 欄為下界。K51 儲存格公式「=I51-2*J51」，即平均值減 2 倍標準差。

L 欄為上界。L51 儲存格公式「=I51+2*J51」，即平均值加 2 倍標準差。

並向下填滿到末列。

(3) 以 H, K, L 欄繪圖，得圖 13.31。

當指數由上而下突破下界，則買進，再一直持有到指數由下而上突破上界，則賣出，一直到空手到指數由上而下突破下界，則買進，循環不已。可以發現上述策略會被 2008 年下半年的崩跌套牢，還會錯過 2009 年上半年的反彈。因此，這個策略在市場有強勁上漲或下跌趨勢時，不成功，但在盤整期，則相當成功。

	A	B	C	D	E	F	G	H	I	J	K	L
1	日期	成交量	開盤價	最高價	最低價	收盤價		收盤價	移動平均	STD	下界	上界
2	1997/10/17	2252797	8084.19	8084.19	7654.88	7832.15		7832.15				
3	1997/10/18	1399863	7637.88	7768.2	7618.45	7618.45		7618.45				
4	1997/10/20	1740507	7579.86	7579.86	7274.97	7316.78		7316.78				
49	1997/12/17	2463653	8297.69	8347.2	8241.69	8347.2		8347.2				
50	1997/12/18	2836844	8361.9	8380.72	8255.05	8255.05		8255.05				
51	1997/12/19	3260634	8205.83	8305.83	8092.19	8092.58		8092.58	7838.811	329.9535	7178.904	8498.718
52	1997/12/20	1586711	8150.03	8169.75	8085.49	8154.27		8154.27	7845.254	332.9518	7179.35	8511.157
53	1997/12/22	1816460	8223.69	8226.14	8096.99	8104.03		8104.03	7854.965	333.283	7188.399	8521.531
54	1997/12/23	1760232	8192.7	8192.7	8038.31	8038.31		8038.31	7869.396	325.023	7219.35	8519.442

圖 13.30　開啟「練習 13.1 布林帶圖」檔案

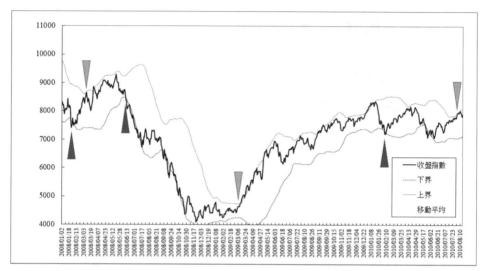

圖 13.31　布林帶（日）（向上、向下三角形是買點、賣點）

◀練習 13.2▶ 價格移動平均線圖（百分比）

本例題以 Excel 繪股價的移動平均線圖。取 50 日的移動平均值，以及加減 3% 為上下界。

(1) 開啟「練習 13.2 移動平均線圖（百分比）」檔案（圖 13.32）。

(2) H 欄為 1 日的移動平均線。H51 儲存格公式「=F51」。

I 欄為 50 日的移動平均線。I51 儲存格公式「=AVERAGE（F2:F51）」。

J 欄為 50 日的移動標準差。J51 儲存格公式「=STDEV（F2:F51）」。

K 欄為下界。K51 儲存格公式「=I51*（1-3%）」，即平均值的 97%。

L 欄為上界。L51 儲存格公式「=I51*（1+3%）」，即平均值的 103%。

並向下填滿到末列。

(3) 以 H, I, K, L 欄繪圖，得圖 13.33。

當短移動平均由下而上突破上界，則買進，一直持有到短移動平均由上而下突破下界，則賣出，再一直空手到短移動平均由下而上突破上界，則買進，循環不已。

可以發現此可發現上述策略成功避過 2008 年下半年的崩跌，也不會錯過 2009 年上半年的反彈。因此，這個策略在市場有強勁上漲或下跌趨勢時，相當成功，但在盤整期，則不成功。

	A	B	C	D	E	F	G	H	I	J	K	L
1	日期	成交量	開盤價	最高價	最低價	收盤價		短移動平	長移動平	STD	下限	上限
2	1997/10/17	2252797	8084.19	8084.19	7654.88	7832.15		7832.15				
3	1997/10/18	1399863	7637.88	7768.2	7618.45	7618.45		7618.45				
4	1997/10/20	1740507	7579.86	7579.86	7274.97	7316.78		7316.78				
49	1997/12/17	2463653	8297.69	8347.2	8241.69	8347.2		8347.2				
50	1997/12/18	2836844	8361.9	8380.72	8255.05	8255.05		8255.05				
51	1997/12/19	3260634	8205.83	8305.83	8092.19	8092.58		8092.58	7838.811	329.9535	7603.647	8073.976
52	1997/12/20	1586711	8150.03	8169.75	8085.49	8154.27		8154.27	7845.254	332.9518	7609.896	8080.611
53	1997/12/22	1816460	8223.69	8226.14	8096.99	8104.03		8104.03	7854.965	333.283	7619.316	8090.614
54	1997/12/23	1760232	8192.7	8192.7	8038.31	8038.31		8038.31	7869.396	325.023	7633.314	8105.478
55	1997/12/24	1702047	7925.1	8080.81	7925.1	8075.05		8075.05	7876.216	325.702	7639.93	8112.502

圖 13.32　開啟「練習 13.2 移動平均線圖（百分比）」檔案

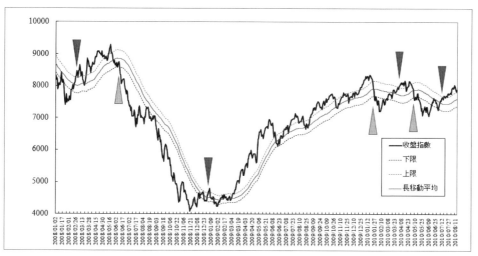

圖 13.33　價格移動平均線圖（百分比）（向上、向下三角形是賣點、買點）

◀ 練習 13.3 ▶ 價格移動平均線圖（標準差）

本例題以 Excel 繪股價的移動平均線圖。取 50 日的移動平均值，以及加減 1.5 倍標準差為上下界。作法與練習 13.2 相似，得圖 13.34，不再贅述。

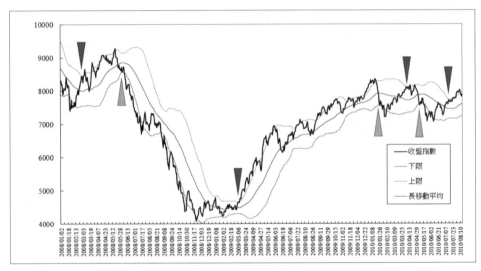

圖 13.34　價格移動平均線圖（標準差）（向上、向下三角形是賣點、買點）

◀ 練習 **13.4** ▶ 成交量移動平均線圖（百分比）

　　本例題以 Excel 繪成交量的移動平均線圖。取 50 日的移動平均值，以及加減 20% 為上下界。作法與練習 13.2 相似，得圖 13.35，不再贅述。

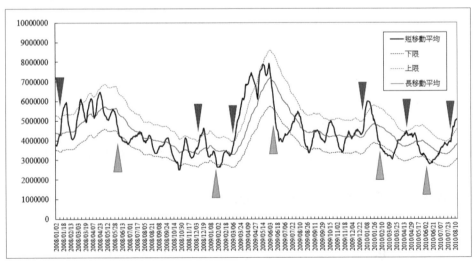

圖 13.35　成交量移動平均線圖（百分比）（向上、向下三角形是賣點、買點）

◀ 練習 13.5 ▶ 成交量移動平均線圖（標準差）

本例題以 Excel 繪成交量的移動平均線圖。取 50 日的移動平均值，以及加減 1 倍標準差為上下界。作法與練習 13.2 相似，得圖 13.36，不再贅述。

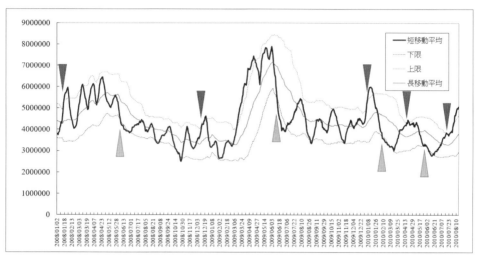

圖 13.36　成交量移動平均線圖（標準差）（向上、向下三角形是賣點、買點）

◀ 練習 13.6 ▶ Excel 股票圖

Excel 提供專供股票股價繪圖的功能，適合展現股價與成交量。

(1) 開啟「練習 13.6 股票圖」檔案（圖 13.37）。選取 A1: F45 範圍。

(2) 選「插入」功能表中的「成交量—開盤—最高—最低—收盤股價圖」。

(3) 點選圖的縱座標軸，調整左右兩側的座標軸格式。

(4) 點選整張圖，可以發現對應的範圍，拖拉範圍可以得到不同時段。

(5) 橫軸時間格式採用民國，例如 2007 年為民國 96 年，得圖 13.38。

	A	B	C	D	E	F	G	H	I	J	K
1	年月	成交量	開盤價	最高價	最低價	收盤價	成交值	報酬率	週轉率	流通在外股數	市值
2		(百萬股)	(元)	(元)	(元)	(元)	(百萬元)	(%)	(%)	(百萬股)	(百萬元)
399	Jan-04	84,183	5907.15	6421.45	5907.15	6375.38	1,846,214	8.23	18.76	448,836	13,432,579
400	Feb-04	153,904	6379.98	6756.76	6210.35	6750.54	3,209,689	5.88	33.62	457,785	14,702,242
401	Mar-04	167,161	6816.79	7135	6020.64	6522.19	3,774,347	-3.38	36.36	459,724	14,242,093
402	Apr-04	130,761	6504.54	6916.31	6023.58	6117.81	3,200,209	-6.2	28.26	462,756	13,444,271
403	May-04	84,575	6102.6	6191.84	5450.72	5977.84	1,881,160	-2.29	18.34	461,075	13,155,483

圖 13.37　依成交量、開盤價、最高價、最低價、收盤價置於 B~F 欄。

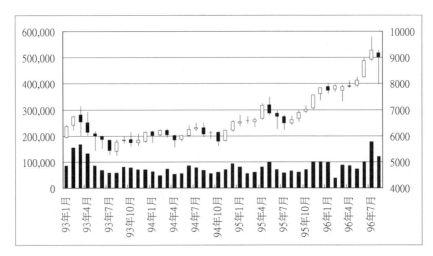

圖 13.38　月股票圖

◀練習 13.7▶ 移動平均線圖（月）

本例題以 Excel 繪股價的移動平均線圖。資料採月資料。取 6 個月的移動平均值，以及加減 1 倍標準差為上下界。

(1)　開啟「練習 13.7 移動平均線圖（月）」檔案（圖 13.39）。

(2)　M 欄為台灣股價指數的收盤指數。

N 欄為 6 個月的移動平均線。N7 儲存格公式「=AVERAGE($M2:$M7)」。

O 欄為 6 個月的移動標準差。N7 儲存格公式「=STDEV($M2:$M7)」。

P 欄為 6 個月的移動下界。N7 儲存格公式「=N7-1*O7」，即平均值減一倍標準差。

Q 欄為 6 個月的移動上界。N7 儲存格公式「=N7+1*O7」，即平均值加一倍標準差。

並向下填滿到末列。

(3)　以 M, N, P, Q 欄繪折線圖，得圖 13.40。

當指數由下而上突破上界，則買進，一直持有到指數由上而下突破下界，則賣出，再一直空手到指數由下而上突破上界，則買進，循環不已。

可以發現此策略在市場有強勁上漲或下跌趨勢時，相當成功，但在盤整期，則不成功。此數列到 2007 年八月為止，讀者可以加入最新的資料。可以發現上述策略可以成功避過 2008 年下半年的崩跌，也不會錯過 2009 年上半年的反彈。

	Q14		f_x	=AVERAGE($E3:$E14)				
	M	N	O	P	Q	R	S	T
1	收盤價							
2	(元)							
3	126.89							
4	128.48							
5	117.78							
6	118.15							
7	130.24							
8	141.14							
9	131.3							
10	120.87							
11	124.5							
12	118.8							
13	121.37	Min	Max	STD	平均	下限	上限	
14	135.13	117.78	141.14	7.36 3	126.2208	111.4987	140.9429	
15	127.29	117.78	141.14	7.365263	126.2542	111.5236	140.9847	
16	128.56	117.78	141.14	7.367497	126.2608	111.5258	140.9958	

圖 13.39　收盤價置於 M 欄，並在 N~Q 欄輸入公式。

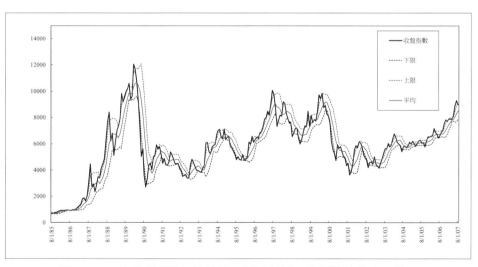

圖 13.40　六個月移動平均線圖，以及加減一倍標準差的上下限。

13.10 結語

本章總結如下：

- 技術分析的理論可歸為兩大類：

  - 順勢系統：其理論基礎是漲者恆漲、跌者恆跌。這類系統以移動平均線為代表。

  - 擺盪系統：其理論基礎是漲多必跌、跌多必漲。這類系統以布林帶為代表。

- 順勢系統在「波段趨勢」時期表現較佳；擺盪系統在「振盪盤整」時期表現較佳。可惜的是我們很難判斷未來股價走勢會是波段趨勢還是振盪盤整。

- 以移動平均線作擇時工具，可能可以獲得超額報酬，但扣除交易成本後，年超額報酬可能小於 3%。不過其效果並非一直是正面，而是時而正面，時而負面，有很大的波動。長期而言，在控制交易頻率不要過高，避免損耗太多的交易成本下，其效果可能是正面。因此，投資人無法透過擇時在短期內獲得超額報酬，但有可能透過擇時在長期內（>10 年）獲得超額報酬。由於經常要很有耐心地長期等待下一次波段的出現，投資人很難長期有紀律地執行這種交易策略。

習題

1. 練習 13.1 布林帶（日）：改用 20 日的移動平均值，並找出圖中的買點與賣點。

2. 練習 13.2 價格移動平均線圖（百分比）：改用 60 日的移動平均值，並找出圖中的買點與賣點。

3. 練習 13.3 價格移動平均線圖（標準差）：改用 60 日的移動平均值，改用 1.0 倍標準差，並找出圖中的買點與賣點。

4. 練習 13.4 成交量移動平均線圖（百分比）：改用 60 日的移動平均值，並找出圖中的買點與賣點。

5. 練習 13.5 成交量移動平均線圖（標準差）：改用 60 日的移動平均值，並找出圖中的買點與賣點。

6. 練習 13.7 移動平均線圖（月）：改用 12 個月的移動平均值，並找出圖中的買點與賣點。

7. RSI 的傳統用法是「RSI 大於 70%（或 80%）是賣點，小於 30%（或 20%）是買點」，但實證顯示，RSI 指標的正確用法是「RSI 大於 70%（或 80%）是買點，小於 30%（20%）是賣點」，為什麼？

MEMO

CHAPTER

14

投資的評價與歸因

◇ 證券分析的運氣成分越大，分析越無價值。── 班傑明·葛拉漢

◇ 人們買股票，根據第二天早上股票價格的漲跌，決定他們的投資是否正確，這簡直是扯淡。── 華倫·巴菲特

◇ 如果人們長期在股市賠錢，其實該怪的不是股票，而是自己。一般而言，股票的價格長期是看漲的，但是 100 個人中有 99 個人卻老是成為慢性輸家。這是因為他們的投資沒有計劃，他們買在高位，然後失去耐心或者心生恐懼，急著把賠錢的股票殺出。他們的投資哲學是「買高賣低」。── 彼得·林區

14.1　前言

本章主旨：

● 投資績效的評估

投資人的目標不外乎二個：最大報酬、最小風險，因此衡量投資組合的優劣不能只考慮報酬，本章將介紹五個可整合風險與報酬於一個數值的績效指標。

● 投資績效的歸因

投資的績效不外乎來自三方面：資產配置、選股、擇時。本章將介紹如何將績效分解到這三方面。

14.2　投資績效的評估：五種指標

投資人的目標主要有二個：

- 最大報酬
- 最小風險

因此衡量投資組合的優劣不能只考慮報酬，有五個指標可整合風險與報酬，這些指標的值越大代表用風險換取報酬的效率越高。

夏普指標（Sharpe measure）

衡量每一單位總風險，即投資組合的年報酬率的標準差 σ_P，所能增加的報酬率平均值 $\bar{r}_P - \bar{r}_f$。年報酬率的平均值與標準差如圖 14.1，其中 P 點是投資組合的位置，M 點是市場組合的位置，夏普指標相當於圖中的夾角。夏普指標是每一個資產組合提供的額外的回報（高於無風險收益率的回報）除以它所帶來的風險（以標準差衡量）的比率。夏普比率越高，每一個單元的風險帶來的回報就越高。

$$夏普指標 = \frac{\bar{r}_P - \bar{r}_f}{\sigma_P} \tag{14.1}$$

M2 指標（M2 measure）

M2 指標相當於圖 14.1 中通過 P 點與 M 點的直線在總風險為市場組合的總風險 σ_M 時的距離。也就是當總風險為市場組合的 σ_M 時，投資組合的年報酬率的平均值相對於市場組合之增加值。

$$M2 \; 指標 = r_{P*} - \bar{r}_M = (\bar{r}_f + \frac{\bar{r}_P - \bar{r}_f}{\sigma_P}\sigma_M) - \bar{r}_M \tag{14.2}$$

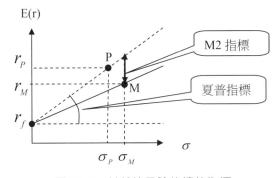

圖 14.1　基於總風險的績效指標

崔納指標（Treynor measure）

衡量每一單位系統風險 β_P，所能增加的報酬率平均值 $\bar{r}_P - \bar{r}_f$。年報酬率的平均值與系統風險如圖 14.2，其中 P 點是投資組合的位置，M 點是市場組合的位置，崔納指標相當於圖中的夾角。

$$崔納指標 = \frac{\bar{r}_P - \bar{r}_f}{\beta_P} \tag{14.3}$$

簡森指標（Jensen measure）

簡森指標相當於圖 14.2 中通過 P 點與 M 點的直線在系統風險為投資組合的 β_P 時的距離。也就是當系統風險為投資組合的 β_P 時，投資組合的年報酬率的平均值相對於市場組合之增加值。

$$簡森指標 = \bar{r}_P - \hat{r}_p = \bar{r}_P - [\bar{r}_f + \beta_P(\bar{r}_M - \bar{r}_f)] \tag{14.4}$$

T2 指標（T2 measure）

T2 指標相當於圖 14.2 中通過 P 點與 M 點的直線在系統風險為市場組合的 β_M 時的距離（$\beta_M = 1$）。也就是當系統風險為市場組合的系統風險時，投資組合的年報酬率的平均值相對於市場組合之增加值。

$$T2 \text{ 指標} = R_{P*} - R_M = \frac{R_P}{\beta_P} - R_M = \frac{\bar{r}_P - \bar{r}_f}{\beta_P} - (\bar{r}_M - \bar{r}_f) \tag{14.5}$$

哪一個績效指標最適用？

- 當一個投資組合的組成不夠多元時，例如只有十支以下的股票，非系統風險可能還相當高，需注意總體風險，因此夏普指標、M2 指標較適用。
- 當一個投資組合的組成夠多元時，例如有三十支以上的股票，由於非系統風險已經很低，只需注意系統風險，因此崔納指標、簡森指標、T2 指標較適用。

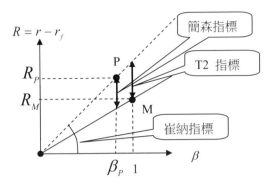

圖 14.2　基於系統風險的績效指標

例題 8.1

投資績效的評估

以第 12 章的台灣股市選股因子的績效為例,計算如表 14.1 與圖 14.3。顯示 E/P 與 G2 的選股績效最佳。

表 14.1　台灣股市選股因子的績效評價

	報酬率	標準差	α	β	夏普指標	崔納指標	簡森指標	M2指標	T2指標
基準	16.5	44.4	0.00	1.000	0.372	16.5	0.00	0.00	0.00
B/P	18.9	57.0	1.31	1.224	0.331	15.4	-1.32	-1.82	-1.08
E/P	20.3	33.9	9.98	0.661	0.601	30.8	9.44	10.16	14.28
ROE	16.4	33.5	6.44	0.640	0.489	25.6	5.81	5.20	9.08
B/P+E/P-1	20.0	44.6	6.80	0.909	0.450	22.1	5.06	3.48	5.57
G1	23.8	45.1	9.71	0.942	0.528	25.3	8.29	6.95	8.81
G2	23.6	37.9	11.80	0.763	0.622	30.9	10.98	11.10	14.39
R1	25.5	44.2	11.30	0.933	0.578	27.4	10.16	9.17	10.89
R2	21.2	44.5	6.31	0.960	0.476	22.1	5.34	4.64	5.56

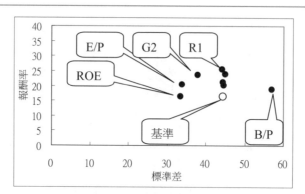

圖 14.3.1　報酬率 vs 總風險

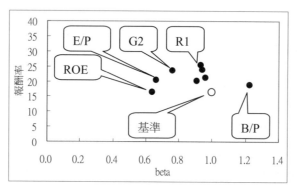

圖 14.3.2　報酬率 vs 系統風險

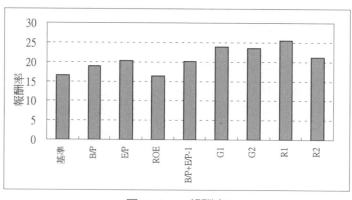

圖 14.3.3　報酬率

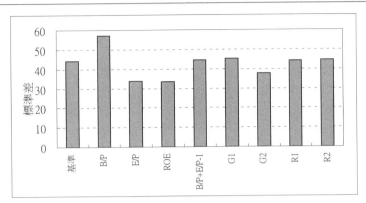

圖 14.3.4　總風險

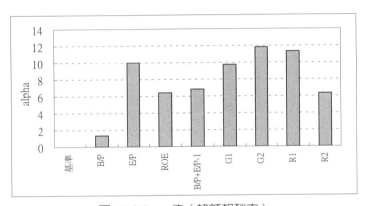

圖 14.3.5　α 值（超額報酬率）

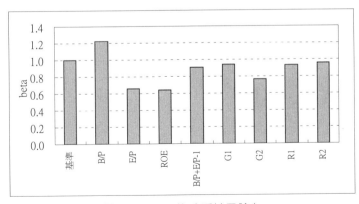

圖 14.3.6　β 值（系統風險）

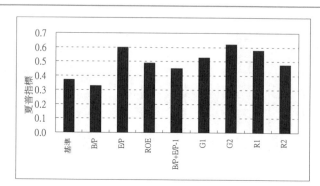

圖 14.3.7 夏普指標

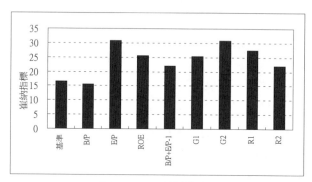

圖 14.3.8 崔納指標

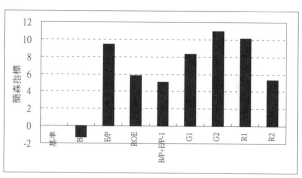

圖 14.3.9 簡森指標

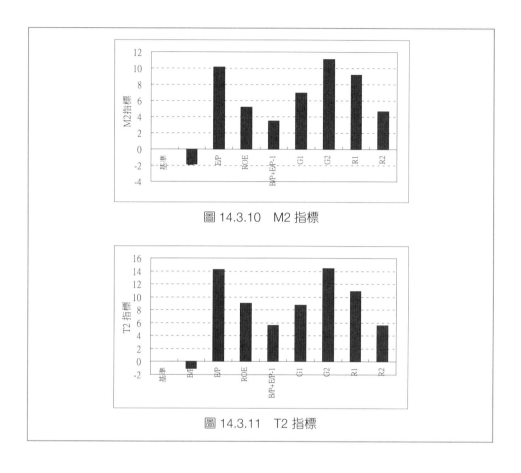

圖 14.3.10　M2 指標

圖 14.3.11　T2 指標

14.3 >> 資產配置的歸因

投資的績效不外乎來自二方面：資產配置、非資產配置。資產配置是指將資產配置在不同資產，例如 60% 在股票，40% 在債券，因配置得宜而產生的績效。非資產配置是投資各種資產的績效高過各種資產的基準績效而產生的績效。

🥧 問題的提出

已知有一投資人在年終檢討其投資的績效如下：

資產	投組			基準		
	投組權重 (1)	投組報酬 (2)	報酬貢獻 (3)=(1)×(2)	基準權重 (4)	基準報酬 (5)	報酬貢獻 (6)=(4)×(5)
A	0.7	14%	9.8%	0.5	12%	6%
B	0.2	5%	1.0%	0.3	6%	1.8%
C	0.1	3%	0.3%	0.2	3%	0.6%
合計			11.1%			8.4%

投組比基準多出的 11.1%-8.4%=2.7% 從何而來？即來自「資產配置」決策與「非資產配置」決策各多少。

資產配置、非資產配置的貢獻之分解

資產配置與非資產配置的總貢獻

$$=\sum_{i=1}^{n} 投組資產\,i\,權重\times投組資產\,i\,報酬率-\sum_{i=1}^{n} 基準資產\,i\,權重\times基準資產\,i\,報酬率$$

$$=\sum(R_{Pi}\times W_{Pi})-\sum(R_{Bi}\times W_{Bi}) \tag{14.6}$$

將上式加減 $\sum(R_{Bi}\times W_{Pi})$ 得

$$\sum(R_{Pi}\times W_{Pi})-\sum(R_{Bi}\times W_{Bi})+\sum(R_{Bi}\times W_{Pi})-\sum(R_{Bi}\times W_{Pi})$$

$$=\left[\sum(R_{Pi}\times W_{Pi})-\sum(R_{Bi}\times W_{Pi})\right]+\left[\sum(R_{Bi}\times W_{Pi})-\sum(R_{Bi}\times W_{Bi})\right]$$

$$=\left[\sum W_{Pi}\times(R_{Pi}-R_{Bi})\right]+\left[\sum R_{Bi}\times(W_{Pi}-W_{Bi})\right]$$

$$=非資產配置貢獻 + 資產配置貢獻 \tag{14.7}$$

資產配置的貢獻來自資產配置的權重不同

資產配置貢獻

$= \sum ($投組資產i的權重$-$基準資產i的權重$) \times$基準資產i的報酬率

$$= \sum (W_{Pi} - W_{Bi}) \times R_{Bi} \qquad (14.8)$$

非資產配置的貢獻來自資產的報酬率不同

非資產配置貢獻

$= \sum ($投組資產i的報酬率$-$基準資產i的報酬率$) \times$投組資產i的權重

$$= \sum (R_{Pi} - R_{Bi}) \times W_{Pi} \qquad (14.9)$$

例題 14.2

資產配置、非資產配置的貢獻之分解

■ 總貢獻

資產	投組			基準		
	投組權重 (1)	投組報酬 (2)	報酬貢獻 (3)=(1)×(2)	基準權重 (4)	基準報酬 (5)	報酬貢獻 (6)=(4)×(5)
A	0.7	14%	9.8%	0.5	12%	6%
B	0.2	5%	1.0%	0.3	6%	1.8%
C	0.1	3%	0.3%	0.2	3%	0.6%
合計			11.1%			8.4%

投組比基準多出的 11.1%-8.4%=2.7% 從何而來？

- **資產配置**：來自資產配置的權重不同

資產	投組權重 (1)	基準權重 (2)	超額權重 (3)=(1)-(2)	基準報酬 (4)	資產配置貢獻 (5)=(3)×(4)
A	0.7	0.5	0.2	12%	2.4%
B	0.2	0.3	-0.1	6%	-0.6%
C	0.1	0.2	-0.1	3%	-0.3%
				合計	1.5%

- **非資產配置**：來自資產的報酬率不同

資產	投組報酬 (1)	基準報酬 (2)	超額報酬 (3)=(1)-(2)	投組權重 (4)	非資產配置貢獻 (5)=(3)×(4)
A	14%	12%	2%	0.7	1.4%
B	5%	6%	-1%	0.2	-0.2%
C	3%	3%	0%	0.1	0%
				合計	1.2%

投組比基準多出的 2.7% 從資產配置得 1.5%，非資產配置得 1.2%（圖 14.4）。

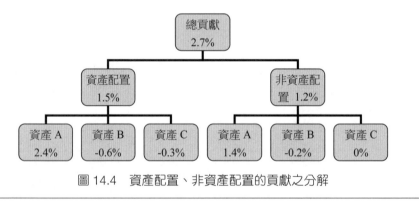

圖 14.4　資產配置、非資產配置的貢獻之分解

隨 堂 練 習

- 風險是否也可歸因？
- 資產配置、選股何者較重要？

14.4 選股與擇時的歸因

非資產配置是投資各種資產的績效高過各種資產的基準績效而產生的績效。投資績效高過基準績效代表採用採用「主動投資」策略，即投資標的的選擇與買賣時機的選擇。對投資證券而言，即選股與擇時。本節說明當同時採用選股與擇時下，如何評估投資決策者的選股、擇時的能力。

問題的提出

已知有一基金經理人在過去 12 年的投資績效如表 14.2 與圖 14.5，試問是否有選股能力？擇時能力？

表 14.2　過去 12 年的投資績效

年度	1	2	3	4	5	6	7	8	9	10	11	12
基準	60%	4%	8%	28%	-3%	-15%	-37%	37%	18%	57%	28%	4%
基金	56%	6%	8%	22%	7%	1%	2%	32%	15%	51%	15%	5%

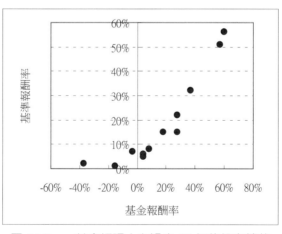

圖 14.5　一基金經理人在過去 12 年的投資績效

■ 方法

(1) 假設投組的報酬是大盤報酬的二次多項式，即令 $X_1 = r_M$ 與 $X_2 = r_M^2$ 建立迴歸分析

$$r_p = \alpha + \beta \cdot r_M + \gamma \cdot r_M^2 \qquad (14.10)$$

迴歸係數的意義：

$\alpha > 0$ 代表有選股能力（因為它是 $r_M = 0$ 下，投組的報酬率）

β 代表投組的系統風險。

$\gamma > 0$ 代表有擇時能力（因為它代表不論 $r_M > 0$ 或 < 0，r_M 偏離 0 越大，報酬越大）

(2) 這些係數是否大於 0 可用迴歸係數的 t 統計檢定

$\alpha > 0$ 顯著代表有選股能力。

$\gamma > 0$ 顯著代表有擇時能力。

例題 14.3

以上述問題為例，其迴歸分析如下，可知 $\alpha > 0$ 顯著，代表有選股能力；$\gamma > 0$ 顯著，代表有擇時能力。

迴歸統計		ANOVA					
			自由度	SS	MS	F	顯著值
R 的倍數	0.991955	迴歸	2	0.3779	0.1889	276.31	8.35E-09
R 平方	0.983975	殘差	9	0.0061	0.00068		
調整的 R 平方	0.980414	總和	11	0.3840			
標準誤	0.02615						
觀察值個數	12						

	係數	標準誤	t 統計	P-值	下限 95%	上限 95%
截距	0.047028	0.009794	4.801803	0.000971	0.024873	0.069183
X 變數 1	0.357752	0.037757	9.475007	5.6E-06	0.272338	0.443165
X 變數 2	0.812529	0.085979	9.45029	5.72E-06	0.61803	1.007027

Case Studies 選股、擇時能力的評估

以二種技術分析方法投資,其結果如下面二圖(圖 14.6 與圖 14.7),每一
點代表間隔 100 日的報酬率。迴歸結果顯示在圖上,可知

$\alpha<0$ 代表無選股能力(正常,因為本例為純擇時系統的結果,根本未選股)

$\gamma>0$ 代表有擇時能力。

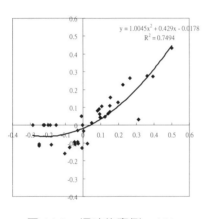

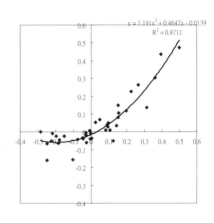

圖 14.6 擇時的實例一 MA
(門檻 6%)

圖 14.7 擇時的實例二 MA
(門檻 0.5%)

14.5 >> Excel 的應用

◀練習 14.1▶ 投資績效的評估

本練習為第 2 節例題。

(1) 開啟「練習 14.1 投資績效的評估」檔案。

(2) 在 G~K 欄輸入公式,詳見檔案。

《練習 14.2》資產配置的歸因

本練習為第 3 節例題。

(1) 開啟「練習 14.2 資產配置的歸因」檔案。

(2) 在 D 欄與 F 欄輸入公式,詳見檔案。

《練習 14.3》選股與擇時的歸因

本練習為第 4 節例題。

(1) 開啟「練習 14.3 選股與擇時的歸因」檔案。

(2) 方法一:以 A、C 欄繪 XY 散佈圖,配合二次趨勢線,如圖 14.8。

(3) 方法二:開啟「資料」功能表的「資料分析」視窗。選「迴歸」,以 A、B 欄為自變數,C 欄為因變數。可以得到迴歸係數的 t 統計檢定,如圖 14.9。

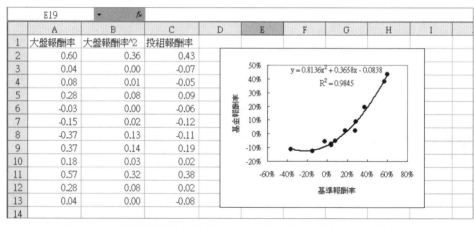

圖 14.8 選股與擇時的歸因:以 XY 散佈圖,配合二次趨勢線。

	A	B	C	D	E	F	G	H	I	J	K
4	R 的倍數	0.992226									
5	R 平方	0.984512									
6	調整的 R	0.98107									
7	標準誤	0.026006									
8	觀察值個數	12									
9											
10	ANOVA										
11		自由度	SS	MS	F	顯著值					
12	迴歸	2	0.386912	0.193456	286.0435	7.16E-09					
13	殘差	9	0.006087	0.000676							
14	總和	11	0.392999								
15											
16		係數	標準誤	t 統計	P-值	下限 95%	上限 95%	下限 95.0%	上限 95.0%		
17	截距	-0.08382	0.009739	-8.60719	1.23E-05	-0.10585	-0.06179	-0.10585	-0.06179		
18	rm	0.365837	0.037934	9.643982	4.83E-06	0.280024	0.45165	0.280024	0.45165		
19	rm^2	0.813564	0.086323	9.424645	5.85E-06	0.618287	1.00884	0.618287	1.00884		

圖 14.9 選股與擇時的歸因：以「資料分析 / 迴歸」

14.6 >> 結語

本章總結如下：

🌑 投資績效的評估

投資人的目標不外乎二個：最大報酬、最小風險，因此衡量投組的優劣不能只考慮報酬。有五個指標可整合風險與報酬，包括夏普指標、崔納指標、簡森指標、M2 指標、T2 指標，這些指標的值越大代表用風險換取報酬的效率越高。

🌑 資產配置的歸因

$$資產配置貢獻 = \sum (W_{Pi} - W_{Bi}) \times R_{Bi} \qquad (14.11)$$

$$非資產配置的貢獻 = \sum (R_{Pi} - R_{Bi}) \times W_{Pi} \qquad (14.12)$$

🌑 選股與擇時的歸因

$$r_P = \alpha + \beta \cdot r_M + \gamma \cdot r_M^2 \qquad (14.13)$$

如 $\alpha > 0$ 代表有選股能力；$\gamma > 0$ 代表有擇時能力。

習題

1. 練習 14.1 投資績效的評估：試評估下列基金之優劣：

	報酬率	標準差	α	β	夏普指標	崔納指標	簡森指標	M2指標	T2指標
基準	16.5	34.4	0.00	1.000					
基金 A	19.9	37.0	1.31	1.224					
基金 B	20.3	44.4	-1.20	1.159					
基金 C	15.3	23.9	2.98	0.861					

2. 練習 14.2 資產配置的歸因：試對下列基金進行歸因分析

資產	投組			基準		
	投組權重 (1)	投組報酬 (2)	報酬貢獻 (3)=(1)×(2)	基準權重 (4)	基準報酬 (5)	報酬貢獻 (6)=(4)×(5)
A	0.5	15%		0.3	14%	15%
B	0.3	8%		0.5	5%	8%
C	0.2	4%		0.2	3%	4%
合計						

3. 練習 14.3 選股與擇時的歸因：已知有一投資人在過去十年的資的績效如下，試問是否有選股、擇時能力？

	1	2	3	4	5	6	7	8	9	10
策略	2.3%	43.0%	9.9%	24.4%	-0.1%	15.0%	8.3%	8.8%	5.5%	9.5%
大盤	-3.0%	43.2%	-5.8%	30.0%	-16.8%	12.0%	-9.5%	0.7%	6.2%	12.2%

4. 許多實證研究顯示，基金經理人可能具有選股能力，但可能不具擇時能力。為什麼？

CHAPTER

15

網路上的證券
投資分析資源

15.1 ▶ 前言

本章旨在介紹下列主題：

- 許多入口網站提供股票資訊，例如 Yahoo! 奇摩股市網頁（http://tw.stock.yahoo.com/）提供基本、技術、籌碼、新聞面的資訊。

- 網路上也有許多免費的選股工具、技術分析工具，這對投資人作證券投資分析都是很有用的工具。

- 投資人如需下載數據作分析，以建立選股或擇時規則時，必須有一個涵蓋多年期（至少 10 年）的證券歷史資料集。臺灣證券交易所的官網（http://www.tse.com.tw/）可一次下載所有上市公司的季財報在一個 Excel 工作表。

以下五節將介紹這三個主題。

15.2 ▶ Yahoo! 奇摩股市

許多入口網站提供股票資訊，例如 Yahoo! 奇摩股市網頁（http://tw.stock.yahoo.com/）。以下以台積電（2330）為例。

◀ 練習 15.1 ▶ Yahoo! 奇摩股市

(1) 進入 Yahoo! 奇摩股市網頁（http://tw.stock.yahoo.com/），並在股票代號輸入 2330。

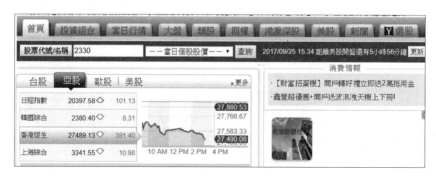

(2) 在右方點「基本」可進入基本分析。

(3) 可得如下的重要基本分析資料，如 ROE、EPS、每股淨值。如需月營收
資料可選左上方的「營收盈餘」。

2330台積電	走勢圖　成交明細　技術分析　新聞　基本資料　籌碼分析		
公司資料　營收盈餘　股利政策　申報轉讓			
公司資料			
基本資料		股東會及98年配股	
產業類別	半導體	現金股利	3.00元
成立時間	76/02/21	股票股利	-
上市時間	83/09/05	盈餘配股	-
董事長	張忠謀	公積配股	-
總經理	張忠謀	股東會日期	99/06/15
發言人	何麗梅		
股本	2590.38億		
股務代理	中信託02-21811911		
公司電話	03-5636688		
營收比重	晶圓93.66%、其他6.13%、包裝元件0.20%		
網址	http://www.tsmc.com/		
工廠	新竹竹東、新竹、上海松江廠		

獲利能力(99第2季)		最新四季每股盈餘		最近四年每股盈餘	
營業毛利率	48.67%	99第2季	1.55元	98年	3.45元
營業利益率	38.80%	99第1季	1.30元	97年	3.86元
稅前淨利率	41.48%	98第4季	1.26元	96年	4.14元
資產報酬率	6.34%	98第3季	1.18元	95年	4.93元
股東權益報酬率	7.89%	每股淨值：	19.02元		

(4) 可得如下的月營收、盈餘資料。

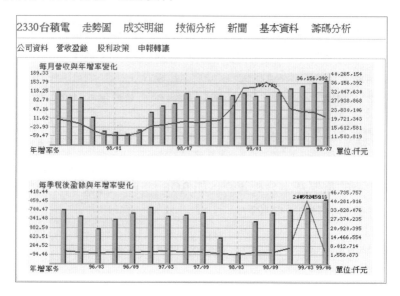

(5) 其他功能，如技術、籌碼、新聞等可自行測試。

(6) 在 Yahoo! 奇摩股市網頁（http://tw.stock.yahoo.com/）首頁有「Y 選股」，
　　提供投資人輸入選股條件，篩選股票，可自行測試。

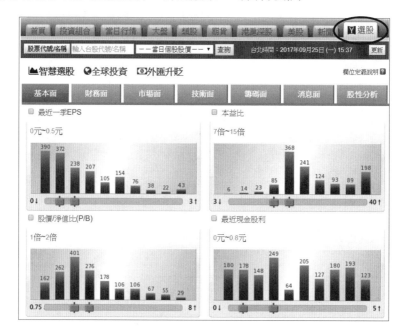

15.3 >> 線上選股系統：Yahoo! 的 Stock Screener

美國 Yahoo! 網站的理財網頁（https://finance.yahoo.com/）提供一個股票篩選器（Stock Screener），提供投資人輸入選股條件，篩選股票。本網站雖是美國網站，但可針對各界各國股市選股。

◀練習 15.2▶ 基本分析系統：Yahoo! 的 Stock Screener

(1) 啟動美國 Yahoo! 網站的理財網頁（https://finance.yahoo.com/）

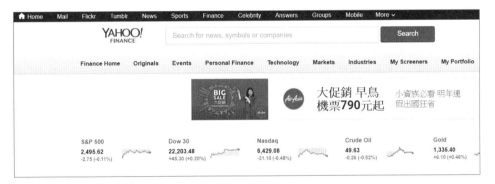

(2) 在 My Screeners 中選 Equity Screener

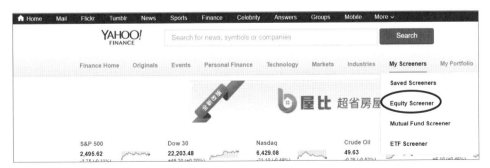

(3)　產生如下的 Screener 畫面

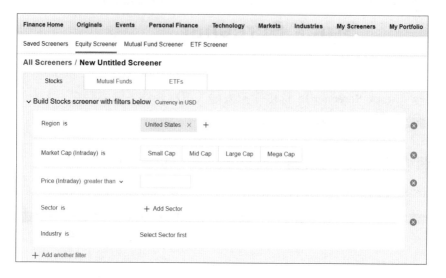

(4)　在 Screener 畫面的

- Region 選 Taiwan

- Market Cap 中 Small Cap 等四個全選（即不考慮公司市值規模）

- Sector 中 Consumer Goods 等九個全選（即不考慮公司所屬產業）

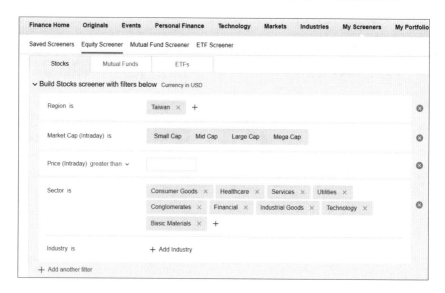

(5) 按下下方的「+Add another filter」按鍵，產生如下的 Choose filters 畫面

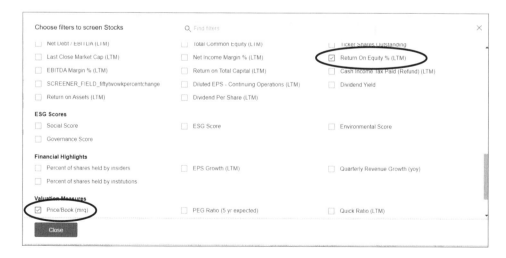

(6) 在 Choose filters 畫面上點選

- Return on Equity %(LTM)（註：LTM = Last Twelve Months）

- Price/Book(mrq)（註：mrq = most recent quarter(time), in a fiscal year）

  再按下下方的「Choose」按鍵。

(7) 在下方的 Price/Book 選 [1-2]，Return on Equity %（LTM）輸入「15」。

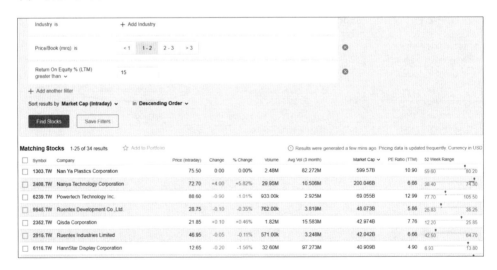

(8) 再按下下方的「Find Stocks」按鍵，選出了 34 股。

(9) 讀者可增、刪、修改選股規則，創造自己的選股規則。

15.4 >> 線上擇時系統：Yahoo! 的 Charts

　　美國 Yahoo! 網站的理財網頁（https://finance.yahoo.com/）提供許多不錯的技術分析工具，不但可分析美國股市大盤、個股，也可分析世界各國股市大盤（如台灣股市），甚至各國部份重要個股（如台灣的台積電）。

◀ 練習 15.3 技術分析系統：Yahoo! 的 Charts

(1)　啟動美國 Yahoo! 網站的理財網頁（https://finance.yahoo.com/），在右方輸入「^twii」後，選「^TWII TSEC weighted index」

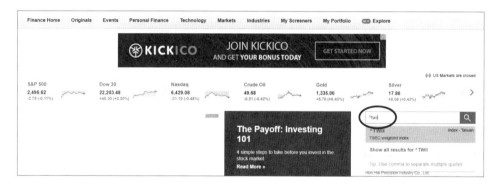

(2)　產生台灣加權指數畫面。選 Full screen。

(3)　產生台灣加權指數 Full screen 畫面。在時間長度上選「Max」。

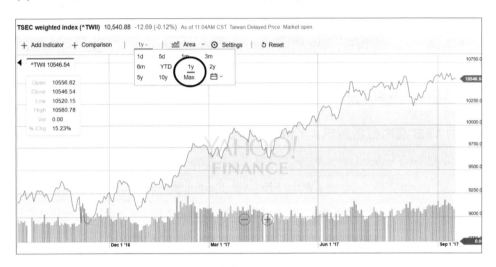

(4)　產生時間跨度為 Max 的台灣加權指數畫面。

(5) 選「+Add Indicator」。

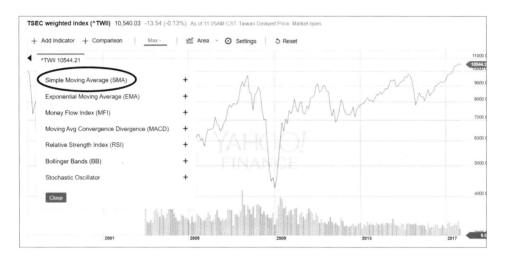

(6) 選「Simple Moving Average(SMA)」。因為在 Max 時間長度下，圖上的每一個時間單位為「月」，為了產生「季線」，Period 輸入「3」。

註：時間長度 2 年以下、5 年、10 年以上的每一個時間單位分別為日、週、月。

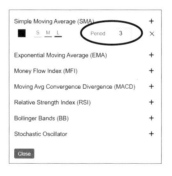

(7)　產生了「季線」。注意縱軸是對數尺度。

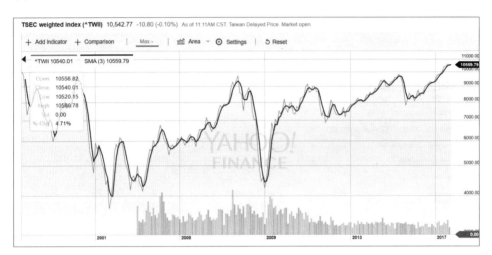

(8)　選「Settings」並選「Linear」尺度。

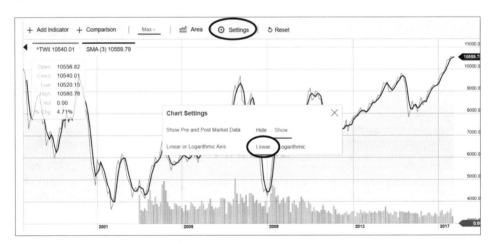

(9) 縱軸已經改為線性尺度。可發現 SMA 分析確實可避過 2008 年下半年的下跌期，但不會錯過 2009 年上半年的上漲期。

圖 15.19　美國 Yahoo! 網站的理財網頁

15.5 每季財報資料下載：公開資訊觀測站

當投資人要研究選股規則時，必須有一個涵蓋多年期（至少 10 年）的財報歷史資料集。臺灣證券交易所的「公開資訊觀測站」（http://mops.twse.com.tw/mops/web/index）對投資人是很有用的網站。這些網站可下載下列證券歷史資料集：

- **損益表**：可一次下載所有上市公司的季財報中的損益表在一個 Excel 工作表（上市與上櫃公司各一個試算表檔案）。

- **資產負債表**：可一次下載所有上市公司的季財報中的資產負債表在一個 Excel 工作表（上市與上櫃公司各一個試算表檔案）。

◀ 練習 15.4 損益表

Step 1　到臺灣證券交易所的「公開資訊觀測站」：http://mops.twse.com.tw/
mops/web/index

Step 2　選左上方主功能表中的「彙整報表」。再選功能表中的「財務報表」
功能。

Step 3 選「財務報表」功能表中的「採用 IFRSs 後」功能後，選「綜合損益表」功能。

Step 4 在綜合損益表畫面，「市場別」中選「上市」或「上櫃」，並輸入想要查詢的「年度」與「季別」後，按下右方的「搜尋」按鍵。

Step 5 系統出現執行中畫面。接著出現以下畫面。

Step 6　向下捲動到以下畫面，即第一筆資料為「1101 台泥」的表格，其左上角有兩個「另存 CSV」按鍵，按較下面的按鍵，可以儲存檔案。例如可儲存到桌面。

【註】有時沒出現「另存 CSV」按鍵，而是出現兩個黑色方塊，中間為打叉記號，但這無損於功能，仍然可按較下面的黑色方塊，儲存檔案。

2855	統一證券	1,169,006	819,271	349,735	-16,738	332,997	-30,877	302,120		302,120	45,599		347,719
2856	元富證券	1,220,740	966,309	254,431	69,762	324,193	-4,092	320,101		320,101	114,320	--	434,421
6005	群益證	1,365,784	1,169,206	196,578	157,181	353,759	-48,014	305,745		305,745	73,174	--	378,919

公司代號	公司名稱	營業收入	營業成本	營業毛利（毛損）	未實現銷貨（損）益	已實現銷貨（損）益	營業毛利（毛損）淨額	營業費用	其他收益及費損淨額	營業利益（損失）	營業外收入及支出	稅前淨利（淨損）	所得稅費用（利益）	繼續營業單位本期淨利（淨損）	停業單位損益	合併前非屬共同控制股權損益	本期淨利（淨損）	其他綜損益（額）
1101	台泥	24,114,047	20,990,175	3,123,872	--		3,123,872	1,097,143	--	2,026,729	314,060	2,340,789	341,165	1,999,624	--		1,999,624	1,284,
1102	亞泥	13,931,550	13,039,407	892,143	0	37	892,180	552,379	--	339,801	1,250,044	1,589,845	218,286	1,371,559	--		1,371,559	-125,

Step 7　到桌面開直接點兩下剛儲存檔案，可開啟 Excel 讀入如下檔案。

	A	B	C	D	E	F	G	H	I	J
1	公司	公司名稱	營業收入	營業成本	營業毛利（毛損）	未實現銷貨（損）益	已實現銷貨（損）益	營業毛利（毛損）淨額	營業費用	其他益及損淨
2	1101	台泥	########	########	3,123,872	--	--	3,123,872	1,097,143	
3	1102	亞泥	########	########	892,143	0	37	892,180	552,379	
4	1103	嘉泥	741,189	786,094	-44,905	--	--	-44,905	104,906	
5	1104	環球水泥	1,248,072	1,126,012	122,060	--	--	122,060	91,813	

Step 8　向右捲動最後一欄「基本每股盈餘（元）」即得到所有上市公司的每股盈餘。

　　　　【註】如要得到上櫃公司的每股盈餘，可回到 Step 4，在「市場別」中選「上櫃」即可。

	Q	R	S	T	U	V	W	X	Y	Z	AA	AB
	合併前非屬共同控制股權損益	本期淨利（淨損）	其他綜合損益（淨額）	合併前非屬共同控制股權綜合損益	本期綜合損益總額	淨利（淨損）歸屬於母公司業主	淨利（淨損）歸屬於共同控制下前	淨利（淨損）歸屬於非控制權益	綜合損益總額歸屬於母公司業主	綜合損益總額歸屬於共同控制下前	綜合損益總額歸屬於非控制權益	基本每股盈餘（元）
	--	1,999,624	1,284,445	--	3,284,069	1,413,035	--	586,589	1,911,110	--	1,372,959	0.38
	--	1,371,559	-125,038	--	1,246,521	1,213,452	--	158,107	718,662	--	527,859	0.4
	--	59,637	-47,330	--	12,307	82,329	--	-22,692	28,882	--	-16,575	0.13
	--	183,441	295,534	--	478,975	181,173	--	2,268	476,706	--	2,269	0.3

◀ 練習 15.5 ▶ 資產負債表

Step 1　到臺灣證券交易所的「公開資訊觀測站」：http://mops.twse.com.tw/mops/web/index

Step 2　選左上方主功能表中的「彙整報表」。再選功能表中的「財務報表」功能。

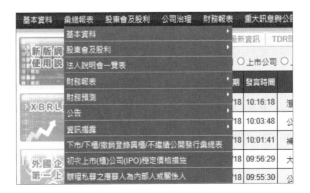

Step 3　選「財務報表」功能表中的「採用 IFRSs 後」功能後，選「資產負債表」功能。

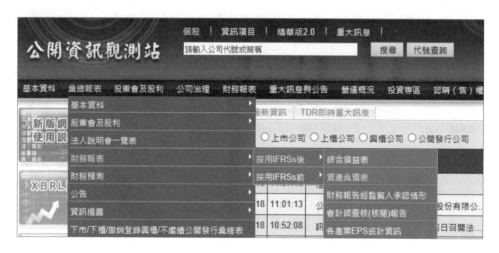

Step 4　在資產負債表畫面，「市場別」中選「上市」或「上櫃」，並輸入想要查詢的「年度」與「季別」後，按下右方的「搜尋」按鍵。

Step 5　系統出現執行中畫面。接著出現以下畫面。

Step 6 向下捲動到以下畫面，即第一筆資料為「1101 台泥」的表格，其左上角有兩「另存 CSV」按鍵，按較下面的按鍵，可以儲存檔案。例如可儲存到桌面。

2855	統一證券	47,730,544	4,820,053	52,550,597	30,523,036	16,591	30,539,627	13,231,191	256,116
2856	元富證券	58,860,084	5,656,605	64,516,689	44,321,939	426,385	44,748,324	15,332,571	59,070
6005	群益證	53,782,022	14,957,005	68,739,027	36,008,849	2,771,364	38,780,213	23,690,730	2,705,473

另存CSV

另存CSV

公司代號	公司名稱	流動資產	非流動資產	資產總額	流動負債	非流動負債	負債總額	股本	資本公積	保留盈
1101	台泥	77,246,355	195,588,878	272,835,233	65,913,019	61,556,516	127,469,535	36,921,759	12,215,684	45,5
1102	亞泥	57,789,464	147,867,373	205,656,837	54,557,931	46,846,907	101,404,838	32,309,181	1,034,446	47,1
1103	嘉泥	12,221,392	16,755,562	28,976,954	2,958,234	9,622,730	12,580,964	7,768,285	444,825	8,0
1104	環球水泥	2,231,669	14,155,850	16,387,519	1,127,396	1,528,405	2,655,801	6,038,919	21,763	6,7

Step 7 到桌面開直接點兩下剛儲存檔案，可開啟 Excel 讀入如下檔案。

	A	B	C	D	E	F	G	H	I	J	K
1	公司代號	公司名稱	流動資產	非流動資	資產總額	流動負債	非流動負	負債總額	股本	資本公積	保留盈餘
2	1101	台泥	77246355	1.96E+08	2.73E+08	65913019	61556516	1.27E+08	36921759	12215684	45521147
3	1102	亞泥	57789464	1.48E+08	2.06E+08	54557931	46846907	1.01E+08	32309181	1034446	47173926
4	1103	嘉泥	12221392	16755562	28976954	2958234	9622730	12580964	7768285	444825	8044970
5	1104	環球水泥	2231669	14155850	16387519	1127396	1528405	2655801	6038919	21763	6765931
6	1108	幸福水泥	5314198	3260915	8575113	2245153	2046786	4291939	4047380	5	199978
7	1109	信大水泥	2923669	6604285	9527954	1131021	1425412	2556433	4210008	22299	1753470
8	1110	東泥	1178376	8172897	9351273	276827	483459	760286	5720008	183902	1927974
9	1201	味全公司	22272397	14334162	36606559	17340755	8137705	25478460	5060629	688	2961198
10	1203	味王公司	2993160	4920499	7913659	1448183	1647828	3096011	2400000	36153	1520376

Step 8 向右捲動最後一欄「每股參考淨值」即得到所有上市公司的每股淨值。
【註】如要得到上櫃公司的每股淨值，可回到 Step 4，在「市場別」中選「上櫃」即可。

L	M	N	O	P	Q	R	S	T	U	V
其他權益	庫藏股票	歸屬於母	共同控制	合併前非	非控制權	權益總額	預收股款	母公司暨	每股參考淨值	
13214330	--	1.08E+08	--	--	37492778	1.45E+08	0	0	29.22	
6469871	--	86987424	--	--	17264575	1.04E+08	0	0	26.92	
-997405	-1153409	14107266	--	--	2288724	16395990	0	1.32E+08	21.88	
723700	--	13550313	--	--	181405	13731718	0	0	22.44	
55075	0	4302438	--	--	-19264	4283174	0	0	10.63	
75647	0	6061424	--	--	910097	6971521	0	0	14.4	
736976	-12185	8556675	--	--	34312	8590987	0	2112865	15.01	
10551	--	8033066	--	--	3095033	11128099	0	0	15.87	

15.6 》市場交易資料下載：臺灣證券交易所官網

當投資人要研究選股規則時，必須有一個涵蓋多年期（至少 10 年）的財報歷史資料集。但許多選股因子除了財報資料（例如每股淨值、每股盈餘）之外還需要股價資料，以計算淨值股價比、益本比等選股因子。此外，當投資人要研究擇時規則時，必須有一個涵蓋多年期（至少 10 年）的股價指數歷史資料集。臺灣證券交易所的官網可以下載下列歷史資料集：

- 股價：可一次下載所有上市公司的特定日子的股價、成交量在一個 Excel 工作表（上市與上櫃公司在同一個試算表檔案）。

- 股價指數：可一次下載特定年月的股價指數在一個 Excel 工作表。

- 個股日本益比、殖利率及股價淨值比：可一次下載所有上市公司的特定日子的這三個重要的基本面選股因子在一個 Excel 工作表。

《練習 15.6》股價

Step 1　到臺灣證券交易所網站：http://www.twse.com.tw/ch/index.php

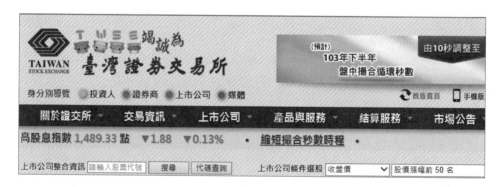

Step 2 選左上方主功能表中的「交易資訊」，再選功能表中的「盤後資訊」功能，再選「每日收盤行情」功能。

Step 3 系統出現以下畫面。在「資料日期」中輸入日期，例如102/6/28。在「分類項目」中選「全部（不含權證、牛熊證）」。

Step 4 按下右方的「查詢」按鍵。系統出現執行中畫面。接著出現以下畫面，按下「另存 CSV」按鍵，可以儲存檔案。例如可儲存到桌面。

Step 5 到桌面開直接點兩下剛儲存檔案，可開啟 Excel 讀入如下檔案。

	A	B	C	D	E	F	G	H	I	J
1	102年06月28日大盤統計資訊									
2	指數	收盤指數	漲跌(+/-)	漲跌點數	漲跌百分比(%)					
3	發行量加柿	8,062.21	+	178.31	2.26					
4	臺灣50指▉	5,613.94	+	176.6	3.25					
5	臺灣中型1	6,820.15	+	66.39	0.98					
6	臺灣資訊▉	6,546.48	+	225.09	3.56					
7	臺灣發達▉	7,014.81	+	178.66	2.61					

Step 6 向下捲動到大約 110 列，可以看到「台灣 50」等行情，其中第 I 欄為「收盤價」。

	A	B	C	D	E	F	G	H	I	J
106	持平	427	116							
107	未成交	3,618	2							
108	無比價	675	8							
109	說明：	1. "漲跌價差"為當日收盤價與前一日收盤價比較。2. "無比價家數"含當								
110	102年06月(元,交易單位)									
111	證券代號	證券名稱	成交股數	成交筆數	成交金額	開盤價	最高價	最低價	收盤價	漲跌(+/-)
112	0015	富邦	22,000	3	177,610	8.35	8.35	8.06	8.06	+
113	0050	台灣50	########	3,458	########	54.4	55.1	54.3	55.1	+
114	0051	中100	81,045	26	2,205,027	27	27.28	27	27.27	+

Step 7 再向下捲動到大約 140 列，可以看到「1101 台泥」等個股行情。

	A	B	C	D	E	F	G	H	I	J
139	01008T	駿馬R1	7,693,000	151	########	15.7	16.13	15.3	16.12	+
140	1101	台泥	########	4,134	########	35.85	36.95	35.4	36.9	+
141	1102	亞泥	6,656,294	1,549	########	36.15	36.9	35.6	36.9	+
142	1103	嘉泥	221,454	89	3,147,870	14.25	14.3	14.1	14.25	+
143	1104	環泥	514,246	147	8,717,667	17.05	17.05	16.85	17.05	+
144	1108	幸福	128,947	45	928,160	7.21	7.29	7.18	7.2	
145	1109	信大	22,000	9	232,350	10.55	10.6	10.55	10.6	+
146	1110	東泥	87,004	72	1,318,706	15.3	15.35	15	15.35	
147	1201	味全	2,347,257	1,090	########	50.7	51.4	50.2	50.9	+
148	1203	味王	176,024	93	3,799,653	21.6	21.7	21.5	21.5	
149	1210	大成	438,605	224	########	25.65	25.8	25.5	25.65	
150	1213	大飲	79,000	51	1,759,800	22.15	22.45	22.1	22.45	+

◀ 練習 15.7 ▶ 股價指數

Step 1 到臺灣證券交易所的官網（http://www.tse.com.tw/），開啟「交易資訊」功能表。

Step 2 選「TWSE 自行編製指數」中的「發行量加權股價歷史資料」或「發行量加權股價報酬指數」，可選特定年月指數，並可存 CSV 檔，再載入 Excel。

◀練習 15.8▶ 個股日本益比、殖利率及股價淨值比

Step 1 到臺灣證券交易所的官網（http://www.tse.com.tw/），開啟「交易資訊」功能表。

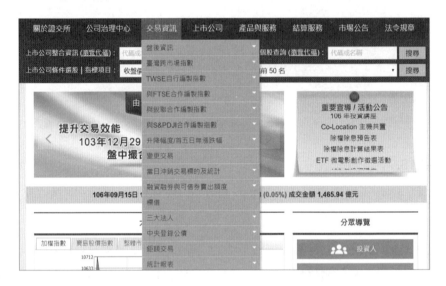

Step 2 選「盤後交易」中的「個股日本益比、殖利率及股價淨值比（依日期查詢）」

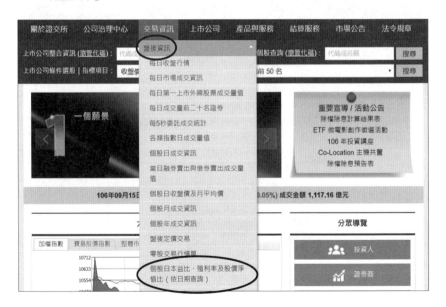

Step 3 列出「個股日本益比、殖利率及股價淨值比」，可選特定日期、分類（全部或特定產業）資訊，並可存 CSV 檔，再載入 Excel（參考下圖）。

15.7 >> 結語

總結如下：

- 網路上也有許多免費的選股工具、技術分析工具，雖然它們是很有用的工具，但必須有好的「選股規則」與「擇時規則」配合，否則無法發揮效果。

- 臺灣證券交易所的官網（http://www.tse.com.tw/）提供可一次下載所有上市公司的季財報到一個 Excel 工作表的管道。如果只是要個別上市公司的詳細財報，只需在 Google 等搜尋引擎輸入「股票名稱」與「資產負債表」當關鍵字即可找到。

以下四章將介紹如何用上述資料去發現有效的「選股規則」與「擇時規則」。

習題

1. 練習 15.1 Yahoo! 奇摩股市：(1) 試嘗試其他功能，如技術、籌碼、新聞等，請說明其主要功能。(2) 在 Yahoo! 奇摩股市網頁（http://tw.stock.yahoo.com/）首頁有「Y 選股」，提供投資人輸入選股條件，篩選股票。試使用「Y 選股」選 20 股，並說明你採用的準則。

2. 練習 15.2 基本分析系統 Yahoo! 的 Stock Screener：試使用「Stock Screener」選 20 股，並說明你採用的準則。

3. 練習 15.3 技術分析系統 Yahoo! 的 Charts：試使用「Charts」中的移動平均線，研判最近三年的台股大盤買賣時間點，並說明你採用的準則。

4. 練習 15.4 損益表：試下載最近一季的資料。

5. 練習 15.5 資產負債表：試下載最近一季的資料。

6. 練習 15.6 股價：試下載最近一個交易日的資料。

7. 練習 15.7 股價指數：試下載最近一個月的資料。

8. 練習 15.8 個股日本益比、殖利率及股價淨值比：試下載最近一個交易日的資料。

9. 試上網查詢台積電 (2330), 鴻海 (2317), 大立光 (3008) 最近一季損益表、資產負債表。

10. 試上網查詢紐約、東京、上海、香港、台灣的最新本益比。

11. 到美國 Yahoo! 網站的理財網頁（https://finance.yahoo.com/），選 S&P 500(^GSPC)，Range 選 Max，並按 Settings 將 Y scale 改用對數尺度，可以發現在 1973, 1987, 2000, 2008 都有明顯跌勢，試指出這幾次大跌的原因。同樣方法觀察 NASDAQ Composite(^IXIC) 與 Dow Jones Industrial Average(^DJI)，有何異同？（提示：這三個指數在 2000 年、2008 年的跌勢明顯不同，這和下跌的原因與指數的組成有關。）

選股系統之設計：
直接法

> ◆ 每支股票後面都有一家公司，要了解公司在幹什麼。── 彼得·林區
>
> ◆ 假如股票下跌，但基本面仍看好，就不該賣掉，甚至要加碼買進。── 彼得·林區
>
> ◆ 這個簡單的道理 ── 股票價格與公司獲利能力直接相關 ── 經常被忽視，甚至老練的投資人也視而不見。── 彼得·林區
>
> ◆ 公司經營的成功往往幾個月，甚至幾年都和它的股票的成功不同步。但從長遠看，它們百分之百相關。這種不一致才是賺錢的關鍵，耐心和擁有成功的公司，終將得到豐厚的報酬。── 彼得·林區

16.1 ▶ 前言

在第 12 章曾介紹三種選股方法：

- **條件篩選法**：根據選股邏輯或實證結果對各選股因子取不同的篩選門檻，並視這些篩選條件之間為「且」的關係，選出通過所有條件的股票。

- **評分篩選法**：對股票的各選股因子依排序給予「評分」，再根據選股邏輯或實證結果對各選股因子的評分取不同的篩選門檻，選出通過所有條件的股票。

- **評分排序法**：對股票的各選股因子依排序給予「評分」，再根據選股邏輯或實證結果對各選股因子的評分取權重，計算加權評分，進行排序，選出評分最高的預定數目的股票。

由於條件篩選法有二個缺點：(1) 不易設定適當寬嚴的門檻 (2) 可能發生條件太嚴苛或太多，入選股票太少，以及條件太寬鬆或太少，入選股票太多的問題。因此本章只採用評分篩選法、評分排序法。這些方法能選出好的投資標的之先決條件是 (1) 設定適當的選股條件的門檻作條件交集篩選，或者 (2) 設定適當的選股評分的權重作加權評分排序。有兩個方法可以達成上述目標（圖 16.1）：

1. 直接法：不需建立報酬率因子模型，而是先設計一個交易策略模型，此模型中有許多可調整的參數，一組特定的參數會決定一個特定的交易策略。一個特定的交易策略進行交易模擬後，可得到一個特定的報酬率。因此可直接調整這些參數來最大化報酬率，以得到最佳交易策略。這個過程可以視為一個最佳化問題。雖然可以用高等的最佳化方法（如遺傳演算法）求解此問題，但本書採用人工手動嘗試錯誤的方式求解。雖然此方式效率低，難以達到最佳化，但可以達到近似最佳化。

2. 間接法：先建立報酬率因子模型，再預測每一個股票的報酬率，接著以報酬率最高的股票組成最佳投資組合。這個過程的核心是建構一個準確的預測模型，雖然可以用高等的預測模型建構方法（如類神經網路）建模，但本書採用簡單的線性迴歸分析建模。雖然此法未必能建立最準確的預測模型，但簡單易懂，而且建立的模型之準確度通常也能達到與最準確的預測模型接近的水準。

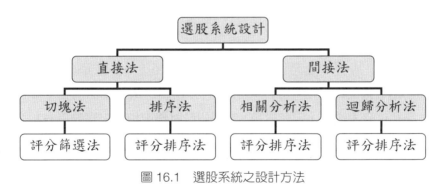

圖 16.1　選股系統之設計方法

　　本章的方法屬於直接法，企圖以嘗試錯誤的方式，直接優化選股因子的選擇與選股條件的門檻，或者選股因子權重。間接法將在下一章介紹。

16.2 >> 選股系統使用的選股因子

本書考慮的選股因子包括（表 16.1）：

- 風險因子：β 值、負債權益比（D/B）
- 價值因子：淨值股價比（B/P）、益本比（E/P）
- 成長因子：股東權益報酬率（ROE）
- 規模因子：市值（季底）
- 流動性因子：成交量、周轉率、收盤價（季底）
- 動能因子：第 t+1 季報酬率
- 其它因子：每股淨值、每股盈餘（EPS）、稅後淨利

本書考慮的績效指標包括：

Y1 第 t+2 季報酬率

Y2 第 t+3 季報酬率

本書以 Y1 為主，Y2 將做為習題的材料。採用第 t+2 季而非第 t+1 季的報酬率做為績效指標是因為考慮到真實的投資情況中，第 t 季的個股財報通常在第 t+1 季結束時才發布，因此以第 t 季的個股財務面指標來預測第 t+1 季報酬率在實務上是不可行的。因此，本書採用第 t+2 季的季報酬率當做績效指標。但季成交量等非財報的變數可即時取得，因此採用第 t+1 季的資料。

表 16.1　個案 4 台灣股票季報酬率預測各變數定義

	變數名稱	定義
X1	股票報酬率	第 t+1 季的股票季報酬率。公式 $$報酬率 = \left(\frac{P_t \cdot (1 + \alpha + \beta) + D}{P_{t-1} + \alpha \cdot C} - 1 \right) \cdot 100\%$$ 其中，P_t= 第 t 期收盤價；α= 當期除權之認購率；β= 當期除權之無償配股率；C= 當期除權之現金認購價格；D= 當期發放之現金股利。

	變數名稱	定義
X2	系統風險 β 值	第 t+1 季的系統風險 β 值，以最近的 250 日的日報酬率資料用迴歸分析估計之。公式 $$y = \beta_0 + \beta_1 x + \varepsilon$$ 其中，x 為大盤報酬率，y 為個股報酬率，β_1 即為 β 值。
X3	負債 / 淨值比	第 t 季的公司的負債除以淨值的比率。
X4	淨值報酬率（ROE）	第 t 季的季股東權益報酬率（ROE） =（稅後淨利／加權平均股東權益）×100%
X5	成交量（百萬股）	第 t+1 季的季成交量（百萬股）。
X6	週轉率	第 t+1 季的季週轉率。
X7	市值（季底）	第 t+1 季的季底個股市值（百萬元）。 市值 = 流通在外股數 × 個股季底收盤價。
X8	收盤價（季底）	第 t+1 季的個股季底收盤價。
X9	淨值股價比	第 t 季的淨值股價比（BPR＝B/P），是股價淨值比的倒數。
X10	益本比	第 t 季的益本比（EPR＝E/P），是本益比的倒數。
X11	每股淨值	第 t 季的股票的每一股的淨值。
X12	每股盈餘（EPS）	第 t 季的股票的每一股的盈餘。
X13	稅後淨利	第 t 季的公司的稅後淨利總值。
X14	新淨值股價比	第 t 季的淨值股價比。與 X9 的差別是股價採用最新的股價。由於績效指標是「第 t+2 季報酬率（Return）」，因此採用最新的股價，即第 t+1 季的季底股價來選股效果會更好。
X15	新益本比	第 t 季的益本比。股價採用第 t+1 季的季底股價。
X16	GVI(0.02)	第 t 季的成長價值指標（Growth Value Index, GVI）。公式 $$GVI(\theta) = \left(\frac{B}{P}\right)^{\theta}(1+ROE)$$ 其中 • B/P = 淨值股價比，採用 X14 的值。 • ROE = 季股東權益報酬率，採用 X4 的值。因為 ROE 以 % 為單位，計算時要先除 100。 • θ = 參數，控制 GVI 偏向成長面或價值面選股。
X17	GVI(0.04)	
X18	GVI(0.06)	
X19	GVI(0.08)	
X20	GVI(0.10)	
X21	GVI(0.15)	
X22	GVI(0.20)	
X23	GVI(0.30)	

	變數名稱	定義
Y1	第 t+2 季的季股票報酬率（Return）	因為財報發布的時間有落差，因此以股票的第 t+2 季的季報酬率為績效指標。本書採用此變數為績效指標。
Y2	第 t+3 季的季股票報酬率（Return）	也可以用股票的第 t+3 季的季報酬率為績效指標。但預測效果應該會更差。本書部分習題採用此變數為績效指標。

成長價值指標（Growth Value Index, GVI）公式的 θ 參數控制 GVI 偏向成長面或價值面選股。當 θ 接近 0 時，GVI 公式中的 B/P 將不再影響 GVI，GVI 完全由 1+ROE 來控制，偏向成長面選股。當 θ 接近 1 時，GVI 公式中的 B/P 影響 GVI 很大，GVI 幾乎由 B/P 來控制，偏向價值面選股。當 ROE 為季 ROE 時，合理的 θ 值約在 0.04-0.15 之間，此處採用 0.02, 0.04, ..., 0.30 等八種。

本書採用「排序正規化」將選股因子與績效指標正規化，即將各股票的各變數分季排序，該季最大者其排序值 Rank=1；最小者 Rank=0，其餘依此內插。例如中位數的 Rank=0.5。使用 Rank 值來代替原始值在分析上具有很多優點：

(1) 降低景氣循環影響

可以避免景氣循環對統計分析、迴歸建模的不利影響。例如不景氣時，企業的 ROE 普遍偏低，如果 ROE 是使用原始值，雖然 ROE＝6% 可能已經高過大多數企業，但在全體數據中仍被視為偏低的 ROE；但景氣時，企業的 ROE 普遍偏高，ROE＝12% 可能仍然低於大多數企業，但在全體數據中仍被視為偏高的 ROE。這對統計分析 ROE 是否影響股票報酬率是不利的。如果 ROE 採用「排序正規化」，則在不景氣時，ROE＝5% 可能會被視為相對偏高，景氣時 ROE＝12% 可能會被視為相對偏低，可以克服景氣循環的干擾。同理，股票報酬率也採用「排序正規化」，可以克服股市多空的干擾。如果高 ROE 會有高股票報酬率的規則是存在的，那麼排序正規化可以排除自變數與因變數的時間軸的縱斷面變化的干擾，而專注分析在同一時間的自變數與因變數之相對大小之間的橫斷面的關係，有助於用統計分析、迴歸建模去發現此一規則。

(2) 避免單季資料偏差

可以避免單一季對統計分析、迴歸建模的不利影響。例如某一季大漲，而該季正好有強烈的規模效應，而其它季並無明顯的規模效應，但統計分析仍可能會出現強烈的規模效應。如果將報酬率採用「排序正規化」，每一季的報酬率的 Rank 值平均值、標準差都相同，就不易出現此偏差的結論。

(3) 避免極端資料偏差

可以避免極端值對統計分析、迴歸建模的不利影響。例如假設有 100 筆資料，其中報酬率最大值是 200%，次大是 100% 與 98%，則它們會被正規化到 1.0, 0.99 與 0.98。這樣對計算報酬率平均值或作迴歸分析時，其不利影響可被降低。

(4) 降低錯誤資料影響

可以降低萬一有錯誤值在資料庫中，對統計分析、迴歸建模的不利影響。例如假設有 100 筆資料，其中有一個資料其報酬率是 1000% 的錯誤值，則會被正規化到 1.0，真正的最大值會被正規化到 0.99。這樣對計算報酬率平均值或作迴歸分析時，其不利影響可被降低。

本書採用的是台灣經濟新報資料庫作為資料來源，研究的範圍是股票代號 11XX~ 27XX 的上市公司，而不選取代號 28XX 之後的公司。因為代號 28XX 之後是金融股及一些少數其他類股，金融股有其特殊財務結構，不適合於本書；而其他類股數量不多，不影響本模型的準確度；為了資料收集的方便性，不予取樣。本書期間為 1996 年第 1 季 ~2008 年第 2 季，共 12.5 年（50 季）。

在建構模型時，資料會被分成訓練範例與測試範例，以檢測統計結果是否具有時間軸的穩定性，以及檢測迴歸建模是否過度配適。

- **訓練範例**：1996~2001 年共 6 年（24 季），總計 8556 筆資料。
- **測試範例**：2002~2008 年共 6.5 年（26 季），總計 11434 筆資料。

每筆範例包括 23 個選股因子與 2 個績效指標（第 t+2 季與第 +3 季的報酬率）。所有變數均以「排序正規化」處理。

所有資料均放在如圖 16.2~ 圖 16.5 的 A~AZ 欄。其中

- A 欄是股票的編號與名稱。

- B 欄是股票的季報基準，3、6、9、12 月分別代表第 1、2、3、4 季。

- C~Y 欄是 X1~X23 的原始值。

- Z 欄與 AA 欄是 Y1 與 Y2 的原始值。

- AB~AX 欄是 X1~X23 的 Rank 值。

- AY 欄與 AZ 欄是 Y1 與 Y2 的 Rank 值。

	A	B	C	D	E	F	G	H	I	J	K	L	M	N
1	name	date	X1報酬率(R₂	X2風險beta值	X3負債/淨值	X4	淨值報酬	X5成交量(百	X6週轉率	X7市值(季區	X8收盤價(季	X9淨值市值	X10E/P (自算	X11每股淨值	X12每
2	1101 台泥	2002/3/1	7.8428	1.0337	108.73	-1.45		1463	22.56	26877	7.48	175.4385965	-2.54385965	18.67	
3	1102 亞泥	2002/3/1	23.1528	0.7081	65.45	1.25		355	5	25479	6.55	158.7301587	1.984126984	16.56	
4	1103 嘉泥	2002/3/1	25.5814	0.4346	131.55	0.43		165	17.86	7556	9.81	161.2903226	0.693548387	17.91	
5	1104 環泥	2002/3/1	-4.1177	0.3399	72.64	-0.65		251	44.21	2917	4.63	238.0952381	-1.54761905	19.7	
6	1108 幸福	2002/3/1	-17.8293	0.6841	105.98	-0.86		141	15.12	2145	4.29	153.8461538	-1.32307692	9.99	
7	1109 信大	2002/3/1	-2.0618	0.345	17.11	0.41		10	1.64	3996	6.87	126.5822785	0.518987342	12.54	
8	1110 東泥	2002/3/1	2.5861	0.3787	34.94	0.16		55	3.44	3323	4.46	222.2222222	0.355555556	13.64	

圖 16.2　資料欄（Part 1）

	N	O	P	Q	R	S	T	U	V	W	X	Y	Z	A
1	X12每股盈餘	X13稅後淨利	X14淨值市	X15 新益本上	X16(GVI0.02	X17(GVI0.04	X18(GVI0.06	X19(GVI0.08	X20(GVI0.10	X21(GVI0.15	X22(GVI0.20	X23(GVI0.30	Y1+2報酬率	Y2 t+3
2	-0.29	-655429	2.495989305	-0.03877005	1.003694358	1.022224622	1.041096992	1.060317786	1.079893434	1.13042834	1.183328086	1.296669945	-30.9181	4
3	0.23	445702	2.528244275	0.035114504	1.031457677	1.0507031	1.070444546	1.090487155	1.110905035	1.163637977	1.218874071	1.337336634	-25.8106	4
4	0.26	101618	1.825688073	0.026500568	1.016463982	1.028775293	1.041235718	1.053847062	1.066611153	1.099201847	1.132788362	1.203071493	-16.6671	6
5	-0.1	-42412	4.254859611	-0.02159827	1.022693689	1.032967033	1.043296733	1.115523414	1.148302724	1.234527182	1.327226115	1.534028549	-9.2028	1
6	-0.1	-31562	2.328671329	-0.02331002	1.008303044	1.02549428	1.042978621	1.060761064	1.078846692	1.125421335	1.174006642	1.277560199	-23.5848	
7	0.06	17879	1.825327511	0.008733624	1.016257545	1.028562293	1.041016025	1.053620546	1.066377681	1.098950389	1.132518036	1.202760638	-3.7598	
8	0.07	31785	3.058295964	0.015695067	1.024245126	1.047002235	1.071082902	1.095298964	1.120062525	1.184448665	1.252536003	1.400677555	-16.8064	

圖 16.3　資料欄（Part 2）

	AA	AB	AC	AD	AE	AF	AG	AH	AI	AJ	AK	AL	AM	A
1	Y2 t+3報酬率	Rank(X1)	Rank(X2)	Rank(X3)	Rank(X4)	Rank(X5)	Rank(X6)	Rank(X7)	Rank(X8)	Rank(X9)	Rank(X10)	Rank(X11)	Rank(X12)	Rank(X
2	40.2681	0.773626374	0.694274725	0.782417582	0.158241758	0.971428571	0.668131868	0.901098901	0.81978022	0.802197802	0.091208791	0.013	
3	44.2621	0.876923077	0.384615385	0.487912088	0.549450549	0.694505495	0.916923090	0.89010989	0.243956044	0.773626374	0.852747253	0.525274725	0.90	
4	62.7777	0.89010989	0.12967033	0.857142857	0.397802198	0.465934066	0.538461538	0.764835165	0.476923077	0.78021978	0.483516484	0.764835165	0.547252747	0.742	
5	12.1625	0.615384615	0.072527473	0.551648352	0.230769231	0.564835165	0.87032967	0.472527473	0.112087912	0.923076923	0.171428571	0.848351648	0.169230769	0.127	
6	28.395	0.419780220	0.364835165	0.762637363	0.193406593	0.432967033	0.49010989	0.369230769	0.756043956	0.182417582	0.169230769		
7	2.2099	0.628571429	0.079120879	0.037362637	0.391208791	0.054945055	0.072527473	0.584615385	0.261813868	0.659340659	0.413186813	0.362637363	0.334065934	0.410	
8	31.3131	0.701098901	0.105494505	0.182417582	0.345054945	0.235164835	0.118681319	0.518681319	0.101098901	0.90989011	0.384615385	0.481318681	0.347252747	0.50	

圖 16.4　資料欄（Part 3）

	AN	AO	AP	AQ	AR	AS	AT	AU	AV	AW	AX	AY	AZ	B
1	Rank(X13)	Rank(X14)	Rank(X15)	Rank(X16)	Rank(X17)	Rank(X18)	Rank(X19)	Rank(X20)	Rank(X21)	Rank(X22)	Rank(X23)	Rank(Y1)	Rank(Y2)	
2	0.013186813	0.896703297	0.083516484	0.268131868	0.430769231	0.610989011	0.725274725	0.78021978	0.830769231	0.846153846	0.861538462	0.202197802	0.912087912	
3	0.90989011	0.905494505	0.698901099	0.753846154	0.89010989	0.924725271	0.92967033	0.931868132	0.92967033	0.931868132	0.924725271	0.304945055	0.925274725	
4	0.742857143	0.716483516	0.591208791	0.450549451	0.529670331	0.613186813	0.657142857	0.67428570	0.723076923	0.72307143	0.718681319	0.047032967	0.971428571	
5	0.127472527	0.991208791	0.131868132	0.589010989	0.907692308	0.962637363	0.975824176	0.984615385	0.986813187	0.991208791	0.991208791	0.643956044	0.558241758	
6	0.153846154	0.854945055	0.123076923	0.327472527	0.483516484	0.637362637	0.72967033	0.775824176	0.815384615	0.828571429	0.837362637	0.347252747	0.806593407	
7	0.410989011	0.714285714	0.367032967	0.448351648	0.527472527	0.608791209	0.654945055	0.679120879	0.720879121	0.725274725	0.716483516	0.751648352	0.4	
8	0.50989011	0.951648352	0.448351648	0.626373626	0.861538462	0.931868132	0.94945055	0.949450549	0.949450549	0.949450549	0.949450549	0.468131368	0.837362637	

圖 16.5　資料欄（Part 4）

16.3 評分篩選系統之設計：二維切塊法

【原理】採用 5×5 的切塊法探討適當的選股因子與選股條件的門檻。

【方法】選二個變數，各依 Rank 值分五等分，即分 (0.0~0.2)(0.2~0.4)(0.4~0.6) (0.6~0.8)(0.8~1.0) 五等分，交叉形成 5×5=25 個投組，並計算各投組 t+2 季的股票報酬率績效。例如選 A、B 二個變數，可以形成 {A=(0.0~0.2)，B=(0.0~0.2)} 一直到 {A=(0.8~1.0)，B=(0.8~1.0)} 等 5×5=25 個投組。

實作

◀練習 16.1▶ 評分篩選法 (5×5)

(1) 開啟「練習 16.1 評分篩選法 (5×5)」檔案。到「data」工作表。

(2) 輸入變數

選擇績效指標與選股因子。圖 16.6 顯示，在 BN1 填入績效指標，例如 Rank(Y1)，代表「第 t+2 季的股票報酬率」，在 BN2:BN3 填入選股因子，例如 Rank(X4)、Rank(X9)，分別代表「淨值報酬率 (ROE)」與「淨值市值比 (B/P)」。

(3) 切塊分析

將選股因子，各依 Rank 值分五等分，交叉形成 5×5=25 個投組，分析滿足篩選要求的資料數、績效指標平均值。圖 16.7 顯示，BJ 欄使用 DCOUNT（database, field, criteria）與 DSUM（database, field, criteria）這兩個 Excel 資料庫函數，分析滿足篩選要求的資料數、績效指標平均值，例如：

BJ2 儲存格公式分析滿足篩選要求的資料數「=DCOUNT($A$1:$AZ$19991,$BN$1,BF2:BI3)」

BJ3 儲存格公式分析績效指標平均值「=DSUM($A$1:$AZ$19991,$BN$1,BF2:BI3)/DCOUNT($A$1:$AZ$19991,$BN$1,BF2:BI3)」

系統即可在 BJ 欄產生 5×5＝25 種組合下的資料數、績效指標平均值。

(4) 彙整矩陣

將個股數與報酬率平均值排成矩陣，以方便繪圖。圖 16.8 顯示，在 BF58, BF76 附近，將 BJ 欄的資料數、績效指標平均值排列成 5×5 矩陣，例如 BG59 公式「=$BJ2」，BG77 公式「=$BJ3」。

(5) 繪圖觀察

以立體柱狀圖顯示 5×5＝25 種組合下的資料數、績效指標平均值，如圖 16.6 右方。

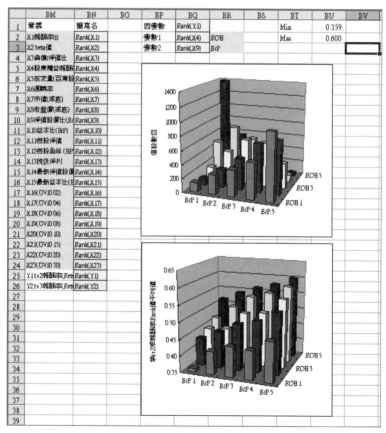

圖 16.6　將個股數與報酬率平均值矩陣繪成 3D 柱狀圖。

	BJ3	▼	*fx*	=DSUM($A$1:$AZ$19991,$BQ$1,BF2:BI3)	
	BE	BF	BG	/DCOUNT($A$1:$AZ$19991,$BQ$1,BF2:BI3)	
1					
2		Rank(X4)	Rank(X9)	Rank(X4)	Rank(X9)	236
3		<=0.2	<=0.2		⟐	0.392153886
4		Rank(X4)	Rank(X9)	Rank(X4)	Rank(X9)	439
5		<=0.2	<=0.4		>0.2	0.430565028
6		Rank(X4)	Rank(X9)	Rank(X4)	Rank(X9)	717
7		<=0.2	<=0.6		>0.4	0.43855151

(表中 : : : : : 省略)

46		Rank(X4)	Rank(X9)	Rank(X4)	Rank(X9)	406
47		<=1.0	<=0.6	>0.8	>0.4	0.557560735
48		Rank(X4)	Rank(X9)	Rank(X4)	Rank(X9)	185
49		<=1.0	<=0.8	>0.8	>0.6	0.546609958
50		Rank(X4)	Rank(X9)	Rank(X4)	Rank(X9)	83
51		<=1.0	<=1.0	>0.8	>0.8	0.579677153

圖 16.7　交叉形成 5×5＝25 個投組，並計算其個股數與報酬率平均值。

	BG66	▼	*fx*	=$BJ3		
	BE	BF	BG	BH	BI	BJ	BK
57							
58			B/P 1	B/P 2	B/P 3	B/P 4	B/P 5
59		ROE 1	130	279	384	521	966
60		ROE 2	95	270	456	698	767
61		ROE 3	178	454	653	635	368
62		ROE 4	494	744	594	345	109
63		ROE 5	1387	555	218	87	47
64							
65			B/P 1	B/P 2	B/P 3	B/P 4	B/P 5
66		ROE 1	0.359	0.420	0.442	0.438	0.471
67		ROE 2	0.435	0.462	0.490	0.506	0.537
68		ROE 3	0.449	0.454	0.508	0.514	0.561
69		ROE 4	0.468	0.509	0.546	0.561	0.586
70		ROE 5	0.515	0.541	0.562	0.578	0.600

圖 16.8　將個股數與報酬率平均值排成矩陣，以方便繪圖。

結果

圖 16.9 變數選「X4 股東權益報酬率（ROE）」與「X9 淨值股價比（B/P）」之結果。可以看出：

- 因「股東權益報酬率」與「淨值股價比」兩者一大一小的個股很多，兩者都大或都小的個股很少，可見兩者為負相關，即很少個股同時是「好公司的股票」與「便宜的股票」；或同時是「壞公司的股票」與「昂貴的股票」。

- 價值面的「淨值股價比」與成長面的「股東權益報酬率」都是對第 t+2 季的股票報酬率很有影響力的變數，兩者都大、都小時，報酬率最大、最小，兩者具有綜效。

- 「淨值股價比」是對第 t+2 季的股票報酬率很有影響力的變數。但單變數排序法的結果顯示，它不是很有影響力的變數。這是因為在多變數切塊法中，淨值股價比是在相同的股東權益報酬率下作比較，因此淨值股價比的影響較易顯現出來。

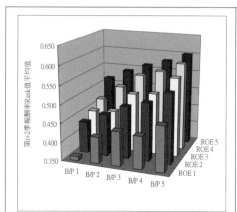

各投組季報酬率 Rank 值平均值

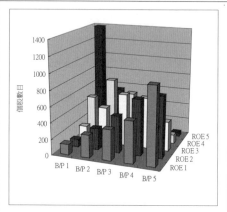

各投組個股數

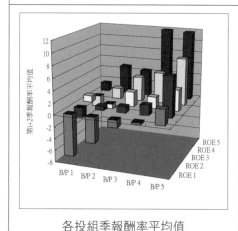

各投組季報酬率平均值

圖 16.9　變數選「X4 第 t 季股東權益報酬率（ROE）」與
「X9 第 t 季淨值股價比（B/P）」之結果

圖 16.10 變數選「X4 股東權益報酬率（ROE）」與「X14 最新淨值股價比（B/P）」之結果。可以看出：

- 股東權益報酬率與「最新淨值股價比」兩者同樣為負相關，但比較不明顯。

- 價值面的「最新淨值股價比」與成長面的「股東權益報酬率」都是對第 t+2 季的股票報酬率很有影響力的變數，兩者具有綜效。

- 比較圖 16.9 與圖 16.10 可以看出，「最新淨值股價比」比「淨值股價比」對第 t+2 季的股票報酬率更具影響力。

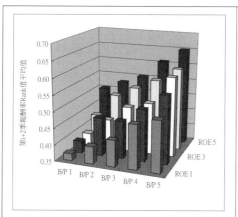

各投組季報酬率 Rank 值平均值

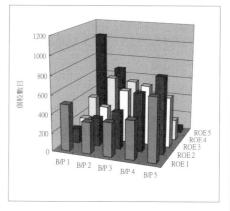

各投組個股數

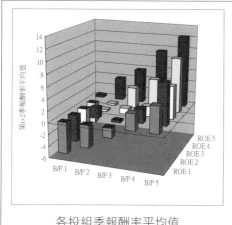

各投組季報酬率平均值

圖 16.10 變數選「X4 第 t 季股東權益報酬率（ROE）」與「X14 第 t 季最新淨值股價比（B/P）」結果

┌───┐
│ 隨 堂 練 習 │
│   │
│ (1) 試選用其它二個變數，看結果會如何？   │
│ (2) 如果把績效指標改為第 t+3 季，看結果會如何？   │
└───┘

16.4 》 評分篩選系統之設計：三維切塊法

【原理】採用 3×3×3 的切塊法探討適當的選股因子與選股條件的門檻。

【方法】選三個變數，各依 Rank 值分三等分，即分 (0.0~0.333)(0.333~0.667) (0.667~1.0) 三等分，交叉形成 3×3×3＝27 個投組，並計算各投組 t+2 季的股票報酬率績效。

實作

◀ 練習 16.2 ▶ 評分篩選法 (3×3×3)

(1) 開啟「練習 16.2 評分篩選法 (3×3×3)」檔案。到「data」工作表。

(2) 輸入變數

選擇績效指標與選股因子。圖 16.11 顯示，在 BS1 填入績效指標，例如 Rank(Y1)，代表「第 t+2 季的股票報酬率」。在 BS2:BS4 填入選股因子，例如 Rank(X1)、Rank(X4)、Rank(X9)，分別代表「第 t+1 季的股票報酬率」、「股東權益報酬率」與「淨值市值比」。

(3) 切塊分析

將選股因子，各依 Rank 值分三等分，交叉形成 3×3×3＝27 個投組，分析滿足篩選要求的資料數、績效指標平均值。圖 16.12 顯示，BL 欄使用 DCOUNT（database, field, criteria）與 DSUM（database, field, criteria）這兩個 Excel 資料庫函數，分析滿足篩選要求的資料數、績效指標平均值，例如：

BL2 儲存格公式：「=DCOUNT($A$1:$AZ$19991,$BS$1,BF2:BK3)」

BL3 儲存格公式：「=DSUM($A$1:$AZ$19991,$BS$1,BF2:BK3)/DCOUNT($A$1:$AZ$19991,$BS$1,BF2:BK3)」

系統即可在 BL 欄產生 3×3×3＝27 種組合下的資料數、績效指標平均值。

(4) 彙整矩陣

將個股數與報酬率平均值排成矩陣，以方便繪圖。圖 16.13 顯示，在 BF58, BF76 附近，將 BL 欄的資料數、績效指標平均值排列成 3 組 3×3 矩陣，例如 BG59 公式「=BL2」，BG64 公式「=BL3」。

(5) 繪圖觀察

以 3 個立體柱狀圖顯示 3 組 3×3=9 種組合下的資料數、績效指標平均值。

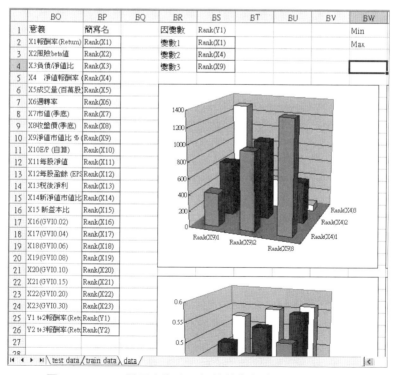

圖 16.11　BS 欄用來指定一個績效指標與三個選股因子

	BL2		▼	fx	=DCOUNT($A$1:$AZ$19991,$BS$1,BF2:BK3)			
	BE	BF	BG	BH	BI	BJ	BK	BL	BM
1									
2		Rank(X1)	Rank(X4)	Rank(X9)	Rank(X1)	Rank(X4)	Rank(X9)	411	
3		<=0.333	<=0.333	<=0.333				0.441202128	
4		Rank(X1)	Rank(X4)	Rank(X9)	Rank(X1)	Rank(X4)	Rank(X9)	961	
5		<=0.333	<=0.333	<=0.667			>0.333	0.470321353	
6		Rank(X1)	Rank(X4)	Rank(X9)	Rank(X1)	Rank(X4)	Rank(X9)	1370	
7		<=0.333	<=0.333	<=1.0			>0.667	0.514207353	
8		Rank(X1)	Rank(X4)	Rank(X9)	Rank(X1)	Rank(X4)	Rank(X9)	665	
9		<=0.333	<=0.667	<=0.333		>0.333		0.475776595	
10		Rank(X1)	Rank(X4)	Rank(X9)	Rank(X1)	Rank(X4)	Rank(X9)	971	
11		<=0.333	<=0.667	<=0.667		>0.333	>0.333	0.522981739	
		⋮	⋮	⋮	⋮	⋮	⋮	⋮	
49		<=1.0	<=0.667	<=1.0	>0.667	>0.333	>0.667	0.508274421	
50		Rank(X1)	Rank(X4)	Rank(X9)	Rank(X1)	Rank(X4)	Rank(X9)	1689	
51		<=1.0	<=1.0	<=0.333	>0.667	>0.667		0.492783323	
52		Rank(X1)	Rank(X4)	Rank(X9)	Rank(X1)	Rank(X4)	Rank(X9)	774	
53		<=1.0	<=1.0	<=0.667	>0.667	>0.667	>0.333	0.543229184	
54		Rank(X1)	Rank(X4)	Rank(X9)	Rank(X1)	Rank(X4)	Rank(X9)	269	
55		<=1.0	<=1.0	<=1.0	>0.667	>0.667	>0.667	0.566146323	
56									

|◄ ◄ ► ►|\ test data / train data \ data /

圖 16.12 交叉形成 3×3×3＝27 個投組，並計算其個股數與報酬率平均值

	BG59		▼	fx	=BL2			
	BE	BF	BG	BH	BI	BJ	BK	BL	BM
57									
58		Rank(X1)1	Rank(X9)1	Rank(X9)2	Rank(X9)3				
59		Rank(X4)1	411	961	1370				
60		Rank(X4)2	665	971	511				
61		Rank(X4)3	1301	362	79				
62									
63		Rank(X1)1	Rank(X9)1	Rank(X9)2	Rank(X9)3				
64		Rank(X4)1	0.441202	0.470321	0.514207				
65		Rank(X4)2	0.475777	0.522982	0.564079				
66		Rank(X4)3	0.529321	0.553322	0.566755				
67									
68		Rank(X1)2	Rank(X9)1	Rank(X9)2	Rank(X9)3				
69		Rank(X4)1	221	585	1263				
70		Rank(X4)2	409	1042	964				
71		Rank(X4)3	1369	643	182				
72									
73		Rank(X1)2	Rank(X9)1	Rank(X9)2	Rank(X9)3				
74		Rank(X4)1	0.441841	0.432106	0.500946				
75		Rank(X4)2	0.496836	0.503264	0.552969				
76		Rank(X4)3	0.52087	0.545885	0.5605				
77									
78		Rank(X1)3	Rank(X9)1	Rank(X9)2	Rank(X9)3				
79		Rank(X4)1	190	515	1131				
80		Rank(X4)2	400	882	831				
81		Rank(X4)3	1689	774	269				
82									
83		Rank(X1)3	Rank(X9)1	Rank(X9)2	Rank(X9)3				
84		Rank(X4)1	0.420325	0.452035	0.429385				
85		Rank(X4)2	0.451609	0.480386	0.503274				
86		Rank(X4)3	0.492783	0.543229	0.566146				
87									

|◄ ◄ ► ►|\ test data / train data \ data /

圖 16.13 將個股數與報酬率平均值排成三個 3×3 矩陣，以方便繪圖

結果

圖 16.14 變數選「X1 股票報酬率」、「X4 股東權益報酬率」與「X9 淨值市值比」之結果。可以看出：

- 因「股東權益報酬率」與「淨值股價比」兩者一大一小的個股很多，兩者都大或都小的個股很少，可見兩者為負相關。

- 價值面的「淨值股價比」與成長面的「股東權益報酬率」都是對第 t+2 季的股票報酬率很有影響力的變數，兩者都大、都小時，報酬率最大、最小，具有綜效。此綜效在「X1 第 t+1 季股票報酬率」較高時更為明顯。

圖 16.15 變數選「X1 股票報酬率」、「X4 股東權益報酬率」與「X14 最新淨值市值比」之結果。可以看出：

- 「股東權益報酬率」與「最新淨值股價比」兩者都大或都小的個股較少，兩者為負相關，但比較不明顯。

- 「股東權益報酬率」與「最新淨值股價比」具有綜效，在「X1 第 t+1 季股票報酬率」較高時更為明顯。

- 比較圖 16.14 與圖 16.15 可以看出，「最新淨值股價比」比「淨值股價比」對第 t+2 季的股票報酬率更具影響力。

隨 堂 練 習

(1) 試選用其它三個變數，看結果會如何？

(2) 如果把績效指標改為第 t+3 季，看結果會如何？

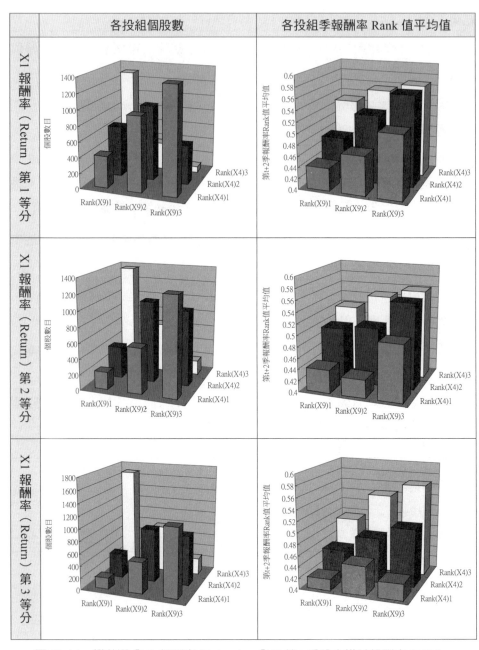

圖 16.14 變數選「X1 報酬率 (Return)」、「X4 第 t 季股東權益報酬率 (ROE)」
與「X9 第 t 季淨值股價比 (B/P)」之結果

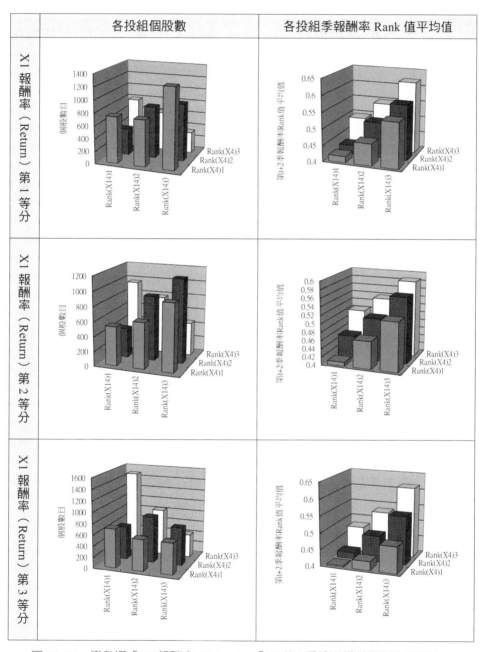

圖 16.15　變數選「X1 報酬率 (Return)」、「X4 第 t 季股東權益報酬率 (ROE)」
　　　　與「X14 最新淨值市值比」之結果

16.5 ▶▶ 評分排序系統之設計：單因子排序法

【原理】採用十等分排序法測試每一個選股因子的選股績效。

【方法】先對因子的 Rank 值排序，再依排序的順序將股票十等分成十個投組，並計算各投組第 t+2 季的報酬率績效。

實作

◀練習 16.3▶ 評分排序法（單因子）

(1) 開啟「練習 16.3 評分排序法（單因子）」檔案。到「data」工作表。

(2) 分組統計

　　BB 欄上半部有第 t+2 季的報酬率的四種十等分統計

- 第 t+2 季的報酬率 Rank 值平均值 (BB2:BB11)，例如：

　　BB2 儲存格公式「=AVERAGE(AY2:AY2000)」

- 第 t+2 季的報酬率平均值 (BB13:BB22)，例如：

　　BB13 儲存格公式「=AVERAGE(Z2:Z2000)」

- 第 t+2 季的報酬率標準值 (BB24:BB33)，例如：

　　BB24 儲存格公式「=STDEV(Z2:Z2000)」

- 第 t+2 季的報酬率 Sharpe 指標 (BB35:BB44)，例如：

　　BB35 儲存格公式「=BB13/BB24」

　　BB 欄下半部有第 t+3 季的報酬率的四種十等分統計

- 第 t+3 季的報酬率 Rank 值平均值 (BB46:BB55)，例如：

　　BB46 儲存格公式「=AVERAGE(AZ2:AZ2000)」

- 第 t+3 季的報酬率平均值 (BB57:BB66)，例如：

　　BB57 儲存格公式「=AVERAGE(AA2:AA2000)」

- 第 t+3 季的報酬率標準值 (BB68:BB77)，例如：

  BB68 儲存格公式「=STDEV(AA2:AA2000)」

- 第 t+3 季的報酬率 Sharpe 指標 (BB79:BB88)，例如：

  BB79 儲存格公式「=BB57/BB68」

(3) 排序分析

可以對 AB~AX 欄逐一由小到大排序，以觀察 X1~X23 選股因子對第 t+2 季的報酬率的十等分統計的影響。

但這樣缺少效率，因此採用巨集來執行：

(1) 錄製巨集

錄製一個變數的排序計算（含選取欄、排序、選取範圍、複製、選取儲存格、貼上值的動作）巨集，並將其編修、複製、改寫成圖 16.16 的巨集，可方便一次執行所有變數的排序計算。

圖 16.16　排序計算巨集

(2) 執行巨集

開啟功能表的「檢視」的「巨集」的「檢視巨集」，執行「Generate_ Sort」巨集可以一次將所有的 X1~X23 做完排序分析。並會將其報酬率績效的八組十等分統計複製貼到 BD~BZ 欄。見圖 16.17 與圖 16.18。

(3) 繪圖觀察

將結果以直條圖繪得圖 16.19 的圖形。

	BB2		fx	=AVERAGE(AY2:AY2000)								
	BA	BB	BC	BD	BE	BF	BG	BH	BI	BJ	BK	BL	BM
1				X1報酬率(t)	X2 beta值	X3負債/淨值	X4股東權益	X5成交量(百	X6週轉率	X7市值(季度	X8收盤價(季	X9淨值股價	X10益本比(E	X11每
2		0.503359		0.511154	0.511652	0.518621	0.432439	0.529188	0.529833	0.515389	0.536267	0.496167	0.447105	0.45
3		0.495523		0.508825	0.517865	0.516286	0.474119	0.536725	0.528422	0.515536	0.541857	0.492035	0.463691	0.48
4		0.500436		0.508112	0.512861	0.509781	0.492489	0.513512	0.518933	0.50534	0.525679	0.498572	0.487518	0.5
5		0.50788		0.513669	0.52358	0.50581	0.505172	0.514555	0.523759	0.49869	0.51718	0.493984	0.4913	0.50
6		0.49435		0.515364	0.510598	0.51023	0.49616	0.501476	0.510879	0.500556	0.507348	0.495396	0.490757	0.50
7		0.509565		0.504233	0.503322	0.51615	0.514959	0.485551	0.511129	0.49571	0.498339	0.508558	0.495111	0.50
8		0.495183		0.506967	0.488085	0.495321	0.519662	0.494051	0.480348	0.50074	0.483331	0.500094	0.514131	0.5
9		0.503104		0.488176	0.479252	0.494122	0.514809	0.481195	0.483934	0.484307	0.468341	0.51179	0.528943	0.50
10		0.501869		0.485077	0.48066	0.473611	0.531371	0.474529	0.474362	0.485401	0.472858	0.513762	0.542627	0.5
11		0.500639		0.471085	0.483697	0.471719	0.535518	0.481568	0.450747	0.51067	0.460774	0.502367	0.551209	0.5
12				X1 報酬率(	X2 風險beta	X3 負債/淨	X4 淨值報	X5 成交量(	X6 週轉率	X7 市值(季	X8 收盤價	X9 淨值市	X10 E/P (自	X11

圖 16.17　排序計算區（Part 1）

	BN	BO	BP	BQ	BR	BS	BT	BU	BV	BW	BX	BY	BZ
1	X11每股淨值	X12每股盈餘	X13稅後淨值	X14最新淨值	X15最新益本	X16(GV10.02	X17(GV10.04	X18(GV10.06	X19(GV10.08	X20(GV10.10	X21(GV10.15	X22(GV10.20	X23(GV10.30)
2	0.451409	0.428555	0.441435	0.440182	0.460443	0.424687	0.418	0.414229	0.412184	0.413525	0.414436	0.416974	0.424125
3	0.483155	0.47187	0.470725	0.448761	0.469152	0.451326	0.441343	0.436384	0.437901	0.441032	0.445078	0.445301	0.443826
4	0.50193	0.491872	0.493814	0.46661	0.458634	0.459135	0.449876	0.449378	0.46027	0.453837	0.457983	0.466348	0.464522
5	0.509961	0.50555	0.51418	0.479911	0.479097	0.485218	0.472142	0.486042	0.471792	0.481271	0.486617	0.480081	0.48339
6	0.506789	0.506003	0.511961	0.490023	0.47813	0.495915	0.497854	0.482482	0.490494	0.484114	0.486341	0.490902	0.49166
7	0.507269	0.505873	0.517373	0.504351	0.496322	0.519893	0.509316	0.510296	0.508437	0.510757	0.501725	0.495875	0.49796
8	0.519404	0.516286	0.499756	0.51733	0.512082	0.526356	0.522592	0.524293	0.51894	0.524901	0.521321	0.5228	0.522971
9	0.505251	0.53224	0.516955	0.537404	0.514867	0.538039	0.547713	0.535871	0.539446	0.530189	0.532526	0.530964	0.533585
10	0.512994	0.526233	0.517077	0.551276	0.553962	0.566616	0.568128	0.56242	0.561179	0.560194	0.562661	0.554704	
11	0.514805	0.528021	0.528353	0.577129	0.587893	0.558628	0.587854	0.606547	0.61099	0.612387	0.606481	0.60061	0.596232
12	X11 每股淨值	X12 每股盈	X13 E稅後	X14新淨值市	X15 新益本上	X16(GV10.02	X17(GV10.04	X18(GV10.06	X19(GV10.08	X20(GV10.10	X21(GV10.15	X22(GV10.20	X23(GV10.30)

圖 16.18　排序計算區（Part 2）

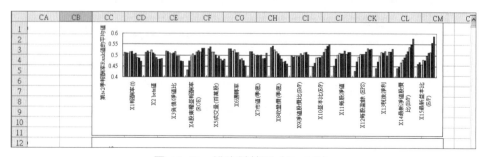

圖 16.19　排序計算區（Part 3）

結果

圖 16.20~ 圖 16.23 分別為

- 各因子的第 t+2 季報酬率 Rank 值平均值的十等分圖
- 各因子的第 t+2 季報酬率平均值的十等分圖
- 各因子的第 t+2 季報酬率標準差的十等分圖
- 各因子的第 t+2 季報酬率 Sharpe 值的十等分圖

整理如表 16.2（向下黑三角代表反比關係，向上白三角代表正比關係，三角形愈多代表關係愈強烈）。可以看出

- 報酬率 Rank 值平均值比報酬率平均值平穩。
- 有部分選股因子有選股效果。最具選股能力的因子包括
  - X4 第 t 季股東權益報酬率（ROE）、
  - X8 第 t+1 季收盤價（季底）、
  - X10 第 t 益本比（E/P）、
  - X14 第 t 季最新淨值股價比（B/P）、
  - X15 第 t 季最新益本比（E/P）

等五個因子。雖然第 t+1 季收盤價具有選股能力，但報酬率最高的是股價最低的等分，流動性可能不足。因此實用的最具選股能力的因子都屬於成長因子或價值因子，與第 12 章的推論吻合。

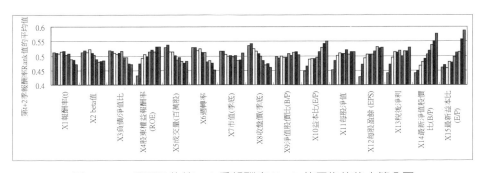

圖 16.20　各因子的第 t+2 季報酬率 Rank 值平均值的十等分圖

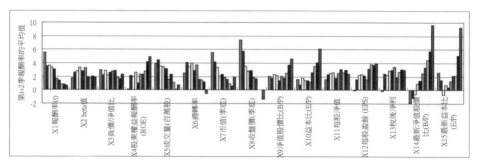

圖 16.21 各因子的第 t+2 季報酬率平均值的十等分圖

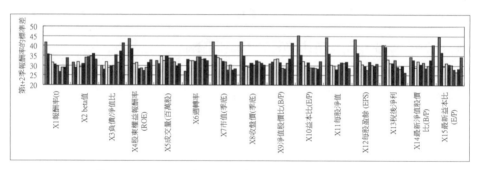

圖 16.22 各因子的第 t+2 季報酬率標準差的十等分圖

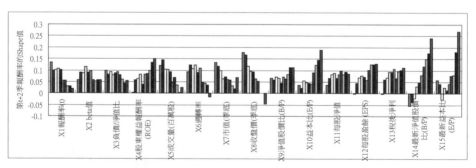

圖 16.23 各因子的第 t+2 季報酬率 Sharpe 值的十等分圖

表 16.2　選股因子與第 t+2 季報酬率的關係

	與第 t+2 季報酬率 Rank 值平均值的關係	與第 t+2 季報酬率 值平均值的關係
X1 第 t+1 季報酬率	▼	▼▼
X2 第 t+1 季 ß 值	▼	
X3 第 t 季負債 / 淨值比	▼	
X4 第 t 季股東權益報酬率（ROE）	△△	△△
X5 第 t+1 季成交量（百萬股）	▼	▼
X6 第 t+1 季週轉率	▼	▼
X7 第 t+1 季市值（季底）		▼▼
X8 第 t+1 季收盤價（季底）	▼▼	▼▼
X9 第 t 季淨值股價比（B/P）		△
X10 第 t 益本比（E/P）	△△	△△
X11 第 t 每股淨值	△	
X12 第 t 每股盈餘（EPS）	△	△
X13 第 t 稅後淨利	△	
X14 第 t 季最新淨值股價比（B/P）	△△△	△△△
X15 第 t 季最新益本比（E/P）	△△△	△△△

隨 堂 練 習

(1) 試以 X16~X23 變數排序，看結果會如何？

(2) 如果把績效指標改為第 t+3 季，看結果會如何？

16.6 >> 評分排序系統之設計：多因子排序法

【原理】採用十等分排序法測試特定權重之下，加權評分排序法的選股績效。
並以嘗試錯誤的方法探討適當的選股因子權重。

【方法】先對因子的 Rank 值排序（評分）設定權重，計算加權評分，再依加權評分排序的順序將股票十等分成十個投組，並計算各投組第 t+2 季的報酬率績效。

實作

◀練習 16.4▶評分排序法（多因子）

(1) 開啟「練習 16.4 評分排序法（多因子）」檔案。到「data」工作表。

(2) 設定各因子的權重

在 BD2:BD24 儲存格設定各因子的權重，對於評分越高預期績效越好的因子的權重取正值，否則取負值。權重絕對值總和 =1。

(3) 計算加權評分

BA 欄為加權評分，例如 BA2 儲存格公式「=MMULT(AB2:AX2,$BD$2:$BD$24)」。

(4) 分組統計

BF 欄下半部有第 t+2 季的報酬率的四種十等分統計。

- 第 t+2 季的報酬率 Rank 值平均值 (BF2:BF11)，例如 BF2 儲存格公式「=AVERAGE(AY2:AY2000)」

- 第 t+2 季的報酬率平均值 (BF13:BF22)，例如 BF13 儲存格公式「=AVERAGE(Z2:Z2000)」

- 第 t+2 季的報酬率標準值（BF24:BF33），例如 BF24 儲存格公式「=STDEV(Z2:Z2000)」

- 第 t+2 季的報酬率 Sharpe 指標 (BF35:BF44)，例如 BF35 儲存格公式「=BF13/BF24」

  BF 欄下半部有第 t+3 季的報酬率的四種十等分統計

- 第 t+3 季的報酬率 Rank 值平均值 (BF46:BF55)，例如 BF46 儲存格公式「=AVERAGE(AZ2:AZ2000)」

- 第 t+3 季的報酬率平均值（BF57:BF66），例如 BF57 儲存格公式「=AVERAGE(AA2:AA2000)」

- 第 t+3 季的報酬率標準值（BF68:BF77），例如 BF68 儲存格公式「=STDEV(AA2:AA2000)」

- 第 t+3 季的報酬率 Sharpe 指標 (BF79:BF88)，例如 BF79 儲存格公式「=BF57/BF68」

(5) 排序分析

對加權評分由小到大排序，以觀察選股因子的權重組合對第 t+2 季的報酬率的十等分統計的影響。

(6) 優化權重

持續以嘗試錯誤方式尋找適當的選股因子權重組合。即重複步驟 (2) 與步驟 (5) 這兩個步驟，尋找能使十等分的 Sharpe 指標具有穩定趨勢與明顯差距的選股因子權重組合。

結果

圖 16.24(a) 是「X4 股東權益報酬率 (ROE)」與「X9 淨值股價比 (B/P)」的權重分別為 {0.7,0.3}，其餘因子的權重都為 0 之結果。可發現其排列有趨勢，第一、第十等分的報酬率平均值分別明顯低於、高於全體平均值。

圖 16.24(b) 是「X4 股東權益報酬率 (ROE)」與「X14 最新淨值股價比 (B/P)」的權重分別為 {0.3,0.7}，其餘因子的權重都為 0 之結果。可發現其排列有明顯趨勢，第一、第十等分的報酬率平均值分別明顯低於、高於全體平均值，顯示具有很好的選股能力。

比較圖 16.24(a) 與 (b) 可以看出，「最新淨值股價比」比「淨值股價比」對第 t+2 季的股票報酬率更具影響力。

圖 16.25(a) 與 (b) 是「X4 股東權益報酬率 (ROE)」與「X9 淨值股價比 (B/P)」的權重分別為 {1,0},{0.7,0.3},{0,1}，其餘因子的權重都為 0 之三種權重組合的結果。圖 16.25(a) 顯示，在加權評分最小的三個等分，權重 {0.7,0.3} 組合的報酬率 Rank 平均值低於另二種只考慮單一因子的 {1,0} 與 {0,1} 的組合，而在最大的三個等分高於另二種組合，顯示選股能力較優。圖 16.25(b) 顯示，如以報酬率平均值來比較，在最小與最大的二個等分，權重 {0.7,0.3} 組

合的選股表現也優於另二種只考慮單一因子的組合。圖 16.25(a) 與 (b) 的結果
都顯示，以 {0.7,0.3} 權重結合這兩個因子對選股具有綜效。

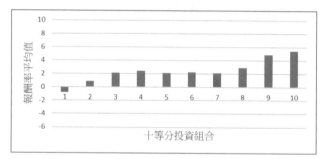

圖 16.24(a)　「股東權益報酬率」與「淨值股價比」權重 {0.7,0.3}
的實際報酬率平均值

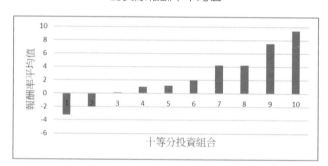

圖 16.24(b)　「股東權益報酬率」與「新淨值股價比」權重 {0.3,0.7}
的實際報酬率平均值

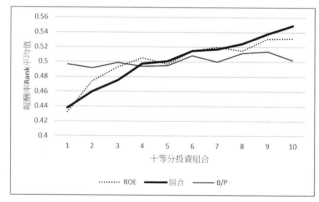

圖 16.25(a)　「X4 股東權益報酬率」與「X9 淨值股價比」權重 0.7 與 0.3 組合
下的第 t+2 季的報酬率 Rank 值平均值

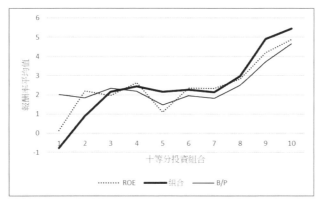

圖 16.25(b) 「X4 股東權益報酬率」與「X9 淨值股價比」權重 0.7 與 0.3 組合
下的第 t+2 季的報酬率平均值

隨堂練習

(1) 設 {X4, X9} 權重 ={0,1}、{0.2 0.8}、{0.4,0.6}、{0.6,0.4}、{0.8,0.2}、{1,0}，結果
如何？

(2) 如果把績效指標改為第 t+3 季，看結果會如何？

(3) 嘗試其他二因子的權重組合。例如 X14 與 X15。

(4) 嘗試三因子的權重組合。例如 X1、X4 與 X9。

16.7 評分排序系統之設計：單因子排序法（分季）

【原理】採用十等分排序法評估每一個選股因子的各季的選股績效。

【方法】先對因子的 Rank 值排序，再對資料的時間排序，如此同一季內的資料會被匯集到同一區段，而區段內的資料依因子的 Rank 值排序。接著將各區段（季）股票各十等分成十個投組，可統計得到在對因子的 Rank 值排序下，各季的各投組第 t+2 季的報酬率績效。

實作

《練習 16.5》評分排序法（單因子）（分季）

(1) 開啟「練習 16.5 評分排序法（單因子）（分季）」檔案。到「data」工作表。

(2) 排序

先對一個因子 Rank 欄排序，再對時間排序。這麼作的目的是將同一季內的資料匯集到同一區段，區段內的資料依因子的 Rank 值排序，以方便下一個步驟用巨集對各季的資料進行十等分統計。

(3) 報酬計算

執行報酬計算巨集（見圖 16.26），產生的各等分各季的報酬率平均值、報酬率 Rank 平均值，見圖 16.27 與圖 16.28。並在 CD 欄 ~CM 欄利用各季的報酬率平均值計算累計資金，見圖 16.29。

(4) 對所有因子重複步驟 (2)~(3)，進行分季的十等分績效分析。

結果

以「X15 最新益本比 (E/P)」的 Rank 排序為例

- 圖 16.30 為各季的十等分報酬率平均值，可看出大部份的季最新益本比與報酬率是正比關係，但部分季關係甚微，甚至有少數季會反轉成反比關係，顯示此關係並不穩定。

- 圖 16.31 為各季的十等分報酬率 Rank 平均值，可得到與前一圖相同的結論。

- 圖 16.32 為各季的十等分報酬率 Rank 平均值以每季一條折線的方式展示，可得到與前一圖相同的結論。

- 圖 16.33 為各等分的累計資金，可以看出第 10 等分投組其累計資金最高，但第 1 等分投組其累計資金並非最低，而是第 3 等分投組。這是由於益本比最高的股票雖然最昂貴，但經常也是市場投資人最看好的股票，其報酬率經常不會最低。

```
┌─────────────────┐
│ 隨 堂 練 習 │
└─────────────────┘
```

(1) 試以 X1~X14 變數排序，看結果會如何？

(2) 如果把績效指標改為第 t+3 季，看結果會如何？

```
Sub Computing_every_season_10等分_市值加權()
Dim Start(100)As Integer

Start(1)     = 2
Start(2)     = 243
Start(3)     = 501
     :
Start(49)= 19135
Start(50)= 19564
Start(51)= 19992
'--- 執行50季 ---
For i = 1 To 50
   '--- 執行10等分 ---
   For k = 1 To 10
      Sum1 = 0
      Sum2 = 0
      Count = 0
      '--- 計算一個等分的「報酬率平均值」與「報酬率Rank平均值」---
      For j =(Start(i)+(Start(i + 1)- Start(i))* 0.1 *(k - 1))
      To(Start(i)+(Start(i + 1)- Start(i))* 0.1 * k)
         Sum1 = Sum1 + Cells(j, 26)* Cells(j, 11)  ' 報酬率總和
         Sum2 = Sum2 + Cells(j, 51)* Cells(j, 11)  ' 報酬率Rank總和
         Count = Count + Cells(j, 11) ' 股票數
         Next j
         Cells(i + 2, 55 + k)= Sum1 / Count'「報酬率平均值」
         Cells(i + 2, 68 + k)= Sum2 / Count'「報酬率Rank平均值」
      Next k
   Next i

End Sub
```

　　圖 16.26 以市值加權計算各等分各季的報酬率平均值與各季的報酬率 Rank 平均值之巨集。

	BC	BD	BE	BF	BG	BH	BI	BJ	BK	BL	BM
1											
2		第1等分	第2等分	第3等分	第4等分	第5等分	第6等分	第7等分	第8等分	第9等分	第10等分
3	1	5.369165	8.466032	8.255742	4.03733	2.946668	3.403133	2.591055	3.728128	6.288529	19.86515
4	2	14.32987	7.215173	6.123282	11.07959	11.65565	9.928818	8.56225	9.55067	17.99381	32.0942

圖 16.27　巨集計算產生的各等分各季的報酬率平均值

	BP	BQ	BR	BS	BT	BU	BV	BW	BX	BY	BZ
1											
2		第1等分	第2等分	第3等分	第4等分	第5等分	第6等分	第7等分	第8等分	第9等分	第10等分
3	1	0.497715	0.488486	0.579413	0.505358	0.487509	0.422241	0.419718	0.463977	0.52806	0.710002
4	2	0.517482	0.424295	0.386032	0.481042	0.498941	0.485878	0.452152	0.464866	0.562997	0.763059

圖 16.28　巨集計算產生的各等分各季的報酬率 Rank 平均值

	CB	CC	CD	CE	CF	CG	CH	CI	CJ	CK	CL
1		第1等分	第2等分	第3等分	第4等分	第5等分	第6等分	第7等分	第8等分	第9等分	第10等分
2	0	1	1	1	1	1	1	1	1	1	1
3	1	1.053692	1.08466	1.082557	1.040373	1.029467	1.034031	1.025911	1.037281	1.062885	1.198651
4	2	1.204684	1.16292	1.148845	1.155642	1.149458	1.136698	1.113752	1.136349	1.254139	1.583349

圖 16.29　各等分的累計資金計算

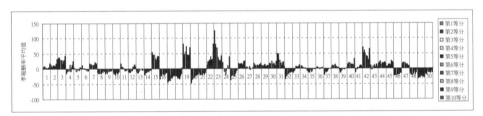

圖 16.30　各季的十等分報酬率平均值：以 X15 排序

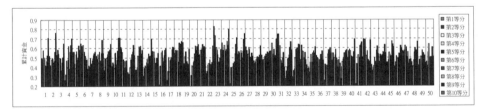

圖 16.31　各季的十等分報酬率 Rank 平均值：以 X15 排序

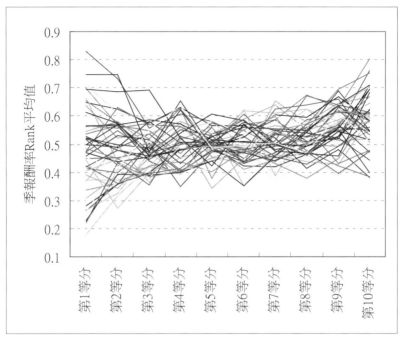

圖 16.32　各季的十等分報酬率 Rank 平均值：以 X15 排序

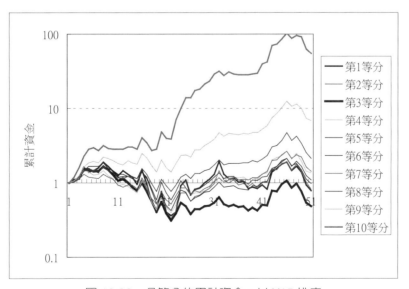

圖 16.33　各等分的累計資金：以 X15 排序

16.8 >> 結語

本章結論如下：

(1) 二維切塊法顯示，「X4 股東權益報酬率 (ROE)」與「X9 淨值股價比 (B/P)」為負相關，但這二個因子對第 t+2 季的股票報酬率具有綜效。這證實成長與價值是兩個不同的、具有相輔相成效果的選股概念。

(2) 三維切塊法顯示，組合三因子並不會比組合二因子更容易提高選股的未來的報酬率。

(3) 單因子評分排序法表明，部分選股因子都對股票的未來的報酬率有明顯的正比（或反比）的關係，會影響未來的報酬率。

(4) 多因子評分排序法表明，適當的權重可以結合多個選股因子，提高選股的未來的報酬率。

(5) 分季的單因子評分排序法表明，雖然部分選股因子都對股票的未來的報酬率有明顯的正比（或反比）的關係，但此關係並非每季都相同，少數季甚至會反轉，但拉長到一年以上較長的時間來看，仍然具有相當的時間穩定性。

習題

1. 練習 16.1 評分篩選法 (5×5)：重作以下兩種分析

   (1) 績效指標：Rank(Y2)，代表「第 t+3 季的股票報酬率」。選股因子：Rank(X4)、Rank(X14)，分別代表「股東權益報酬率 (ROE)」與「新淨值市值比 (B/P)」。

   (2) 績效指標：Rank(Y1)，代表「第 t+2 季的股票報酬率」。選股因子：Rank(X7)、Rank(X14)，分別代表「市值」與「新淨值市值比 (B/P)」。

2. 練習 16.2 評分篩選法 (3×3×3)：重作以下兩種分析

   (1) 績效指標：Rank(Y2)，代表「第 t+3 季的股票報酬率」。選股因子：Rank(X1)、Rank(X4)、Rank(X14)，分別代表「第 t+1 季的股票報酬率」、「股東權益報酬率 (ROE)」與「新淨值市值比 (B/P)」。

   (2) 績效指標：Rank(Y1)，代表「第 t+2 季的股票報酬率」。選股因子：Rank(X7)、Rank(X4)、Rank(X14)，分別代表「市值」、「股東權益報酬率 (ROE)」與「新淨值市值比 (B/P)」。

3. 練習 16.3 評分排序法（單因子）：將第 t+3 季的報酬率的四種十等分統計的結果繪成柱狀圖，將選股因子與報酬率的關係整理成表格，並與第 t+2 季的報酬率的結果比較。是否選股因子對第 t+3 季的報酬率的效果低於對第 t+2 季的效果？為什麼？

4. 練習 16.4 評分排序法（多因子）：重作以下幾組權重（其餘因子的權重都為 0）之分析，試比較選股結果。

	股東權益報酬率	市值	新淨值市值比
1	1	0	0
2	0	1	0
3	0	0	1
4	0.5	0.5	0
5	0.5	0	0.5
6	0	0.5	0.5
7	0.333	0.333	0.333

5. 將資料分成 2001 年底之前與之後兩個資料集，1996-2001 年為訓練範例集，2002- 2008 年為訓練範例集，重作以下練習，並比較兩個資料集的差異。

- 練習 16.1 評分篩選法 (5×5)：
- 練習 16.2 評分篩選法 (3×3×3)：
- 練習 16.3 評分排序法（單因子）
- 練習 16.4 評分排序法（多因子）

選股系統之設計：間接法

> ◆ 拒絕將技術分析作為一種投資方法，你必須是一位基本面投資者才能在這個市場上獲得真正成功。— 約翰‧鄧普頓（John Templeton）
>
> ◆ 在極端悲觀的那個點位上投資。— 約翰‧鄧普頓（John Templeton）
>
> ◆ 如果你想比大多數人都表現好，你就必須和大多數人的行動有所不同。— 約翰‧鄧普頓（John Templeton）
>
> ◆ 貴出如糞土，賤取如珠玉。貴上極則反賤，賤下極則反貴。樂觀時變，故人棄我取，人取我與。— 史記貨殖列傳。
>
> ◆ 古文中的「貨殖」一詞生動地說明了 investment 的精華：貨者，商品貨物也；殖者，生產增益也。故值得投資的股票必須有「貨」又有「殖」，也就是必須有價值性與成長性。— 作者

17.1 》 前言

設計選股模型的方法有兩類：

1. 直接法：不需建立報酬率因子模型，而是先設計一個交易策略模型，此模型中有許多可調整的參數，一組特定的參數會決定一個特定的交易策略。

2. 間接法：先建立報酬率因子模型，再預測每一個股票的報酬率，接著以報酬率最高的股票組成最佳投資組合。

前一章的方法屬於直接法，企圖直接優化選股因子的選擇，以及因子條件的門檻或者因子評分的權重。結果表明，部分選股因子都對股票的未來的報酬率有明顯的正比（或反比）的關係，且此關係具有相當的時間穩定性，因此未來的報酬率是有可能被預測的。故先建立報酬率的預測模型，再將報酬率的預測值當成評分的「間接法」是可行的。因此本章介紹一種預測模型建模方法：迴歸分析。

17.2 >> 相關分析

【原理】在建模之前，本節先以相關分析對資料進行剖析。它的目的不是建立股票報酬率的預測模型，而是了解：

- 各自變數之間的關係
- 自變數與因變數之間的關係

【方法】使用 Excel 工具功能表中的「資料分析」的「相關分析」工具。

【實作】

◀ 練習 17.1 ▶ 相關分析

(1) 開啟「練習 17.1 相關分析」檔案。到「data」工作表。

(2) 開啟「資料」標籤的「資料分析」視窗，選「相關係數」，並輸入參數。可以得到各自變數（選股因子）之間的關係，以及自變數與因變數（第 t+2 季的報酬率）之間的關係。注意是使用各變數的 Rank 值作分析，這是因為股市的數據變異大，採用 Rank 值作分析得到的結果較為穩健。

結果如下：

(1) 各自變數之間的關係見圖 17.1。此圖可發現許多關係，舉例如下：

- X9 淨值股價比（B/P）
  - 正比因子：X14 最新淨值股價比
  - 反比因子：X4 股東權益報酬率、X8 收盤價（季底）、X12 每股盈餘（EPS）
- X14 最新淨值股價比（B/P）
  - 正比因子：X9 淨值股價比（B/P）
  - 反比因子：X8 收盤價（季底）

	X1 報酬率（t）	X2 beta 值	X3 負債/淨值比	X4 股東權益報酬率（ROE）	X5 成交量（百萬股）	X6 週轉率	X7 市值（季底）	X8 收盤價（季底）	X9 淨值股價比（B/P）	X10 益本比（E/P）	X11 每股淨值+	X12 每股盈餘（EPS）	X13 稅後淨利	X14 最新淨值股價比（B/P）	X15 最新益本比（E/P）	Y t+2 報酬率（Return）
X1 報酬率（t）	1.00															
X2 beta 值	-0.04	1.00														
X3 負債/淨值比	-0.04	-0.05	1.00													
X4 股東權益報酬率	0.17	0.06	-0.22	1.00												
X5 成交量（百萬股）	0.11	0.64	0.01	0.10	1.00											
X6 週轉率	0.24	0.50	-0.02	0.15	0.66	1.00										
X7 市值（季底）	0.13	0.44	-0.15	0.38	0.70	0.28	1.00									
X8 收盤價（季底）	0.14	0.18	-0.13	0.40	0.24	0.31	0.51	1.00								
X9 淨值股價比（B/P）	0.03	-0.16	0.13	-0.58	-0.14	-0.23	-0.48	-0.72	1.00							
X10 益本比（E/P）	0.21	-0.02	-0.19	0.90	0.05	0.09	0.25	0.19	-0.32	1.00						
X11 每股淨值	0.07	0.18	-0.32	0.52	0.21	0.18	0.54	0.53	-0.46	0.41	1.00					
X12 每股盈餘（EPS）	0.17	0.06	-0.24	0.91	0.11	0.15	0.43	0.45	-0.60	0.79	0.61	1.00				
X13 稅後淨利	0.14	0.18	-0.23	0.79	0.34	0.14	0.62	0.39	-0.48	0.72	0.56	0.85	1.00			
X14 最新淨值股價比	-0.14	-0.12	-0.04	-0.22	-0.16	-0.27	-0.31	-0.85	0.65	-0.02	-0.11	-0.23	-0.18	1.00		
X15 最新益本比	0.14	0.00	-0.20	0.83	0.05	0.08	0.27	0.19	-0.39	0.85	0.46	0.89	0.77	0.01	1.00	
Y t+2 報酬率（Return）	-0.04	-0.05	-0.05	0.09	-0.07	-0.08	-0.02	-0.09	0.02	0.11	0.05	0.09	0.07	0.15	0.13	1.00

圖 17.1　各因子之間的相關係數矩陣

(2) 各因子對 Y（t+2 報酬率）的相關係數如圖 17.2。可知：

■ 正比因子

• X4 股東權益報酬率

• X9 淨值股價比（B/P）

• X10 益本比（E/P）

• X11 每股淨值

- X12 每股盈餘（EPS）
- X13 稅後淨利
- X14 最新淨值股價比（B/P）
- X15 最新益本比（E/P）

■ 反比因子

- X1 報酬率（t）
- X2 beta 值
- X3 負債／淨值比
- X5 成交量（百萬股）
- X6 週轉率
- X7 市值（季底）
- X8 收盤價（季底）

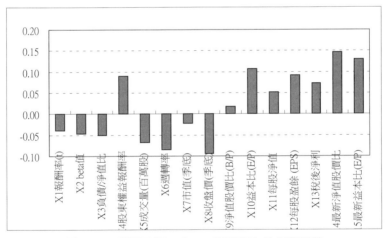

圖 17.2　各因子對 Y（t+2 報酬率）的相關係數

17.3 >> 線性迴歸

【原理】以多變數線性迴歸分析建立股票報酬率 Rank 值的預測模型。

【方法】使用 Excel 工具功能表中的「資料分析」的「迴歸」工具。

【實作】

◀ 練習 17.2 ▶ 線性迴歸

(1) 開啟「練習 17.2 線性迴歸」檔案。到「data」工作表（圖 17.3）。

(2) 開啟「資料」功能表的「資料分析」視窗。選「迴歸」，並輸入參數如圖 17.4。可以得到以第 t+2 季的報酬率為因變數 (y)，以選股因子為自變數 (X1, X2, ..., X15) 的多變數迴歸分析，迴歸係數如圖 17.5。注意是使用各變數的 Rank 值作分析，這是因為股市的數據變異大，採用 Rank 值作分析得到的結果較為穩健。

【結果】

比較圖 17.5 的迴歸係數與圖 17.2 的相關係數可知，有不少因子的迴歸係數與相關係數正負號不同。原本應是正比的因子 X9 淨值股價比 (B/P)、X10 益本比 (E/P)、X11 每股淨值、X13 稅後淨利反而有負的係數；而原本應是反比的因子 X6 週轉率、X8 收盤價（季底）反而有正的係數。為何迴歸係數的相對大小與相關係數不符？其原因可能是自變數之間的共線性造成迴歸係數的偏差。共線性是指多變數線性迴歸中，由於自變數之間存在著高度相關關係，使得迴歸係數的估計不準確。例如雖然「X8 收盤價（季底）」與「X14 最新淨值股價比 (B/P)」與因變數（第 t+2 季的報酬率）的相關係數分別為負值與正值，但這兩個自變數之間也有高度相關關係，因為後者與因變數的關係較強，其迴歸係數可以維持與相關係數相同的正值，但前者的迴歸係數的估計被「扭曲」成與相關係數相反的正值。因此在多變數線性迴歸中，當自變數之間存在高度相關關係時，迴歸係數的估計值無法反映它們與因變數之間的關係。所幸這種偏差並不影響預測模型的準確度。

	AZ	BA	BB	BC	BD	BE	BF	BG	BH	BI	BJ	BK	BL	B
1	Rank(Y2)		預測	Rank(預測)		X1報酬率(t)	X2 beta值	X3負債/淨值	X4股東權益	X5成交量(百	X6週轉率	X7市值(季底	X8收盤價(季	X9淨值
2	0.502074689		0.3859946	0.0082988		-0.06766	-0.01762	-0.00165	0.02858	-0.07845	0.047904	-0.01831	0.1307368	-0.0
3	0.058139635		0.462648	0.153527										
4	0.179389313		0.4162976	0.0248963										
5	0.227436823		0.4831795	0.2406639										
6	0.722807018		0.4880443	0.2697095										
7	0.173010381		0.5423345	0.6721992										
8	0.425249169		0.4956057	0.2904564										
9	0.768488746		0.5398961	0.6473029			方差和	方差根						

圖 17.3　以試算表的規劃求解作迴歸分析：建立模型

圖 17.4　輸入參數

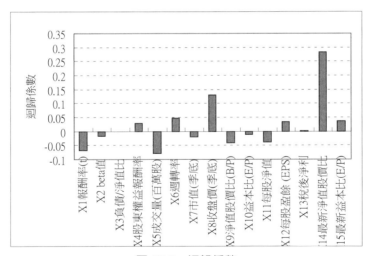

圖 17.5　迴歸係數

17.4 >> 評分排序系統之設計：線性迴歸預測法

【原理】先建立報酬率 Rank 值的預測模型，再將預測值當成評分，建立評分排序系統。

【方法】以股票資料建立股票報酬率 Rank 值的迴歸公式，再依此公式預測股票報酬率 Rank 值，再依預測值排序，將股票十等分成十個投組，並計算各投組實際的第 t+2 季的報酬率績效。

【實作】

◀練習 17.3▶評分排序法（線性迴歸預測法）

(1) 開啟「練習 17.3 評分排序法（線性迴歸預測法）」檔案。到「data」工作表。

(2) 輸入迴歸係數

　　在 BD1:BD24 儲存格貼上「練習 17.2 線性迴歸」的迴歸係數。

(3) 計算報酬率 Rank 預測值

　　BA 欄為報酬率 Rank 預測值，例如 BA2 儲存格公式「=MMULT(AB2:AX2,$BD$2:$BD$24)+$BD$1」。

(4) 分組統計

　　BF 欄有八組十等分統計。

(5) 排序分析

　　對報酬率 Rank 預測值由小到大排序。

【結果】

圖 17.6 是以股票報酬率 Rank 預測值排序，將股票十等分成十個投組，各投組的第 t+2 季的實際報酬率平均值。可發現其排列有明顯趨勢，第一、第十等分的報酬率平均值分別明顯低於、高於全體平均值，顯示此預測值可以用來選股。

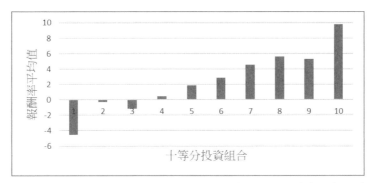

圖 17.6 以股票報酬率 Rank 預測值排序，各投組的第 t+2 季的實際報酬率平均值。

17.5 評分排序系統之設計：t 統計量權重法

【原理】迴歸分析的自變數的 t 統計量的絕對值越大，代表該自變數越顯著，因此假設評分排序法中的因子評分的權重與 t 統計量的平方成正比。

【方法】以股票資料建立股票報酬率的迴歸公式，再依此公式的 t 統計量估計權重：

如果 t 統計量 <0，則權重 $W_i = -\dfrac{t_i^2}{\sum t_i^2}$

否則 $W_i = \dfrac{t_i^2}{\sum t_i^2}$

計算加權評分，再依加權評分排序的順序將股票十等分成十個投組，並計算各投組第 t+2 季的報酬率績效。

【實作】

◀練習 17.4▶ 評分排序法（t 統計量權重法）

(1) 開啟「練習 17.4 評分排序法（t 統計量權重法）」檔案。到「data」工作表。

(2) 設定各因子的權重

　　在 BD2:BD24 儲存格設定各因子的權重，權重依迴歸公式的 t 統計量估計。

(3) 計算加權評分

　　BA 欄為加權評分，例如 BA2 儲存格公式「=MMULT(AB2:AX2,$BD$2:$BD$24)」。

(4) 分組統計

　　BF 欄有八組十等分統計。

(5) 排序分析

　　對加權評分由小到大排序。

【結果】

圖 17.7 是以 t 統計量權重法估計權重，以加權評分排序，將股票十等分成十個投組，各投組的第 t+2 季的實際報酬率平均值。可發現其排列有明顯趨勢，第一、第十等分的報酬率平均值分別明顯低於、高於全體平均值，顯示此預測值可以用來選股。

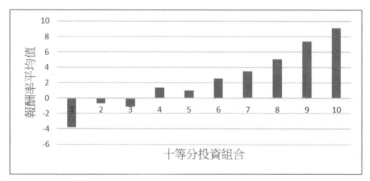

圖 17.7　以加權評分排序，各投組的第 t+2 季的實際報酬率平均值。

17.6 >> 結語

本章介紹兩種設計評分排序系統的間接法：

(1) 線性迴歸預測法：先建立報酬率 Rank 值的預測模型，再將預測值當成評分，建立評分排序系統。

(2) t 統計量權重法：假設評分排序法中的因子評分的權重與 t 統計量的平方成正比。

結果顯示，這兩種方法都可以建立具有良好選股成效的評分排序系統。

習題

將資料分成 2002 年底之前與之後兩個資料集，重作以下練習，並比較兩個資料集的差異。

1. 練習 17.1 相關分析

2. 練習 17.2 線性迴歸

3. 練習 17.3 評分排序法（線性迴歸預測法）

4. 練習 17.4 評分排序法（t 統計量權重法）

擇時系統之設計：初探

18.1 >> 前言

在第 13 章曾介紹技術分析的理論大致可歸為兩大類：

- **順勢系統**：其理論基礎是當漲或跌持續一段相當時間後，會造成趨勢，持續一個波段，形成漲者恆漲、跌者恆跌的現象。

- **擺盪系統**：其理論基礎是當股價短期漲或跌超過一個合理範圍時，會觸頂或觸底反彈，回到合理範圍，形成漲多必跌、跌多必漲的現象。

實證顯示，順勢系統的績效優於擺盪系統，因此本章只討論順勢系統。這類系統以移動平均線為代表。在第 13 章曾介紹兩類移動平均線：

- **價格移動平均線**：當短期價格移動平均線由下而上穿越長期價格移動平均線為買點；反之，由上而下穿越長期平均線為賣點。

- **成交量移動平均線**：當短期成交量移動平均線由下而上穿越長期成交量移動平均線為買點；反之，由上而下穿越長期平均線為賣點。

為了避免交易次數過多，可設一個門檻值，即突破的程度超過門檻值才視為有效突破。此門檻可以採用移動標準差的倍數，或移動平均值的百分比。這些方法可能可以選出好的買賣時機，但先決條件是：

(1) 決定最佳的短期、長期的時間長度

(2) 決定最佳的買入、賣出條件的門檻

(3) 設計一套能整合價格與成交量移動平均值，以提升買賣時機判斷的準確度的方法。

本章將先對價格移動平均值、成交量移動平均值是否能判斷市場未來趨勢作統計分析，下一章介紹如何以回測及嘗試錯誤的方式解決上述三個先決條件。

18.2 >> 擇時系統使用的因子：價格、成交量

本章考慮的自變數包括：

$$MAI = \frac{短天期價格移動平均}{長天期價格移動平均}（在此取短天期 =1 天；長天期 =50 天）$$

$$MVI = \frac{短天期成交量移動平均}{長天期成交量移動平均}（在此取短天期 =1 天；長天期 =50 天）$$

考慮的因變數為：

$$未來 MAI = \frac{未來長天期價格移動平均}{未來短天期價格移動平均}（在此取短天期 =1 天；長天期 =50 天）$$

假設自變數的最後一日為第 t 日，短天期 =m 天；長天期 =n 天，則：

- 未來短天期價格移動平均 = 第 t+1~t+m 日的價格移動平均
- 未來長天期價格移動平均 = 第 t+1~t+n 日的價格移動平均

未來 MAI>1.0 表示未來股價趨勢上漲；反之，下跌。

本章的目的是要驗證 MAI(1,50), MVI(1,50) 是否能預測未來 MAI(1,50)。如果證據顯示肯定，則從價量資訊進行擇時就有可能。本章作法與第 16 章的方法相似，分兩個方法：排序法、切塊法。

本章的價格取台灣證交所加權指數，時間自 1991/2/17~2007/5/11，約 16 年，共 4089 個交易日。圖 18.1 為：

(1) 收盤價與其 50 日移動平均

(2) 成交與其 50 日移動平均

(3) MAI(1,50)

(4) MVI(1,50)

(5) 未來 MAI(1,50)

圖 18.2~ 圖 18.4 為 MAI(1,50), MVI(1,50), 未來 MAI(1,50) 的直方圖。

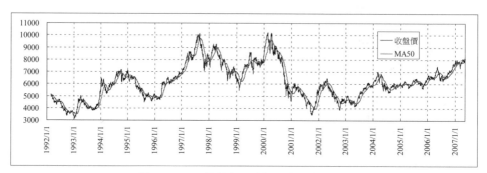

圖 18.1(1) 收盤價與其 50 日移動平均

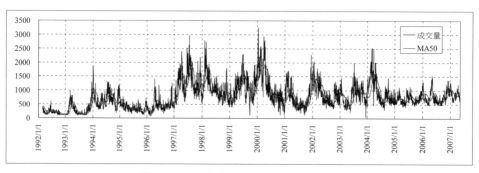

圖 18.1(2) 成交與其 50 日移動平均

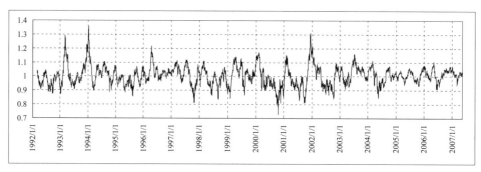

圖 18.1(3) MAI(1,50)

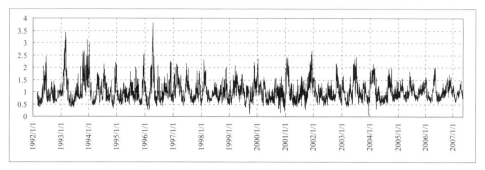

圖 18.1(4) MVI(1,50)

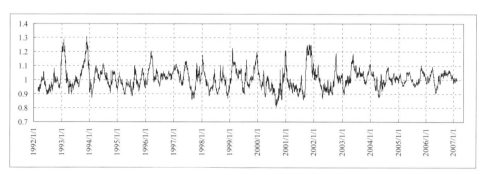

圖 18.1(5) 未來 MAI(1,50)

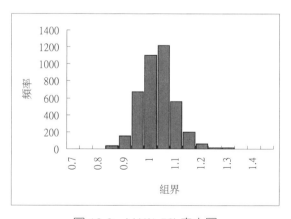

圖 18.2 MAI(1,50) 直方圖

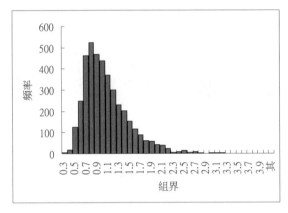

圖 18.3　MVI(1,50) 直方圖

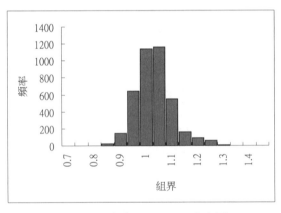

圖 18.4　未來 MAI(1,50) 直方圖

18.3 擇時的因子的預測能力分析：價格、成交量分析

【原理】以十等分排序法觀察 MAI、MVI 指標是否影響未來 MAI。

【方法】先對 MAI 或 MVI 指標值排序，再依排序的順序將資料十等分成十組，並計算各組的未來 MAI 指標平均值。

【實作】

◀練習 18.1▶排序法

(1) 開啟「練習 18.1 排序法」檔案。到「data」工作表。

(2) 在圖 18.5 的 A~G 欄每日的價量資料。在 H~J 欄計算 MAI, MVI, 未來 MAI。

H51 為 MAI(1,50) 公式「=AVERAGE(C51:C51)/AVERAGE(C2:C51)」

I51 為 MVI(1,50) 公式「=AVERAGE(G51:G51)/AVERAGE(G2:G51)」

J51 為未來 MAI(1,50) 公式「=AVERAGE(C52:C101)/AVERAGE(C52:C52)」

(3) 在圖 18.6 將 MAI, MVI, 未來 MAI 以「貼上值」的方式貼到 M~O 欄。

(4) 對 MAI 執行排序。其各組的未來 MAI 指標平均值如圖 18.7 右測的 R 欄與右下方圖。

(5) 對 MVI 執行排序。其各組的未來 MAI 指標平均值如圖 18.8 右測的 R 欄與右下方圖。

【結果】

圖 18.9 為全部、訓練、測試期間的以 MAI、MVI 排序，其各組的未來 MAI 指標平均值。可以看出：

(1) 全部期間：MAI 與 MVI 排序的效果都不錯，最大的一個等份的 MAI 與 MVI 都有較高的「未來 MAI」平均值。但 MAI 在最小的一個等份也有較高的「未來 MAI」平均值。

(2) 訓練期間：MVI 排序的效果較佳，但只有最大的兩個等份有較高的「未來 MAI」平均值。MAI 雖在最大的三個等份有較高的「未來 MAI」平均值，但最小的一個等份也有較高的「未來 MAI」平均值。

(3) 測試期間：MAI 排序的效果較佳，但同樣有最小的一個等份也有較高的「未來 MAI」平均值的問題。而 MVI 只有在最大的一個等份有較高的「未來 MAI」平均值。

(4) 總結：MVI 對未來 MAI 只有微弱且時變的預測能力。MVI 比 MAI 效果更好，也更穩定。

H51			f_x	=AVERAGE(C51:C51)/AVERAGE(C2:C51)					

	A	B	C	D	E	F	G	H	I	J
1	No	Date	Close	Open	High	Low	Volume	MAI(1,50)	MVI(1,50)	未來MAI(1,50)
2	21	1991/12/17	4400	4419	4440	4396	164			
3	22	1991/12/18	4458	4420	4458	4393	188			
4	23	1991/12/19	4467	4491	4505	4454	222			
5	24	1991/12/20	4448	4487	4487	4430	196			
6	25	1991/12/23	4460	4539	4539	4460	246			
7	26	1991/12/24	4450	4491	4491	4432	179			
8	27	1991/12/26	4530	4465	4531	4455	260			
9	28	1991/12/27	4541	4549	4569	4524	292			
48	67	1992/2/24	5070	5137	5146	5060	590			
49	68	1992/2/25	4988	5079	5091	4988	429			
50	69	1992/2/26	4952	4971	5010	4922	369			
51	70	1992/2/27	5019	5006	5073	4984	3	1.018791216	0.953391336	0.942380512
52	71	1992/2/28	5032	5024	5055	4992	281	1.018711226	0.708530224	0.920005873
53	72	1992/2/29	5142	5071	5142	5071	371	1.038250574	0.927058619	0.917335223
54	73	1992/3/2	5144	5173	5173	5117	392	1.035809323	0.971157608	0.930830552
55	74	1992/3/3	5057	5137	5137	5057	332	1.015655872	0.818210969	0.926995816
56	75	1992/3/4	5066	5074	5101	5032	253	1.01514234	0.622207428	0.93094393

圖 18.5　資料欄

U9			f_x	

	M	N	O	P	Q	R	S	T	U
1	MAI(1,50)	MVI(1,50)	未來MAI(1,50)			未來MAI(1,50)			
2	1.018791216	0.953391336	0.942380512		第1等	0.992347451			
3	1.018711226	0.708530224	0.920005873		第2等	1.036927932			
4	1.038250574	0.927058619	0.917335223		第3等	0.995729366			
5	1.035809323	0.971157608	0.930830552		第4等	1.021715793			
6	1.015655872	0.818210969	0.926995816		第5等	0.995492799			
7	1.01514234	0.622207428	0.93094393		第6等	0.991588565			
8	1.006201651	0.585968761	0.937216043		第7等	1.003464412			
9	0.995291755	0.568622631	0.935474729		第8等	1.00903594			
10	0.993214789	0.444759633	0.945412561		第9等	1.002804293			
11	0.979309308	0.604700916	0.942798344		第10等	1.015216733			
12	0.978720236	0.428697425	0.93268981						
13	0.98545404	0.48780134	0.926350549						
14	0.988256605	0.78326803	0.915304485						
15	0.996311298	0.653477845	0.912587179						
16	0.995217993	0.863579639	0.912677261						
17	0.991020841	0.675283057	0.932878994						
18	0.966647888	0.75309049	0.938390338						
19	0.959262479	0.638236584	0.945069238						
20	0.951529355	0.51947198	0.942471182						
21	0.953558036	0.458622106	0.955927697						

圖 18.6　排序計算區：將 MAI, MVI, 未來 MAI 以「貼上值」的方式貼到 M~O 欄

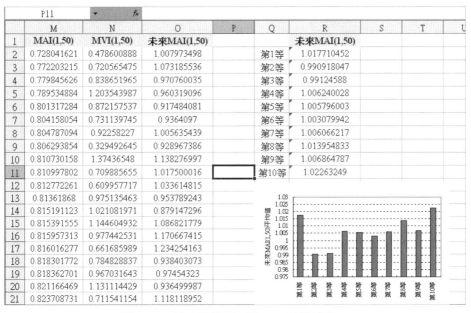

	M	N	O	P	Q	R	S	T	U
	P11		▼	fx					
1	MAI(1,50)	MVI(1,50)	未來MAI(1,50)			未來MAI(1,50)			
2	0.728041621	0.478600888	1.007973498		第1等	1.017710452			
3	0.772203215	0.720565475	1.073185536		第2等	0.990918047			
4	0.779845626	0.838651965	0.970760035		第3等	0.99124588			
5	0.789534884	1.203543987	0.960319096		第4等	1.006240028			
6	0.801317284	0.872157537	0.917484081		第5等	1.005796003			
7	0.804158054	0.731139745	0.9364097		第6等	1.003079942			
8	0.804787094	0.92258227	1.005635439		第7等	1.006066217			
9	0.806293854	0.329492645	0.928967386		第8等	1.013954833			
10	0.810730158	1.37436548	1.138276997		第9等	1.006864787			
11	0.810997802	0.709885655	1.017500016		第10等	1.02263249			
12	0.812772261	0.609957717	1.033614815						
13	0.81361868	0.975135463	0.953789243						
14	0.815191123	1.021081971	0.879147296						
15	0.815391555	1.144604932	1.086821779						
16	0.815957313	0.977442531	1.170667415						
17	0.816016277	0.661685989	1.234254163						
18	0.818301772	0.784828837	0.938403073						
19	0.818362701	0.967031643	0.97454323						
20	0.821166469	1.131114429	0.936499987						
21	0.823708731	0.711541154	1.118118952						

圖 18.7　排序計算區：對 MAI 執行排序。

	M	N	O	P	Q	R	S	T	U
	N1		▼	fx	MVI(1,50)				
1	MAI(1,50)	MVI(1,50)	未來MAI(1,50)			未來MAI(1,50)			
2	0.977978489	0.070751899	1.061739068		第1等	1.005566781			
3	1.004611207	0.10105146	1.013220478		第2等	0.993806014			
4	0.857041397	0.169665005	0.954568106		第3等	1.000578672			
5	0.88423835	0.226946172	1.154361014		第4等	1.002633954			
6	0.980556776	0.271194343	1.113537918		第5等	1.004647512			
7	0.966091442	0.285677964	1.056297022		第6等	0.997890373			
8	0.825303179	0.294310271	1.148022052		第7等	1.002396495			
9	0.97317111	0.303828661	1.020489236		第8等	1.006919659			
10	0.832382244	0.317161804	0.949880638		第9等	1.013402989			
11	0.806293854	0.329492645	0.928967386		第10等	1.037026067			
12	0.942318392	0.333728408	1.054991237						
13	0.854905143	0.337217616	1.170447196						
14	0.951944556	0.354452974	1.039054496						
15	0.932485678	0.366276179	0.968900895						
16	0.947735991	0.366772296	1.063605658						
17	0.907394202	0.378513538	1.081664932						
18	0.923104703	0.379435819	1.09370436						
19	0.920903616	0.385596558	0.969997739						
20	0.969360924	0.39170539	1.120686173						
21	0.940115255	0.392532158	0.96762625						

圖 18.8　排序計算區：對 MVI 執行排序。

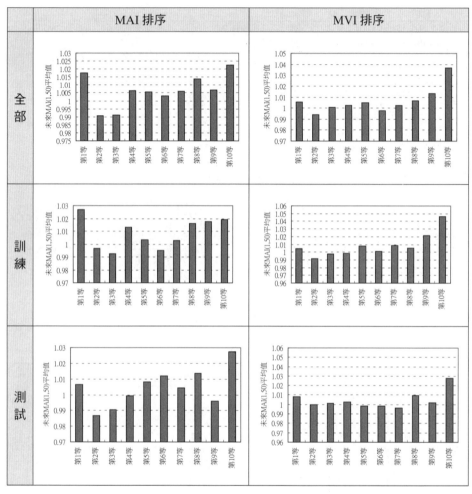

圖 18.9　全部、訓練、測試期間以 MAI、MVI 排序下各組的未來 MAI 指標平均值

隨 堂 練 習

(1) 試把資料拆成四段，每段 1000 個交易日，再排序，看結果會如何？

(2) 如果自變數取短天期 =3 天，長天期 =200 天，看結果會如何？

(3) 如果因變數取短天期 =3 天，長天期 =200 天，看結果會如何？

18.4 擇時的因子的預測能力分析：價量組合分析

【原理】以多變數切塊法對價量組合作分析，觀察價量組合是否影響未來 MAI。

【方法】

(1) 將 MAI 分 五 等 分：(~0.95)(0.95~0.985)(0.985~1.015)(1.015~1.05)(1.05~) 五等分

(2) 將 MVI 分五等分：(~0.7)(0.7~0.85)(0.85~1.05)(1.05~1.3)(1.3~) 五等分

(3) 交叉形成 5×5＝25 組，並計算各組的未來 MAI 指標平均值。

【實作】

◀ 練習 18.2 ▶ 切塊法

(1) 開啟「練習 18.2 切塊法」檔案。到「data」工作表。

(2) 圖 18.10 資料區。

(3) 圖 18.11 分三區：

左上方：統計每一組的未來 MAI 指標平均值、資料數。方法與第 16 章相似，不在贅述。

左下方：將每一組的未來 MAI 指標平均值、資料數排成 5×5 矩陣，以方便繪圖。

右上方：將 5×5＝25 組的未來 MAI 指標平均值、資料數繪成 3D 柱狀圖。

【結果】

圖 18.12 為全部、訓練、測試期間的各組的未來 MAI 指標平均值、資料數。

可以看出：

(1) MAI、MVI 有很強的正相關。即經常價漲量漲，價跌量跌。

(2) 由於高 MAI 低 MVI，或高 MVI 低 MAI 的樣本不多，因此這些組的未來 MAI 指標平均值可信度低，不列入討論。

(3) 全部期間：MAI 在最大的第二個等分，MVI 在最大的一等分是未來股價趨勢最看好的組合；反之，MAI、MVI 在最小的一等分是未來股價趨勢最看壞的組合。

(4) 訓練期間：MAI 在最大的第一、二個等分，MVI 在最大的一等分是未來股價趨勢最看好的組合；反之，MAI、MVI 在最小的一等分是未來股價趨勢最看壞的組合。

(5) 測試期間：MAI 在最大的第二、三個等分，MVI 在最大的一等分是未來股價趨勢最看好的組合；反之，MAI、MVI 在最小的一等分是未來股價趨勢最看壞的組合。

(6) 總結：MAI、MVI 的價量組合對未來 MAI 只有微弱且時變的預測能力。綜合來看，要有較高的「未來 MAI」，則 MVI 需達最大的一等分，但 MAI 中等以上即可。

隨堂練習

(1) 試把資料拆成四段，每段 1000 個交易日，再分 25 組，看結果會如何？

(2) 如果自變數取短天期 =3 天，長天期 =200 天，看結果會如何？

(3) 如果因變數取短天期 =3 天，長天期 =200 天，看結果會如何？

	AA	AB	AC	AD	AE	AF
1		MAI	MVI	FMAI		
2		1.018791216	0.953391336	0.942380512		
3		1.018711226	0.708530224	0.920005873		
4		1.038250574	0.927058619	0.917335223		
5		1.035809323	0.971157608	0.930830552		
6		1.015655872	0.818210969	0.926995816		
7		1.01514234	0.622207428	0.93094393		

圖 18.10　資料區

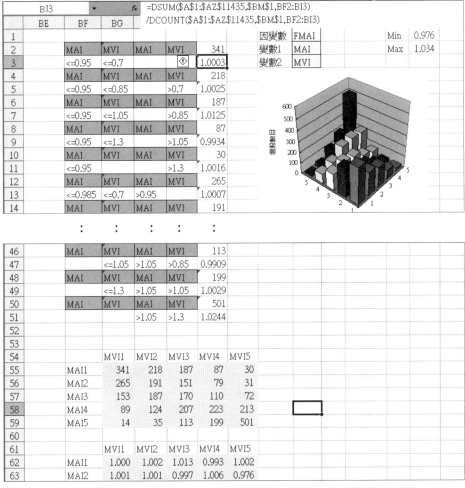

圖 18.11　統計每一組的未來 MAI 指標平均值、資料數，並繪成 3D 柱狀圖

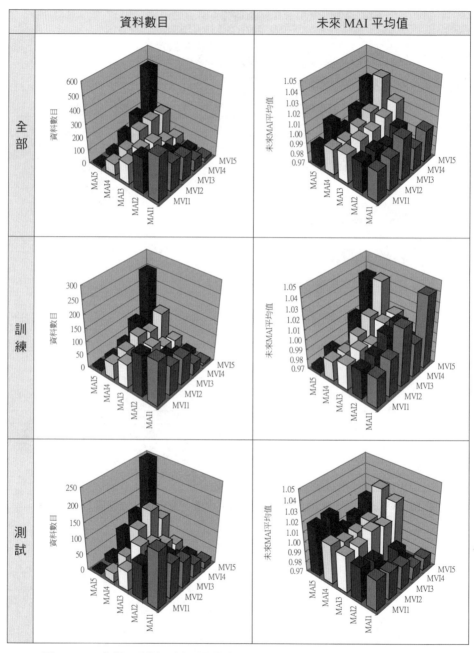

圖 18.12　全部、訓練、測試期間的各組的未來 MAI 指標平均值、資料數

18.5 ▶ 結語

本章結論如下：

(1) 排序法表明，MAI、MVI 對未來 MAI 只有微弱且時變的預測能力。價量趨勢對未來股價趨勢的關係並不穩定。

(2) 切塊法顯示，MAI、MVI 有很強的正相關。要有較高的「未來 MAI」，則 MVI 需達最大的一等分，但 MAI 中等以上即可。

本章總結：雖然價量不是完全的隨機漫步，但 MAI、MVI 對未來 MAI 只有微弱且時變的預測能力。因此先建立預測模型，再進行交易模擬找出最優交易策略的「間接法」並不可行，但不需建立預測模型，而直接進行交易模擬回測找出最優交易策略的「直接法」或許可行。下一章介紹如何以回測和嘗試錯誤的方式設計擇時系統。

隨 堂 練 習

(1) 如果「量趨勢對未來股價趨勢的關係並不穩定，大約每四年就會有新的模式出現。」這個說法是對的，那麼如何建構能隨機應變的交易策略模型？

習題

本章 data 為 1992-2007 年台股，「練習 18.0 價量資料 (1997-2015)」檔案有 1997-2015 年台股 data，請使用這組 data 作以下練習，並比較這兩組 data 的結論是否相同。

1.　練習 18.1 排序法

2.　練習 18.2 切塊法

擇時系統之設計：回測

19.1 ▶ 前言

在第 13 章曾介紹兩類移動平均線：

- 價格移動平均線
- 成交量移動平均線

為了避免交易次數過多，可設一個門檻值，即突破的程度超過門檻值才視為有效突破。這些方法可能可以選出好的買賣時機，但先決條件是：

(1)　決定最佳的短期、長期的時間長度

(2)　決定最佳的買入、賣出條件的門檻

(3)　設計一套能整合價格與成交量移動平均線，以提升買賣時機判斷的準確性的方法。

前一章已經對價格移動平均線、成交量移動平均線是否能判斷市場未來趨勢作統計分析，結果表明價量不是完全的隨機漫步。因此本章介紹兩類以回測及嘗試錯誤的方式解決上述問題的方法：

- 規則篩選法
  - 模式 1：價格移動平均法（條件門檻法）
  - 模式 2：成交量移動平均法（條件門檻法）
  - 模式 3：價量移動平均法（條件門檻法）
  - 模式 4：價量移動平均法（條件門檻法—多期間）
  - 模式 5：價量移動平均法（條件門檻法—多期間—移動波動）
- 評分門檻法
  - 模式 6：價量移動平均法（加權評分法—移動波動）

▰▰19.2▰▱ 條件門檻系統之設計：價格移動平均

【原理】當價格上漲或下跌持續一段相當時間後，會造成趨勢，持續一個波段，形成漲者恆漲、跌者恆跌的現象。

【方法】

前面曾介紹下列買賣規則：

- **買入規則**：M 天移動平均值 > N 天移動平均 +k×N 天的標準偏差

- **賣出規則**：M 天移動平均值 < N 天移動平均 –k×N 天的標準偏差

  兩端都除以 N 天移動平均得

- **買入規則**：$\dfrac{短天期價格移動平均值}{長天期價格移動平均值} > 1+k \times \dfrac{長天期價格移動標準差}{長天期價格移動平均值}$

- **賣出規則**：$\dfrac{短天期價格移動平均值}{長天期價格移動平均值} < 1-k \times \dfrac{長天期價格移動標準差}{長天期價格移動平均值}$

  因為 $\dfrac{短天期價格移動平均值}{長天期價格移動平均值} = $ MAI 平均值

  $\dfrac{長天期價格移動標準差}{長天期價格移動平均值} \approx $ MAI 標準差

  故可以改寫成

- **買入訊號**：當 MAI>1+k×MAI 標準差

- **賣出訊號**：當 MAI<1–k×MAI 標準差

本節將以上述買賣規則進行回測。在此取短天期 =1 天；長天期 =50 天。

【實作】

◀練習 19.1▶ 價格移動平均法

(1) 開啟「練習 19.1 價格移動平均法」檔案。到「Rule」工作表。

(2)　主畫面見圖 19.1。

(3)　資料欄見圖 19.2，A~C 欄為基本資料。

(4)　D 欄：買入訊號。當 MAI>1+k×MAI 標準差，買入訊號 =1。

(5)　E 欄：賣出訊號。當 MAI<1−k×MAI 標準差，賣出訊號 =1。

(6)　F 欄：資金計算。演算法如下（圖 19.3）：

```
如果    買入訊號＝賣出訊號
則      本期資金＝前期資金    （因為買入訊號、賣出訊號衝突，不作買賣動作）
否則    如果    買入訊號 ＝ 1
        則      本期資金 ＝ 0  （因為將資金投入股市）
        否則  如果前期資金 ＞ 0 則    本期資金＝前期資金（因為前期已賣出）
                             否則  本期資金 ＝ 前期股票＊今日收盤價＊
                                            （1− 賣出股票的成本率）
```

(7)　G 欄：股票計算。演算法如下（圖 19.4）：

```
如果    買入訊號＝賣出訊號
則      本期股票＝前期股票    （因為買入訊號、賣出訊號衝突，不作買賣動作）
否則    如果    買入訊號 ＝ 1
        則      如果前期股票 ＞ 0 則    本期股票＝前期股票（因為前期已買入）
                              否則  本期股票 ＝（前期資金 ／ 今日收盤價）＊
                                            （1− 買入股票的成本率）
        否則    本期股票 ＝ 0   （因為將股票賣出）
```

(8)　H 欄：總資金計算。總資金＝資金＋股票＊收盤價

(9)　I 欄：買入計數。當本期資金＜前期資金，表示當日買入股票，故計買入
一次。

(10) J 欄：賣出計數。當本期股票＜前期股票，表示當日賣出股票，故計賣出
一次。

(11) K 欄：買入持有策略之總資金＝初始股票＊今日收盤價

＝（初始資金 / 初始收盤價）＊今日收盤價

		N10	▼	fx	=(N7/10000)^(1/15.2)-1		
	M	N	O	P	Q	R	S
1	指標	買入訊號	賣出訊號	平均值	標準差	標準差倍	中心值
2	MAI	1	1	1.003939	0.068304	0	1
3	賣出稅率	0.004425					
4	買入稅率	0.001425					
5							
6		全部	訓練	測試		期間1	期間2	期間
7	投資組合期末資金	30541.68	18174.1	30541.68		10534.37	16896.53	170
8	投資組合買入次數	96	48	48		11	5	
9	買入持有期末資金	16001.57	13737.21	16001.57		7798.104	13367.56	122
10	投資組合年報酬率	7.6%	8.8%	6.6%		0.6%	37.0%	
11	買入持有年報酬率	3.1%	4.6%	1.9%		-3.0%	43.2%	
12	年報酬率差額	4.5%	4.2%	4.7%		3.6%	-6.2%	
13	最低買賣次限制	30	15	15				
14	懲罰係數	0.01	0.01	0.01				
15	懲罰函數	0	0	0				
16	總目標函數	7.6%	8.8%	6.6%				

圖 19.1　主畫面

	A	B	C	D	E	F	G	H	I	J	K
1	Date	Close	MAI	買入訊號	賣出訊號	資金	股票	總資金	買入	賣出	買入持有
2	1992/2/27	5019	1.018791	1	0	10000	0	10000	0	0	10000
3	1992/2/28	5032	1.018711	1	0	0	1.984572	9985.75	1	0	10024.84
4	1992/2/29	5142	1.038251	1	0	0	1.984572	10205.5	0	0	10245.46
5	1992/3/2	5144	1.035809	1	0	0	1.984572	10209.37	0	0	10249.34
6	1992/3/3	5057	1.015656	1	0	0	1.984572	10035.27	0	0	10074.55
7	1992/3/4	5066	1.015142	1	0	0	1.984572	10054.63	0	0	10094
8	1992/3/5	5034	1.006202	1	0	0	1.984572	9989.402	0	0	10028.51

圖 19.2　資料欄

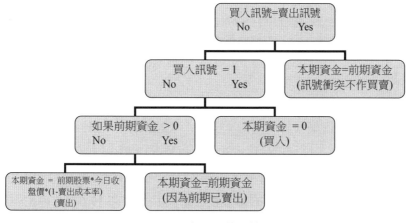

圖 19.3　資金計算演算法

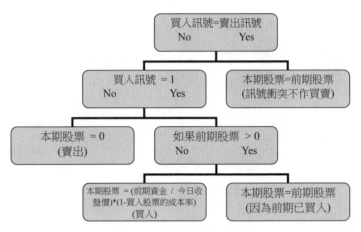

圖 19.4　股票計算演算法

【參數】可調整參數只有一個：標準差倍數 k（圖 19.5），它影響下列訊號：

買入訊號：當 MAI>1+k×MAI 標準差

賣出訊號：當 MAI<1−k×MAI 標準差

因為買入訊號的門檻應高於賣出訊號的門檻，因此標準差倍數 k 的合理值應在 0 以上。另外為避免交易次數太少，標準差倍數 k 不可太高，宜在 2.0 以下。

	M	N	O	P	Q	R	S
1	指標	買入訊號	賣出訊號	平均值	標準差	標準差倍	中心值
2	MAI	1	1	1.003939	0.068304	0	1
3	賣出稅率	0.004425					
4	買入稅率	0.001425					

圖 19.5　可調整參數只有一個：標準差倍數 k

【結果】

為了方便分析可調整參數的影響，在 W26 儲存格處有一個「參數分析」按鈕，可啟動一個巨集，將不同的 k 值填入 R2 儲存格，以回測買賣策略的績效，然後將 N8:P8（投資組合買入次數）以及 N10:P10（投資組合年報酬率）複製貼到 Z23:AB48, AC23:AE48。觀察 Z23:AE48 範圍績效分析，可以發現最佳的「標準差倍數」。執行後的結果整理如表 19.1 與圖 19.6~ 圖 19.8。標準差倍數 k 這個參數在相當寬廣的區域都有很好的表現，可見 MAI 應該是一個有效的擇時因子。

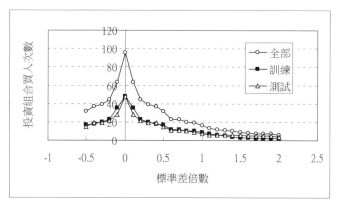

圖 19.6　投資組合買入次數 vs 標準差倍數 k

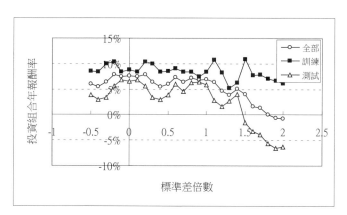

圖 19.7　投資組合年報酬率（有交易成本）vs 標準差倍數 k

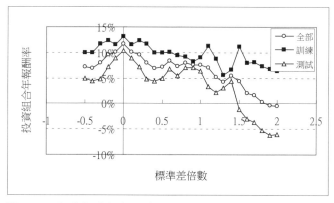

圖 19.8　投資組合年報酬率（無交易成本）vs 標準差倍數 k

表 19.1　可調整參數的影響

參數	投資組合買入次數			投資組合年報酬率 （有交易成本）			投資組合年報酬率 （無交易成本）		
	全部	訓練	測試	全部	訓練	測試	全部	訓練	測試
-0.5	32	17	15	5.96%	8.47%	3.84%	7.25%	9.94%	4.97%
-0.4	37	18	19	5.49%	8.45%	2.99%	6.97%	10.02%	4.40%
-0.3	39	20	19	6.35%	9.93%	3.35%	7.93%	11.70%	4.77%
-0.2	44	23	21	7.81%	10.36%	5.65%	9.62%	12.41%	7.26%
-0.1	63	35	28	7.52%	8.38%	6.78%	10.13%	11.51%	8.95%
0	96	48	48	7.62%	8.84%	6.58%	11.65%	13.20%	10.32%
0.1	63	35	28	7.52%	8.38%	6.78%	10.13%	11.51%	8.95%
0.2	44	23	21	7.81%	10.36%	5.65%	9.62%	12.41%	7.26%
0.3	39	20	19	6.35%	9.93%	3.35%	7.93%	11.70%	4.77%
0.4	37	18	19	5.49%	8.45%	2.99%	6.97%	10.02%	4.40%
0.5	32	17	15	5.96%	8.47%	3.84%	7.25%	9.94%	4.97%
0.6	23	12	11	7.37%	9.04%	5.95%	8.33%	10.06%	6.85%
0.7	23	12	11	6.34%	8.40%	4.59%	7.29%	9.42%	5.48%
0.8	20	10	10	7.24%	8.34%	6.29%	8.03%	9.18%	7.05%
0.9	19	10	9	6.85%	7.43%	6.36%	7.61%	8.26%	7.05%
1	16	9	7	6.97%	8.33%	5.81%	7.60%	9.07%	6.35%
1.1	13	7	6	6.46%	10.77%	2.88%	7.00%	11.34%	3.38%
1.2	12	6	6	4.68%	8.29%	1.64%	5.16%	8.77%	2.14%
1.3	11	5	6	3.86%	5.21%	2.71%	4.30%	5.65%	3.15%
1.4	10	4	6	5.05%	6.32%	3.97%	5.43%	6.67%	4.36%
1.5	9	3	6	4.04%	10.85%	-1.51%	4.37%	11.12%	-1.14%
1.6	8	3	5	1.68%	7.77%	-3.31%	1.99%	8.04%	-2.96%
1.7	7	2	5	1.38%	7.90%	-3.95%	1.65%	8.08%	-3.61%
1.8	7	2	5	0.11%	7.10%	-5.57%	0.38%	7.28%	-5.23%
1.9	7	2	5	-0.61%	6.68%	-6.51%	-0.34%	6.86%	-6.17%
2	6	2	4	-0.74%	6.17%	-6.36%	-0.51%	6.35%	-6.09%

【評估】可調整參數在 0.0 時表現較佳，其年報酬率的比較見表 19.2。資金累計圖見圖 19.9 與 19.10。

表 19.2　模型評估：年報酬率的比較

	有交易成本	無交易成本	大盤
全部	7.6%	11.6%	3.1%
訓練	8.8%	13.2%	4.6%
測試	6.6%	10.3%	1.9%

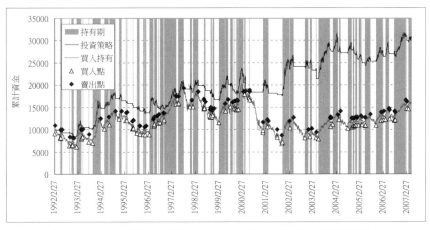

圖 19.9　在「標準差倍數 =0」下之資金累計圖：有交易成本

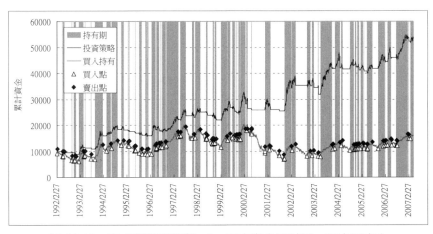

圖 19.10　在「標準差倍數 =0」下之資金累計圖：無交易成本

隨堂練習

(1) 試將 S2 儲存格的「中心值」改用 P2 儲存格的「平均值」，看結果會如何？

(2) 試將 S2 儲存格的「中心值」改用 0.99, 0.995, 1.0, 1.005, 1.01, 1.015, 1.02，看結果會如何？

(3) 試試如下的反向操作，看結果會如何？

　　D 欄的買入訊號改為：當 MAI < 中心值 +k×MAI 標準差

　　E 欄的賣出訊號改為：當 MAI > 中心值 −k×MAI 標準差

19.3 ▶ 條件門檻系統之設計：成交量移動平均

【原理】量先價而行，成交量變大常是價格上漲前奏，成交量變小常是價格下跌前奏。

【方法】

$$MVI = \frac{短天期成交量移動平均}{長天期成交量移動平均}$$

買入訊號：當 MVI>1 +k×MVI 標準差

賣出訊號：當 MVI<1 −k×MVI 標準差

在此取短天期 =1 天；長天期 =50 天。

【實作】

◀練習 19.2▶ 成交量移動平均法

　　本練習與前一節相同，只是將考慮價格移動平均線（MAI）的突破改成考慮成交量移動平均線（MVI）的突破。簡介如下：

(1) 開啟「練習 19.2 成交量移動平均法」檔案。到「Rule」工作表。

(2) C 欄改為 MVI。主畫面見圖 19.11，資料欄見圖 19.12。

(3) 其餘同前一節，不再贅述。

	M	N	O	P	Q	R	S
V14			fx				
1	指標	買入訊號	賣出訊號	平均值	標準差	標準差倍數	
2	MVI	1.294808	0.705192	1.027902	0.421154	0.7	1
3	賣出稅率	0.004425					
4	買入稅率	0.001425					
5							
6		全部	訓練	測試		期間1	期間2	期間
7	投資組合期末資金	23086.68	22489.21	23086.68		10711.18	15477.57	16
8	投資組合買入次數	76	39	37		6	9	
9	買入持有期末資金	16001.57	13737.21	16001.57		7798.104	13367.56	12
10	投資組合年報酬率	5.7%	12.2%	0.3%		0.8%	27.8%	
11	買入持有年報酬率	3.1%	4.6%	1.9%		-3.0%	43.2%	
12	年報酬率差額	2.5%	7.6%	-1.6%		3.9%	-15.4%	
13	最低買賣次限制	30	15	15				
14	懲罰係數	0.01	0.01	0.01				
15	懲罰函數	0	0	0				
16	總目標函數	5.7%	12.2%	0.3%				

圖 19.11　主畫面

	A	B	C	D	E	F	G	H	I	J	K	L
1	Date	Close	MVI	買入訊號	賣出訊號	資金	股票	總資金	買入	賣出	買入持有	
2	1992/2/27	5019	0.953391	0	0	10000	0	10000	0	0	10000	
3	1992/2/28	5032	0.70853	0	0	10000	0	10000	0	0	10024.84	
4	1992/2/29	5142	0.927059	0	0	10000	0	10000	0	0	10245.46	
5	1992/3/2	5144	0.971158	0	0	10000	0	10000	0	0	10249.34	
6	1992/3/3	5057	0.818211	0	0	10000	0	10000	0	0	10074.55	
7	1992/3/4	5066	0.622207	0	1	10000	0	10000	0	0	10094	
8	1992/3/5	5034	0.585969	0	1	10000	0	10000	0	0	10028.51	
9	1992/3/6	4988	0.568623	0	1	10000	0	10000	0	0	9937.958	
10	1992/3/7	4987	0.44476	0	1	10000	0	10000	0	0	9934.87	
11	1992/3/9	4923	0.604701	0	1	10000	0	10000	0	0	9808.357	
12	1992/3/10	4926	0.428697	0	1	10000	0	10000	0	0	9814.672	
13	1992/3/11	4965	0.487801	0	1	10000	0	10000	0	0	9892.932	
14	1992/3/12	4985	0.783268	0	0	10000	0	10000	0	0	9931.543	
15	1992/3/13	5031	0.653478	0	1	10000	0	10000	0	0	10022.73	
16	1992/3/14	5030	0.86358	0	0	10000	0	10000	0	0	10020.7	

圖 19.12　資料欄

【參數】可調整參數只有一個：標準差倍數 $k=0\sim2$。

【結果】為了方便分析可調整參數的影響，在 W26 儲存格處有一個「參數分析」按鈕，可啟動一個巨集，將不同的 k 值填入 R2 儲存格，以回測買賣策略的績效，然後將 N8:P8（投資組合買入次數），N10:P10（投資組合年報酬率）

複製貼到 Z23:AB48, AC23:AE48。觀察 Z23:AE48 範圍績效分析,可以發現最佳的「標準差倍數」。執行後的結果整理如圖 19.13~ 圖 19.15。

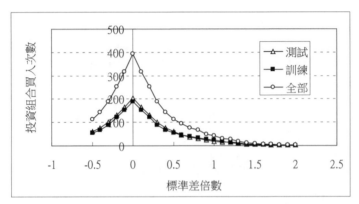

圖 19.13　投資組合買入次數 vs 標準差倍數 k

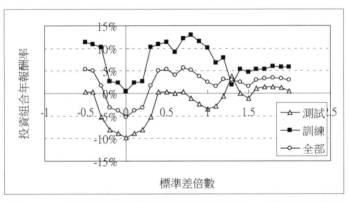

圖 19.14　投資組合年報酬率(有交易成本)vs 標準差倍數 k

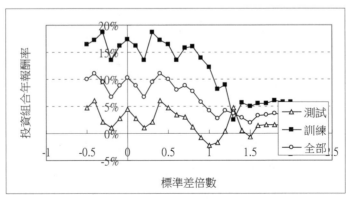

圖 19.15　投資組合年報酬率(無交易成本)vs 標準差倍數 k

【評估】可調整參數 k 在 0.7 時表現較佳，其年報酬率的比較見表 19.3。資金累計圖見圖 19.16 與圖 19.17。

表 19.3　模型評估：年報酬率的比較

	有交易成本	無交易成本	大盤
全部	5.7%	8.8%	3.1%
訓練	12.2%	15.8%	4.6%
測試	0.3%	3.0%	1.9%

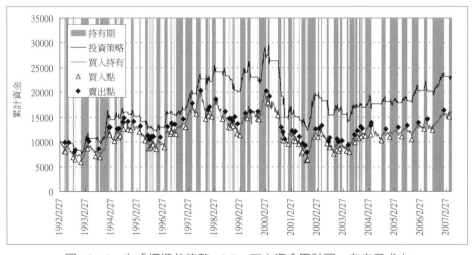

圖 19.16　在「標準差倍數 =0.7」下之資金累計圖：有交易成本

隨堂練習

(1) 試將 S2 儲存格的「中心值」改用 P2 儲存格的「平均值」，看結果會如何？

(2) 試將 S2 儲存格的「中心值」改用 0.7, 0.9, 1, 1.05, 1.1, 1.3, 1.5，看結果會如何？

(3) 試試前節的反向操作，看結果會如何？

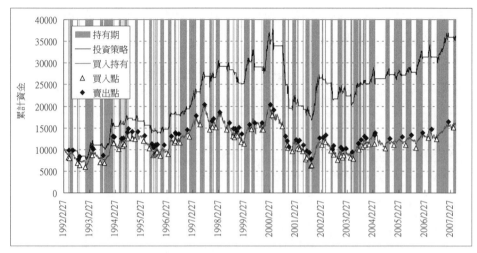

圖 19.17　在「標準差倍數 =0.7」下之資金累計圖：無交易成本

19.4 >> 條件門檻系統之設計：價量移動平均

【原理】結合「市場價格具有趨勢」與「量先價而行」的概念。

【方法】

買入訊號：當 MAI > $1 + k1 \times$ MAI 標準差 AND 當 MVI > $1 + k2 \times$ MVI 標準差

賣出訊號：當 MAI < $1 - k1 \times$ MAI 標準差 AND 當 MVI < $1 - k2 \times$ MAI 標準差

【實作】

◀練習 19.3▶ 價量移動平均法（條件門檻法）

　　本練習與前一節相同，只是必須同時考慮價格移動平均線（MAI）的突破與成交量移動平均線（MVI）的突破。簡介如下：

(1)　開啟「練習 19.3 價量移動平均法（條件門檻法）」檔案。到「Rule」工作表。

(2)　主畫面見圖 19.18。

(3)　資料欄見圖 19.19，C、D 欄改為 MAI、MVI。

(4) D 欄：買入訊號。當 MAI > 1+$k1$×MAI 標準差 AND 當 MVI > 1+$k2$×MVI 標準差，買入訊號 =1。D2 公式「=IF(AND(C2>$O$2,D2>$O$3),1,0)」。

(5) E 欄：賣出訊號。當 MAI < 1-$k1$×MAI 標準差 AND 當 MVI < 1-$k2$×MAI 標準差，賣出訊號 =1。E2 公式「=IF（AND(C2<$P$2,D2<$P$3),1,0)」。

(6) 其餘同前一節，不再贅述。

	N	O	P	Q	R	S	T
1	指標	買入訊號	賣出訊號	平均值	標準差	標準差倍數	
2	MAI	1	1	1.003939	0.068304	0	1
3	MVI	1.421205	0.578795	1.027921	0.421205	1	1
4	賣出稅率	0.004425					
5	買入稅率	0.001425					
6		全部	訓練	測試		期間1	期間2	期間
7	投資組合期末資金	45382.81	23345.26	45382.81		12173.41	18625.61	173
8	投資組合買入次數	28	16	12		2	3	
9	買入持有期末資金	16001.57	13737.21	16001.57		7798.104	13367.56	122
10	投資組合年報酬率	10.5%	12.8%	8.5%		2.4%	32.8%	
11	買入持有年報酬率	3.1%	4.6%	1.9%		-3.0%	43.2%	
12	年報酬率差額	7.3%	8.2%	6.6%		5.4%	-10.5%	
13	最低買賣次限制	30	15	15				
14	懲罰係數	0.01	0.01	0.01				
15	懲罰函數	0.04	0	0.09				
16	總目標函數	6.5%	12.8%	-0.5%				

圖 19.18　主畫面

	A	B	C	D	E	F	G	H	I	J	K	L
1	Date	Close	MAI	MVI	買入訊號	賣出訊號	資金	股票	總資金	買入	賣出	買入持有
2	1992/2/27	5019	1.018791	0.953391	0	0	10000	0	10000	0	0	10000
3	1992/2/28	5032	1.018711	0.70853	0	0	10000	0	10000	0	0	10024.84
4	1992/2/29	5142	1.038251	0.927059	0	0	10000	0	10000	0	0	10245.46
5	1992/3/2	5144	1.035809	0.971158	0	0	10000	0	10000	0	0	10249.34
6	1992/3/3	5057	1.015656	0.818211	0	0	10000	0	10000	0	0	10074.55
7	1992/3/4	5066	1.015142	0.622207	0	0	10000	0	10000	0	0	10094
8	1992/3/5	5034	1.006202	0.585969	0	0	10000	0	10000	0	0	10028.51
9	1992/3/6	4988	0.995292	0.568623	0	1	10000	0	10000	0	0	9937.958
10	1992/3/7	4987	0.993215	0.44476	0	1	10000	0	10000	0	0	9934.87
11	1992/3/9	4923	0.979309	0.604701	0	0	10000	0	10000	0	0	9808.357
12	1992/3/10	4926	0.97872	0.428697	0	1	10000	0	10000	0	0	9814.672
13	1992/3/11	4965	0.985454	0.487801	0	1	10000	0	10000	0	0	9892.932

圖 19.19　資料欄

【參數】可調整參數有二個：MAI 標準差倍數 $k1$，MVI 標準差倍數 $k2$。

【結果】為了方便分析可調整參數的影響，在 W26 儲存格處有一個「參數分析」按鈕，可啟動一個巨集，將不同的 $k1$、$k2$ 值填入 S2,S3 儲存格，以回

測買賣策略的績效,然後將 O8:Q8(投資組合買入次數), O10:Q10(投資組合年報酬率)複製貼到 Y25 下方的六個二維矩陣。執行後的結果整理如圖 19.20~ 圖 19.25。觀察這六個二維矩陣,可以發現最佳的 $k1$、$k2$ 值。

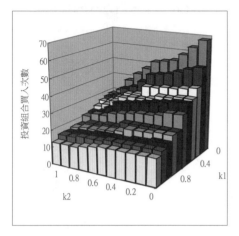

圖 19.20 買入次數 vs 參數:全部期間

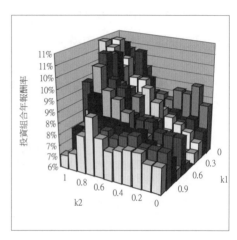

圖 19.21 年報酬率 vs 參數:全部期間

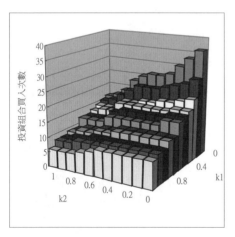

圖 19.22 買入次數 vs 參數:訓練期間

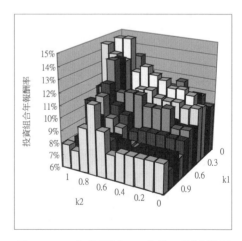

圖 19.23 年報酬率 vs 參數:訓練期間

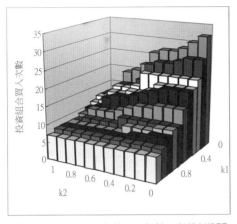 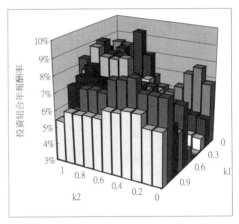

圖 19.24　買入次數 vs 參數：測試期間　　圖 19.25　年報酬率 vs 參數：測試期間

【評估】可調整參數在 MAI 標準差倍數 $k1=0$，MVI 標準差倍數 $k2=1.0$ 時表現較佳，其年報酬率的比較見表 19.4。資金累計圖見圖 19.26 與 27。

表 19.4　模型評估：年報酬率的比較

	有交易成本	無交易成本	大盤
全部	10.5%	11.6%	3.1%
訓練	12.8%	14.2%	4.6%
測試	8.5%	9.4%	1.9%

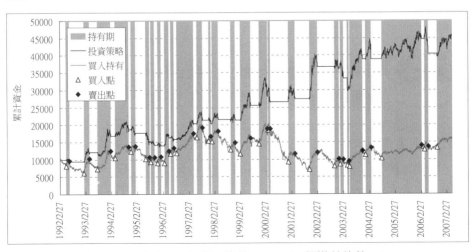

圖 19.26　在「MAI 標準差倍數 =0，M VI 標準差倍數 =1」

下之資金累計圖：有交易成本

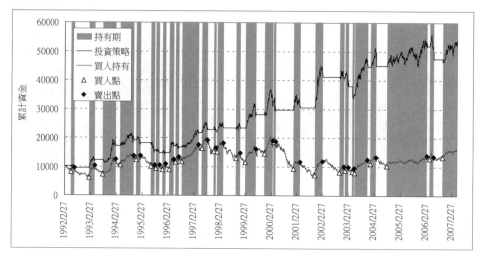

圖 19.27　在「MAI 標準差倍數 =0，M VI 標準差倍數 =1」
下之資金累計圖：無交易成本

隨堂練習

(1) 試將 T2 與 T3 儲存格的「中心值」改用 Q2 與 Q3 儲存格的「平均值」，看結果
　　會如何？

(2) 試試如下的反向操作，看結果會如何？ E 欄的買入訊號中的「>」改為「<」，
　　F 欄的賣出訊號中的「<」改為「>」。

19.5 條件門檻系統之設計： 價量移動平均—多期間

【原理】前述各節的短天期均取 1 天、長天期均取 50 天，但這不一定是最佳選
擇。因此本節除了採用「市場價格具有趨勢 + 量先價而行」的原理，還提供
多種長、短天期讓使用者選取。

【方法】短天期 =1 天、2 天、5 天；長天期 =10 天、20、50 天。

【實作】

◀練習 19.4▶ 價量移動平均法（條件門檻法─多期間）

本練習與前一節相同，只是多了短天期（1 天、2 天、5 天）、長天期（10 天、20 天、50 天）的選項。簡介如下：

(1) 開啟「練習 19.4 價量移動平均法（條件門檻法─多期間）」檔案。到 「Rule」工作表。

(2) 主畫面見圖 19.28，多出 MAI 短天期、MAI 長天期、MVI 短天期、MVI 長天期四格。可輸入 1~6 的數字，分別代表選 1、2、5、10、20、50 天 的移動平均值。

	N	O	P	Q	R	S	T	U	V
1	指標	短	長	買入訊號	賣出訊號	平均值	標準差	標準差倍	中心數
2	MAI	2	5	1.045469	0.954531	1.00137	0.037891	1.2	1
3	MVI	2	5	1.328218	0.671782	1.010966	0.273515	1.2	1
4	賣出稅率	0.004425							
5	買入稅率	0.001425							
6		全部	訓練	測試		期間1	期間2	期間3	期間4
7	投資組合期末資金	70367.92	25678.88	70367.92		11915.57	18737.74	21592.65	32002.92
8	投資組合買入次數	12	4	8		1	1	1	0
9	買入持有期末資金	16001.57	13737.21	16001.57		7798.104	13367.56	12215.94	18105.5
10	投資組合年報酬率	13.7%	14.3%	13.2%		2.2%	35.2%	9.9%	30.0%
11	買入持有年報酬率	3.1%	4.6%	1.9%		-3.0%	43.2%	-5.8%	30.0%
12	年報酬率差額	10.6%	9.7%	11.3%		5.2%	-8.0%	15.7%	0.0%
13	最低買賣次限制	30	15	15					
14	懲罰係數	0.01	0.01	0.01					
15	懲罰函數	3.24	1.21	0.49					
16	總目標函數	-310.3%	-106.7%	-35.8%					

圖 19.28　主畫面

(3) 增加一個 MAMV 工作表，儲存六種天期的 MAI、MVI，見圖 19.29。

(4) C 欄與 D 欄自 MAMV 工作表取得特定天期的 MAI、MVI。

(5) 其餘同前一節，不再贅述。

	A	B	C	D	E	F	G	H	I	J	K	L	M
1	Date	MA(1)	MA(2)	MA(5)	MA(10)	MA(20)	MA(50)	MV(1)	MV(2)	MV(5)	MV(10)	MV(20)	MV(50)
2	92/2/27	5019.22	4985.36	5020.698	4951.499	5061.39	4926.642	375.55	372.24	432.28	384.102	389.9505	393.9096
3	92/2/28	5031.69	5025.455	5012.076	4968.72	5043.472	4939.27	280.75	328.15	408.75	379.912	377.3825	396.2428
4	92/2/2	5142.42	5087.055	5026.512	5006.271	5031.012	4952.966	370.73	325.74	364.992	387.259	367.588	399.8992
5	92/3/2	5144.37	5143.395	5057.84	5036.766	5026.362	4966.522	391.67	381.2	357.526	401.597	368.032	403.3022
6	92/3/3	5056.64	5100.505	5078.868	5042.898	5018.312	4978.694	332.22	361.945	350.184	393.916	366.0465	406.0322
7	92/3/4	5066.4	5061.52	5088.304	5054.501	5011.405	4990.827	252.72	292.47	325.618	378.949	353.1715	406.1668
	⋮	⋮	⋮	⋮	⋮	⋮	⋮	⋮	⋮	⋮	⋮	⋮	⋮
4035	07/5/3	7926.66	7914.85	7930.916	7952.6	7986.828	7833.457	944.1141	823.6227	792.39	838.1953	924.6906	857.3973
4036	07/5/4	8066.06	7996.36	7944.12	7970.343	7993.486	7837.934	829.612	886.8631	801.2507	823.6359	916.6424	861.2393
4037	07/5/7	8115.27	8090.665	7977.29	7987.603	7999.019	7843.049	825.7366	827.6743	813.1766	825.098	902.955	862.9418
4038	07/5/8	8095.84	8105.555	8021.374	7996.141	8000.983	7849.438	653.0585	739.3975	791.1305	802.3121	883.0669	863.7292
4039	07/5/9	8052.7	8074.27	8051.306	7996.91	8001.198	7855.756	635.5309	644.2947	777.6104	777.1128	864.0155	864.2137
4040	07/5/10	8096.86	8074.78	8085.346	8008.131	8001.819	7861.504	739.1994	687.3651	736.6275	764.5087	853.6575	865.7586
4041	07/5/11	8031.54	8064.2	8078.442	8011.281	7999.636	7864.131	646.1003	692.6498	699.9251	750.5879	839.8071	860.3162
4042													

‖ ◂ ▸ ▸‖ \ MAMV / Rule /

圖 19.29　MAMV 工作表，儲存六種天期的 MAI、MVI

【參數】可調整參數有六個：

MAI 短天期 ={1,2,3} 分別代表 {1 天 , 2 天 , 5 天 }

MAI 長天期 ={4,5,6} 分別代表 {10 天 , 20 天 , 50 天 }

MVI 短天期 ={1,2,3} 分別代表 {1 天 , 2 天 , 5 天 }

MVI 長天期 ={4,5,6} 分別代表 {10 天 , 20 天 , 50 天 }

MAI 標準差倍數 $k1$=0~2

MVI 標準差倍數 $k2$=0~2

【結果】可調整參數的影響（省略）。

【評估】可調整參數在

- MAI 短天期 =2 天；MAI 長天期 =20 天
- MVI 短天期 =2 天；MVI 長天期 =20 天
- MAI 標準差倍數 $k1$=1.2；MVI 標準差倍數 $k2$=1.2

時表現較佳，其年報酬率的比較見表 19.5。資金累計圖見圖 19.30 與 31。不過交易次數很少，因此績效較佳有可能只是運氣較好。

表 19.5　模型評估：年報酬率的比較

	有交易成本	無交易成本	大盤
全部	13.7%	14.2%	3.1%
訓練	14.3%	14.6%	4.6%
測試	13.2%	13.8%	1.9%

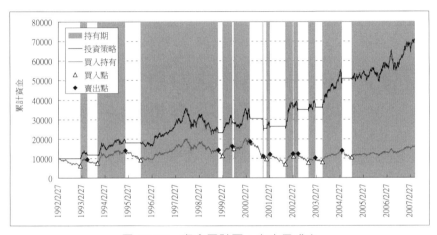

圖 19.30　資金累計圖：有交易成本

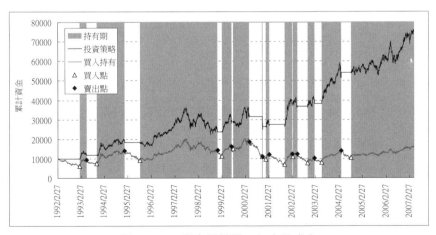

圖 19.31　資金累計圖：無交易成本

隨堂練習

(1) 試找出在 Q2, Q3, P2, P3 儲存格的參數為 1, 1, 6, 6 之下，即 MAI 短天期 =1 天，MVI 短天期 =1 天，MAI 長天期 =50 天，MVI 長天期 =50 天，標準差倍數（U2,U3 儲存格）的最佳值為何？

(2) 試找出在 U2,U3 儲存格（標準差倍數）為 0.7, 0.7 之下，MAI、MVI 的長、短天期（Q2, Q3, P2, P3 儲存格）的最佳值為何？

19.6 ▶ 條件門檻系統之設計：價量移動平均─多期間─移動波動

【原理】在前述各節的買入、賣出訊號中，標準差採用固定值，但實際上此值會依時變化。當市場價量波動劇烈時，買入、賣出訊號的門檻應採用較高的值，以避免產生過多的交易次數；相反地，當市場價量波動微弱時，買入、賣出訊號的門檻應採用較低的值，以避免錯失買賣時機。因此採用移動法來計算標準差有可能可以提升擇時的能力。故本節的原理包括「市場價格具有趨勢＋量先價而行，提供多種長、短天期，以移動法來計算標準差」。

【方法】

買入訊號：當 MAI> 中心值 + $k1$×（以最近 200 日的 MAI 計算得到標準差）
　　　　　AND 當 MVI> 中心值 + $k2$×（以最近 200 日的 MVI 計算得到標準差）

賣出訊號：當 MAI< 中心值 - $k1$×（以最近 200 日的 MAI 計算得到標準差）
　　　　　AND 當 MVI< 中心值 - $k2$×（以最近 200 日的 MVI 計算得到標準差）

【實作】

◀練習 19.5▶ 價量移動平均法（條件門檻法─多期間─移動波動）

　　本練習與前一節相同，只是將固定的標準差改成以最近 200 日的 MAI 或 MVI 計算標準差。簡介如下：

(1) 開啟「練習 19.5 價量移動平均法（條件門檻法─多期間─移動波動）」檔案。到「Rule」工作表。

(2) 主畫面見圖 19.32。

(3) 買入訊號、賣出訊號的第 200 日之後，採用最近 200 日的 MAI 計算得到標準差，作為訊號的門檻，見圖 19.33。

(4) 其餘同前一節，不再贅述。

	N	O	P	Q	R	S	T	U	V
1	指標	短	長	買入訊號	賣出訊號	平均值	標準差	標準差倍數	中心數
2	MAI	1	6	1	1	1.003939	0.068304	0	1
3	MVI	1	6	1.421205	0.578795	1.027921	0.421205	1	1
4	賣出稅率	0.004425							
5	買入稅率	0.001425							
6		全部	訓練	測試		期間1	期間2	期間3	期間4
7	投資組合期末資金	50711.02	23601.37	50711.02		11193.67	17698.71	18265.41	25779.75
8	投資組合買入次數	32	16	16		2	2	4	1
9	買入持有期末資金	16001.57	13737.21	16001.57		7798.104	13367.56	12215.94	18105.5
10	投資組合年報酬率	11.3%	13.0%	9.8%		1.4%	35.7%	2.1%	25.8%
11	買入持有年報酬率	3.1%	4.6%	1.9%		-3.0%	43.2%	-5.8%	30.0%
12	年報酬率差額	8.1%	8.3%	7.9%		4.4%	-7.5%	8.0%	-4.2%
13	最低買賣次限制	30	15	15					
14	懲罰係數	0.01	0.01	0.01					
15	懲罰函數	0	0	0					
16	總目標函數	11.3%	13.0%	9.8%					

圖 19.32 主畫面

	A	B	C	D	E	F	G	H	I	J	K	L
1	Date	Close	MAI	MVI	買入訊號	賣出訊號	資金	股票	總資金	買入	賣出	買入持有
2	92/2/27	5019	1.018791	0.953391	0	0	10000	0	10000	0	0	10000
3	92/2/28	5032	1.018711	0.70853	0	0	10000	0	10000	0	0	10024.84
4	92/2/29	5142	1.038251	0.927059	0	0	10000	0	10000	0	0	10245.46
5	92/3/2	5144	1.035809	0.971158	0	0	10000	0	10000	0	0	10249.34
6	92/3/3	5057	1.015656	0.818211	0	0	10000	0	10000	0	0	10074.55
7	92/3/4	5066	1.015142	0.622207	0	0	10000	0	10000	0	0	10094
199	92/10/30	3632	0.989626	0.676863	0	0	9394.149	0	9394.149	0	0	7235.646
200	92/11/2	3560	0.971307	0.672085	0	0	9394.149	0	9394.149	0	0	7091.759
201	92/11/3	3560	0.972586	0.662359	0	0	9394.149	0	9394.149	0	0	7092.058
202	92/11/4	3506	0.959485	0.683769	0	0	9394.149	0	9394.149	0	0	6985.249
203	92/11/5	3593	0.984789	0.620233	0	1	9394.149	0	9394.149	0	0	7159.3
204	92/11/6	3533	0.970327	0.677463	0	0	9394.149	0	9394.149	0	0	7038.165
205	92/11/7	3536	0.973468	0.685415	0	0	9394.149	0	9394.149	0	0	7044.481

圖 19.33 買入訊號的門檻中的標準差使用最近 200 日計算

【參數】可調整參數同前一節，有六個。

【結果】可調整參數有六個，因此須先決定 MAI 短天期、MAI 長天期、MVI 短天期、MVI 長天期。在此設：

MAI 短天期 =1 天；MAI 長天期 =50 天；MVI 短天期 =1 天；MVI 長天期 =50 天

為了方便分析 MAI 標準差倍數 $k1$，MVI 標準差倍數 $k2$ 可調整參數的影響，在 W26 儲存格處有一個「參數分析」按鈕，可啟動一個巨集，將不同的 $k1$、$k2$ 值填入 U2,U3 儲存格，以回測買賣策略的績效，然後將 O8:Q8（投資組合買入次數），O10:Q10（投資組合年報酬率）複製貼到 Y25 下方的六個二維矩陣。執行後的結果整理如圖 19.34~ 圖 19.39。觀察這六個二維矩陣，可以發現最佳的 $k1$、$k2$ 值。

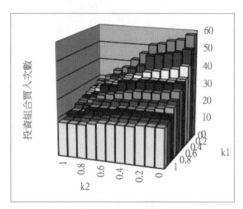

圖 19.34　買入次數 vs 參數：全部期間

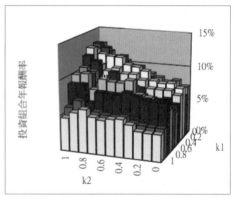

圖 19.35　年報酬率 vs 參數：全部期間

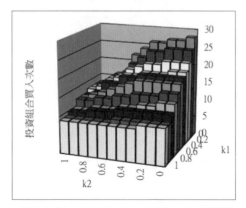

圖 19.36　買入次數 vs 參數：訓練期間

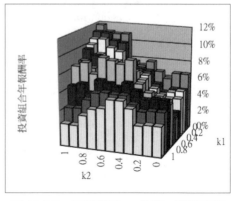

圖 19.37　年報酬率 vs 參數：訓練期間

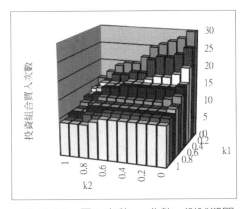

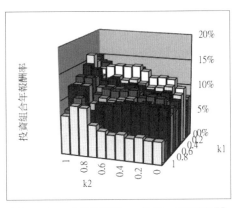

圖 19.38　買入次數 vs 參數：測試期間　圖 19.39　年報酬率 vs 參數：測試期間

【評估】可調整參數在

MAI 短天期 =1 天；MAI 長天期 =50 天

MVI 短天期 =1 天；MVI 長天期 =50 天

MAI 標準差倍數 $k1$=0；MVI 標準差倍數 $k2$=1 時表現最佳，其年報酬率的比較見表 19.6。資金累計圖見圖 19.40 與 41。

表 19.6　模型評估：年報酬率的比較

	有交易成本	無交易成本	大盤
全部	11.3%	12.6%	3.1%
訓練	13.0%	14.4%	4.6%
測試	9.8%	11.1%	1.9%

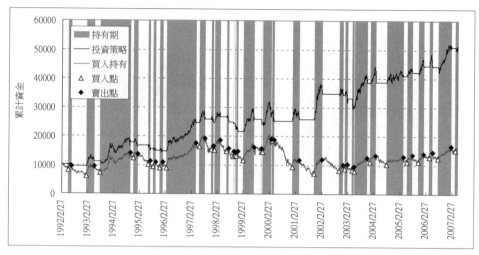

圖 19.40　資金累計圖：有交易成本

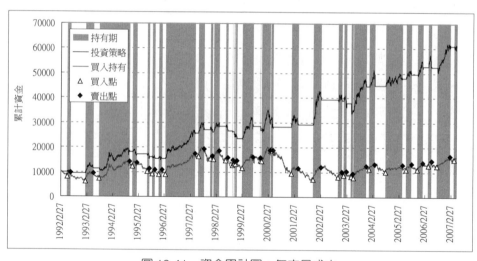

圖 19.41　資金累計圖：無交易成本

隨堂練習

(1) 試問標準差以移動法來計算會改善績效？能從前一章的圖 18.1 找到合理解釋嗎？

(2) 如果把標準差以移動法計算的移動時間從 200 日改為 50, 100, 200, 400，結果如何？

19.7 >> 評分門檻系統之設計：
價量移動平均—移動波動

【原理】本節的原理仍是「市場價格具有趨勢 + 量先價而行」，但在模型上改用「評分門檻法」，即對價、量趨勢各設計一個評分函數，再加權組成買入（賣出）決策函數，此函數值超過特定門檻時，產生買入（賣出）訊號。

【方法】

為了結合價量指標，MAI 與 MVI 必須有相似的尺度，因此定義

$$正規化 MAI = \frac{MAI - \mu_{MAI}}{\sigma_{MAI}}$$

$$正規化 MVI = \frac{MVI - \mu_{MVI}}{\sigma_{MVI}}$$

正規化 MAI、正規化 MV I 可視為價格、成交量是否有上升或下降趨勢的「評分」，正值、負值越明顯，代表上升或下降的趨勢越明顯。有了評分就可以用加權評分法來整合價、量資訊。定義下列加權評分：

買入價量加權評分 A＝a× 正規化 MAI＋$(1-a)$× 正規化 MVI

賣出價量加權評分 B＝b× 正規化 MAI＋$(1-b)$× 正規化 MVI

其中 a, b 為 MAI 的買入、賣出評分的權重，$(1-a),(1-b)$ 為 MVI 的買入、賣出評分的權重。a, b 越大代表買賣決策越受價格是否有上升或下降趨勢的影響；反之，越受成交量趨勢的影響。

接著定義下列交易規則：

買入訊號：買入價量加權評分 A

　　　　　＞（a× 正規化 MAI 平均值 ＋$(1-a)$× 正規化 MVI 平均值）

　　　　　＋k×（a× 正規化 MAI 標準差 ＋$(1-a)$× 正規化 MVI 標準差）

賣出訊號：賣出價量加權評分 B

$< (b \times$ 正規化 MAI 平均值 $+(1-b) \times$ 正規化 MVI 平均值）

$-k \times (b \times$ 正規化 MAI 標準差 $+(1-b) \times$ 正規化 MVI 標準差）

因為

正規化 MAI 平均值 ≈ 0

正規化 MVI 平均值 ≈ 0

正規化 MAI 標準差 ≈ 1

正規化 MVI 標準差 ≈ 1

故交易規則大約相當於

買入訊號：買入價量加權評分 A $> k$

賣出訊號：賣出價量加權評分 B $< -k$

可以理解成

買入訊號：當價漲量增趨勢明顯，則買入。

買入訊號：當價跌量減趨勢明顯，則賣出。

在此 MAI 與 MVI 的短天期 =1 天，長天期 =50 天。

【實作】

◀ 練習 19.6 價量移動平均法（加權評分法—移動波動）

本練習與前一節相似，但有兩點不同：(a) 固定 MAI 與 MVI 的短天期 =1 天，長天期 =50 天。無短天期、長天期的選項。(b) 改用加權評分法來整合價、量資訊。簡介如下：

(1) 開啟「練習 19.6 價量移動平均法（加權評分法—移動波動）」檔案。到「Rule」工作表。

(2) 主畫面見圖 19.42：

　　Q2、R2 儲存格為正規化 MAI 的權重。

　　Q3、R3 儲存格為正規化 MVI 的權重 = 1 - 正規化 MAI 的權重。

Q4、R4 儲存格為買入、賣出的價量加權評分的門檻。

X4 儲存格為價量加權評分的門檻中的標準差的倍數。

(3) 資料欄見圖 19.43：

E 欄為正規化 MAI =（當天 MAI-MAI 平均值）/ 近 200 天 MAI 標準差

F 欄為正規化 MVI =（當天 MVI-MVI 平均值）/ 近 200 天 MVI 標準差

G 欄為買入訊號，例如 G2 儲存格公式「=IF(E2*$Q$2+F2*$Q$3>$Q$4,1,0)」

H 欄為賣出訊號，例如 H2 儲存格公式「=IF(E2*$R$2+F2*$R$3<$R$4,1,0)」

註：前 200 日因無法計算「近 200 天 MAI 標準差」、「近 200 天 MVI 標準差」，因此以全部數據的 MAI、MVI 標準差代替。

(4) 其餘同前一節，不再贅述。

【參數】

可調整參數有三個

k = 價量加權評分的門檻中的標準差的倍數

a = 買入價量加權評分的正規化 MAI 權重

b = 賣出價量加權評分的正規化 MAI 權重

【結果】

可調整參數有三個，因此須先決定函數標準差倍數。在此設函數標準差倍數 = 0.7（合理的倍數 k = 0~1.5），為了方便分析可調整參數 a（買入決策函數的正規化 MAI 權重）、b（賣出決策函數的正規化 MAI 權重）的影響，在 W26 儲存格處有一個「參數分析」按鈕，可啟動一個巨集，將不同的 a、b 值填入 Q2, R2 儲存格，以回測買賣策略的績效，然後將 Q9:S9（投資組合買入次數），Q11:S11（投資組合年報酬率）複製貼到 Y25 下方的六個二維矩陣。執行後的結果整理如圖 19.44~ 圖 19.49。觀察這六個二維矩陣，可以發現最佳的 a、b 值。

	P	Q	R	S	T	U	V	W	X	Y
1	指標	買入訊號	賣出訊號	平均值	標準差	中心數	函數平均	函數標準	標準差倍數	
2	MAI	0.5	0.5	1.003939	0.068304	1.003939	0.032855	1.148371		
3	MVI	0.5	0.5	1.027921	0.421205	1.027921	-0.01553	1.039429		
4	門檻	0.836715	-0.74313						0.7	
5	賣出稅率	0.004425								
6	買入稅率	0.001425								
7		全部	訓練	測試		期間1	期間2	期間3	期間4	期間5
8	投資組合期末資金	52511.69	24935.02	52511.69		11514.45	16039.07	17249.21	25174.29	24935
9	投資組合買入次數	31	15	16		2	3	4	1	
10	買入持有期末資金	16001.57	13737.21	16001.57		7798.104	13367.56	12215.94	18105.5	13737
11	投資組合年報酬率	11.5%	13.8%	9.6%		1.7%	24.7%	5.0%	28.7%	-0.
12	買入持有年報酬率	3.1%	4.6%	1.9%		-3.0%	43.2%	-5.8%	30.0%	-16.
13	年報酬率差額	8.4%	9.2%	7.7%		4.8%	-18.5%	10.8%	-1.3%	16.
14	最低買賣次限制	30	15	15						
15	懲罰係數	0.01	0.01	0.01						
16	懲罰函數	0	0	0						
17	總目標函數	11.5%	13.8%	9.6%						

圖 19.42　主畫面

	A	B	C	D	E	F	G	H	I	J	K	L	M	N
1	Date	Close	MAI	MVI	正規化M	正規化M	買入訊號	賣出訊號	資金	股票	總資金	買入	賣出	買入持有
2	1992/2/27	5019	1.018791	0.953391	0.217448	-0.17694	0	0	10000	0	10000	0	0	10000
3	1992/2/28	5032	1.018711	0.70853	0.216277	-0.75828	0	0	10000	0	10000	0	0	10024.84
4	1992/2/29	5142	1.038251	0.927059	0.502341	-0.23946	0	0	10000	0	10000	0	0	10245.46
5	1992/3/2	5144	1.035809	0.971158	0.4666	-0.13476	0	0	10000	0	10000	0	0	10249.34
6	1992/3/3	5057	1.015656	0.818211	0.171545	-0.49788	0	0	10000	0	10000	0	0	10074.15
7	1992/3/4	5066	1.015142	0.622207	0.164027	-0.96322	0	0	10000	0	10000	0	0	10094
8	1992/3/5	5034	1.006202	0.585969	0.033131	-1.04926	0	0	10000	0	10000	0	0	10028.51
9	1992/3/6	4988	0.995292	0.568623	-0.12659	-1.09044	0	0	10000	0	10000	0	0	9937.958
10	1992/3/7	4987	0.993215	0.44476	-0.157	-1.38451	0	1	10000	0	10000	0	0	9934.87

	A	B	C	D	E	F	G	H	I	J	K	L	M	N
199	1992/10/30	3632	0.989626	0.676863	-0.20954	-0.83346	0	0	9551.3	0	9551.3	0	0	7235.646
200	1992/11/2	3560	0.971307	0.672085	-0.47775	-0.84481	0	0	9551.3	0	9551.3	0	0	7091.759
201	1992/11/3	3560	0.972586	0.662359	-0.77842	-0.96778	0	1	9551.3	0	9551.3	0	0	7092.058
202	1992/11/4	3506	0.959485	0.683769	-1.10945	-0.91038	0	0	9551.3	0	9551.3	0	0	6985.249
203	1992/11/5	3593	0.984789	0.620233	-0.48003	-1.07767	0	0	9551.3	0	9551.3	0	0	7159.3
204	1992/11/6	3533	0.970327	0.677463	-0.85058	-0.9256	0	0	9551.3	0	9551.3	0	0	7038.165
205	1992/11/7	3536	0.973468	0.685415	-0.77805	-0.90397	0	0	9551.3	0	9551.3	0	0	7044.481
206	1992/11/9	3530	0.97408	0.685801	-0.7661	-0.90235	0	1	9551.3	0	9551.3	0	0	7033.244
207	1992/11/10	3535	0.9772	0.711453	-0.6892	-0.83529	0	0	9551.3	0	9551.3	0	0	7041.991
208	1992/11/11	3571	0.988791	0.721454	-0.3913	-0.80983	0	0	9551.3	0	9551.3	0	0	7114.432

圖 19.43　資料欄：正規化 MAI（200 日以後）

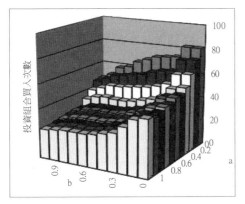

圖 19.44　買入次數 vs 參數：全部期間

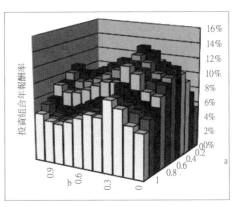

圖 19.45　年報酬率 vs 參數：全部期間

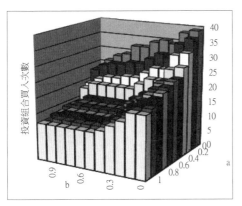

圖 19.46　買入次數 vs 參數：訓練期間

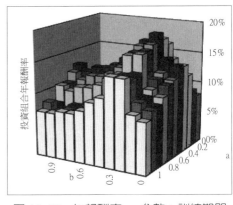

圖 19.47　年報酬率 vs 參數：訓練期間

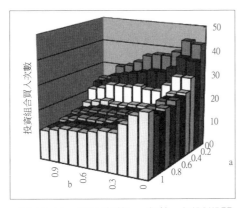

圖 19.48　買入次數 vs 參數：測試期間

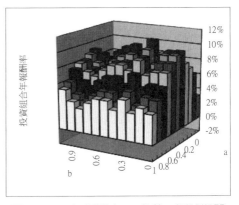

圖 19.49　年報酬率 vs 參數：測試期間

【評估】可調整參數在 k = 函數標準差倍數 = 0.7；a = 買入決策函數的正規化 MAI 係數 = 0.3；b = 賣出決策函數的正規化 MAI 係數 = 0.3，時表現不錯，其年報酬率的比較見表 19.8。資金累計圖見圖 19.50 與 51。

表 19.7　模型評估：年報酬率的比較

	有交易成本	無交易成本	大盤
全部	14.0%	15.6%	3.1%
訓練	18.3%	20.2%	4.6%
測試	10.3%	11.8%	1.9%

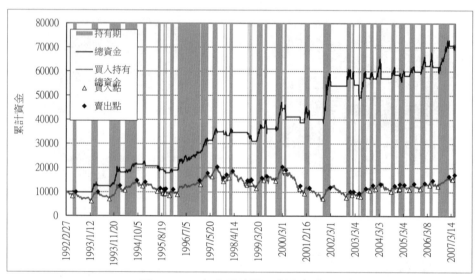

圖 19.50　資金累計圖：有交易成本

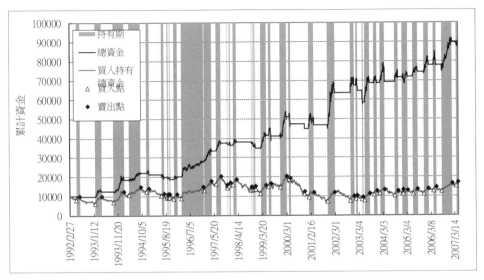

圖 19.51　資金累計圖：無交易成本

(1) 試設函數標準差倍數 =0.0, 0.1, 0.3, 0.5, 0.7, 1.0, 1.5, 2.0，分析 a（買入決策函數的正規化 MAI 係數）、b（賣出決策函數的正規化 MAI 係數）的影響。

(2) 試設 a（買入決策函數的正規化 MAI 係數）=0.3、b（賣出決策函數的正規化 MAI 係數）=0.3，分析函數標準差倍數的影響。

19.8 結語

年報酬率（有交易成本）的比較見表 19.11。總結如下：

(1) 單用價格是有效的。

(2) 單用成交量是無效的。

(3) 結合價格與成交量會更有效。

(4) 短天期 =1 天，長天期 =50 天之組合，效果最好。

(5) 移動波動可增強效果。

(6) 規則篩選法、評分門檻法的選股效果大致上相同。

表 19.8　年報酬率的比較（有交易成本）

	規則篩選法					評分 門檻法	大盤
	價格 移動 平均	成交量 移動 平均	價量 移動 平均	價量 移動 平均 — 多期間	價量 移動平均 —多期間 — 移動波動	價量 移動平均 — 移動波動	—
因子（價／量）	價	量	價／量	價／量	價／量	價／量	—
多期間	—	—	—	Yes	Yes	—	—
移動波動	—	—	—	—	Yes	Yes	—
全部	7.6%	5.7%	10.5%	13.7%	11.3%	11.5%	3.1%
訓練	8.8%	12.2%	12.8%	14.3%	13.0%	13.8%	4.6%
測試	6.6%	0.3%	8.5%	13.2%	9.8%	9.6%	1.9%
訓練 γ	1.50	1.16	1.51	1.93	1.68	1.94	—
訓練 β	0.46	0.66	0.55	0.53	0.56	0.48	—
測試 γ	1.37	-0.08	1.58	2.38	1.63	1.64	—
測試 β	0.43	0.70	0.43	0.70	0.44	0.48	—

　　因為本章的投組只有擇時，而無選股，故假設報酬是大盤報酬的二次多項式：

$$r_P = \beta \cdot r_M + \gamma \cdot r_M^2 \tag{19.1}$$

　　判斷準則：$\gamma > 0$ 代表有擇時能力。這些係數是否大於 0 可用 t 統計檢定。結果顯示本章的許多模式都有很好的擇時能力。

【總結】

價量移動平均法雖然能獲得顯著的超額年報率，但各期間差異大。有時可能連續多年，基於 MAI 與 MVI 的交易策略比買入持有還差。這可能是因為價量移動平均法屬於技術分析中的順勢系統，其理論基礎是漲者恆漲、跌者恆跌，即當漲或跌形成趨勢時，會持續一個波段。由於這類系統專注於擷取長期間波段行情，因此在波段趨勢明顯時的表現往往較佳，但在振盪盤整時期的表現往往較差。

投資人要用這類系統擊敗市場，經常要很有耐心地長期等待下一次波段的出現，因此多數投資人很難長期有紀律地執行這種交易策略。反觀擺盪系統在「波段趨勢」時期表現較差，在「振盪盤整」時期表現較佳。可惜的是我們很難判斷未來股價走勢會是波段趨勢還是振盪盤整。因此可能根本不存在一個在任何時期都能擊敗市場的技術分析。

習題

本章 data 為 1992-2007 年台股（1992/2/27~2007/5/11，共 4040 筆 dada），「練習 18.0 價量資料（1997-2015）」檔案有 1997-2015 年台股 4308 筆 data，請使用這組 data 作以下練習，並比較這兩組 data 的結論是否相同。第 2~2000 列為訓練範例，第 2001~4309 列為測試範例。訓練範例約 7.89 年，測試範例約 9.20 年，合計 17.09 年。因為資料長度不同，需稍微修改試算表內公式，例如「練習 19.1 價格移動平均法」的 P2, Q2 儲存格內的尾端要改為 4309 列，N7:P12 範圍內的列數、年數也要跟著修改。

1.　練習 19.1 價格移動平均法

2.　練習 19.2 成交量移動平均法

3.　練習 19.3 價量移動平均法（條件門檻法）

4.　練習 19.5 價量移動平均法（條件門檻法—移動波動）（固定短天期 1 天，長天期 50 天）

5.　練習 19.6 價量移動平均法（加權評分法—移動波動）